2015 개정 교육과정 반영

교원과 일반인을 위한 소프트웨어 교육 방향 안내서

소프트웨어 교육론

정영식 · 유정수 · 임진숙 · 홍지연 공저

씨마스

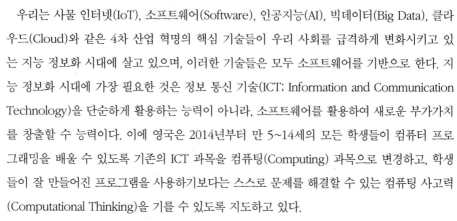

우리는 사물 인터넷(IoT), 소프트웨어(Software), 인공지능(AI), 빅데이터(Big Data), 클라우드(Cloud)와 같은 4차 산업 혁명의 핵심 기술들이 우리 사회를 급격하게 변화시키고 있는 지능 정보화 시대에 살고 있으며, 이러한 기술들은 모두 소프트웨어를 기반으로 한다. 지능 정보화 시대에 가장 필요한 것은 정보 통신 기술(ICT; Information and Communication Technology)을 단순하게 활용하는 능력이 아니라, 소프트웨어를 활용하여 새로운 부가가치를 창출할 수 능력이다. 이에 영국은 2014년부터 만 5~14세의 모든 학생들이 컴퓨터 프로그래밍을 배울 수 있도록 기존의 ICT 과목을 컴퓨팅(Computing) 과목으로 변경하고, 학생들이 잘 만들어진 프로그램을 사용하기보다는 스스로 문제를 해결할 수 있는 컴퓨팅 사고력(Computational Thinking)을 기를 수 있도록 지도하고 있다.

우리나라도 2015 개정 교육과정을 통해 '소프트웨어 교육(Software Education)'을 초등학교에서부터 도입하고, 중학교 정보 교과를 선택 교과에서 필수 교과로 전환하였으며, 고등학교 정보 과목은 심화 선택에서 일반 선택으로 전환하였다. 따라서 본 책에서는 초등학교 실과와 중·고등학교 정보과에 포함된 교육 내용을 분석한 후 실제적인 교수·학습 방법을 익힐 수 있도록 소프트웨어 교육에 대한 필요성이나 목적뿐만 아니라, 학생들을 가르치는 데 필요한 구체적인 교육 내용과 교육 방법, 교재와 교구, 교육 평가, 교육 사례 등을 제시하였다.

좁은 의미에서의 소프트웨어 교육은 알고리즘과 코딩을 중심으로 한 프로그래밍 교육을 의미하지만, 넓은 의미에서는 컴퓨터 과학의 기본 개념과 원리를 기반으로 일상생활에서 발생되는 문제를 창의적으로 해결할 수 있도록 컴퓨팅 사고력을 기르는 교육을 의미한다. 즉, 소프트웨어 교육은 프로그래밍 능력뿐만 아니라, 문제를 이해하고 정의하는 단계에서부터 그것을 해결하는 데 필요한 자료를 수집하고 분석하고 표현하는 능력을 기를 수 있다. 또한 자신이 구안한 문제 해결 방법을 알고리즘으로 표현하고, 그것을 프로그래밍을 통해 검증하고 수정하고 최적화하는 과정에서 고차원적인 사고력을 기를 수 있다. 따라서 본 책에서는 소프트웨어 교육의 개념을 넓은 의미로 확장하여 프로그래밍 교육뿐만 아니라, 기존의 ICT 교육과 타 교과와의 융합 교육 사례를 제시하여 실제적이고 창의적인 문제 해결 능력을 기를 수 있도록 안내하였다.

본 책은 소프트웨어 교육의 이론(1부)과 실제(2부) 등 크게 두 부분으로 구분하였다.

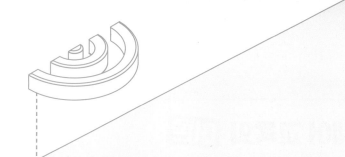

    제1부는 소프트웨어 교육에 필요한 기본적인 이론을 제시하였다. 소프트웨어 교육이 왜 필요한지, 그 목적이 무엇인지, 초·중등학교에서 가르쳐야 할 교육 내용과 교수·학습 방법, 교재 및 교구의 이해와 선정, 교육 평가에 대한 이해와 실제 등을 제시하였다.

    제2부는 초·중등학교에서 운영되고 있는 구체적인 사례를 제시함으로써 소프트웨어 교육의 실제를 파악할 수 있도록 하였다. 학생들이 정보 문화를 영위하고, 문제를 해결하는 데 필요한 자료와 정보의 표현과 구조화, 문제 이해와 추상화, 알고리즘과 프로그래밍, 피지컬 컴퓨팅 등 필수적인 교과 내용을 제시하였고, 그것을 효과적으로 가르치기 위한 기초 지식과 구체적인 교육 방법을 제시하였다.

    본 책은 전국의 교육대학교, 사범대학, 교원연수원 등에서 초·중등학교 교사나 예비 교원, 방과 후 학교 강사들이 소프트웨어 교육을 가르치는 데 필요한 이론과 실제를 익힐 때 활용할 것을 전제로 개발하였다. 2015 개정 교육과정이 고시되기 전에 출판된 "소프트웨어 교육론"은 소프트웨어 교육의 내용과 방법을 충분히 제시하지 못하였다. 그러나 본 개정판은 새로운 교육과정에 따라 개발된 초등학교 실과 교과서뿐만 아니라, 중·고등학교 정보과 교과서 내용을 모두 분석하여 교사들이 그것을 지도하는 데 필요한 이론과 실제를 엄선하였다. 또한 임용고시를 준비하는 예비교원을 위해 2015 개정 교육과정의 내용 체계와 교육 방법, 평가 방법을 충분히 이해할 수 있도록 구체적인 사례와 함께 제시하였다.

    본 책에 제시된 사례들은 현장 교사가 초·중등학교에서 직접 지도한 경험을 토대로 만들어졌기 때문에 일부 학교에서 적용하는 데 어려움이 있을 수도 있다. 따라서 독자들이 사례를 직접 적용하면서 발생되는 문제점이나 개선 방안을 제시해 준다면 적극적으로 반영하여 수정·보완하도록 할 것이다.

    끝으로, 본 책을 집필하는 데 도움을 주신 집필진 선생님과 출판 관계자분들께 감사의 말씀을 드리며, 본 책이 소프트웨어 교육을 준비하는 모든 분들에게 조금이라도 도움이 되기를 기대한다.

대표 저자 **정영식**

차 례

제 1 부 소프트웨어 교육의 이론

소프트웨어 교육의 실제   제2부

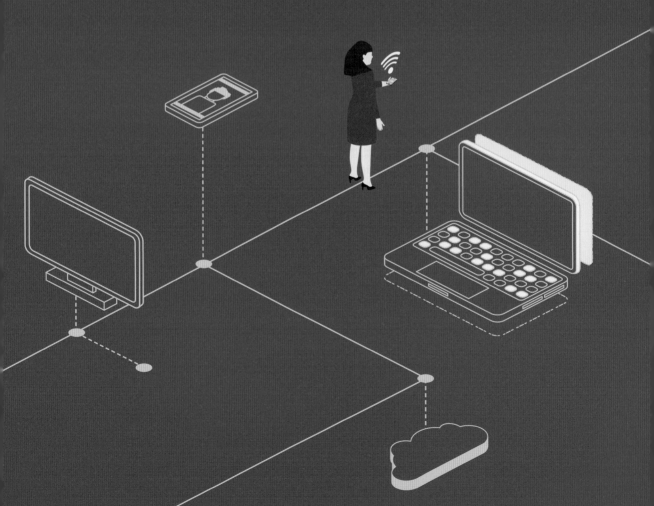

제 1 부

소프트웨어 교육의 이론

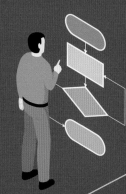

소프트웨어 교육 환경

1 기술의 변화

2 사회 패러다임의 변화

3 소프트웨어의 변화

4 교육 패러다임의 변화

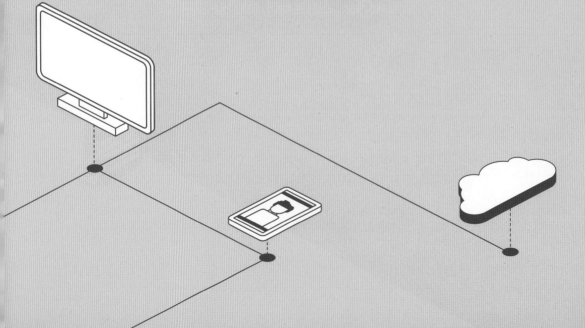

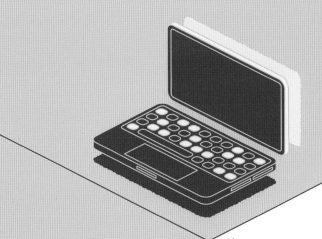

　본 장에서는 기술의 혁신적인 발전에 따라 사회 패러다임이 변화되고, 그로 인해 소프트웨어와 교육 패러다임도 영향을 받고 있음을 살펴보았다. 구체적인 내용은 다음과 같다.

　첫째, 기술의 변화에서는 컴퓨팅 패러다임의 변화를 살펴보고, 메인프레임 컴퓨팅, PC 컴퓨팅, 스마트 컴퓨팅을 중심으로 컴퓨팅 기술의 변화를 제시하였다.
　둘째, 사회 패러다임의 변화에서는 기술 변화에 따른 인류 역사의 변화와 현대 사회의 변화, 미래 사회의 변화를 제시하였다.
　셋째, 소프트웨어의 변화에서는 소프트웨어의 중요성을 살펴보고, 발전 방향을 알아보았다.
　넷째, 교육 패러다임의 변화에서는 세대별 학습자의 특성 변화에 따라 교육 방식도 변화해야 함을 제시하였다.

1 기술의 변화

21세기는 컴퓨터와 인터넷이 결합하면서 변화와 혁신이 가속화되었다. 그 근간은 컴퓨팅으로 우리 일상생활뿐만 아니라, 많은 산업 환경을 변화시키고 있으며, 경제의 디지털화를 이끌고 있다.

1 컴퓨팅 패러다임의 변화

컴퓨팅 패러다임을 변화시키는 힘은 기술 발전에 있는 것이 아니라, 사용자의 선택에 달려 있다. 새로운 웹 기반 서비스들이 제공되면서 이를 사용하는 사람들의 이용 형태와 요구가 컴퓨팅 패러다임의 기술적 변화를 주도해 나갈 것이기 때문이다. 현재는 웹 2.0시대로 웹의 플랫폼(platform)화에 따라 PC에 아무것도 설치하지 않아도 스마트폰이나 컴퓨터에서 웹브라우저를 통해 스프레드시트나 발표 자료, 워드프로세서 등을 사용할 수 있게 되었다. 구글 닥스(Google Docs)가 대표적인 애플리케이션 클라우드(cloud) 서비스이다. 이처럼 응용 소프트웨어를 설치용 패키지 CD가 아니라, 인터넷을 통해 사용할 수 있게 서비스하는 것을 SaaS(Software as a Service)라고 한다.

이 같은 웹 오피스, 서버 기반 컴퓨팅(SBC)이나 SaaS의 등장으로 웹을 플랫폼으로 하는 새로운 컴퓨팅 환경에 대한 관심이 빠르게 확산되고 있다. 앞으로는 또 다른 새로운 컴퓨팅 환경이 소프트웨어 산업 생태계를 바꿀 것이다.

위키백과는 컴퓨팅(Computing)을 '계산(Compute)', 컴퓨터(Computer)를 '계산하는 사람'으로 정의하였다. 그러나 전기적 컴퓨터의 출현으로 컴퓨팅은 이를 사용하는 행위를 가리키게 되었고, 계산의 수행은 컴퓨터 하드웨어에서 이루어졌다.

컴퓨팅은 컴퓨터에서 실행하기 위한 프로그램을 제작하는 이론적 개념이 아니라, 컴퓨터 과학의 일부분으로서 수학적 계산을 수행(컴퓨팅)한다는 원래의 의미에도 대응한다. 또한 넓은 의미에서 컴퓨터 기술 자원을 개발 및 사용하는 모든 활동을 가리키기도 한다.

컴퓨팅은 끊임없는 발전에도 불구하고 개념적으로는 여전히 계산 모델과 프로그래밍 방식에서 크게 벗어나지 못하고 있다. 그러나 [그림 1-1]과 같이 컴퓨팅은 10년을 주기로 중심 사이클이 변하고 있다. 1960년대에는 메인프레임(Mainframe) 대형 컴퓨터, 1970년대에는 미니 컴퓨터(Mini Computer) 시대로 컴퓨터 전문가 중심의 환경이 주를 이루었다. 1980년대에는 클라이언트 서버(Client Server) 환경, 1990년대와 2000년대를 전후해서는 데스크톱 인터넷 (Internet) 환경과 모바일 인터넷(Mobile Internet) 환경으로 발전해 오다가 오늘날 클라우드 컴퓨팅(Cloud Computing) 환경이 출현하게 되었다.

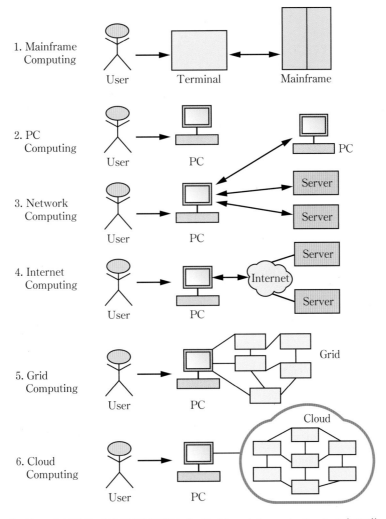

[그림 1-1] 컴퓨팅 패러다임의 변화(Borko Furht and Armando Escalante(2010))

소프트웨어 측면에서 보면 1960년대에는 연구소 등에서 개인이 개발한 프로그램이 주로 사용되었고, 1980년대에는 마이크로소프트사의 사용 프로그램들이 주류를 이루었는데 오늘날에는 네이버(Naver)나 구글(Google) 등에서 클라우드 컴퓨팅 서비스를 제공하고 있다.

컴퓨팅은 전문가 중심에서 운영자 중심의 환경으로 변화되다가 2010년대에는 사용자 중심의 환경으로 발전하였다. 컴퓨터가 처음 등장하였을 때는 단순히 '계산하는 기계'에 불과하였지만 이제는 스마트폰이나 태블릿 PC 형태로 진화하였다.

이런 변화에 따라 [그림 1-2]와 같이 컴퓨터 운영 기술도 진화를 거듭하고 있다.

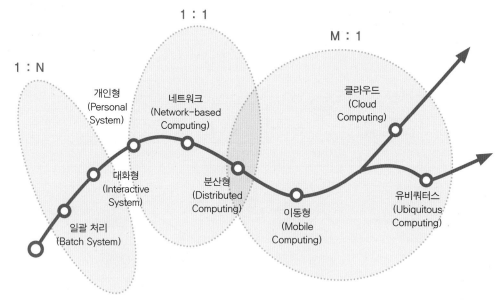

[그림 1-2] 컴퓨터 운영 기술의 진화

초기 컴퓨터는 자료를 모아두었다가 일괄해서 처리하는 일괄 처리(Batch) 시스템과 명령어를 입력하면 실행하는 대화형(Interactive) 시스템 등으로 운영되었다. 그러나 개인용 컴퓨터나 스마트폰처럼 이동성을 지원하는 기술이 개발되면서 시스템을 운영하는 소프트웨어도 발전하기 시작하였다.

최근에는 컴퓨터를 더 작은 장치 안에 들어가게 하여 들고 다닐 수 있게 되면서 클라우드 컴퓨팅 기술이 주목받고 있다.

클라우드 컴퓨팅은 인터넷상에 서버를 두고 데이터를 저장하거나 필요한 프로그램을 사용할 수 있게 해준다. 이같이 언제 어디서나 서버에만 접속하면 콘텐츠를 이용하거나 일을 처리할 수 있는 유비쿼터스(Ubiquitous) 환경이 갖추어지면서 미래 컴퓨팅 패러다임은 또 다른 변화를 시도하고 있다.

2 컴퓨팅 기술의 변화

현재 유비쿼터스 환경이 갖추어지면서 컴퓨팅 기술은 또 다른 변신을 시도하고 있다.

가 메인프레임 컴퓨팅

1960년대의 메인프레임(Mainframe)은 다양한 데이터를 처리할 수 있는 범용 목적의 대형 컴퓨터였다. 더미 터미널(Dummy Terminal)이나 터미널 에뮬레이션(Terminal Emulation)을 통해 메인프레임에 접속하여 많은 사람이 복잡한 작업을 수행할 수 있었다.

초창기 메인프레임은 [그림 1-3]과 같이 일괄 처리(Batch Process)와 시분할 처리(Time Sharing)를 지원하였으며, 사용자가 직접 컴퓨팅 서비스에 접근하는 일은 없었다. 일괄 처리는 여러 개의 작업을 단일 작업으로 묶어서 처리하는 방식으로 요즘은 거의 사용하지 않는다. 사용자 측면에서 반환(응답) 시간이 늦지만 하나의 작업이 모든 자원을 독점하므로 중앙처리장치(CPU)의 유휴 시간이 줄어드는 장점이 있다. 급여 계산이나 연말 결산 등의 업무에 사용된다.

시분할 처리는 CPU 전체 사용 시간을 작은 작업 시간 양으로 나누어(Time Slice) 그 시간 동안에 여러 사람이 번갈아 가면서 CPU를 할당하여 각 작업을 처리하는 방식이다. 이 방식은 각 사용자에게 독립된 컴퓨터를 사용하는 느낌을 주며, 라운드 로빈(Round Robin) 방식이라고도 한다. 오늘날 대부분의 시스템은 시분할 처리 방식을 사용한다. 초창기 메인프레임은 크기가 매우 컸고, 발열, 환기, 온도 조절을 해결해야 했으며, 전원 공급 비용이 많이 들었다.

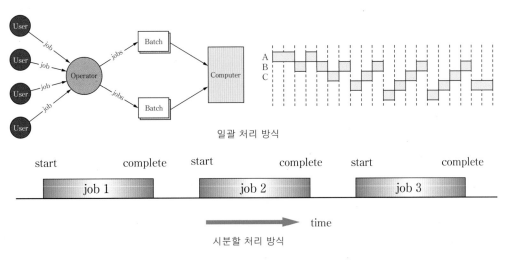

일괄 처리 방식

시분할 처리 방식

[그림 1-3] 일괄 처리와 시분할 처리 방식

1964년 IBM(아이비엠)에서 출시한 IBM System/360이 현대식 메인프레임의 시초이다. 오늘날의 메인프레임은 [그림 1-4]와 같이 웹과 같은 사용자 인터페이스로도 접근할 수 있다. 또한 인구 조사, 공업/소비자 통계, ERP(기업 자원 통합 관리), 금융 트랜잭션 처리와 같은 정부 출연 연구 기관이나 대기업의 중요한 응용 프로그램들을 사용하는 데 이용된다.

[그림 1-4] IBM사의 메인프레임

메인프레임의 장점은 고도의 내부 기술이나 안정적인 결과 산출, 기술 지원, 보안성, 신뢰성과 함께 이전 버전과의 호환성에 대한 우려가 없으며, 고장이나 수리에 대한 걱정 없이 운영할 수 있다. 대다수 메인프레임 제조사들은 고장이 날 경우 수리가 완료될 때까지 대체 시스템에서 고객의 프로그램을 구동하기 때문에 일반 고객은 시스템 고장을 인지하기 어렵다. 이러한 메인프레임의 강력함과 신뢰성은 메인프레임이 현재까지 존재하는 이유 중 하나이다.

나 PC 컴퓨팅

1981년에 출시된 IBM PC 5150을 시작으로 개인용 컴퓨터(PC; Personal Computer)의 개념이 등장하였다. 오늘날 PC는 TV나 냉장고처럼 생활 필수품이 되어 거의 모든 가정에서 사용되고 있지만 PC가 보급되기 시작한 것은 불과 반세기도 되지 않았다.

PC는 계산과 논리 및 중앙처리장치의 기능을 수행하는 데 필요한 모든 제어 회로를 담고 있는 반도체 칩, 즉 프로세서만을 사용하는 소형 디지털 컴퓨터인 마이크로컴퓨터의 일종이다. 전형적인 PC는 중앙처리장치, 하드 디스크와 디스크 드라이브로 구성된 주기억 장치, 모니터, 키보드, 마우스, 모뎀, 프린터 등을 포함한 다양한 입출력 장치, 그리고 플로피 디스크나 CD-ROM 등의 보조 기억 장치로 이루어져 있다.

PC는 일반적으로 대형 컴퓨터의 기능을 대부분 수행할 수 있지만 개인 사용자가 간편하게 쓸 수 있는 용도로 만들어진 소프트웨어를 주로 사용한다.

다 스마트 컴퓨팅

스마트 컴퓨팅(Smart Computing)은 유연성, 확장성, 예측성이 핵심 기능이다. 스마트 컴퓨팅 기술로는 현실 세계에 대한 지각, 학습, 추론 능력을 강화하여 의사 결정을 내릴 수 있는 소프트웨어와 하드웨어 기술의 통합 체계로 딥 러닝(Deep Learning), 빅데이터(Big Data), 감성 컴퓨팅(Affective Computing), 자연어 처리(NLQA; Natural Language Question Answering), 자동 통역 등이 있다. 스마트 컴퓨팅은 인간의 지적 노동에 대한 기술 대체 가능성을 열어줄 기반이며, Google, IBM 등이 기술적인 면에서 앞서 있다.

1) 딥 러닝

딥 러닝(Deep Learning)은 기계 학습의 한 분야로 컴퓨터 프로그램이 다양한 상황에서 비슷한 판단을 내릴 수 있도록 하는 기술을 의미한다. 즉, 컴퓨터가 사람처럼 인식하고 사고하게 만드는 기술이라고 할 수 있다. 예를 들어, 사람은 소나무와 측백나무를 쉽게 구별해 내지만 컴퓨터는 이 둘을 구별하지 못한다. 딥 러닝은 컴퓨터에 많은 데이터를 입력하여 축적한 뒤 컴퓨터가 비슷한 데이터를 분류해서 소나무를 소나무로, 측백나무를 측백나무로 인식하도록 훈련하는 방식이다.

딥 러닝이 가장 보편적으로 활용되는 분야는 음성 인식과 이미지 인식이다. 컴퓨터 프로그램은 [그림 1-5]와 같은 아키텍처에서 학습 알고리즘을 통해 얼굴을 인식한다.

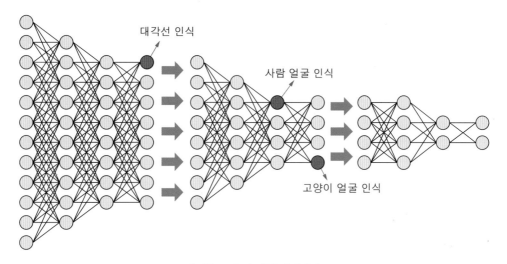

[그림 1-5] 딥 러닝 아키텍처

[그림 1-6]은 페이스북의 얼굴 인식 알고리즘인 딥페이스(DeepFace)로 인간의 얼굴 인식 능력(97.53%)과 비슷한 97.25%의 정확도로 사람의 얼굴을 인식하며, 어두운 곳이나 멀리서 찍힌 사진도, 옆을 보고 있는 사진도 인식하여 사람을 가려낼 수 있다.

[그림 1-6] 페이스북의 얼굴 인식 알고리즘

딥 러닝 기술은 오래전부터 시도한 기계 학습 알고리즘이 발전한 형태인데 한동안 기술적 한계에 부딪혀 있었다. 그러나 최근 디지털화된 미디어 및 데이터의 양적 규모와 다양성이 획기적으로 증가하고, 이러한 데이터를 다룰 수 있는 빅데이터(Big Data) 처리 기술의 발달로 딥 러닝의 학습 범위와 깊이, 속도가 개선되면서 새로운 국면을 맞이하였다. 대표적인 예로, 학습 알고리즘과 자연어 처리 기술(NLQA)이 결합된 IBM의 왓슨(Watson)은 인기 TV 퀴즈쇼에서 인간 챔피언들을 물리치면서 세간의 관심을 집중시켰다.

2) 유비쿼터스 컴퓨팅

유비쿼터스 컴퓨팅(Ubiquitous Computing)은 [그림 1-7]과 같이 모든 사물에 칩을 넣어 어느 곳에서나 사용이 가능한 컴퓨팅 환경을 구현한 것으로 어디에나 컴퓨터를 설치하여 사용자가 언제든지 사용이 가능하게 하는 기술이다. 따라서 이동성(Mobility), 모든 사물 간 또는 다른 기종 간에 정보를 주고받을 수 있는 호환성(Inter Connectivity), 마이크로칩이 주변 환경을 인식하여 관련된 정보를 전송해 주는 체제인 상황 인식(Context Awareness) 등이 가능하다.

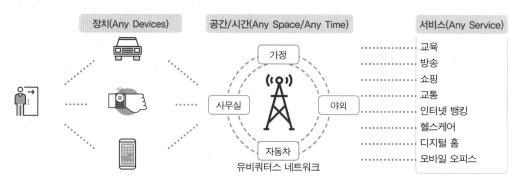

[그림 1-7] 유비쿼터스 컴퓨팅 환경

유비쿼터스 컴퓨팅은 사이버 공간을 이용한 상호작용도 포함하고 있어 기존의 컴퓨터와 인터넷의 활용성을 높이고, 일상생활 속에서 저렴하고 편리하게 다양한 지능형 사물과 상호작용을 함으로써 현대 사회에 새로운 패러다임을 제공하고 있다.

현재 한국도로공사는 유비쿼터스 컴퓨팅을 활용한 지능형 교통 정보 시스템(ITS; Intelligent Transportation System) 서비스를 제공하고 있다. ITS는 도로 정체의 가중, 차량 흐름의 단절 등을 파악하는 교통 정보 시스템과 교통 정보 감지 기술, 차량 흐름 제어 기술, 실시간 정보의 송수신 기술 등과 같은 첨단 전자 및 통신 기술을 접목한 시스템이다. 또한 전자식 통행료 징수 시스템인 하이패스(Hi-Pass) 카드를 이용하여 무인 방식으로 요금을 징수하며, 고속도로 교통 관리 시스템 구축으로 교통 정보를 수집, 처리하여 교통 정보를 실시간으로 제공하고 있다.

유비쿼터스 컴퓨팅의 특징은 다음과 같다.

- **연결성**: 무선으로 모든 기기들이 연결되어 있어 어느 곳에서나 네트워크에 접속해 정보를 얻을 수 있어야 한다.
- **은닉성**: 주변의 물리적 환경 속에서 컴퓨터를 사용할 수 있게 함으로써 컴퓨터 활용도가 증가하지만 사용자가 컴퓨터의 존재를 의식하지 않으면서도 자연스럽게 컴퓨터를 사용할 수 있어야 한다. 이러한 개념은 컴퓨터 칩 설계, 네트워크 프로토콜, 입출력 장치, 응용 프로그램, 프라이버시 같은 모든 컴퓨터 분야 연구에 영향을 준다.
- **실제성**: 현실 세계 어디서나 컴퓨터 사용이 가능해야 하므로 가상현실이 아닌 현실 세계의 정보를 표현할 수 있는 증강현실이 되어야 한다.
- **지능성**: 특정 기능이 내장된(Embedded) 컴퓨터가 환경과 사물에 내재하면서 주변의 모든 환경이나 사물 그 자체가 지능화된다.

3) 클라우드 컴퓨팅

PC 중심에서 클라우드 컴퓨팅 기반으로 패러다임이 변화하는 것은 사실상 인터넷의 잠재력이 본격화되는 것을 의미한다. 클라우드 컴퓨팅(Cloud Computing)은 [그림 1-8]과 같이 인터넷 기술을 활용한 소프트웨어, 스토리지, 서버, 네트워크 등 IT 자원에 대한 서비스 기술이다.

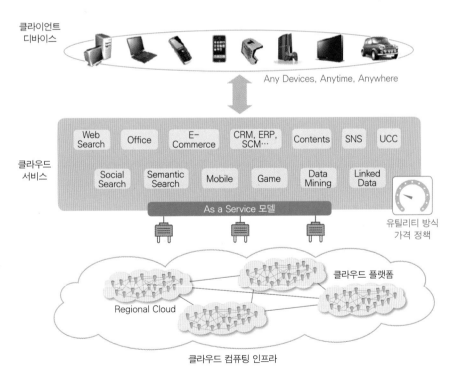

[그림 1-8] 클라우드 컴퓨팅 개념도

클라우드 컴퓨팅은 IT 자원을 필요한 만큼 빌려서 사용하고, 서비스 부하에 따라 실시간으로 확장할 수 있으며, 사용한 만큼의 비용만 지불하면 된다. 즉, IT 자원을 전기 요금이나 수도 요금처럼 하나의 서비스 개념으로 포장한 것이다. 이것은 중앙 집중적인 서비스 공급자와의 계약을 통해 실제 사용한 양에 따라 요금을 지불하는 유틸리티 컴퓨팅(Utility Computing) 개념과 비슷하다. 클라우드 컴퓨팅은 필요할 때 플러그를 연결해 사용한다는 의미에서 온디맨드 컴퓨팅(On-demand Computing)이라고도 한다.

클라우드 컴퓨팅의 장점은 다음과 같다.

첫째, 필요한 만큼 임대할 수 있으므로 불필요한 투자 비용을 절감할 수 있다(경제성).

둘째, IT 자원을 공동 활용하므로 에너지를 절약할 수 있다(에너지 효율성).

셋째, 한정된 공간에서 업무를 수행하는 것이 아니라, 인터넷이 가능한 곳이라면 어디에서든지 임무 수행에 필요한 정보를 얻을 수 있다(업무 효율성).

넷째, 수요자가 원하는 IT 자원의 양을 자유롭게 설정하여 신속하게 IT 서비스를 제공할 수 있다(신속성).

다섯째, 장애 발생 시 즉각적 대응으로 높은 수준의 서비스를 제공할 수 있다(관리 용이성).

클라우드 컴퓨팅의 단점은 다음과 같다.

첫째, 하나의 컴퓨터에 정보가 밀집되어 있기 때문에 해킹 시 피해 규모가 크다.

둘째, 호환성 문제가 발생할 수 있다. 특정 IT 자원(상용 소프트웨어 등)이 클라우드 컴퓨팅 솔루션과 호환이 되지 않을 경우 사용자에게 IT 서비스를 제공할 수 없다.

셋째, 갑자기 서비스가 중단되는 등의 장애가 발생할 경우 사용자의 이용 제약 및 손해가 대규모로 발생할 수 있다.

이 기술을 활용하면 PC나 스마트폰, 태블릿 PC 등 다양한 단말기로 네트워크에 접속한 뒤 장소에 구애받지 않고 클라우드에 저장된 소프트웨어나 데이터 등으로 원하는 작업을 수행할 수 있다. 이들 단말기에는 소프트웨어 설치가 필요하지 않아 소프트웨어를 구매할 필요가 없다. 클라우드 컴퓨팅은 소프트웨어 업그레이드와 같은 관리가 필요하지 않은 차세대 컴퓨팅 기술이다.

4) 에지 컴퓨팅

에지 컴퓨팅(Edge Computing)은 기기와 가까운 네트워크의 '가장자리'에서 컴퓨팅을 지원하는 기술로 클라우드 컴퓨팅의 데이터 센터가 물리적으로 떨어져 있는 곳에서 중앙 집중형으로 데이터를 관리하는 것과 달리, 각각의 기기에서 개별 데이터를 분석하고 활용한다.

클라우드는 서비스 중심 모델과 중앙 집중화 제어, 조정 구조를 형성하는 컴퓨팅 스타일이고, 에지는 클라우드 서비스 측면의 비연결, 비분산 프로세스 실행을 가능하게 하는 스타일이다. 에지 컴퓨팅은 고가의 하드웨어가 필요하지 않아 라즈베리파이 기기만 있어도 에지 컴퓨팅용으로 사용할 수 있다.

클라우드 컴퓨팅과 에지 컴퓨팅의 장단점을 살펴보면 [표 1-1]과 같다.

[표 1-1] 클라우드 컴퓨팅과 에지 컴퓨팅의 장단점 비교

	클라우드 컴퓨팅	에지 컴퓨팅
장점	• 사용량 기반으로 합리적인 가격 모델	• 엔드 포인트에서 직접 데이터가 수집되므로 광대역이 필요하지 않음. • 응답 속도가 빠름.
단점	• 서버 안정성에 대한 우려 • 보안 문제 • 응답 속도가 느림.	• CPU가 클라우드 컴퓨팅의 CPU에 비해 상대적으로 연산 능력이 떨어짐.

최근에는 에지 컴퓨팅을 클라우드 환경의 플랫폼으로 보고 클라우드렛(Cloudlet)이라는 표현을 쓰기도 한다. [그림 1-9]와 같이 클라우드는 대규모 데이터 분석, 에지는 실시간 데이터 대응에 초점을 맞추고 있지만 둘 중 하나만 살아남는 것이 아니라, 공존하는 쪽으로 진화하고 있다.

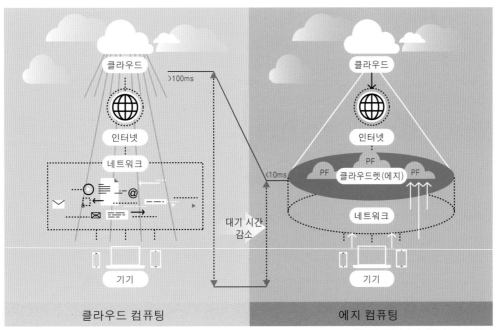

〈출처: 삼성 뉴스룸(2017. 5. 17.)〉

[그림 1-9] 클라우드와 에지 컴퓨팅의 차이

자율주행차, 산업 사물인터넷(IoT) 등에서 쏟아지는 데이터 중에는 실시간 대응이 필요한 것들이 많은데 원격지에 있는 클라우드 서비스로 이러한 데이터를 감당하기에는 무리가 있어 에지 컴퓨팅 기술의 활용 범위가 넓어질 것이다.

5) 휴먼 컴퓨팅

휴먼 컴퓨팅(Human Computing)은 다양한 센서로 사용자의 동작, 의도를 파악하고 상황을 인식하여 맞춤형 서비스를 제공하는 인간 중심의 컴퓨팅 기술이다. 즉, 먹고 입는 것과 같이 별도의 학습 없이 자연스럽게 인간 본성과 어울려 상호작용하며, 의사소통의 효율성과 자연성을 극대화하고, 언제 어디서나 사용자 요구에 반응할 수 있다.

이 기술은 [그림 1-10]과 같이 오감 기반의 사용자 입출력 기능을 가지고 있어 편의성 및 실감이 극대화된 것으로 휴대하거나 착용할 수 있으며, 신체에 내장할 수도 있다.

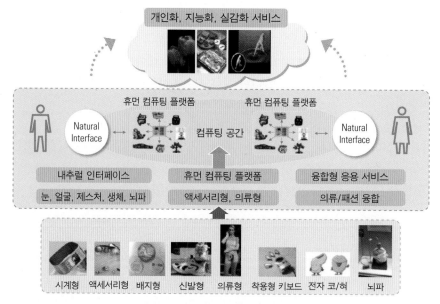

[그림 1-10] 휴먼 컴퓨팅 개념도

휴먼 컴퓨팅은 별도의 학습 없이 인간 본성과 어울려 상호작용하며, 의사소통의 효율성과 자연성을 극대화시키고, 언제, 어디서나 사용자 요구에 반응할 수 있다. 또한 컴퓨팅 기능이 고도 분산 환경에서 다양한 기종의 기기와의 통합, 관리, 상호 연동을 위한 가상화와 협업 기술로 발전하고 있다. 이러한 기술의 발전으로 [그림 1-11]과 같이 사용자의 이동성과 휴대성, 편의성이 극대화되고 있다. 따라서 기기의 소형화, 기능 세분화 및 착용화로 인간 친화적인 정보 서비스 환경과 에이전트 소프트웨어에 의한 지능화, 인간의 오감 정보 메커니즘을 이용한 실감화 추세로 발전되어 궁극적으로는 내추럴 UI 수준으로 발전할 것이다.

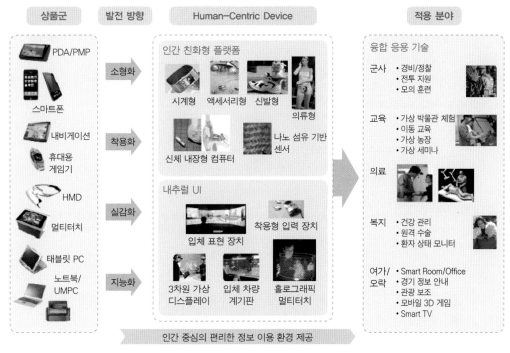

상품군	발전 방향	Human-Centric Device	적용 분야

상품군
- PDA/PMP
- 스마트폰
- 내비게이션
- 휴대용 게임기
- HMD
- 멀티터치
- 태블릿 PC
- 노트북/ UMPC

발전 방향
- 소형화
- 착용화
- 실감화
- 지능화

Human-Centric Device

인간 친화형 플랫폼
- 시계형
- 액세서리형
- 신발형
- 의류형
- 신체 내장형 컴퓨터
- 나노 섬유 기반 센서

내추럴 UI
- 입체 표현 장치
- 착용형 입력 장치
- 3차원 가상 디스플레이
- 입체 차량 계기판
- 홀로그래픽 멀티터치

인간 중심의 편리한 정보 이용 환경 제공

적용 분야

융합 응용 기술
- 군사
  - 경비/정찰
  - 전투 지원
  - 모의 훈련
- 교육
  - 가상 박물관 체험
  - 이동 교육
  - 가상 농장
  - 가상 세미나
- 의료
- 복지
  - 건강 관리
  - 원격 수술
  - 환자 상태 모니터
- 여가/ 오락
  - Smart Room/Office
  - 경기 정보 안내
  - 관광 보조
  - 모바일 3D 게임
  - Smart TV

[그림 1-11] 휴먼 컴퓨팅의 적용 분야

6) 인지 컴퓨팅

인지 컴퓨팅(Cognitive Computing)은 인간처럼 작동하는 컴퓨팅 기술로 IBM은 미래를 대비한 가장 중요한 전략 중의 하나이며, 전통적인 협의의 관점에서 인공지능보다 더 포괄적인 것으로 보고 있다. 눈에 띄는 성과는 세계 최고의 퀴즈쇼에서 우승한 왓슨(Watson)이다. 슈퍼컴퓨터인 왓슨은 2011년 2월 16일, 미국 ABC의 인기 퀴즈쇼인 제퍼디(Jeopardy)에서 퀴즈의 달인들을 압도적인 차이로 물리치고 우승하였다.

컴퓨터는 끊임없는 발전과 성능 향상에도 불구하고 50여 년 전의 계산 모델과 프로그래밍 방식에서 크게 벗어나지 못하고 있다. 반면, 인간의 뇌는 세상에서 가장 복잡한 컴퓨터로 적은 에너지를 사용하여 불확실성 속에서도 빠르고 정확하고 안정적으로 복잡한 작업을 수행할 수 있다. 뇌라는 인지 컴퓨터는 경험으로부터 동적인 상관 관계를 찾아내 가설을 세우고 예측하고 의사 결정하고 결과를 기억하며 끊임없이 학습한다.

뇌 구조의 발달과 학습 과정을 보면 뇌는 물리적인 제약 조건하에서 신경계 가소성을 기반으로 자기 조직을 통해 문제 해결 전략을 습득한다. 이것은 프로그래밍 방식의 문제 해결 전략과는 상당히 다르다. 따라서 뇌처럼 불확실성 속에서도 빠르고 안정적인 의사 결정을 할 수 있는 컴퓨터를 만들려면 뇌와 같은 조직 원리와 정보 처리 구조를 닮은 컴퓨팅 방식을 구현하는 것이 중요하다.

데이비드 마(David Marr)는 정보 처리 시스템 분석 과정을 [표 1-2]와 같이 계산 단계, 알고리즘 단계, 구현 단계로 구분하였다. 이로써 소프트웨어와 하드웨어가 상대방의 제약을 받지 않고 서로 독립적으로 발전하게 되었다.

[표 1-2] 정보 처리 시스템의 분석 과정

과정	주요 역할
계산 단계	• 시스템이 무엇을 수행하는가? • 무슨 문제를 해결하거나 극복하려고 하는가? • 왜 그렇게 하는가?
알고리즘 단계	• 일을 어떻게 수행하는가? • 어떤 표현(representation)을 이용하며, 이 표현을 구성하고 조작할 때 무슨 과정을 거치는가?
구현 단계	• 이 시스템은 물리적으로 어떻게 실현되는가? • 어떤 신경계의 구조와 활동이 그 과정을 구현하는가?

인지 컴퓨팅 기술은 [그림 1-12]와 같이 딥 러닝 기술의 성공에 힘입어 뇌처럼 동작하는 컴퓨팅 기술을 확보하는 데 집중하고 있다.

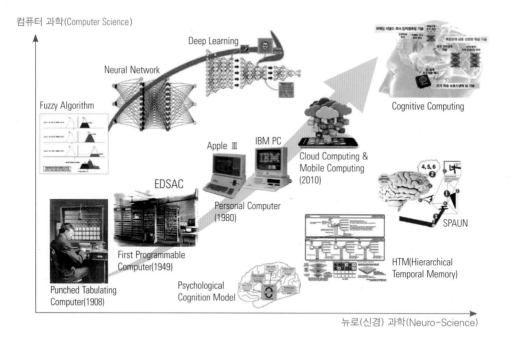

[그림 1-12] 뉴로시냅틱 인지 컴퓨팅 시대로의 진화

인지 컴퓨팅은 지능형 시스템의 필수 기반 기술이 될 것이다. 현재 구글, 마이크로소프트, 페이스북 등에서 음성/영상 검색에 적용·시도되고 있으며, 앞으로 고도의 지능 서비스로 발전·확산될 전망이다.

7) 감성 컴퓨팅

감성 지능이란 감성을 인식하고 표현하며 감성을 가질 수 있는 능력을 의미한다. 감성 컴퓨팅(Affective Computing)은 인간과 컴퓨터가 교감하는 감성 기반의 지능형 컴퓨팅 기술로 컴퓨터에 인간의 감성을 인지시키고 학습과 적용을 통해 인간의 감성을 처리함으로써 인간과 컴퓨터의 효율적인 상호작용을 가능하게 한다. HCI(Human-Computer Interaction)나 UX(User Experience), 나아가 유비쿼터스 컴퓨팅의 등장이 대표적인 예이다.

감성 컴퓨팅이라는 용어는 매사추세츠 공과대학교(MIT) 미디어랩의 로잘린드 피카드(Rosalind Picard) 교수가 1995년 MIT 테크니컬 리포트에서 최초로 사용하였다.

가트너(Gartner)는 2016년에 [그림 1-13]과 같이 기술 수준을 분석하는 하이프 사이클(Hype Cycle)에서 감성 컴퓨팅의 수준을 분석하였다.

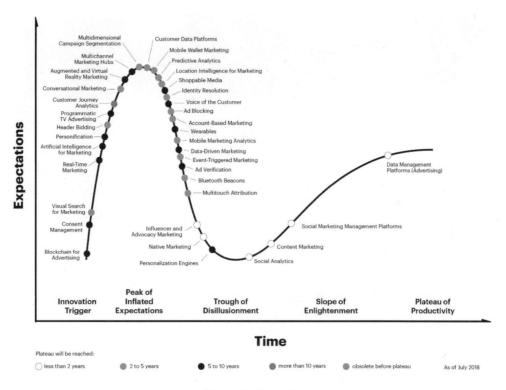

[그림 1-13] 2018년 신기술 하이프 사이클

2019년 1월 8일, 미국에서 열린 '국제전자박람회(CES 2019)'에서 기아자동차는 '감성 주행'을 핵심어로 내세워 자동차 운전자의 감정을 인식하여 주행 환경 등을 조성하는 기술인 'R.E.A.D. 시스템(Real-time Emotion Adaptive Driving System)'을 선보였다. 운전자가 핸들을 잡으면 R.E.A.D.가 자동으로 활성화되어 운전자의 표정과 생체 정보(표정, 심장 박동 등)를 읽는다.

이를 AI가 분석해 운전자의 기분을 파악한다. R.E.A.D.는 운전자의 감정을 최적화하기 위해 조명, 음향, 조향, 온도 등 실내 공간의 분위기를 조성한다.

스타트업 '네우로데이터 랩(Neurodata Lab)'은 [그림 1-14]와 같이 로봇 제조 회사 '프로모봇(Promobot)'과 제휴해서 사람의 기분을 파악하는 로봇을 시연하였다.

〈출처: https://www.youtube.com/watch?v=K9AUUfMNtvM〉

[그림 1-14] 감성 로봇

감성 컴퓨팅은 사람의 소통에서 비언어가 차지하는 비중이 높은 점에 착안해 등장한 것으로 보인다. 인간의 감정을 인지, 해석, 처리할 수 있는 시스템과 장치 설계와 관련된 인공지능을 연구하고 개발하는 분야이며, 컴퓨터 과학, 심리학, 인지 과학 분야에 걸쳐 있다.

감성 컴퓨팅은 크게 네 가지 방식으로 사람의 감정을 파악할 수 있다.

① 사람의 표정을 인식해 분석하는 방법

사진, 영상 속의 인물 이미지를 분석해 감정을 파악할 수 있다.

② 음성으로 감정을 분석하는 방법

음성의 높낮이, 억양, 어휘 등을 종합적으로 분석해 감정을 파악하는 방법이다. 이스라엘의 스타트업 기업 '비욘드 버벌(Beyond Verbal)'은 사람의 음성을 분석해 감정을 파악하는 프로그램을 개발하였다.

③ 사람의 행동으로 감정을 파악하는 방법

인텔의 '리얼 센스(Real Sens)'는 사람의 움직임을 적외선 카메라로 인식하여 감정을 파악할 수 있다. 벨기에의 스타트업 기업 '소프트키네틱(Softkinetic)' 또한 3차원 카메라를 이용하여 사람의 몸짓을 분석해 감정을 파악하는 프로그램을 개발하였다.

④ 생체 신호로 기분을 파악하는 방법

생체 신호는 뇌파, 호흡, 심장 박동 등이 해당되는데 MIT의 미디어랩은 다양한 방법으로 생체 신호를 통한 감성 컴퓨팅 기술을 개발하고 있다. 바이오에센스(BioEssense)는 목에 거는 웨어러블 기기로 심장 박동수를 분석해 기분을 파악하고 스트레스가 인지되면 아로마 향을 뿌려 스트레스를 낮추어준다. IBM은 '톤 애널라이저(Tone Analyzer)'라는 기술로 사용자의 글 내용을 분석해 감정을 파악하고 있다.

사람의 행동으로 기분을 파악하는 기술은 생각보다 쉽지 않기 때문에 감성 컴퓨팅을 상용화하기까지는 다소 시간이 걸릴 것이다. 그러나 최근 AI의 급부상은 감성 컴퓨팅 기술 수준을 빠르게 향상시키고 있다.

2 사회 패러다임의 변화

사회 변화는 기술의 변화와 밀접한 관련이 있으며, 도구의 발명과 기술의 혁신은 사회 패러다임 변화의 핵심 요인이다.

1 인류 역사의 변화

산업 혁명으로 촉발된 산업 사회는 노동 집약적인 대량생산을 통해 급속하게 성장하였다. 정보 기술의 보급은 이러한 산업 사회의 생산 양식을 지식 집약 방식으로 전환하고, 효율적 사회 구성을 추구하여 새로운 지식 정보 사회의 패러다임을 형성하였다. 또한 ICT 융합 기술을 통해 감성 사회로, 즉 정보가 생산, 수집, 공유되는 인간 중심의 초연결(Hyper-Connect) 혁명이 미래 패러다임으로 떠오르고 있다. 이같이 인류의 역사는 기술의 발전, 사회적 가치의 변화 등에 따라 [그림 1-15]와 같이 패러다임이 변화되고 있다.

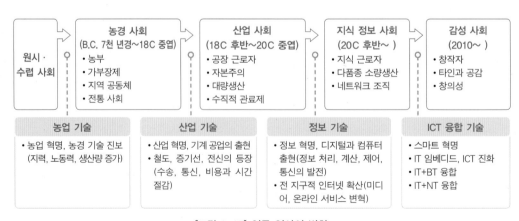

[그림 1-15] 인류 역사의 변화

가 농경 사회

농경 사회는 부족 공동체를 중심으로 농작물을 경작하고 가축의 사육이 가능해지면서 본격적으로 시작되었다. 농경 사회에서는 인간의 기초적 노동력을 바탕으로 자연재해를 극복하기 위한 다양한 방법들이 개발되고, 이러한 시대적 상황에 맞게 육체적 근면성이 가장 중요한 핵심 덕목이 되었다.

나 산업 사회

산업 혁명은 인류의 역사를 농업 사회에서 산업 사회로 변화시켰다. 이 시기에는 기계적 기술을 바탕으로 대량생산 체계가 이루어졌고, 이를 통해 인류는 배고픔과 가난에서 벗어날 수 있게 되었다. 산업 사회에서는 정해진 시스템하에서 매뉴얼대로 정확하게 반복적으로 일을 수행할 수 있는 숙련된 공장 노동자들의 역할이 매우 중요하였다. 따라서 노동자들은 오랫동안 기술을 익히기 위해서 훈련을 받았으며, 근면과 성실한 태도가 주요 덕목이었다.

다 지식 정보 사회

지식 정보 사회는 컴퓨터의 등장, 정보 기술(Information Technology)의 발전에 따라 지식과 정보가 사회의 가장 핵심적인 자원이 되었으며, 이를 공유하고 개방하는 것이 사회적 가치로서 중요하게 여겨졌다. 이 사회는 탈산업 사회로 산업 혁명 이후 20세기 중반까지 이어지던 산업 사회가 지나가고, 고부가 가치의 서비스 산업과 첨단 기술 산업의 발전이라는 특징을 보인다. 또한 자본과 에너지 대신 정보와 지식이 부를 창출하는 자산이 되었고, 나아가 첨단 기술의 발달로 부를 창출하는 방식이 육체 노동에서 지식 노동으로 바뀌었다.

그러나 지식 정보 사회의 개념은 교육 분야에서 훨씬 더 풍부한 의미를 지니며, 현대 사회를 학습자 자신이 주도적으로 배우는 법을 아는 것이 중요한 평생 학습 사회로 이끌고 있다. 지식 정보 사회에서는 지식도 기존의 사실적 지식 중심의 교수에서 과정적 지식, 인과적 지식, 관계적 지식을 습득하는 것으로 이를 통해 정보를 비판적으로 선택 가공할 수 있다.

지식 정보 사회에서 중요한 핵심 가치 중의 하나는 '지식(knowledge)'이며, 지식을 활용하여 부가가치를 창출하는 무형의 지식이 결정적 가치가 될 것이다. 정보와 지식을 기반으로 한 탈자본주의 사회 또한 '지식 사회(Knowledge Society)'로 더 이상 자본이나 천연자원, 노동력이 기본적인 경제적 자원이 아니며, 가치는 생산성과 혁신에 의해 창조되는데 생산성과 혁신은 직업에 지식을 적용한 결과라고 할 수 있다.

미래 학자 앨빈 토플러(Alvin Toffler)는 "미래 사회의 부를 창출하는 경제적 핵심 자원은 지식이며, 지식을 습득하는 능력이 곧 새로운 부의 창출과 성공의 원천이 된다."라고 주장하여 이를 뒷받침하고 있다.

라 감성 사회

정보 기술은 유비쿼터스 기술(Ubiquitous Technology)과 융합되고, 사물조차도 지능을 갖게 되는 스마트 기술로 급속하게 변화하고 있다. 따라서 공유와 개방의 정보 사회 가치를 기반으로 인간 중심의 창의성과 유연성의 가치가 더욱 중요시되고 있다. 또한 변화의 흐름을 읽어내는 인식 능력, 상황에 따라 다변적으로 대처할 수 있는 유연한 사고 및 새로운 사회의 모습을 반영한 역량 등이 필요하게 되었다.

인간의 감정은 모든 경제활동을 촉발시키는 원천이 될 뿐만 아니라, 모든 인간관계의 연결고리이다. 따라서 감성 사회에서는 인간 감정을 중심으로 일자리가 마련될 것이고, 인간의 창의력을 촉진시키는 근원이 되며, 모든 지식 창출의 토양이 될 것이다.

2 현대 사회의 변화

현대 사회는 빠르게 변화하고 있으며, 최근의 변화 속도는 과거 동일한 기간의 변화 속도보다 급격하게 빨라지고 있다. 이러한 급격한 변화로 우리가 당연하게 생각하였던 기존의 패러다임들이 무너지고 있다. 정보 기술의 급속한 발전은 '고든 무어(Gordon Moore)의 법칙'이잘 보여 주고 있다. [그림 1-16]은 반도체에 들어가는 트랜지스터의 수를 나타낸 것으로 이곡선에서 변곡점은 2007년을 전후로 확인된다.

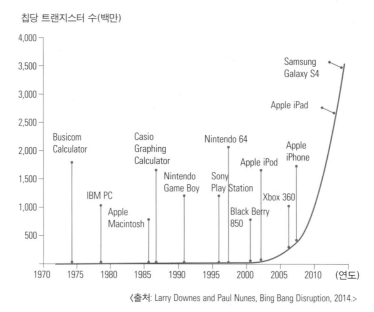

〈출처: Larry Downes and Paul Nunes, Bing Bang Disruption, 2014.〉

[그림 1-16] 무어의 법칙에 따른 데이터 저장량의 성장

반도체 산업의 선구자 중 한 사람이었던 고든 무어는 컴퓨터 칩이 약 18개월마다 성능이 두 배씩 강력해지는 반면, 가격은 반으로 떨어진다고 주장하였다. 이러한 현상은 성능뿐만 아니라, 네트워크 속도, 데이터 저장 등 정보 기술의 다양한 분야에 걸쳐 동시에 진행되고 있다. 정보 기술 분야의 종사자 수는 급증하고 있고, 기술 영역도 넓어지고 있으므로 새롭게 등장하는 정보 기술의 종류도 매우 다양해지고 있다. 정보 기술을 수용해야 하는 일반 사용자나 관련된 지식을 배워야 하는 학자나 학생들의 입장에서 보면 정보 기술의 발전이 따라잡기 힘겨울 정도로 빠르게 이루어지고 있는 것이다. 이같이 짧은 기간 동안에 기술 혁신이 계속 일어남으로써 나타나는 현상 중의 하나가 서로 다른 정보 기술들의 다양한 결합이다. 라디오와 휴대폰, 텔레비전과 휴대폰, 인터넷과 휴대폰, 인터넷과 위성통신, 인터넷과 방송, GPS(위치 측정 시스템, Global Positioning System)[1]와 TRS(주파수 공용 무선 통신 시스템, Trunked Radio System)[2] 및 TRS와 전화 등의 결합이 그 예이다.

그러나 2016년에 지난 50년간 반도체 산업을 이끌었던 '무어의 법칙(Moore's Law)'이 폐기되었다. 무어의 법칙은 1년 6개월마다 반도체의 집적도가 두 배로 늘어난다고 하였으나 그 법칙을 주도하였던 인텔이 공정 전환 주기를 2년에서 3년으로 바꾼다고 발표하면서 사실상 종말을 맞게 된 것이다.

가 지식 생산의 가속화

21세기 정보 지식 문명은 디지털이다. 자동차는 물리적 거리를 줄였지만 디지털은 물리적 거리를 없애 주었다. 디지털화(자동화) 트렌드의 키워드는 융복합, 디지털웨어의 인간 대체, 선 없는(wireless), 즉각적 반응 등이라 할 수 있다. 21세기의 디지털화는 인간 문명을 개조하여 모든 일상과 문명, 산업이 디지털과 함께 진화하는 공진화이다. 앞으로도 불가능의 영역에 도전하는 디지털 혁명은 지속적으로 인간을 놀라게 할 것이다.

이러한 정보 기술의 발달은 당연히 정보 기술 자체에 관한 지식의 증가를 수반함은 물론, 사회 모든 분야의 지식을 증가시킨다. 최근의 정보 기술은 쌍방향적 성격을 띠고 있기 때문에 정보나 지식의 생산에 대중적 참여를 증가시키고 있다. 웹상에 개인 홈페이지나 블로그가 폭발적으로 증가하는 것이 이를 반증한다. 더구나 정보 기술은 인간에 의해서든 기계에 의해서든 정보 시스템에 일단 투입되면 정보와 지식의 생산을 크게 증폭시킬 수 있다. 최근 경영 관리에 사용되는 지식 관리 시스템(KMS; Knowledge Management System)이나 데이터 마이닝(Data Mining)이 좋은 예이다. 이처럼 정보 기술의 확산이 정보와 지식의 생산을 촉진한다는 사실은 분명하다. 이 점이 정보 기술이 다른 테크놀로지와 근본적으로 다른 측면이다.

---

[1] 자동차 항법 장치에 쓰이는 위치 측정 시스템이며, 지구상 어디에서나 자신의 위치를 100미터 이내의 오차로 알아낼 수 있는 첨단 시스템
[2] 서비스에 할당된 주파수 대역을 일정한 채널로 분할하여 여러 명의 사용자가 채널별로 접속하여 통신하는 시스템

정보 사회에서 정보 기술의 발달로 한 사회가 갖는 지식의 양은 비약적으로 증가하지만 그렇다고 하여 개인이 소화할 수 있는 지식의 양 또한 그만큼 늘어나는 것은 아니다. 그러므로 사회 전체가 보유한 지식의 양과 개인의 지적 소화력 간의 간격이 벌어질수록 각 분야의 전문가는 증가하지만 상대적으로 사회 전체를 포괄적으로 이해하거나 바라볼 수 있는 사람의 수는 적어진다. 이것은 정보와 지식의 증대로 사람들의 분석적 능력은 강화되지만 종합적 능력은 약해지고 사회가 감당해야 하는 새로운 위험성이 출현한다는 의미로 자연적 재앙뿐만 아니라, 제조된 위험(Manufactured Risk)까지 감수해야 한다.

정보 사회에서는 지식의 증가로 오히려 불확실성이 증가하기도 한다. 흥미로운 사실은 그럴수록 사람들은 정보와 지식에 더욱 매달리는 경향이 있다는 것이다. 이러한 상황은 사실적 정보에 대한 욕구 못지않게 해석적 정보에 대한 욕구가 높아짐을 의미한다. 사실적 정보는 넘쳐나지만 실제로 사람들은 그 정보를 삶의 불확실성을 줄이는 데 적절하게 사용하지 못하게 되는 것이다.

나 지식 수명의 단축

지식의 양이 폭발적으로 증가하면서 지식의 소멸 주기가 [그림 1-17]과 같이 매우 빨라지게 되는데 2020년에는 지식의 양이 73일을 주기로 두 배씩 증가할 것으로 예상하고 있다. 새로운 지식은 현재의 지식과 공존하는 것이 아니라, 기존의 지식을 대체하고, 조셉 슘페터(Joseph Schumpeter)의 말처럼 창조적 파괴를 지속적으로 일어나게 한다.

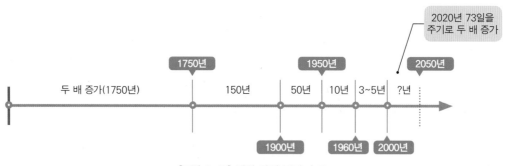

[그림 1-17] 지식 양의 증가 속도

이제 더 이상 대학에서 배운 지식을 가지고 평생 사용할 수는 없다. 이러한 경향은 정보 기술 분야에서 더욱 더 심각해지겠지만 다른 분야라고 해서 예외는 아니다. 컴퓨터 언어나 데이터베이스도 객체 지향으로 바뀌었으며, 특히 컴퓨터 통신 분야는 새로운 기술이 쏟아져 나오고 있다. 지식의 수명이 짧아진 결과, 평생 교육 또는 사회 교육이 일상화되고, 학교 교육을 마치고 직장에 나가는 선형적 인생 과정이 아니라, 인생 전반에 걸쳐 수시로 교육을 받아야 하는 비선형적 인생 과정이 되고 있다.

다 문화 산업의 확대

정보 기술의 확산으로 유연성(flexibility)이 증대되어 직업 세계뿐만 아니라, 경제 활동에도 커다란 영향을 미쳤다. 즉, 기계가 작업 내용을 신속하게 전환할 수 있게 되면서 하나의 생산 라인에서 색상이나 기능이 다른 여러 종류의 제품을 생산할 수 있게 된 것이다.

이처럼 상품과 서비스 생산이 유연해지자 좀 더 정신적인 가치를 추구하는 개성화가 강조되었다. 개성화는 차별화를 통해 타인의 인정을 받으려는 욕구와 더불어 자기실현의 의지가 표현된 것이다. 개성화의 흐름 속에서 개인은 나만의 것, 즉 차원 높은 자기만족을 꾀하기에 이른다. 개성화의 핵심 요소는 감성, 체험, 시간, 참여 등이다. 프리미엄 상품과 서비스에 돈을 아끼지 않는 소비자들이 늘어나는 배경도 바로 개성화에서 오는 결과이다.

정보 사회에서 문화는 단순한 취미나 소비 생활이 아니라, 그 자체가 거대한 산업이다. 영화, TV, 비디오, 대중음악, 캐릭터, 컴퓨터 게임 등 소위 콘텐츠 산업이 활성화되어 새로운 매력 사업으로 부상할 것이다. 이러한 점에서 정보 사회는 문화 산업 시대라고 말할 수 있으며, 문화 산업과 관련된 많은 직업과 일자리가 창출될 것이다.

라 높은 실업 사회

정보 기술의 발달이 직업 세계에 미치는 가장 중대한 결과는 높은 실업률에 있다. 정보 기술의 발달은 새로운 직업과 일자리를 창출하지만 기존의 직업과 일자리를 없애기도 한다. 제레미 리프킨(Jeremy Rifkin)은 노동의 종말을 예고하기까지 하였다. 정보 기술에 의한 자동화가 사회 전반에서 진행되면서 특별한 대책이 강구되지 않는 한 궁극적으로 기계가 대부분의 노동력을 대체할 것이라고 내다보고 있다.

3 미래 사회의 변화

미래 사회는 앨빈 토플러의 예측을 훨씬 뛰어넘어 보다 빨리, 보다 광범위하게 변화할 것이며 그 영향력도 더욱 커질 것이다. 이것은 곧바로 교육의 패러다임 변화를 요구하므로 지금과는 다른, 좀 더 새로운 능력을 갖춘 인재를 필요로 한다. 미래에도 정보 기술은 여전히 사회를 이끌어 갈 원동력으로 사회 구조를 결정하는 중요한 역할을 할 것이다.

가 미래 사회의 특징

일부 학자들은 이미 감성 사회로 접어들었다고 한다.

다니엘 핑크(Daniel H. Pink)는 논리적이고 선형적 능력과 함께 컴퓨터와 같은 디지털 능력을 요구하는 정보화 시대는 창조의 능력, 공감하는 능력, 큰 그림을 그리는 능력 등을 필요로 하는 하이콘셉트(High-Concept)의 시대, 즉 감성 사회로 천천히 이동한다고 한다.

감성 사회에서는 문화, 예술, 디자인 등이 중요하게 부각되며, 지능화, 창의의 새로운 가능성을 통해 인간 중심, 자연 친화, 가치 지향, 감성 중심 등 기존과 다른 새로운 가치를 추구한다. 이러한 미래 사회의 특징을 [표 1-3]과 같이 UN 미래 포럼의 제롬 글렌(Jerome C. Glenn)은 가상 현실 사회로, 조지워싱턴 대학의 윌리엄 할랄(William E. Halal)은 인공지능 사회로, 드림 컴퍼니의 롤프 옌센(Rolf Jensen)은 드림 소사이어티(Dream Society)로 제시하였다.

[표 1-3] 미래 학자가 전망한 미래 사회의 특징

미래 모습	주요 전망
가상 현실 사회 (제롬 글렌)	• 2025년에는의 '사이버 나우(Cyber Now)'가 상용 • 모든 사람이 '사이버 나우(Cyber Now)'라 불리는 특수 콘택트렌즈와 특수 의복을 통해 24시간 사이버 세상과 연결 *사이버 나우: 24시간 실시간으로 인터넷에 연결된다는 의미
인공지능 사회 (윌리엄 할랄)	• 2030년쯤 되면 로봇과 인간이 공존하는 시대가 오고, '인공지능'을 통한 3차원 세계로 나아갈 것임. • 앞으로는 가치나 목표, 지각이 중요한 '영감(inspiration)의 시대'가 될 것이고, 그에 따라 많이 알고 있는 것보다 알고 있는 것을 바탕으로 내리는 선택이 핵심 경쟁력이 될 것임.
드림 소사이어티 (롤프 옌센)	• 미래는 아이디어와 가치의 전쟁 • 이성, 과학, 논리가 지배하는 시기를 벗어나 상상력과 감성이 더 중요한 '드림 소사이어티(Dream Society)'로 진입 • 인간은 지적이거나 미적인 대상들을 통해 자신의 정신적 성숙을 업그레이드시킴. • 산업 사회의 잔재인 넘쳐나는 공급과 정보 사회의 장점인 풍부한 정보는 까다로운 소비자를 만들어 내고, 이에 부응하기 위해 기업은 상품과 서비스에 감성적 가치를 더해야 함.
하이콘셉트/하이터치 (다니엘 핑크)	• 논리적·선형적 능력이 중시된 '정보화 시대'에서 점차 창의성, 감성, 직관이 중시되는 '개념의 시대'로 이동 • 예술적·감성적 아름다움을 창조하는 하이콘셉트, 공감을 이끌어 내는 하이터치 능력을 갖춘 인재가 필요
프로슈머 경제 (앨빈 토플러)	• 제3의 물결(정보 사회)이 심화되면서 부의 기반인 시간, 공간, 지식에 큰 변화가 옴에 따라 이 기반을 선도하는 사람이나 기업이 미래의 부를 지배할 것임. • 이러한 변화를 가장 잘 반영한 프로슈머(Prosumer)가 앞으로 경제 체제를 더욱 혁신적으로 바꾸고 폭발적 부를 창조할 것임.

미래 학자들이 전망한 미래 사회의 특징을 살펴보면 [그림 1-18]과 같이 정보 사회가 발전하여 당면한 현안 문제를 해결하고, 감성과 창의 등 새로운 가치가 중요시되는 인간 중심 사회로 전환하게 된다는 공통점을 가지고 있다. 인간 중심 사회(Human-centered Society)란 정보 기술의 따뜻함이 사람의 마음을 편안하게 해주고, 풍요로운 생활을 보장하며, 모든 사람을 이롭게 하는 사회를 말한다. 또한 모든 사람이 언제 어디서나 공평하게 편리한 서비스를 받을 수 있고, 다양성을 아우르고 포용할 수 있는 인본주의 사회를 의미한다.

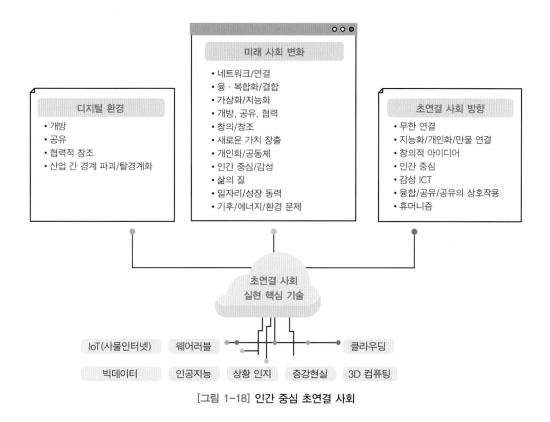

[그림 1-18] 인간 중심 초연결 사회

미래 사회는 모든 것이 연결되어 서로 경계가 없이 융합해 창조적 서비스를 만들어 내는 초연결 사회가 될 것이다. 상호 협력을 통해 우리가 원하고 상상하는 미래를 만들어 나가는 초연결 사회에서는 국가, 기업, 개인의 독자적 성공이 어려운 만큼 공유 및 협력을 위한 신뢰가 최우선 가치로 부각될 것이다. 이러한 사회에서는 개인과 개인, 소비자와 기업, 국민과 정부 등의 관계가 재정립되고, 정해진 규칙과 계획에서 벗어나 변종을 뿌릴 수 있는 토양 위에서 창의력이 발휘되며, 첨단 기술이 인간의 창의와 안전 및 풍요로움을 만드는 수단으로 활용될 것이다.

나 미래 사회에 대한 대비

미래의 학교 교육은 교육 방식과 교사의 역할, 학교 형태 등 학교 패러다임 자체가 획기적으로 변화해야 한다. 이를 위한 구체적인 방안은 다음과 같다.

첫째, 공간과 영역, 산업과 서비스의 파괴적 혁신으로 초경쟁 시대가 되기 때문에 남들과 다른 가치를 창출할 수 있는 창조적 역량이 필요하다.

둘째, 다원화와 개인화로 일어날 수 있는 갈등을 최소화하기 위해 조정 절차를 마련하고, 사회적 균형을 유지하기 위해 사회 통합과 질서 확립이 요구된다.

셋째, 인간의 감정, 건강, 생활 환경에 밀접하게 영향을 미치는 기술 환경은 기회와 위협이 공존하므로 국민적 공감대 형성과 부작용 최소화를 위한 노력이 필요하다.

넷째, 사회 전반의 네트워크화로 온·오프라인의 경계가 모호해짐에 따라 사이버 환경과 현실 세계의 신뢰가 통합적으로 보장되어야 한다.

미래 사회에서 정보 기술은 여타 과학 기술 영역에서의 혁신 도구와 기존 산업의 부가가치를 향상시키기 위한 촉매제로 활용되고, 다른 산업과의 융합을 이끌어 신생 산업의 산파 역할을 하며, 정부·사회 공동체의 핵심적인 요소가 될 것이다.

다 미래 직업에 대한 대비

개인, 사회, 산업의 발달과 구조 변화 속에서 생긴 새로운 직업은 여러 가지 요인과 맞물려 비중 있는 직업으로서 각광을 받으며 수요가 늘어나 성장하거나 더욱 발전하여 관련 직업으로의 직업 분화가 이루어질 것이다. 물론, 새로 생긴 직업들이 모두 지속적으로 성장하는 것은 아니며 시대적 필요성과 동떨어진 직업들은 자연스럽게 사라질 것이다.

1) 직업의 경쟁력

경쟁력 있는 직업들은 시대 변화에 따라 모습을 달리하며 새로운 경제 체제에 적응해 간다. 때로는 직무가 분리되거나 통합되는 등 직업 내에서 자체적 변화가 일어나기도 한다. 직업이 언제, 어떻게, 어떤 목적으로, 누구에 의해 생겨났다 사라졌는가는 매우 복잡하고 어려운 문제이며, 관점에 따라 다르게 해석될 수 있다. 특히 발생 시기나 소멸 시기를 명확히 규정하기가 매우 어렵다. 정보 기술과 소프트웨어의 발달로 더욱 많은 분야에서 기계로 인간의 일들을 대체하고 있으며, 인간과 기계와의 일자리 경쟁은 제조업에서 서비스업으로 빠르게 이동하고 있다. 최근에는 고도의 전문인의 손길이 필요하였던 의학 진단과 수술, 회계 업무나 법률 서비스 영역도 기계나 소프트웨어에 의해 빠르게 잠식되고 있다. 따라서 사회 변화 과정에서 자신의 경쟁력을 확보하기 위해서는 그 시대를 대표하는 정보 기술을 습득하여 경쟁력 있는 직업을 선택해야 한다.

경쟁력 있는 직업은 다음과 같은 특징을 가지고 있다.
첫째, 시대 흐름, 과학 기술의 발달, 근로자 감원, 자동화 등 환경 변화에 능동적이다.
둘째, 직업 전환이 용이하고, 신기술이나 신지식 습득이 유리하다.
셋째, 지식과 정보의 축적이 가능하고, 현실적으로 재화 창출이 가능하다.
넷째, 새로운 경제 체제의 직업으로서 조화롭고, 근로자의 성취욕이 높다.
다섯째, 육체 노동과 정신 노동의 조화 또는 정신 노동으로의 전환이 가능하다.

2) 기술 융합과 직업

사회 구조의 변화와 정보 기술의 발전은 직업 세계에 직접적인 영향을 미친다. 정보 기술 혁명으로부터 촉발된 융·복합 기술은 최근 통신과 방송을 넘어 자동차, 기계, 조선, 건설 등 전통적인 제조 산업부터 서비스 산업까지 모든 분야와 그 관련 직업에 적용되고 있다.

디지털 시대의 기술 융합은 [표 1-4]와 같이 기술과 기술, 기술과 기존 산업이 정보 기술과 융합되면서 새로운 가치를 창조하고 있으며, 나아가 기업의 가치 변화와 산업 구조까지 재편하는 등 다양한 변화를 촉진시키고 있다.

[표 1-4] 기술 융합의 사례

융합 형태	기반 기술	융합 사례	융합 형태	기반 기술	융합 사례
기술 + 기술	IT+NT IT+BT NT+BT	• 차세대 디스플레이 • 분자 일렉트로닉스 • 차세대 메모리 • U-헬스케어 서비스 • 의료 정보 시스템 • 바이오 인포맥티스 • 지능형 약물 전달 시스템 • 세포 치료 및 재생 의료 • 나노-바이오 소재 개발	기술 + 산업	IT+산업 HT+산업 GT+산업	• 의료 관광 • 에너지 신소재 • 환경 친화적 자동차 • U-시티(U-city) • 스마트 관광 • 에듀테인먼트 • e-book • 전자 무역 • 보험 처리 • 디지털 종이

산업과 서비스들이 융·복합하는 스마트 시대에는 핵심 스마트 기술을 이해하고, 이를 기반으로 진화 발전된 새로운 비즈니스 모델을 구현하는 스마트 근로자의 등장이 예상된다. 따라서 다양한 정보 기술을 접목한 융·복합 콘텐츠들의 출현 속도가 가속화될 것이다. 또한 저출산 현상이 장기화되어 교육 서비스에 대한 수요 감소가 우려되지만 개개인의 특성에 맞는 차별화된 교육에 대한 욕구가 증대되어 새로운 스마트 교육 시장이 상당 부분을 차지하게 될 것이다. 아울러, IT 융합 기술은 전통 산업을 지원하고, 미래 생활과 농수산, 에너지 분야에서 새로운 시장을 창출하고, 이것을 선도할 수 있는 기술적 진화를 이루며, 감성 문화가 접목된 사용자 참여형 제품과 새로운 일자리 창출, 고부가 가치화, 생산성 향상 등 미래의 지속적인 성장 엔진으로 부상할 것이다.

이 같은 IT 융합 기술은 기술 간 융합으로 궁극적으로 산업 간에, 서비스 간에 융합을 유발하여 경제와 산업 전 분야에 걸쳐 막대한 변화를 가져올 것이다.

한 예로, IT(정보 기술, Information Technology), BT(생명 기술, Biology Technology), NT(나노 기술, Nano Technology) 등의 기술이 융합된 U-헬스케어(U-healthcare) 서비스는 [그림 1-19]와 같이 의료 서비스의 질적 향상, 사용자의 의료비 부담 감소, 병원을 이용하기 위한 시간 절약, 예방과 조기 진단을 통한 건강 관리 등 다양한 효과를 가져올 것이다. 또한 저출산 고령화 사회에서 새로운 일자리를 창출하는 데 기여할 것이다.

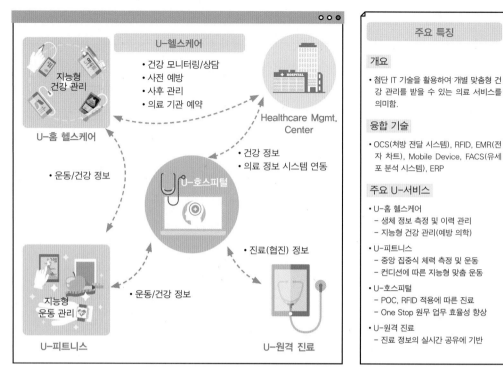

[그림 1-19] U-헬스케어 서비스

3) 유망한 직업

미래에 대한 불확실성이 증가하고, 기술 발전과 기업의 고용 불안정이 심화되면서 미래의
유망한 직업에 대한 관심이 높아지고 있다.

인간은 기술이 있어야 토지와 노동, 자본과 같은 자원을 재화와 서비스로 전환할 수 있다.
특히 융합 분야는 기술 혁신이 급격히 일어나 신기술로 인한 기존 직업의 소멸 및 변형과 새
로운 직업의 탄생이 빈번하다. 앞으로도 융합 시장은 지속적으로 확대될 것이며, 이에 따라 융
합과 관련된 직업의 종류 또한 증가할 것이다.

교육부나 고용노동부 등 주요 기관에서 선정한 미래의 유망 직업은 [표 1-5]와 같다.

[표 1-5] 미래의 유망한 직업

선정 기관	미래 유망 직업
교육부	데이터마이너(데이터 과학자), 인터넷 보안 관리자, 화이트 해커, 증강현실 관련 프로그래머, 로봇 관리자, 탄소 배출권 거래중개사, 홀로그램 전문가, 의료 관광 코디네이터, 동물 간호사 등 200여 개
고용노동부	소셜 미디어 관리 전문가, 디지털 장의사, 빅데이터 전문가, 탄소 배출권 중개사, U-헬스 전문가, 인공지능 전문가, 홀로그램 전문가, 기후 변화 전문가 등 100여 개
한국고용정보원	오감 인식 기술자, 인공 장기 조직 개발자, 탈부착 골근격 증강기 연구원, 국제 인재 채용 대리인, 사물데이터 인증원, 기억 대리인, 데이터 소거원, 아바타 개발자, 도시 대시보드 개발자 등

보프스	소프트웨어 개발자, 시장 조사 연구원, 웹 개발자, 물류 전문가, 데이터 베이스 관리자, 정보 보안 분석가 등
옥스포드	치료사, 정비공/수리공/설치공, 사회복지사, 외과의사, 전문의, 영양사, 안무가, 심리학자, 초등학교 교사, 관리자, 상담교사, 컴퓨터 시스템 분석가, 큐레이터, 운동 트레이너 등
워싱턴 포스트	정보 보안 전문가, 빅데이터 분석가, 인공지능 및 로봇 공학 전문가, 모바일 장치용 프로그램 개발자, 웹 개발자, DB관리자, 비즈니스/시스템 분석가, 윤리학자, 엔지니어, 회계사, 변호사, 금융 컨설턴트, 프로젝트 매니저, 전문의, 간호사, 약사, 물리치료사, 수의사, 심리학자, 교사, 영업 담당자와 건설노동자(특히 벽돌공과 목수) 등

한 예로, 도시 대시보드 개발자는 사물인터넷(IoT; Internet of Things)의 급격한 발전과 도시화의 진전에 따라 향후 넘쳐나는 도시의 정보를 한눈에 볼 수 있도록 종합적으로 보여 주는 일을 한다. 대시보드는 다양한 데이터를 동시에 비교하고 모니터링 할 수 있도록 하나의 공간에 표시된 여러 워크시트 및 지원 정보 모음을 말한다. 도시 대시보드 개발자가 되기 위해서는 정보, 디자인 및 기획, 웹사이트 개발에 정통해야 하므로 정보 공학, 디자인, 심리학, 컴퓨터 공학, IT 관련 전문 지식이 필요하다.

[표 1-5]에서 보듯이 미래에 유망한 직업들을 살펴보면 거의 모든 분야에서 컴퓨터를 활용하고 있다. 따라서 각 분야에서 문제들을 해결할 때 컴퓨터를 활용할 수 있도록 구체화할 수 있는 사고 능력이 필요하다. 이것이 소프트웨어 교육이 절실히 필요한 이유이다.

3 소프트웨어의 변화

1946년 컴퓨터의 출현 이후 소프트웨어는 과학 및 기술, 비즈니스 등 여러 분야에서 생산성 향상과 산업 고도화 및 미래 경쟁 우위 선점의 핵심 요소로 그 중요성을 더해가고 있다.

1 소프트웨어의 중요성

소프트웨어는 창의력과 상상력 기반의 창조 지식의 창출 도구인 동시에 제품 고도화와 서비스 혁신의 핵심 가치로 새로운 패러다임의 주역으로 등장하였으며, 소프트웨어 경쟁력을 갖춘 기업이 IT 시장을 주도하는 추세로 변화하고 있다.

가 소프트웨어의 발달사

1940년대에 세계 최초의 컴퓨터인 에니악(ENIAC)이 등장한 후 소프트웨어는 대부분 개별적인 시스템에서 동작될 수 있는 주문형 방식으로 제작되었다. 이후 각 기업을 중심으로 컴퓨터의 보급 및 활용이 꾸준하게 증가하였지만 개별적인 소프트웨어의 판매는 미미한 수준으로 하드웨어를 구매하면 무료로 끼워주는 상품 정도에 불과하였다.

그러나 PC가 본격적으로 보급된 1980년대와 '90년대를 거치면서 소프트웨어는 본격적으로 상품으로 유통되기 시작하였고, 하드웨어 기술이 빠르게 범용화되면서 소프트웨어의 중요성이 대두되었다. 이에 따라 소프트웨어의 부가가치가 큰 폭으로 증가하고, 마이크로소프트사와 같은 새로운 소프트웨어 기업이 IT 시장의 강자로 부상하였다.

2000년대에 인터넷의 폭발적인 보급과 더불어 소프트웨어는 기존의 컴퓨터를 넘어 다양한 기기에 적용되었다.

이후 이동 통신 등 새로운 기술 패러다임의 등장으로 오늘날 IT 산업에서 하드웨어보다 더 높은 비중을 차지하게 되었다.

나 소프트웨어의 영향력

소프트웨어는 산업 패러다임 변혁을 이끄는 방아쇠(trigger)와 같은 존재로 21세기 산업 경쟁력 강화와 ICT 기반의 융합화, 나아가 디지털 제조 혁명을 실현하는 핵심 요소로 산업에서 차지하는 비중과 중요도가 갈수록 높아지고 있다. 소프트웨어 산업은 양질의 일자리 창출 효과가 크며, 타 산업의 고부가 가치화를 선도하는 핵심 인프라이다.

휴대전화 1위 업체였던 노키아를 비롯해 모토롤라, 블랙베리가 경쟁력을 상실하게 된 주된 요인도 애플의 iOS, 구글 안드로이드에 비해 성능이 떨어진 운영 체제를 보유하였기 때문이다. 소프트웨어는 산업의 ICT화, 융합화 실현의 핵심 부품으로 제조업과 서비스업 등 전 산업의 고부가 가치 실현과 경쟁력을 좌우한다.

소프트웨어는 제품의 지능화를 구현하는 역할을 하고 있다. 아마존은 경계를 사라지게 하였으며, 음악의 아이튠스, 판도라, 심지어 애니메이션의 픽사까지 소프트웨어 기업들이 업계를 지배하기 시작하였다. 게다가 MS와 오라클 같은 기존 소프트웨어 기업들까지 세일즈 포스 닷컴이나 안드로이드 같은 새로운 소프트웨어의 물결에 위협을 받을 정도이다. 특히 앞으로는 기존 업계의 강자와 소프트웨어로 무장한 후발 기업 간에 대결이 치열하게 벌어질 것이다.

소프트웨어는 우리 일상생활 깊숙이 스며들어 있다. 각종 기기의 중요 기능을 제어하는 데 사용되고 있으며, 소프트웨어의 오류는 시간, 돈 등 우리 삶의 손실로 이어지고 있다. 예를 들어, 2014년 한 이동 통신사의 네트워크 장애로 일부 이용자의 휴대전화가 5시간 넘게 불통되었고, 이로 인해 많은 고객들이 큰 불편을 겪었다.

2 소프트웨어의 발전 방향

그동안 소프트웨어는 시대적 요구와 문제 해결 방안으로 발전해 왔으며, 구체적인 발전 방향은 다음과 같다.

첫째, 시장 요구 변화를 수용하는 방향으로 발전한다. 초기 정보 활용의 기본적 요구는 자동화를 통한 생산성 향상 및 비용 감소, 과학 계산 능력의 향상, 기반 업무 및 개인 업무 생산성 개선 요구에 초점을 맞추었다. 인터넷 시대 이후에는 막대하게 생산되는 정보의 이용, 정보의 공유, 생산된 정보의 거래 등 새로운 비즈니스의 창출 요구로 통신 기기의 발달과 이동 간 또는 위치 기반으로 생성되는 정보의 수용 요구에 맞추어졌다.

이후 스마트폰의 출현과 발전으로 통신 기기의 정보 기기화로 진화하고 있다.

둘째, 사용자의 확대 방향으로 발전한다. 과거 정보기기의 사용자는 과학 기술자와 군사 전문가였으나 정보기기가 업무에 활용되기 시작하면서 전산 기술자와 전문직이 대상이 되었다. 또한 개인 생산성에 활용되면서 일반 사무직과 대학생 등으로 확대되었고, 인터넷 출현 이후 일반인 등으로 확대되고 있다.

셋째, 정보를 이용하는 시장의 요구에 따라 발전한다. 정보기기 활용의 극대화로 통신 기기의 기능과 사진, 촬영, 녹음 기능을 수행하는 기기와의 융·복합이 더욱 진행될 것이다. 가전 분야, 운수 산업, 의료 산업 등에서 사용되는 수단 매체가 과정 중에 얻어지는 가치 있는 정보를 활용하기 위해 정보 기기화하는 융·복합이 진행될 것이다. 스마트 융·복합 기기에서 이동 간에 또는 위치를 기반으로 해서 생성되는 막대한 양의 데이터 및 콘텐츠를 이용한 서비스 개발은 물론, 데이터 및 콘텐츠 제공 자체가 비즈니스의 모델로 발달할 것이다.

사용자가 확대되는 방향으로 진행되던 소프트웨어의 발전은 인간 사용자 확장에는 한계에 이른 반면, 기계 간 통신 및 정보 처리를 위해 기계가 정보의 사용자로 등극하게 될 것으로 전망하고 있다. 기계가 정보의 사용자로 등극함에 따라 인간이 해야 할 일을 대신하는 M2M(Machine to Machine) 시대가 도래할 것이다.

가 소프트웨어의 융합 기술

오늘날 소프트웨어는 자동화, 지능화, 최적화, 유연화를 가능하게 하는 디지털 브레인이다.

소프트웨어가 중심이 되는 사회의 기본은 융합화이다. 소프트웨어의 융합이 [그림 1-20]과 같이 글로벌 비즈니스의 환경을 변화시키고, 산업 기반 구조에 큰 영향을 미치고 있다.

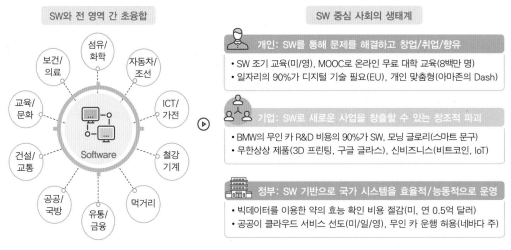

[그림 1-20] 소프트웨어의 융합 기술

최근 전개되는 융합화 현상은 신기술뿐만 아니라, 기존 제품과 신제품은 물론, 서비스 분야에서도 나타나 앞으로 중장기 산업 트렌드의 핵심이 될 전망이다. 융합화는 디지털 시대가 정착되면서 나타나기 시작한 글로벌 차원의 새로운 트렌드로 미래의 산업 표준이자 글로벌 경쟁력의 핵심 요인이 될 것이다.

나 소프트웨어 유통 과정의 변화

1990년대 이전에는 소프트웨어 전문업체가 없었으므로 컴퓨터 시스템을 도입할 때 하드웨어 제공업체가 소프트웨어까지 일괄적으로 시스템을 구성하여 납품하는 턴키(Turn-key) 방식으로 소프트웨어를 공급하였다.

따라서 하드웨어 제공업체가 납품, 설치, 운영, 교육, 유지 보수에 이르기까지 모든 부분을 전담하여 처리하였다. 당시 소프트웨어는 하드웨어의 부속품처럼 취급되었으며, 하드웨어 공급업체가 소프트웨어를 자체 개발하였으므로 범용성이 낮고 도입 비용과 유지 보수 비용이 상당히 비쌌다.

1990년대 이후 전문 소프트웨어 업체(예 소프트웨어 하우스)가 만든, 특정 하드웨어에 딸리지 않은 범용 소프트웨어(예 워드프로세스)가 나타났다. 범용 소프트웨어는 주로 패키지 소프트웨어 형태의 사무용 소프트웨어였다. 패키지 소프트웨어는 상대적으로 가격이 저렴하였으며, 이용도가 높은 프로그램이나 업무 연관성이 높은 프로그램을 일괄적으로 묶어서 상품을 제공하였다. 컴퓨팅 능력이 빠르게 향상되어 서버급 컴퓨터들이 PC로 사용 가능해지고, 비즈니스 환경도 빠르게 변화하자 국내 소프트웨어 업체들이 어려움을 겪게 되었다.

1990년대 중후반부터 등장하기 시작한 인터넷은 소프트웨어 유통 흐름에 많은 변화를 가져왔다. 이때부터 네트워크 인프라를 이용하여 다양한 기업 정보화 설루션(ERP)을 사용할 수 있는 애플리케이션 임대 서비스인 ASP(Application Service Provider) 방식이 등장하였는데 고가 소프트웨어 도입 비용을 줄일 수 있기 때문에 중소기업들이 많이 도입하였다. ASP 방식은 소프트웨어를 구매하는 방식이 아니라, 아웃소싱하는 방식이며, 오늘날은 SaaS(Software as a Service) 방식으로 전환되고 있다.

SaaS는 기존 ASP를 확장한 개념으로 SaaS는 소프트웨어 사용 고객을 대상으로 소프트웨어를 서비스처럼 사용하고 비용을 지불하는 방식으로 전자상거래 개념이 강하고, ASP는 아웃소싱 개념이 강하다. 따라서 ASP 방식은 별도로 서버와 애플리케이션을 구매하지 않고 비용, 시간, 관리 인력에 대한 부담 없이 중소기업이 도입할 수 있었다.

지금까지 소프트웨어의 유통 흐름을 보면 [표 1-6]과 같이 공급자 중심에서 수요자 중심으로, 소프트웨어 자체를 공급하는 개념에서 서비스를 위한 소프트웨어 개념으로 유통 방식이 변화하고 있음을 알 수 있다.

[표 1-6] 소프트웨어의 유통 흐름

구분	방식	설명	이용 방식
1990년대 이전	Turn-key	컴퓨터 시스템 공급자가 하드웨어, 소프트웨어, 사용자 교육, 사후 관리까지 제공하고 책임을 지는 관리 방식	구매
1990년대 전반	Package	OS, 오피스 등 이용도가 높은 프로그램이나 업무, 업종에 적합한 프로그램을 묶어서 상품으로 제공하는 방식	구매
1990년대 후반	ASP	고가 하드웨어, 소프트웨어를 구입하지 않고도 네트워크 인프라를 이용하여 다양한 정보화 솔루션을 사용할 수 있는 애플리케이션 임대 서비스 방식	임대
2000년대 후반	SaaS	공급업체가 하나의 플랫폼을 이용하여 다수의 고객에게 SW 서비스를 제공하고, 사용자는 이용한 만큼 돈을 지불하는 방식	종량제
2010년대 이후	Cloud	iCloud 등 미디어 리소스를 서버에 놓고, 위치에 관계없이 소프트웨어를 사용	종량제

소프트웨어가 거추장스러운 박스로 포장된 패키지 시대는 사라져 가고 있다. 사용자는 플레이스토어나 앱 스토어에서 게임, 교육, 디자인, 라이프 스타일, 음악 등의 카테고리를 통해 다양한 애플리케이션을 만나볼 수 있으며, 개발자들의 설명과 다른 사용자들의 평가, 스크린 샷을 미리 볼 수 있다. 이를 통해 마음에 드는 애플리케이션이 있으면 원클릭으로 손쉽게 결제하고 다운로드할 수 있다.

맥이나 마이크로소프트 등 주요 소프트웨어 개발업체들은 온라인을 통해 소프트웨어를 구매하고 다운로드할 수 있도록 제공하고 있다. 인텔 또한 '앱 업 센터'를 선보이며 넷북 등에서 애플리케이션을 다운로드할 수 있도록 하고 있다.

MS사는 윈도10에서 맥 앱 스토어 방식과 유사한 앱 스토어(Microsoft Store) 소프트웨어 마켓을 통해 소프트웨어를 구매할 수 있게 하였다.

이같이 시대의 흐름이 변화하고 있기 때문에 기존처럼 박스로 포장된 DVD나 CD 패키지를 구매하는 모습은 점차 보기 어렵게 될 것이다.

[그림 1-21] 마이크로소프트 스토어

교육 패러다임의 변화

교육은 인간의 역사와 함께 시작되었고 사회 안에서 이루어지는 것으로, 그 시대를 반영하며 변모해 왔다. 따라서 앞으로도 다가올 시대에 맞게 목적이나 방법 등이 변화해 가야 한다. 교육은 미래를 예측하는 도전 활동이다.

1 학습자의 특성 변화

정확한 미래의 예측 없이는 필요한 인재 배출은 물론, 교육의 사회적 기능 또한 제대로 수행할 수 없다. 따라서 시대의 요구와 변화를 읽지 못하면 쓸모없는 교육이 될 수밖에 없다.

21세기 사회 패러다임의 변화는 교육 패러다임의 변화에도 영향을 끼쳤다. ICT의 새로운 기술들이 경제 활동에 미치는 영향은 매우 광범위하다. ICT와 관련된 미래 사회를 예측하면서 가장 중요한 것은 새로운 세대, 즉 디지털 네이티브(Digital Native)의 출현이다. 1980년대 개인용 컴퓨터의 대중화, 1990년대 인터넷과 휴대전화의 보편화로 대표되는 디지털 혁명은 신인류를 탄생시켰다. 이 시기에 성장기를 보낸 세대들은 그 이전 세대들과는 전혀 다른 방식으로 생각하고 행동하는데 이를 '디지털 네이티브(Digital Native)', 즉 '디지털 원주민'이라고 한다.

디지털 네이티브의 개념은 미국의 교육학자이자 컨설턴트인 프렌스키(Prensky)에 의해 최초로 제안되었다. 그에 따르면 이들은 1980년 이후에 태어났으며, 삶 속에서 디지털 기술에 몰입되어 있고, 이전 세대와는 다른 방식으로 학습을 하고 있다.

이들과 대비되는 세대는 '디지털 이민자(Digital Immigrants)'로 아날로그 시대부터 디지털 기술에 적응해 간 밀레니엄 이전의 세대를 일컫는다.

미래 학습자의 특성으로 가장 큰 영향은 테크놀로지 요소이다. 프렌스키는 개인용 컴퓨터의 대중화, 인터넷 보급, 휴대전화의 보편화 등을 통해 그 영향력이 가속화되었다고 하였다.

빈(Veen)은 미래 학습자를 Homo Zappiens라고 부른다. 이들은 빠른 속도를 선호하고, 여러 과제를 복합적으로 수행하며, 항상 웹과 연결되어 있기를 원하며, 학습과 놀이를 동시에 할 수 있다고 하였다. 그는 기성 세대와 미래 학습자의 특징을 [표 1-7]과 같이 설명하였다.

[표 1-7] 기성 세대와 미래 학습자의 비교

기성 세대(Homo Sapiens)	미래 학습자(Homo Zappiens)
일반 속도	빠른 속도
한 가지씩 과제 수행	멀티태스킹
순차적 접근	비순차적 접근
한 가지 정보 처리	연속성이 없는 정보 처리
읽기 기능 우선	상징적(iconic) 기능 우선
분리 독립(Stand Alone)	연결된(connected)
흡수하면서 배움	검색하면서 배움
학습과 놀이터 분리	놀이하면서 학습
내면화하면서 학습	외재화하면서 학습
실제에 초점을 둠.	판타지를 이용함.

세대를 구분하는 기간은 명확하지 않으며, 구체적인 연령대는 학자나 전문 기관마다 조금씩 차이를 보이고 있다. 돈 탭스콧(Don Tapscott)은 1977년 이후 태어난 집단을 넷세대(Net Generation)라고 하여 이들을 디지털 네이티브의 개념으로 보았고, 최근에는 이들을 보다 세분화하여 밀레니엄 세대(Y세대)와 Z세대로 구분하기도 한다. 밀레니엄 세대와 Z세대는 인터넷 서비스의 확산과 함께 성장해 오고, 스마트폰 등 디지털 미디어 기기에 익숙하며, 소셜 미디어 서비스(SNS)를 통한 소통이 자연스러운 세대이다. 이들은 어렸을 때부터 인터넷과 모바일 기기를 자연스럽게 사용해 왔기 때문에 [표 1-8], [표 1-9]에서 보듯이 생활 양식과 사고방식에서 기성 세대와 근본적으로 다르다.

[표 1-8] 탭스콧이 정의한 세대 구분 및 특징

구분	시대	특징
베이비붐 세대	1955~1964	경제 성장의 핵심, 상업주의, 자본주의 중심, 일괄적이고 공통의 가치 추구, 수직적 사회 구조, 책으로 학습, 컴퓨터 세대
X세대	1965~1976	경제 부흥의 핵심, 신자본주의, 자유주의, 개방적, 개성 중시, 대중적 가치 추구, 수직적이면서도 수평적 가치 추구, 인터넷 세대
N세대	1977~2000	수평적 사회 구조 추구, 참여적 가치와 개인적 가치 동시 추구, 개방과 협업, 모바일 세대

[표 1-9] 일반적인 세대 구분 및 특징

구분	시대	특징
베이비붐 세대	1955~1964	2차 세계대전 이후 태어나 학점이나 높은 집값으로부터 자유로웠던 세대, 현재 기성 세대
X세대	1965~1979	베이비붐 세대에 비해 낮은 출생률의 인터넷 세대, Z세대의 '헬리콥터 부모'가 되었음
밀레니엄(Y) 세대	1980~1995	21세기 초반에 성인기에 접어든 세대, Y세대로도 칭하며 기술 혁명을 겪으며 성장하여 컴퓨터, 태블릿, 웹 등이 생활과 일의 중심이 되어 가는 과정을 직접 체화했음.
Z세대	1996~2010	진정한 '디지털 네이티브' 세대

현재는 디지털 네이티브가 진화하여 '포노 사피엔스(Phono Sapiens)'라는 인류가 등장하였다. 포노 사피엔스는 휴대전화를 뜻하는 'Phono'와 생각, 지성을 뜻하는 'Sapiens'의 합성어로 '스마트폰 없이 살아가기 힘들어 하는 세대'를 의미한다. 포노 사피엔스는 수많은 정보를 TV보다 유튜브를 통해 획득하고, SNS를 통해 공유한다. 그들이 원하는 세상의 모든 것은 개인 크리에이터 또는 기업적 크리에이터들에 의해 획득되고 공유된다. 따라서 '크리에이터'라는 용어는 포노 사피엔스를 논하는 데 있어 핵심 요소가 된다. 이 크리에이터들은 소비자들에게 더 용이하고 편리한 애플리케이션이나 콘텐츠를 통해 모든 것을 스마트폰 안에서 해결하도록 만드는 일종의 해결사 같은 역할을 한다. 우버 역시 소비자의 관점에서 '대중교통을 더 편리하게 이용할 수 없을까?'라는 의문점을 해결해 준 크리에이터의 산물이다.

미래 학습자 특성 연구 결과를 정리하면 개인의 사고 및 동기에 관한 내적 측면과 사회적 관계 및 테크놀로지 활용에 관한 외적 측면으로 구분할 수 있다. [그림 1-22]와 같이 내적 측면은 개인 차원으로, 외적 측면은 집단 차원, 정보 활용 차원으로 구분하고, 각각 긍정적 특성과 부정적 특성을 함께 포함하고 있다.

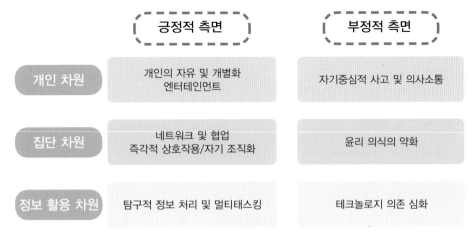

[그림 1-22] 미래 학습자의 특성

가 개인 차원의 학습자 특성

개인 차원의 학습자 특성은 개인의 자유 및 개별화, 엔터테인먼트, 자기중심적 사고 및 의사소통으로 설명할 수 있다.

1) 개인의 자유 및 개별화

미래 학습자의 대표적인 특성으로 선택의 자유에서부터 표현의 자유까지 모든 측면에서 자유를 중요시하여 일할 장소, 시간, 학습 방법, 제품 구입 등을 스스로 선택하고 자신의 의견을 표현할 수 있는 자유를 추구한다.

또한 각종 개인 미디어를 자신의 취향에 맞게 변경하고, 새로운 온라인 콘텐츠를 직접 창조하는 것을 선호한다.

2) 엔터테인먼트

일이나 공부를 할 때 재미를 추구하여 즐거워야 효율성이 높아진다고 생각하며, 일과 놀이를 구별하지 않고 통합하는 것을 선호한다.

3) 자기중심적 사고 및 의사소통

자기중심적으로 사고하고, 디지털 미디어를 매개로 한 자기중심적 의사소통 방식이 익숙하므로 면대면 의사소통이나 직장 생활에서 또래가 아닌 상사나 타 문화권과의 의사소통에서 문제가 나타날 수 있다. 또한 사회에서 지켜야 할 규칙이나 법을 중요하게 생각하지 않는 경향이 있다.

나 집단 차원의 학습자 특성

집단 차원의 학습자 특성은 네트워크 및 협업, 즉각적 상호작용, 자기 조직화, 윤리 의식의 약화로 설명할 수 있다.

1) 네트워크 및 협업

집단 차원에서의 학습자 특성을 보면 온라인 사회적 네트워크를 통해 협력하고 실시간 또는 비실시간으로 정보를 공유하고 확산시킨다. 또한 즉각적인 메시지를 사용하고, 숙제나 일을 하면서 파일을 공유한다.

물건을 구입하거나 의사 결정을 할 때 네트워크를 통해 동료 의견을 참조하기도 한다. 즉, 사회적 네트워크를 중시하고 협업에 익숙한 특성이 있다.

2) 즉각적 상호작용

실시간 대화를 통해 친구 또는 동료와 소통하기를 선호하며 이때 빠른 소통과 즉각적인 피드백을 기대한다. 즉, 정보의 폭발적인 증가와 네트워크의 성능 발전에 기인하여 학습자들의 상호작용의 속도가 면대면 대화에 비해 간단한 메시지 형태이며, 1:1의 상호작용이 아닌 1:N의 상호작용이 가능하므로 상호작용의 양과 속도가 폭발적으로 증가한다.

3) 자기 조직화

조직에 있어서 리더를 따르기보다는 스스로 인터넷상에서 필요한 협업 커뮤니티를 구성하고(self-organize) 구성원을 조직하여 실행하고 결과물을 산출한다.

4) 윤리 의식의 약화

어렸을 때부터 인터넷을 통해 정보를 얻고 활용하면서 불법적인 정보 수집 행위에 대해 문제점을 인식하지 못하고 정당화하는 경향이 있다.

다 정보 활용 차원의 학습자 특성

정보 활용 차원의 학습자 특성은 탐구적 정보 처리 및 멀티태스킹, 온라인 플랫폼 활용, 테크놀로지 의존 심화로 설명할 수 있다.

1) 탐구적 정보 처리 및 멀티태스킹

학습자들은 정보 수집을 위해서 양방향 인터랙티브 방식으로 인터넷에 필요한 핫링크나 자기만의 정보 취합 도구를 구성하여 실시간으로 수십 개의 정보 소스에 접근하여 광범위한 의견과 시각을 얻고 관심 있는 문제를 객관적으로 판단한다.

2) 온라인 플랫폼 활용

학습자들은 구글, 유튜브, 페이스북, 네이버, 카카오 등과 같은 플랫폼에서 다양한 활동과 혁신을 주도하고 있다. 그들이 원하는 세상의 모든 정보는 유튜브 개인 크리에이터 또는 기업적 크리에이터들에 의해 획득되고 SNS를 통해 공유된다.

X세대 이전과 이후의 세대들이 셀러브리티에 열광했다면 Z세대는 인플루언서에 더 호감을 가지고 집중하는 성향을 표출하고 있다. 그래서 포노 사피엔스의 주요 플랫폼인 유튜브, SNS 속에서 영향력을 가진 인플루언서들이 기존 셀러브리티의 영역을 점령해 나가고 있다. 인플루언서는 크리에이터이다. 함께 동시대를 호흡하고 있는 신인류이며, 또 동일 소비자의 관점에서 그들은 콘텐츠를 생산하고 공유한다.

3) 테크놀로지 의존 심화

휴대전화, 인터넷 등 테크놀로지에 대한 지나친 의존성 때문에 휴대전화나 인터넷 접속이 안 되는 경우에 불안 증상을 보이는 등 인터넷 과사용자가 증가하고 있다.

2015년 2월, 영국의 경제주간지 '이코노미스트'는 스마트폰 없이 살 수 없는 새로운 인류를 '포노 사피엔스(Phono Sapiens)'로 규정하였다. 포노 사피엔스는 스마트폰(핸드폰)을 뜻하는 '포노(Phono)'와 생각, 지성을 뜻하는 '사피엔스(Sapiens)'의 합성어이다. 휴대전화 및 인터넷 등 테크놀로지에 대한 지나친 의존성에 의해 휴대전화나 인터넷 접속이 안 되는 경우에는 노모포비아(nomophobia)라는 새로운 공포 증세를 느낀다.

2 교육 방식의 변화

우리나라는 새로운 ICT 기술들을 교육과 교육 환경에 반영하기 위해서 [그림 1-23]과 같이 1970년부터 오늘날까지 50여 년에 걸쳐서 많은 정책들을 추진해 왔다.

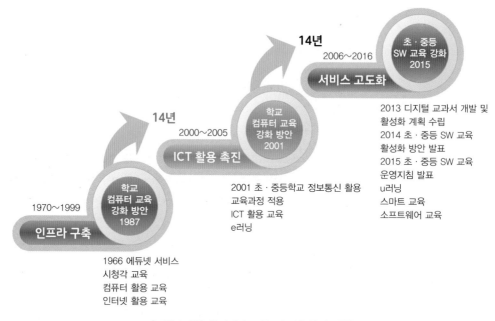

[그림 1-23] 우리나라 교육 정보화 추진 정책

우리나라는 1996년 교육 정보화를 본격적으로 추진하면서 유·초·중등의 교육 환경, 교육법 및 교수 학습 자료 등이 대폭 개선되었으며, 대학과 평생 교육 분야에서도 언제 어디서나 정보를 공유하고 학습할 수 있는 시스템과 제도를 구축하였다. 50여 년에 걸친 우리나라 소프트웨어 교육과 유사한 정책들의 주요 전략과 성과는 [표 1-10]과 같다.

[표 1-10] 교육 정보화의 주요 전략 및 성과

구분	전략	성과
1단계 ('96~'00)	• 세계 수준의 교육 정보화 인프라 구축 및 제도적 기반 마련을 통한 정보 접근성 강화 • 정보 기술 활용 교육 강화 • 교육 행정 정보화	• 교육 정보화 토대 마련 시기 • 학생 정보 소양 인증제, 초·중등 정보통신 활용 교육 운영지침 제정('00)
2단계 ('01~'05)	• e러닝의 보편화(사이버 학습 등) • 나이스(NEIS) 고도화 • EBS 수능 강의, 사이버 학습 등 교육 정보 서비스 고도화 • 정보 격차 해소(저소득층 자녀 PC지원, 인터넷 통신비 지원)	• 지식 기반 사회 대처 능력 함양 • ICT 활용 수업 안정적 정착 • 사교육비 경감 등 교육 현안 돌파구 마련
3단계 ('06~'10)	• 나이스(NEIS) 개통 • 교육 전 영역에 정보화 접목 • e러닝 세계화/u러닝 기반 구축 • 정보화 사업의 지방 이양(90%)	• ICT 교육 활성화 • 신기술의 교육적 활용 • 학습 환경의 유비쿼터스화를 통해 학습자 중심의 학습 체제 마련
4단계 ('11~'13)	• 스마트 교육 도입 • 디지털 교과서 도입을 위한 제도 정비 및 시범 개발 • 소통과 융합의 정보화(EDISON, 오픈 액세스 기반 연구 개발 협업 플랫폼 구축)	• ICT 기반의 창의적 인재 양성 • 선진 R&D 역량 강화
5단계 ('14~'18)	• 맞춤 학습 지원 체제 구축 • 온라인 평생 학습 체제 구축 • 장애학생 교수·학습 지원 콘텐츠 모바일 지원 • 건강장애학생 원격 온라인 수업 추가 • 2015 개정 교육과정 적용 디지털 교과서(초등 3~4학년 사회, 과학, 영어/중등 1학년 사회, 과학, 영어/고등 영어) 보급	• 소프트웨어 교육 강화 • e러닝 해외 진출 • ICT 융합 정책

정보 기술 발전에 따라 우리 생활은 [그림 1-24]와 같이 150여 년 전과 확연하게 달라졌다. 그러나 학교 교실은 어떠한가? 50여 년의 교육 정보화를 통해 실질적으로 미래를 대비할 수 있게 교육 현장에 혁신적인 변화가 마련되었는가?

[그림 1-24] 150여 년 전과 현재의 모습

그동안 교육에서의 정보화는 인프라 구축이라는 하드웨어적 측면에서는 괄목할 만한 성과가 있었으나 미래 사회를 대비한 역량을 갖춘 인재 양성이라는 소프트웨어적 측면에서는 매우 미흡한 것 같다.

장차 기계와 대결하게 될 미래 세대들을 위해서 어떻게 해야 할까? 구체적으로 어떻게 바꾸는 것이 좋을까? 전문가들은 기존의 지식을 외우는 '암기형 인재'가 아니라, 새로운 지식을 만들어 내는 '창의적 인재'를 육성해야 한다고 말한다.

알파고와 같은 인공지능은 기존의 지식들을 몽땅 흡수할 수 있는 기억 장치는 갖추고 있지만 새로운 지식을 만들어 내는 '창의적 사고 장치'는 갖추고 있지 않기 때문이다.

디지털 네이티브는 네트워킹으로 협업을 통한 문제 해결에 능숙하며, 학습하고 일하는 방식도 기성 세대와 차이가 크다. 이러한 새로운 세대의 혁신적인 사고방식과 철학은 기존의 조직 안에서 다른 구성원들과 갈등을 표출시킬 위험성이 있으므로 그러한 갈등을 해결하면서 그들이 가진 능력을 최대한 발휘할 수 있는 새로운 교육 체계가 필요하다.

21세기는 '보이지 않는 교육(Invisible Education)'의 시대로 무엇에도 구애받지 않고 스스로 학습할 수 있는 지식 콘텐츠 사회이다. 특히 21세기는 트렌드 측면에서 3C로 대변되는 '변화(Change), 도전(Challenge), 창의성(Creativity)'에, 패러다임의 설정 원칙은 3S(Soft, Smart, Speed)를 근간으로 하고 있다.

21세기 인재를 키우기 위해서는 학습의 틀도 학습자의 특성과 변화된 직업 구조에 부응하는 틀로 바뀌어야 한다. 이제 학습은 학교 안에서만 이루어지는 시대가 아니다. 이미 세계는 캠퍼스 없는 학교, 책 없는 도서관, 교사 없는 강의실이 확대되고 있다. 언제 어디서든 스스로 학습할 수 있는 체제, 학교 교육 중심의 사고에서 평생 학습 중심의 패러다임으로 전환되고 있는 것이다.

온라인 플랫폼 기반 학교인 '미네르바 스쿨'은 2015년에 개교한 대학교로 미국 샌프란시스코에 본부를 두고 있다. 모든 수업은 라인 플랫폼 기반의 소규모 세미나로 이루어진다. 능동적 학습(Active Learning)을 촉진하기 위해 13~15명의 학생들이 실시간으로 상호 토론하는 형태로 수업이 진행되고 교수는 피드백을 제공한다.

21세기는 학습 틀과 AI가 일반화되고 있는 환경인 사이버 공간 속에서 학습 모형과 학습 과정, 학습 콘텐츠 등에 큰 변화를 꾀하지 않으면 안 된다. 학습은 융합 학습을 지향하고, 학과와 학과, 학문과 학문 간의 연계를 통한 통합적인 학습 체제로 바뀌어야 한다.

① 지능화 시대에 컴퓨팅 파워(Computing Power)가 주는 의미를 적어 보시오.

② 아래 예시된 시각적 사고 도구(Visual Thinking Tool)를 사용하여 일상생활에서 소프트웨어 적용 사례를 찾아서 마인드맵을 제작해 보고, 소프트웨어 기능 중에 보완하고자 하는 새로운 아이디어를 제시해 보시오.

프레지(Prezi)	http://prezi.com
프리마인드(Freemind)	https://freemind.ko.softonic.com/
기타	인터넷 검색을 통해 다른 시각적 사고 도구 사용

③ 2011년 미국의 유명한 TV 퀴즈쇼 '제퍼디'에서 컴퓨터 '왓슨'이 인간을 물리치고 우승한 이변이 일어났다. '왓슨' 컴퓨터가 지닌 능력을 서술하시오.

④ 소프트웨어가 우리 일상생활에 미치는 막대한 영향력을 서술하시오.

참고 자료

- 강순희, 신범석(2003). 지식 경제와 핵심 역량. 한국노동연구원.

- 강홍렬(2012). SW의 패러다임 변화와 SW 전략·정책의 혁신. KISDI Premium Report. 한국정보통신정책연구원.

- 계보경 외 7인(2018). 미래 학교 체제 도입을 위한 Future School 2030 모델 연구. 한국교육학술정보원.

- 김성태(2011). 스마트 사회를 향한 대한민국 미래 전략. 법문사.

- 김진형(2009). 소프트웨어 산업 육성을 위한 정책 제안. 한국정보과학회 발표 자료.

- 박가열 외 3인(2013). 미래의 직업 연구. 고용노동부 한국고용정보원.

- 박병관, 김석진(2000). 석학과 Think Tank들이 본 21세기. LG경제연구원.

- 박수용, 조황희(2012). 국가 소프트웨어 경쟁력 향상 방안 연구: SW Roadmap. 과학기술정책연구원.

- 박효민(2014). 글로벌 소프트웨어 교육 현황 및 교육 도구 동향. INTERNET & SECURITY FOCUS September. kisa.or.kr.

- 앨빈 토플러(2007). 미래 예측-부의 이동. 북리슨.

- 오호영(2008). KRIVET 지표를 이용한 유망 직업 전망.

- 유정수, 이민희(2009). 두리틀을 이용한 프로그래밍 수업이 창의성, 문제 해결력, 프로그래밍 흥미도 향상에 미치는 영향. 정보교육학회논문지 13(4), 443-450.

- 윤영민(한양대 교수, 정보 사회학). 성찰적 정보 기술 교육의 이론과 실천 방안.

- 윤영민(1999). 여성 직업 훈련과 교육을 위한 리더십 개발 과정. 서울시여성발전프로젝트.

- 이기식, 오철호(2012). 소프트웨어 산업의 생태계에 관한 탐색적 연구. 한국정책과학학회회보 제16권 제1호.

- 이윤희(2011). 2011국가정보화 백서, 특집 스마트 코리아를 향하여. 47-52. 한국정보화진흥원.

- 장병탁, 김형수(2012). Cognitive Computing III: Deep Dynamic Prediction-실시간 예측 결정 추론. 정보과학회지. 101-111. 한국정보교육학회.

- 제러미 리프킨(2009). 노동의 종말(개정판). 믿음사.

- 조상섭 외(2008). SW 융합 추세에 따른 SW 산업 발전 방안 연구. 한국소프트웨어진흥원.

- 한국정보화진흥원(2018). 에지 컴퓨팅의 현황과 주요 기업 전략. 클라우드이슈리포트. Vol. 1.

- 한형수(2013). 유헬스의 미래와 발전 방향. 정보과학회지 31(2), 17-22. 한국정보과학회.

- 홍영기(2012). 10년 후를 준비하는 정밀 농업-환경과 식량의 두 마리 토끼를 잡는다-. RDA Interrobang (90호). 농촌진흥청 국립농업과학원.

- Drucker, P. F.(1993). Post-capitalist Society. New York: Harper Business.
- Marc Andreessen(2011). Why Software Is Eating The World. The Wall Street Journal.
- Marr David(1982). Vision. San Francisco: Freeman.
- Balaji Srinivasan(2013). Software Is Reorganizing the World. http://www.wired.com/2013/11/software-is-reorganizing-the-world-and-cloud-formations-could-lead-to-physical-nations/
- Aufderheide, P.(1993). National leadership conference on media literacy. Conference report. Washington, D. C.: Aspen Institute. Hobbs, R.(1998)
- 소프트웨어 정책연구소 http://spri.kr/wp/
- 소프트웨어중심사회포털 http://www.software.kr/
- 스크래치 http://scratch.mit.edu/
- 스크래치-생활 코딩 https://opentutorials.org/course/1415
- http://m.zum.com/news/economy/2419191
- 영국 이코노미스트 A third industrial revolution, 2012. 4. 21.
- 위키백과 한국어판 http://ko.wikipedia.org/wiki
- http://www.codeconquest.com/what-is-coding/
- https://www.research.gate.net/figure/Seix-computing-paradigms-adapted-from-Furht-and-Escalante-2010_fig2_228812233
- 튜링머신 http://aturingmachine.com/

제2장

소프트웨어 교육 목적

1 미래 사회의 핵심 역량

2 미래 사회의 인재

3 미래 사회에 필요한 사고력

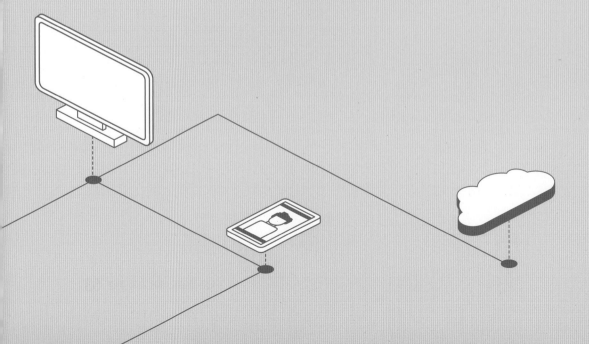

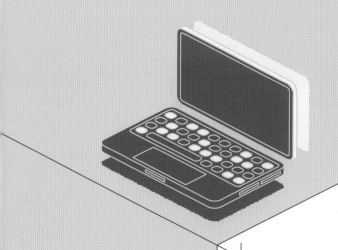

본 장에서는 소프트웨어 교육을 통해 학생들이 기를 수 있는 미래 사회의 핵심 역량과 인재상을 살펴보고, 미래 사회에서 필요한 사고력을 제시하였다. 구체적인 내용은 다음과 같다.

첫째, 미래 사회의 핵심 역량에서는 핵심 역량의 개념과 21세기의 핵심 역량 및 학교 교육에서의 핵심 역량을 설명하고, 소프트웨어 교육과 핵심 역량의 관계를 비교하여 제시하였다.

둘째, 미래 사회의 인재에서는 하이콘셉트와 하이터치 시대를 설명하고, 미래 인재의 조건으로 디자인, 스토리, 조화, 공감, 비판, 창의성을 제시하였다.

셋째, 미래 사회에 필요한 사고력에서는 고차원적 사고 기술과 컴퓨팅 사고의 정의, 구성 요소 및 범주와 활용을 설명하고, 디자인적 사고의 정의와 절차를 제시하였다.

미래 사회의 핵심 역량

학교 교육에서도 학생들이 미래 사회를 준비할 수 있도록 해야 하는데 미래 사회에서는 지식의 생명 주기가 짧아지기 때문에 창의적 인재 양성을 위해 지식 위주 교육보다는 지식을 찾고 활용할 수 있는 역량 중심의 교육으로 전환되어야 한다.

1 핵심 역량의 개념

'역량(competency)'은 1970년대 초 사회심리학자인 데이비드 맥클렐랜드(David C. McClelland)에 의해 처음 소개된 개념으로 본래 직업 훈련이나 교육 분야에서 사용하던 용어이다. 여러 학자들의 역량에 대한 정의를 요약해 보면 "특정한 목적에 도달하기 위해 필요한 능력, 다양한 상황에서 자신에게 주어진 문제들을 해결하기 위해 필요한 지식, 기술 및 태도의 집합체"라 할 수 있다. 역량은 생애 기술(Life Skills), 핵심 기술(Core Skills), 핵심 자질(Key Qualification) 등으로 다양하게 표현된다. 이 중 조직 구성원 모두 반드시 지니고 있어야 할 최소한의 공통 필수 역량을 '핵심 역량(Core Competency)'이라고 한다.

지식 기반 사회의 도래, 4차 산업 혁명 시대를 맞이하여 교과 지식 위주의 학교 교육을 핵심 역량 중심으로 개편해야 한다는 요구가 전 세계적으로 확대되었다. 우리나라에서도 전통적인 교육과정 설계 방식에 대한 대안적인 방식으로 역량 기반 교육과정의 연구가 개인적·국가적 차원에서 다양하게 이루어졌다.

핵심 역량은 선천적으로 타고나거나 결정되는 것이 아니라, 학습되는 것으로 학교 교육을 통해 기를 수 있도록 해야 한다. 그러나 학교 교육의 역할을 미래 직업 세계나 경제 발전에 필요한 역량을 기르는 데 한정하기보다는 특정 개인이 타인과 더불어 온전한 삶을 영위할 수 있도록 개인의 역량을 강화(empowerment)하는 것으로 재해석해야 한다.

2 21세기의 핵심 역량

'21세기의 핵심 역량'이란 21세기를 살아가는 사람 누구나 길러야 하는 기본적인 능력을 말한다. 학교 교육에 포함된 핵심 역량은 개인적·사회적 차원에서 건강하고 통합적인 인간으로 살아가기 위해 필요한 역량과 더불어 학습을 위해 필요한 사고력과 인지적 역량 및 문제 해결 능력을 강조하고 있다. 21세기의 핵심 역량과 관련된 연구를 정리하면 [표 2-1]과 같다.

[표 2-1] 21세기의 핵심 역량 연구

연구자	범주	핵심 역량
유현숙 (2004)	기초 문해력	3R(읽기, 쓰기, 셈하기)
	핵심 능력	의사소통 능력, 문제 해결력, 자기주도적 학습 능력
	시민 의식	도덕성, 질서 의식, 책임감
	직업 특수 능력	특정 직업에 필요한 지식, 기술, 태도 요인을 포함한 직무 수행 능력
21세기 스킬 파트너십 (P21 ; Partnership for 21st Century Skills, 2011)	학습과 혁신 기술	창의성, 혁신, 비판적 사고 능력, 문제 해결 능력, 의사소통, 협력
	생애와 경력 기술	융통성과 적응성, 주체성과 자기주도성, 사회성과 다문화 수용성, 생산성, 리더십과 책무성
	정보·매체·테크놀로지 기술	많은 정보에 대한 접근, 선택, 분석, 활용 능력, 미디어 활용 능력, ICT 응용 능력
OECD DeSeCo 프로젝트 (2001)	자율적 행동	넓은 시각에서 행동하는 능력, 인생의 계획과 개인적인 관계를 설정하고 실행하는 능력
	상호작용을 위한 도구 활용	원활한 상호작용을 위한 언어, 상징, 텍스트, 지식, 정보 활용 능력 및 기술 사용 능력
	이질적 집단과의 사회적 상호작용	원활한 대인관계 형성 및 유지 능력, 협동 능력, 갈등을 관리하고 해결하는 능력
허희옥 (2011)	기초 능력 개발	창의적 능력, 문제 해결력, 의사소통, 협력, 테크놀로지 리터러시, 예술적 사고 등
	인성 개발	배려, 전심전력, 도전 의식, 윤리 의식 등
	경력 증진	사회적 능력, 유연성, 자기주도성, 리더십, 책무성 등

⟨출처: 이지연, '21세기 학습자의 핵심 역량과 우리 교육의 과제, 물리학과 첨단 기술'(2013)에서 내용 재구성⟩

가 유현숙이 제시한 핵심 역량

핵심 역량의 범주에는 기초 문해력, 핵심 능력, 시민 의식, 직업 특수 능력이 있다.

핵심 역량을 영역별로 살펴보면 다음과 같다.

기초 문해력은 읽기, 쓰기, 셈하기를 포함하며, 핵심 능력은 의사소통 능력, 문제 해결력, 자기주도적 학습 능력을 포함한다. 시민 의식은 도덕성, 질서 의식, 책임감을 포함하며, 직업 특수 능력은 특정 직업에 필요한 지식, 기술, 태도 요인을 포함한 직무 수행 능력을 포함한다.

나 21세기 스킬 파트너십의 핵심 역량

핵심 역량의 범주에는 학습과 혁신 기술, 생애와 경력 기술, 정보·매체·테크놀로지 기술이 있다.

핵심 역량을 영역별로 살펴보면 다음과 같다.

첫째, 학습과 혁신 기술은 복잡한 생활과 작업 환경에 유연하게 대응할 수 있는 능력으로 창의성, 혁신, 비판적 사고 능력, 문제 해결 능력, 의사소통, 협력을 포함한다.

둘째, 생애와 경력 기술은 일상생활과 사회생활, 직업생활에서 변화에 빠르게 적응하고 유연하게 대응해 나갈 수 있는 지식 그 이상의 능력으로 융통성과 적응성, 주체성과 자기주도성, 사회성과 다문화 수용성, 생산성, 리더십과 책무성을 포함한다.

셋째, 정보·매체·테크놀로지 기술은 많은 정보에 대한 접근, 선택, 분석, 활용 능력, 미디어 활용 능력, ICT 응용 능력으로 정보 리터러시(literacy), 미디어 리터러시, ICT 리터러시 등을 포함한다.

다 OECD DeSeCo 프로젝트

OECD는 DeSeCo(Definition and Selection of Key Competence) 프로젝트를 통해서 핵심 역량을 "폭넓은 상황에서 현재와 미래에 개인의 성공적인 삶과 사회 발전에 기여할 수 있는 능력"으로 정의하였다.

DeSeCo 프로젝트가 규명한 핵심 역량의 범주에는 자율적 행동, 상호작용을 위한 도구 활용, 이질적 집단과의 사회적 상호작용이 있다. DeSeCo 프로젝트에서의 핵심 역량은 하나 또는 몇몇 특정한 영역에 구체화된 특수 역량이 아니라, 삶에서 모든 사람이 필요로 하는 일반적인 역량을 의미한다.

라 허희옥이 제시한 핵심 역량

허희옥은 Partnership for 21st Century Skills, 유네스코(UNESCO), OECD와 같은 국제기구들이 규정한 핵심 역량을 바탕으로 한국 사회의 특성을 고려하여 21세기 학습자의 핵심 역량의 범주를 기초 능력 개발, 인성 개발, 경력 증진으로 구분하였다.

핵심 역량을 영역별로 살펴보면 다음과 같다.

첫째, 기초 능력 개발은 창의적 능력, 문제 해결력, 의사소통, 협력, 테크놀로지 리터러시, 예술적 사고 등을 포함한다.

둘째, 인성 개발은 배려, 전심전력, 도전 의식, 윤리 의식 등을 포함한다.

셋째, 경력 증진은 사회적 능력, 유연성, 자기주도성, 리더십, 책무성 등을 포함한다.

3 학교 교육에서의 핵심 역량

핵심 역량은 21세기 사회에서 개인이 성공적인 삶을 살아가는 데 필요한 능력이라고 할 수 있다. 학교 교육에 대한 역량 중심적 접근은 학교 교육이 바로 이러한 역량, 즉 학생들이 향후 사회적 삶을 성공적으로 살아가는 데 필요한 능력을 제공하는 방향으로 이루어져야 한다.

각 나라의 교육과정 속에 포함된 핵심 역량을 살펴보면 [표 2-2]와 같다.

[표 2-2] 국내외 학교 교육에 포함된 핵심 역량

국가 및 기관	핵심 역량
OECD DeSeCo 프로젝트	자율적 행동하기, 양방향으로 도구 활용하기
영국	의사소통(communication), 수의 적용(Application of Number), 정보 기술(Information Technology), 협력(Working with Others), 학습 능력 개선(Improving Own Learning and Performance), 문제 해결(Problem Solving), 사고 능력(Thinking Skill)
한국교육과정평가원	창의력, 문제 해결 능력, 의사소통 능력, 정보 처리 능력, 대인관계 능력, 자기 관리 능력, 기초 학습 능력, 시민 의식, 국제 사회와 문화 이해, 진로 개발 능력
한국과학창의재단	창의, 내용 융합, 소통, 배려

가 OECD DeSeCo 프로젝트

DeSeCo 프로젝트는 1997년부터 2008년까지 10년에 걸쳐 12개 국가(오스트리아, 벨기에, 덴마크, 핀란드, 프랑스, 독일, 네덜란드, 뉴질랜드, 노르웨이, 스웨덴, 스위스, 미국)의 학자들이 수행하였던 연구로 미래 사회에서 개인의 성공적인 삶과 사회 발전을 위해 필요한 핵심 역량을 제시하였다.

이 프로젝트에서는 핵심 역량을 "삶의 다양한 분야의 요구를 충족시키는 수단이 될 수 있어야 하고, 개인의 성공적인 삶과 사회의 기능에 기여할 수 있어야 하며, 모든 사람들에게 필요한 것"이라고 정의하였다.

나 영국

영국은 유럽 연합의 교육 정책을 포함하면서 자국의 실정에 맞게 학생들의 학력을 향상시키고 수월성을 높이며 현재 직면한 사회에 필요한 기능, 즉 핵심 기능(Key Skills)을 도입하였다.

영국의 교육은 일과 교육, 삶을 성공적으로 영위하는 데 반드시 필요한 일곱 가지의 핵심 기능으로 의사소통, 수의 적용, 정보 기술, 협력, 학습 능력 개선, 문제 해결, 사고 능력을 제시하였다.

다 한국교육과정평가원

한국교육과정평가원은 학교 교육에서의 핵심 역량을 "다양한 현상이나 문제를 효율적·합리적으로 해결하기 위해 학습자(또는 사회인)에게 요구되는 지식, 기능, 태도의 총체"로 정의하였다. 이러한 정의 아래 미래 사회의 초·중등학교 교육, 고등 교육, 직업 세계, 평생 학습 사회 등에서 요구하는 핵심 역량 영역 및 요소를 추출하였다. 그 결과, 미래 핵심 역량을 창의력, 문제 해결 능력, 의사소통 능력, 정보 처리 능력, 대인관계 능력, 자기 관리 능력, 기초 학습 능력, 시민 의식, 국제 사회와 문화 이해, 진로 개발 능력으로 분류하고, 세부적인 하위 범주를 제시하였다.

라 한국과학창의재단

한국과학창의재단은 미래 사회 변화의 주요 요인을 다양한 분야의 융합으로 분석하였고, 이러한 사회 변화를 뒷받침하는 인재를 양성하기 위해 융합 인재 교육(STEAM; Science, Technology, Engineering, Art, Mathematics) 실행 방향 정립을 위한 기초 연구를 진행하였다.

한국과학창의재단은 융합 인재의 핵심 역량을 창의, 내용 융합, 소통, 배려로 분류하고, 세부적인 하위 범주를 제시하였다.

과거의 교육이 주로 교과서나 학문 영역에 따른 '교수 내용'에 초점을 맞추었다면 미래 사회를 대비한 교육은 우리 사회가 추구하는 가치나 비전을 달성할 수 있도록 개별 구성원들이 핵심 역량을 갖출 수 있게 지원하는 방향으로 이루어져야 한다. 단순히 지식을 습득하고 전달하며 상황에 적용하는 능력이 아니라, 새로운 지식을 형성하고 의사소통하며 자기 표현을 할 수 있는 능력에 초점을 맞추어야 한다. 즉, 새로운 문제 상황을 해결할 수 있는 문제 해결 능력, 지식과 정보를 새롭게 구성하고 창출할 수 있는 창의적 사고 능력, 유용한 정보를 분석하고 활용할 수 있는 비판적 사고 능력, 자신의 사고를 사회 공동체와 공유하고 소통할 수 있는 합리적 의사소통 능력 등이 강조되어야 한다.

4 소프트웨어 교육과 핵심 역량

최근 전 세계 주요 국가들은 미래 세대들이 미래의 최적화된 삶의 패턴을 찾을 수 있는 방법으로 학교 교육과정에 코딩(Coding) 교육과 컴퓨터 과학(Computer Science) 교육을 강화하고 있다. 이를 우리나라에서는 소프트웨어 교육(Software Education)이라 부르고 영역별로 핵심 역량을 제시하고 있다.

소프트웨어 교육은 현실 상황에서의 문제를 컴퓨팅의 관점에서 규정하고, 그 문제의 해결 방법을 탐색하여 효율적인 해결 절차를 강구한다. 여기서 컴퓨팅(Computing)은 컴퓨터 기술을 개발하거나 이용하는 모든 활동으로 정보기기라는 도구를 이용하여 정보를 처리하는 일련의 모든 지식과 활동을 의미한다.

소프트웨어 교육은 21세기의 핵심 역량이나 학교 교육에 제시된 핵심 역량을 기르는 데 매우 유용하게 활용될 수 있다.

가 소프트웨어 교육과 21세기 핵심 역량

소프트웨어 교육은 정보 과학에만 국한되지 않고, 알고리즘적 사고, 의사소통 능력, 대인관계 능력, 컴퓨팅 사고를 향상시킬 수 있다.

① 알고리즘적 사고

알고리즘적 사고는 정확하고 효율적인 문제 해결 방법을 생각하는 능력으로 문제 해결 과정에서 확장적 사고와 유추적 사고뿐만 아니라, 논리적으로 따져보고 분석하는 능력과 관련이 있다. 유추적 사고(Analogical Thinking)는 새로운 내용에 대한 학습이나 문제 해결 과정에서 기존 경험이나 지식과의 관련성을 확인하고 적용함으로써 보다 유의미한 학습과 창의적으로 문제를 해결하는 사고 활동을 가리킨다.

② 의사소통 능력

의사소통 능력은 문제를 발견하고 이해하며, 각각의 문제를 해결하는 과정에서 정보를 수집·가공·교환할 수 있는 능력으로 문제 표현과 알고리즘적 사고 능력과 관련이 있다. 또한 문제를 탐색하고, 탐색하기로 결정한 문제의 다양한 해결 방안을 찾는 과정에서 끊임없이 요구되는 능력이다.

③ 대인관계 능력

대인관계 능력은 다른 사람의 감정을 잘 이해하고, 사회적 상호작용 촉진을 통해 협력적인 발전을 이루는 것으로 상호 간 의사소통 과정에서 필수적으로 나타나는 능력이다. 따라서 문제를 해결하는 과정에서 공유와 협업을 통해 소통하고, 결과를 확신시킬 수 있도록 하며, 건전한 정보 공유와 다양성을 이해시킬 수 있도록 한다.

④ 컴퓨팅 사고

지넷 윙(Jeannette M. Wing)은 2006년 CACM에 기고한 'Computational Thinking'에서 컴퓨팅 사고(Computational Thinking)를 컴퓨터 과학 분야와 관련이 있든 없든 모든 사람이 갖추어야 할 범용 숙련 기술이라 하고, "컴퓨터 과학자가 사용하는 방식으로 문제를 해결하는 사고 과정"이라고 정의하였다.

좀 더 구체적으로 표현하면 문제 인식과 분석, 자료 수집과 분석, 문제 해결을 위해 다양하게 사고하고 그 과정에서 컴퓨팅 능력을 활용하며 그 해결책을 컴퓨팅적으로 구현하는 방법을 설계하는 과정 전반을 가리킨다고 할 수 있다.

[표 2-3]은 21세기 핵심 역량과 학교 교육에서 추구하는 소프트웨어 교육의 핵심 역량의 관계를 비교한 것이다.

[표 2-3] 21세기 핵심 역량과 소프트웨어 교육의 관계 비교

21세기 핵심 역량	소프트웨어 교육의 핵심 역량
대인관계	문제를 해결하는 과정에서 공유와 협업을 통해 소통하고, 결과를 확신시킬 수 있도록 하며, 건전한 정보 공유와 다양성을 이해할 수 있는 능력
의사소통	문제를 발견하고 이해하며, 각각의 문제를 해결하는 과정에서 정보를 수집 · 가공 · 교환할 수 있는 능력
정보 활용 능력	알고리즘적 사고를 위해 기본적으로 필요한 능력
정보 인성	문제 해결 과정의 협업과 공유를 통한 대인관계 능력
문제 해결력	컴퓨팅 사고를 통한 문제 해결 과정

나 소프트웨어 교육과 창의적 문제 해결력

세계 각국이 미래 핵심 역량으로 제시한 문제 해결력에는 창의력이 포함된다. 국내 핵심 역량의 공통적인 역량은 문제 해결 능력과 의사소통 능력인데 문제 해결 능력의 하위 요소에 창의력이 포함된다. 따라서 국내외 핵심 역량에서 공통적으로 언급하고 있는 것은 창의력이다.

창의력은 사고의 확장과 사고의 수렴, 문제 해결 능력을 포함한다. 사고의 확장에는 다양한 관점에서 새로운 가능성이나 아이디어를 다양하게 생성해 내는 '확산적 사고'와 이미지나 생각을 정신적으로 조작하고 마음의 눈으로 사물을 그릴 수 있도록 사고하는 '상상력 · 시각화 능력'과 사물이나 복잡한 현상들 사이에서 기능적으로 유사하거나 일치하는 내적 관련성을 알아내는 '유추 · 은유적 사고'가 포함된다. 사고의 수렴에는 '논리 · 분석적 사고'와 '비판적 사고'가 포함되며, 문제 해결 능력에는 새로운 문제를 찾아 형성하고 창조하는 '문제 발견'과 문제를 인식하고 현재 상태에서 목표 상태에 도달하는 과정의 활동인 '문제 해결 사고 과정'이 포함된다.

따라서 국내외적으로 소프트웨어 교육을 통해 길러야 할 핵심 역량은 [그림 2-1]과 같이 창의적 문제 해결 능력으로 볼 수 있다.

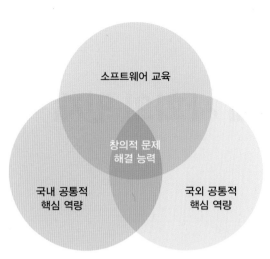

소프트웨어 교육

창의적 문제
해결 능력

국내 공통적
핵심 역량

국외 공통적
핵심 역량

[그림 2-1] 소프트웨어 교육과 공통 핵심 역량

시대가 바뀌면 사회에서 필요로 하는 인재상도 변화한다. 우리 사회가 교육을 통해 경쟁력
을 확보하기 위해서는 새로운 사회의 흐름에 맞도록 교육 방법도 진화되어야 한다.

2 미래 사회의 인재

인류의 역사를 살펴보면 시대가 바뀔 때마다 사회에서 요구하는 인재상과 역량에 커다란 변화가 있었다. 농업 사회에서는 체력과 성실함이 주요 덕목이었고, 산업 사회에서는 근면과 성실한 태도가 주요 덕목이었다. 정보 사회에서는 빠르게 지식을 습득하고, 각 분야에서 지식을 효과적으로 활용하는 것이 주요 덕목이다. 특히 읽고, 쓰고, 계산하는 능력인 3R(Reading, wRiting, aRithmetic)이 중요하며, 학교 교육도 이러한 역량을 기르는 데 역점을 두고 있다.

1 하이콘셉트와 하이터치 시대

대니얼 핑크(Daniel Pink)는 21세기를 '하이콘셉트(High Concept)'와 '하이터치(High Touch)' 시대로 규정하고 있다(2005). 그는 20세기의 하이테크(High Tech)가 인간 좌뇌의 성과물이라면 하이콘셉트와 하이터치는 우뇌의 성과물로 21세기에는 우뇌 중심으로 생각하는 인재가 필요하다고 주장하였다. 즉, 좌뇌 중심인 하이테크만으로는 부족하므로 우뇌 중심인 하이콘셉트와 하이터치가 함께해야 한다는 것이다.

가 하이콘셉트

핑크가 제시한 하이콘셉트는 예술적이고 감성적인 아름다움을 창조하는 능력, 트렌드와 기회를 감지하는 능력, 훌륭한 스토리를 만들어 내는 능력, 관련이 없어 보이는 아이디어들을 결합하여 남들이 전혀 생각하지 못하였던 새로운 아이디어를 생각해 내거나 뛰어난 발명품을 만들어 내는 능력 등을 가리키는 말이다. 즉, 하이콘셉트는 인간의 창의성과 독창성을 기반으로 새로운 아이디어를 창출하고, 실현할 수 있는 능력을 의미한다.

나 하이터치

하이터치는 공감을 이끌어 내는 능력, 즉 인간의 미묘한 감정을 이해하는 능력, 한 사람의 개성에서 다른 사람을 즐겁게 해주는 요소를 끌어내는 능력, 평범한 일상에서 목표와 의미를 이끌어 내는 능력 등을 의미한다. 하이콘셉트의 성공적 구현을 위해서는 하이터치가 중요하다.

예를 들어, 영화 '트랜스포머'를 생각해 볼 수 있다. '트랜스포머'는 로봇 시대의 개막이라는 시대적 트렌드와 만화의 영화화라는 영화 산업 트렌드 속에서 1980년대 어린이용 만화 영화와 컴퓨터 그래픽 기술을 결합시켜 남들이 생각하지도 못하였던 거대 로봇 만화 영화를 실사화하는 콘셉트를 창조하고 실현하였다. 이 과정에서 최첨단 그래픽 기술을 활용하여 현란한 시각적 향연을 창출해 냈는데 이 영화가 큰 반향을 일으키고 있는 이유는 하이터치 때문이다. 1980년대 로봇 만화를 보고 자라난 30~40대 성인 남성들의 '남자의 로망'이라는 미묘한 코드를 이해하고, 이에 호소함으로써 공감을 넘어 열광을 이끌어 냈던 것이다.

2 미래 인재의 조건

핑크는 하이콘셉트과 하이터치 시대에 필요한 인재의 조건으로 디자인, 스토리, 조화, 공감, 놀이, 의미의 능력을 제시하였다. 좌뇌 중심의 '진지함'의 한계를 인식함과 동시에 미래 사회의 '여유'를 강조한 것이다. 지나친 진지함은 사회생활에도 악영향을 미칠 뿐만 아니라, 개인적인 삶도 망칠 수 있으므로 미래 사회에는 업무적으로나 생활 면에서 마음의 여유를 가질 필요가 있다는 것이다.

본 책은 핑크가 제시한 하이콘셉트와 하이터치 시대에 요구되는 미래 인재의 조건과 21세기 핵심 역량을 종합하여 소프트웨어 교육을 통해 기르고자 하는 능력을 디자인, 스토리, 조화, 공감, 비판, 창의성으로 제시하였다.

가 디자인

디자인은 '표시하다'라는 뜻의 라틴어 'Designare'와 '밑그림을 그리다, 소묘하다'라는 뜻의 이탈리아어 'Desegno', '목적과 계획'이라는 뜻의 프랑스어 'Dessein' 등에서 유래하였다.

1980년대에 정보 기술의 급속한 변화가 이루어지면서 디자인 또한 컴퓨터 기술이나 정보 기술적 능력이 필요하게 되었으므로 이를 습득하려고 노력하는 시기를 맞이하게 되었다.

1990년대에는 급속히 발달한 인터넷을 기반으로 벤처 기업들이 탄생하여 디자인 개혁이 이루어지면서 가치 창출 디자인 시대가 도래하였다. 가치 창출 디자인 시대는 심미성을 중심으로 한 시각 표현의 가치를 뛰어넘어 새롭고 다양하게 창조적으로 만들어 내는 시대이다.

가치 창출 디자인 시대에 필요한 능력은 종합적 이해 능력, 지식 활용 능력, 변화와 개혁 창출 능력, 전문적 표현 능력이다.

디자인은 우리의 양쪽 뇌를 사용하는 새로운 사고의 대표적인 능력이다. 존 헤스킷(John Heskett)은 "디자인은 필요에 걸맞고, 생활에 의미를 부여하기 위해 주변 환경을 만들고 꾸미려는 인간의 본성"이라고 정의하였다. 예를 들어, 탁자는 물건의 무게를 지탱할 수 있도록 만들어야 하고(필요), 기능성을 뛰어넘어 심미안을 갖춘 소비자의 관심을 끌 수 있어야 한다(의미).

오늘날 디자인은 개인적 만족과 직업적 성공에 중요한 하이콘셉트 능력으로 떠오르고 있다.

나 스토리

자료와 정보가 넘쳐 나는 시대에는 강력한 주장을 쏟아내는 것만으로는 부족하다. 누군가는 그 주장을 반박할 수 있는 요소를 찾아내기 때문이다. 본질적으로 설득, 의사소통, 자기이해 등에는 훌륭한 스토리를 만들어 내는 능력이 뒷받침되어야 한다.

인터넷과 사회망(Social Network)의 발달로 어떤 것들은 너무 쉽게, 때로는 무료로 손에 넣을 수도 있다. 궁금한 것이 있을 때 인터넷 검색창에 검색어를 입력하면 순식간에 많은 자료들이 화면에 나타난다. 이것은 검색 내용에 대한 가치를 급속히 떨어뜨렸지만 반면, 그 내용들을 한데 묶어 맥락을 통해 감성적 공감을 제공하는 능력이 높은 평가를 받게 되었다. 결국, 이것은 다루는 능력이 중요해졌다는 의미이다.

스토리는 하이콘셉트와 하이터치의 교차점에 존재한다. 즉, 스토리는 여러 가지 맥락을 통해 사실을 좀 더 쉽게 이해할 수 있도록 해주기 때문에 하이콘셉트이고, 항상 감정적인 펀치를 날린다는 측면에서는 하이터치이다.

에드워드 모건 포스터(Edward Morgan Forster)의 유명한 말을 인용한다면 '왕비가 죽었고 왕이 죽었다'는 것이 사실이고, '왕비가 죽자 왕이 상심한 나머지 세상을 떠났다'는 것이 스토리이다. 이처럼 정보나 지식을 요약하고, 맥락을 만들고, 감정에 호소하는 능력은 미래 사회에 반드시 필요한 조건이다.

다 조화

산업화 및 정보화 시대에는 집중과 전문화가 요구되었지만 오늘날 가장 요구되는 능력은 통합이다. 즉, 큰 그림을 볼 수 있고 새로 전체를 구성하기 위해 이질적인 조각들을 통합할 때 서로 조화롭게 결합해 내는 능력이 필요하다는 의미이다. 그것은 분석보다는 종합하는 능력이고, 다른 종류 간의 관계를 발견하는 능력, 특정한 해답을 전하기보다는 폭넓은 패턴을 감지하는 능력으로 누구도 생각하지 못하였던 요소들을 한데 모아 새로운 것을 창조해 내는 능력을 의미한다.

이를 위해서는 학문 간, 부서 간에 경계가 없이 하나로 조화되어야 한다. '조화(symphony)'는 창의성의 원천이 될 수 있다. 창의성은 다른 종류 간의 관계의 경합에서 나온다. 학문에서도 조화를 이루지 못하는 것이 큰 장애 요인이 되고 있다. 전공 간에 벽을 허물고 다양한 학문적 배경을 가진 사람들이 함께 모여서 연구할 수 있는 조화가 필요하다. 거기에서 발상의 전환이 나오고 발전이 이루어진다. 미래의 인재는 넘쳐나는 정보의 홍수 속에서 의미 있는 트렌드를 추출해 낼 수 있고, 미래에 대한 전략적 사고를 할 수 있어야 한다. 따라서 미래의 인재에게는 큰 그림을 보고, 새로운 전체를 구성하여 서로 조화롭게 결합시킬 수 있는 능력이 요구된다.

라 공감

논리적 사고는 인간을 인간답게 만드는 능력 가운데 하나이다. 하지만 정보가 풍부하고 분석적인 도구가 발달한 세상에서는 논리 외에 다른 것과의 차별화가 필요하다. 공감(empathy)은 자신을 다른 사람의 입장에 놓고, 그 사람의 느낌을 직관적으로 이해하는 능력을 의미한다. 공감은 독립적인 능력이 아니라, 디자인과도 밀접한 관련이 있으며, 오늘날에는 원만한 대인 관계를 형성하고 유지하는 능력으로 이해되기도 한다.

대니얼 골먼(Daniel Goleman)은 감성 지능(Emotional Intelligence)의 개념을 제시하며, 감성 지능을 구성하는 요소로 사회적 인식 능력(감정 이입, 서비스 제공)과 관계 관리 능력(공감대 형성, 팀워크 발현)을 들었다.

정보 기술의 발달로 소통 채널의 다양화, 사용 편이성 증대, 방대한 정보의 신속한 교류 등이 가능해졌고, 이러한 환경에서 자신의 의견을 적절한 방식으로 정확하고 설득력 있게 전달하는 것이 보다 중요해지고 있다. 그러나 공감 능력은 정보 기술을 이용한다고 해서 대체할 수 있는 것은 아니다.

마 비판

미래 사회의 지식은 단순한 습득이나 축적이 아니라, 의미 있는 것을 발견하고 활용하는 데 초점을 두고 있다. 지식이 기하급수적으로 생성, 유통되는 빅데이터 시대에는 지식을 기억하는 것보다 가치 있는 지식을 수집하여 선택적으로 활용하는 것이 중요하다. 즉, 수많은 정보 속에서 신뢰할 수 있는 정보를 찾고, 그 정보들을 논리적으로 조합하여 가치 있는 의미를 발견하는 행동이 요구된다.

비판은 이러한 빅데이터 시대에 약과 독을 가려내기 위한 이성적 도구로 정확한 정보를 바탕으로 명확하고 합리적인 의사 결정과 정확한 문제 해결에 도움을 주는 사고이다.

바 창의성

학자들이 창의성에 대해 관심을 갖기 시작한 것은 그리 오래되지 않았다. 초기에는 창의적인 사람의 사고 과정이나 특성과 같은 특정 부분에 초점을 맞추었으나 최근에는 사람, 과정, 산출물 및 환경과 같은 여러 측면들을 모두 고려하여 창의성을 개념화하고 있다. 창의성에 대한 개념은 학자마다 조금씩 다르다.

1) 개념

① 프레더릭 테일러(Frederic W. Taylor)

인간에게는 학문적 재능과 창의적 재능이 있는데 학문적 재능은 전통적으로 학교에서 가르치는 재능을 의미하고, 창의적 재능은 스스로 돌파구를 찾아내고 탈출하는 재능을 의미한다고 보았다. 그는 창의성을 [표 2-4]와 같이 구분하였다.

[표 2-4] 창의성의 분류

구분	내용
표현적 창의성	주로 예술과 문학에 관련된 것으로 독립적인 개성을 가지고 표현하는 창의성
발명적 창의성	과학과 기술에 관련되는 발명가, 탐험가들처럼 재료, 방법 및 기법 등에 발휘되는 창의성
혁신적 창의성	주로 조직 경영에 관련된 것으로 수정을 통해 향상을 도모하는 창의성
생산적 창의성	주로 예술과 과학에 관련되어 자유로운 유희를 억제하고, 최종 작품을 마무리해 내는 창의성
발생적 창의성	완전히 새로운 원리나 가정을 출현시키며 새로운 학파가 생성될 수 있는 창의성

② 하워드 서스턴(Howard Thurston)

"창의성은 필연적으로 새로움이라는 개념을 내포하고 이것은 평범한 것 이상의 발명이나 천재적 사고 외에 개인의 자아실현, 자기 표현의 욕구에서 근원된 상상적 활동"으로 정의하였다.

③ 알렉스 오즈번(Alex F. Osborn)

"인간이 가진 보편적 능력이며 특성으로 넓게 해석하여 일상생활에서 부딪히는 여러 사태나 문젯거리를 자기만의 새롭고 특유한 방법으로 해결해 나가는 활동"으로 정의하였다.

④ 에이브러햄 매슬로(Abraham Maslow)

"매우 포괄적으로 사적인 수준의 창의성을 의미하는 것으로 모든 사람들에게 나타나는 능력이나 특징"으로 정의하였다.

⑤ 미하이 칙센트미하이(Mihaly Csikszentmihalyi)

"특별한 사람들의 머릿속에서 일어나는 정신적인 활동이 아니라, 사람의 사고와 사회 문화적 맥락의 상호작용에서 나오는 새롭고 가치 있는 아이디어나 행위"라고 정의하였다.

⑥ 테레사 애머빌(Teresa Amabile)

사회적 환경, 개인, 창의성 간의 관계를 설명하기 위해서 창의성의 발현 요소를 [그림 2-2]와 같이 창의성을 구성하는 인지적 영역(전문 지식), 정의적 영역(창조적 사고 능력), 환경적 요소(동기)가 함께 복합적이고 다면적으로 작용되어야 한다는 것이다.

2) 특성

여러 학자들이 기술한 창의성에 대한 개념 중에서 기본적이고 공통적인 특성은 다음과 같다.

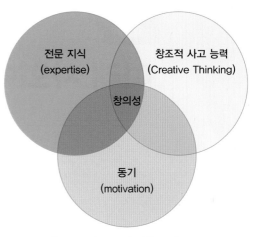

[그림 2-2] 창의성 발현 구성 요소

- **민감성**: 주변 환경에 대해 민감한 관심을 보이며, 이를 통해 새로운 탐색 영역을 넓힌다. 이 것은 명백한 것이나 이상한 것에서 문제를 발견함으로써 길러진다.
- **유창성**: 특정한 문제 상황에서 가능한 한 많은 아이디어를 생각해 내는 것을 말하며, 가급적 많은 것을 연상하거나 해결책을 제시함으로써 길러진다.
- **융통성**: 틀에 박힌 사고방식이나 시각 자체를 변환시켜 다양한 해결책을 찾아내는 것을 말하며, 관련성 찾기, 속성별로 생각하기, 다양한 관점 적용시키기 등을 통해 길러진다.
- **독창성**: 기존의 것에서 벗어나 참신하고 독특한 아이디어를 산출해 내는 것을 말하며, 기존의 생각을 다르게 봄으로써 길러진다.
- **개방성**: 문제에 대해 사실대로 지각할 수 있는 것을 말하며, 특히 자기와 다른 의견이나 새로운 생각을 존중하고 그것을 적극적으로 수용하려는 마음을 가질 때에 길러진다.
- **기타**: 그 외에도 복잡한 문제를 보다 간결하게 하여 서로 관련지을 수 있는 능력인 조직성, 다듬어지지 않은 기존의 아이디어를 보다 치밀한 것으로 발전시키는 능력인 정교성, 아이디어를 정리하고 종합하는 능력인 종합력이 있다.

창의성은 급변하는 미래 사회에 효과적이고 능동적으로 대처하기 위해 필요한 능력이다. 논리성은 인간을 인간답게 만드는 능력 가운데 하나이지만 창의성은 미래에 예견되는 문제들에 대한 다각적인 해결책을 모색하고, 복잡한 환경에서 생존·번창해 갈 수 있는 수단을 제공한다. 창의성은 완전히 새로운 것을 창조하는 것이 아니라, 이전에 드러나지 않았던 가치를 발견하여 새로운 의미를 부여하는 것이다. 따라서 모든 사람들이 새로운 시각에서 통찰력 및 융통성 있는 발상과 사고의 전환을 한다면 누구나 가치 있는 아이디어와 산출물 생산이 가능하다. 특히 정보 기술과 창의성을 결합·융합한다면 새로운 부가가치가 창출될 것이다.

3 미래 사회에 필요한 사고력

정보 기술의 발달로 전 세계의 지식은 인터넷상의 거대한 가상 공간에 집결하게 되었고, 정보기기를 이용하면 누구나 시간과 장소에 구애받지 않고 자유롭게 짧은 시간 안에 대량의 정보를 수집뿐만 아니라, 공유하는 시대가 되었다.

1 고차원적 사고 기술

고차원적 사고 기술은 문제 상황에서 답을 찾거나 목적을 달성하기 위해 새로운 정보와 기존의 정보를 연관 짓거나 재배열하거나 확장할 때에 일어난다. 또한 새로운 생각이나 물건의 창출, 예술적 표현이나 예측하는 등의 상황에서 활용된다.

가 고차원적 사고의 정의

고차원적 사고는 벽돌 쌓기에 비유하고 있다. 벽돌은 개념과 지식이고 쌓는 것은 사고를 통해 구조를 형성하는 과정으로, 고차원적 사고는 학생들이 정보를 해석하고 분석을 통해 조작할 때에 일어난다.

킹 등(King F. J., Rohani F. & Goodson L.)은 고차원적 사고를 "비판적, 논리적, 반성적, 메타 인지적(Meta-Cognitive), 창의적 사고"라고 하였다(1998).

모리스 브룩하트(Maurice Brookhart)는 고차원적 사고는 "개념을 이해하고, 새로운 상황에 적용하여 복잡한 문제를 분석한 후 이를 종합하고, 기존의 사고를 확장하며, 정교화하는 과정"이라 하였다(2010). 즉, 고차원적 사고에는 분석 및 평가하기, 창안하기, 논리적 사고, 판단과 비판적 사고, 문제 해결 능력, 창의성과 창의적 사고 등이 있다.

🔵나 고차원적 사고와 정보 기술

오늘날에는 정보 기술을 활용하여 짧은 시간에 많은 일들을 수행할 수 있게 되었다. 이러한 정보 기술은 우리의 고차원적 사고에 영향을 미친다.

장혜원(2014)은 벤저민 블룸(Benjamin S. Bloom)의 21세기 교육 목표 분류 체계(Bloom's Digital Taxonomy)에 따라 [표 2-5]와 같이 고차원적 사고 기술을 재구성하고, 여기에 소프트웨어 교육을 통해 습득할 수 있는 정보 기술 활동을 추가하였다.

[표 2-5] 고차원적 사고 기술의 활동과 질문

저차원적 사고 기술(Lower Order Thinking Skills)			
1단계 지식	활동	정의하기, 이름 정하기, 서술하기, 빈칸에 넣기, 회상하기, 말하기, 나열하기, 검색하기, 발견하기, 중요한 것 줄긋기, 기억하기, 관계 짓기, 좋아하는 것 따로 추리기, 수집하기	문자 메시지 트위터 이메일 채팅 네트 워킹 포스팅 블로깅 질문 검토 리뷰 화상 회의 스카이프 코멘트 논쟁 협상 조정 협력
	질문	누가?, 무엇을?, 어떻게?, 서술하면?, 어디서?, 언제?, 무엇이?	
2단계 이해	활동	설명하기, 요약하기, 추론하기, 다른 말로 바꾸어 표현하기, 분류하기, 비교하기, 예를 들어 찾아보기, 논리적으로 검색하기, SNS 사용하기, 태킹하기, 주석 달기, 글에 대한 생각을 간단히 적기, 구독하기, 자신의 언어로 다시 말하기, 추적하기, 번역하기	
	질문	다시 말하면?, 둘 사이 차이점은?, 이것의 중요한 아이디어는?, 간략하게 다시 작성하면?	
3단계 적용	활동	적용하기, 서술하기, 예를 들기, 보여 주기, 정의하기, 묘사하기, 문제 풀기, 결론 내리기, 만들기, 법칙을 서술하기, 구현하기, 수행하기, 사용하기, 실행하기, 구동하기, 불러오기, 놀이, 자르기, 자료 올리기, 공유하기, 편집하기	
	질문	～의 예는 어떠한가?, 다른 예를 알고 있는가?, ～와 관련된 ～는 어떠한가?, ～이 이러한 상황에서 일어날 수 있었을까?, ～이 의미가 있는 이유는 무엇인가?	
4단계 분석	활동	비교하기, 조직하기, 해체하기, 속성 뜯어보기, 개요 서술하기, 발견하기, 구조화하기, 통합하기, 연결 짓기, 입증하기, 분석하기, 다이어그램으로 나타내기, 분류하기, 논쟁하기, 차이 말하기, 변인 규명하기, 특징 찾아내기, 역으로 기술 적용하기, 미디어 편집하기	
	질문	～와 비교/대조하면 어떤 특성이?, ～에 따라 분류하면?, ～에 대한 입증할 자료는 무엇인가?, ～에 대해 개괄적으로 서술하라, ～에 대해 다이어그램/지도/거미줄로 표현하라	
5단계 평가	활동	검토하기, 가설 세우기, 비평하기, 실험하기, 판단하기, 검출하기, 모니터링하기, 결정하기, 순위 매기기, 정당화하기, 선택하기, 결론 짓기, 자신의 의견 말하기, 가치 매기기	
	질문	～에 동의하는가?, ～에 대해 어떻게 생각하는가?, ～에 대해 어떻게 결정하였는가?, 왜 ～이 가장 중요한가?, ～의 평가 기준은 무엇인가?	
6단계 창조	활동	설계하기, 계획하기, 생산하기, 발명하기, 고안하기, 코딩하기, 프로그래밍 하기, 결합하기, 융합하기, 변화시키기, 일반적인 방식 찾기, 예상하기, 식으로 만들기, 가정하기, 제안하기, 구성하기, 일반화하기, 생산하기, 다시 배열하기, 시각화하기, 조직하기, 영화 만들기, 애니메이션 만들기, 블로깅, 음악믹싱, 출판하기, 팟 캐스팅, 연출하기, 방송하기	
	질문	～로부터 예상/추론하는 것은?, ～의 해결 방법으로 무엇을 제안하겠는가?, ～에 추가적으로 더할 수 있는 좋은 아이디어는?, ～을 결합하였다면 어떤 결과가 발생하겠는가?, ～을 융합하여 어떤 것을 창조할 수 있는가?, 새로운 ～을 어떻게 설계/창조하였는가?	
고차원적 사고 기술(Higher Order Thinking Skills)			

(우측 열 전체 머리글: 정보 기술)

일상생활에서 일어나는 복잡한 문제들에 대해 혁신적인 해결책을 찾을 필요가 있을 때에 컴퓨터에게 많은 일을 맡기고 우리는 많은 뇌 공간을 자유롭게 할 수 있다. 이러한 공간은 창의적·협업적·비판적 사고 및 문제 해결 기술을 사용하고 개발하는 데 활용된다.

따라서 21세기에는 컴퓨팅의 본질을 연구하면서 발생되는 다양한 문제 상황을 해결할 수 있도록 고차원적 사고 기술(HOTS; Higher Order Thinking Skills)이 필요하며, 여기에는 컴퓨팅 사고(CT; Computational Thinking)가 요구된다.

2 컴퓨팅 사고

컴퓨팅 사고는 미래 사회의 핵심 역량을 포함하며, 학습자의 잠재력을 사용할 수 있도록 하는 인지적 접근 방법이다. 컴퓨팅 사고는 인간의 생각과 디지털 기술의 통합에 힘을 실어주며, 컴퓨터의 도움을 받아 문제를 구성하는 방법을 통해 창의성, 비판적 사고 등 고차원적 사고 능력을 기를 수 있다.

학생들은 문제를 해결하기 위해 대용량 데이터를 수집하거나 처리하는 과정에서 판단에 참고가 되는 정보를 얻을 수 있으며, 협업 도구 등을 사용하면서 컴퓨팅 사고를 증진시킬 수 있다. 컴퓨팅 기술이 있는 학생들은 원하는 프로그램이나 도구가 없을 경우에는 그들이 필요로 하는 프로그램과 도구를 직접 만들거나 프로그래밍 할 수 있다.

가 정의

'컴퓨팅 사고'는 미국 카네기 멜론 대학교 컴퓨터 공학과의 지넷 윙(Jeannette M. Wing) 교수가 만든 용어로, 컴퓨팅의 핵심 개념을 기반으로 문제를 해결하고, 시스템을 디자인하고, 인간의 행동 양식을 이해하려는 접근 방법이다. 컴퓨팅 사고는 문제를 해결하는 일반적인 방법에서는 수학적 사고를, 일상생활의 제약 안에서 작동되는 크고 복잡한 시스템을 설계하고 평가하는 접근에서는 공학적 사고를, 인간의 행동, 마음, 지능, 계산 가능성에 대한 이해를 위한 접근에서는 과학적 사고를 공유한다.

컴퓨팅 사고라는 용어가 국내에 처음 소개되었을 때에 'computation'을 우리말로 적절하게 번역하기 어려워서 계산적 사고, 정보 과학적 사고, 컴퓨터적 사고라고 하였는데 현재에는 컴퓨팅 사고라는 용어로 통일하였다. 이러한 컴퓨팅 사고에 대한 정의는 다음과 같이 다양하다.

구글(Google)은 'Exploring Computational Thinking'에서 "소프트웨어 엔지니어가 프로그램을 작성하기 위해 사용하는 기술과 문제 해결 능력의 집합"이라고 정의하고, 비판적 사고 능력(Critical Thinking Skill)과 컴퓨팅 능력(Power of Computing)을 포함시켰다.

위키백과에서는 "컴퓨터 과학 기법을 사용하여 문제를 해결하는 방법"이라 정의하였고, ISTE(International Society for Technology in Education)에서는 "모든 사람들을 위한 디지털 시대의 기술"이라 정의하였다.

피터 데닝(Peter J. Denning)은 컴퓨팅 사고는 원래 1950~60년대 앨런 뉴엘(Allen Newell), 허버트 사이먼(Herbert Simon) 등에 의해 연구된 "알고리즘적 사고(Algorithmic Thinking)"로 불리던 개념이라 하였다.

김병수(2014)는 컴퓨팅 사고에 대한 국내외 관련 연구들을 기반으로 컴퓨팅 사고에 대한 정의를 [표 2-6]과 같이 정리하였다.

[표 2-6] 컴퓨팅 사고에 대한 정의 분류

연구자	컴퓨팅 사고 정의
CSTA (2011)	• 컴퓨터에서 구현되는 방법으로 문제를 해결해 가는 접근 방법
NRC (2010)	• Peter Lee: 복잡성 관리를 돕고 작업의 자동화를 허용하는 추상화 도구에 의해 인간의 정신 능력을 확장하는 것 • Bill Wulf: 프로세스와 프로세스를 가능하게 추상적인 현상에 초점을 맞추는 것
NRC (2011)	• Peter Henderson: 제약 조건을 가진 일반화된 문제를 해결하는 사고
이은경 (2009)	• 컴퓨터 과학의 기본 개념과 원리에 따라 문제 해결, 시스템 설계, 인간 행동의 이해를 포함하는 추상적 사고 능력
권대용 (2011)	• 컴퓨터 과학의 기본 개념과 원리에 따른 문제 해결, 시스템 설계, 인간 행동의 이해를 포함하며, 컴퓨터 과학의 다양한 영역을 반영하는 정신적 도구의 범위 포함
김형철 (2011)	• 좁은 의미: 계산 시스템(Computational System)을 활용하여 효과적으로 작업하기 위해 습득해야 할 사고방식이나 태도 • 넓은 의미: 세상을 이해하는 양식(단순한 방법을 초월한 양식, 광범위한 인간 노력에 두루 접목 가능한 양식)
김병수 (2014)	• 좁은 의미: 계산 시스템을 활용하여 효과적으로 작업하기 위해 습득해야 할 사고방식이나 태도 • 넓은 의미: 실세계에서부터 디지털 세계를 망라하여 자연적으로 또는 인간 사회에 의해 존재하는 다양한 현상 속의 계산을 계산 대행자(Computational Agent)를 이용하여 발견하거나 새롭게 창조하기 위해 습득해야 할 인간의 사고 양식과 태도

결국, 컴퓨팅 사고는 "컴퓨팅 시스템(도구와 기술)의 힘을 비판적 사고와 결합하여 문제를 해결하는 과정"이라고 할 수 있다. 비판적 사고는 인간의 영역이고, 컴퓨팅은 기계의 영역이다. 이것을 구분하는 것이 중요하다.

2015 개정 교육과정에서는 컴퓨팅 사고를 "컴퓨터 과학의 기본 개념과 원리 및 컴퓨팅 시스템을 활용하여 실생활 및 다양한 학문 분야의 문제를 이해하고 창의적 해법을 구현하여 적용할 수 있는 능력"이라고 정의하였다. 컴퓨팅 사고는 다양한 분야에 컴퓨터 과학을 적용하기 위한 정신적인 도구이며, 재귀적인 사고, 추상적 사고, 분할적 사고이다.

컴퓨터 과학에서 가장 중요한 것은 새롭지만 근본적인 사고의 방법과 문제 해결 역량을 기르는 일이다. 이것이 곧 컴퓨팅 사고이다. 컴퓨팅 사고는 앞으로 어떤 직업을 갖게 되더라도 읽기, 쓰기, 셈하기와 마찬가지로 반드시 필요한 핵심 역량이 될 것이다.

또한 컴퓨팅 사고는 컴퓨터 과학에만 한정되지 않고 21세기를 사는 모든 사람이 갖추어야 할 기본 기술이자 근본적 사고로 문제를 해결하는 것, 시스템을 디자인하는 것, 인간의 행동을 이해하는 것, 컴퓨터 과학의 기본적 콘셉트를 디자인하는 것 등을 포함한다.

이상에서 언급한 정의들을 토대로 정리해 보면 컴퓨팅 사고는 "일상생활에서부터 디지털 세계를 망라하여 자연적·인문적 현상 속의 문제들을 발견하거나 새롭게 창조하기 위해 컴퓨터 과학의 기본 개념과 원리를 통해 문제를 해결해 나가는 방법"을 의미한다. 컴퓨팅 사고는 문제 해결은 물론, 앞으로의 문제 발생에 대한 예방책을 포함하고 있다.

나 구성 요소

윙(Wing)은 컴퓨팅 사고의 핵심 요소로 추상화(Abstraction)와 자동화(Automation)를 꼽았다. 이를 AA라고 한다. 추상화는 실생활의 문제를 디지털 기기로 해결할 수 있는 형태로 변환하는 것이고, 자동화는 문제를 디지털 기기로 해결하는 것을 말한다. 따라서 추상화를 심리적 도구(Mental Tool), 자동화를 기계적 도구(Metal Tool)라고도 한다.

V. Barr와 C. Stephen은 컴퓨팅 사고의 구성 요소를 자료 수집, 자료 분석, 자료 표현, 문제 분해, 추상화, 분석과 모델 정당화, 시험과 검증, 알고리즘과 절차, 자동화, 제어 구조, 병렬화, 시뮬레이션 등으로 분류하고, 컴퓨터 과학, 수학, 과학, 사회 과학, 언어학 분야에 걸친 활동의 예를 제시하였다.

미국의 컴퓨터과학교사협회(CSTA; Computer Science Teachers Association)와 국제교육공학협의회(ISTE; International Society for Technology in Education)는 V. Barr와 C. Stephen이 분류한 것에서 분석과 모델 정당화, 시험과 검증, 제어 구조를 제외하고 자료 수집, 자료 분석, 자료 표현, 문제 분해, 추상화, 알고리즘과 절차, 자동화, 병렬화, 시뮬레이션을 주요 요소로 선정하였다.

영국의 CAS(Computing at School)는 컴퓨팅 사고를 "복잡하고 정리되지 않은 문제를 인간의 개입 없이 컴퓨터가 처리할 수 있는 형태로 바꾸는 심리 숙련 기술의 집합"이라고 정의하고, 컴퓨팅 사고의 주요 요소를 문제 분해, 패턴, 추상화, 논리적 추론, 알고리즘, 평가로 선정하였다.

Google for Education은 컴퓨팅 사고의 주요 요소를 자료 수집, 자료 분석, 패턴 인식, 자료 표현, 문제 분해, 추상화, 패턴 일반화, 알고리즘 설계, 자동화, 병렬화, 시뮬레이션으로 선정하였다.

여러 연구자들과 기관이 분류한 컴퓨팅 사고의 구성 요소를 정리하면 [표 2-7]과 같다.

[표 2-7] 컴퓨팅 사고의 구성 요소

Wing(2006)	ISTE & CSTA	CAS	Google for Education
	자료 수집		자료 수집
	자료 분석		자료 분석
			패턴 인식
	자료 표현		자료 표현
	문제 분해	문제 분해	문제 분해
		패턴	추상화
추상화	추상화	추상화	
		논리적 추론	패턴 일반화
	알고리즘과 절차	알고리즘	알고리즘 설계
	자동화		자동화
자동화	병렬화		병렬화
	시뮬레이션		시뮬레이션
		평가	

　　교육부는 Wing과 ISTE & CSTA의 분류를 적절하게 조합하여 자료 수집, 자료 분석, 자료 표현을 '자료 수집과 분석'으로 묶고, 문제, 분해, 모델링, 알고리즘을 '추상화'로 묶고, 코딩과 시뮬레이션을 '자동화'로 묶어 분류하였다.

　　또한 병렬화를 제외하고 '일반화'를 추가하였다.

[표 2-8] 교육부의 컴퓨팅 사고의 구성 요소

분류	구성 요소	설명
자료 수집과 분석	자료 수집	문제 해결을 위해 필요한 기초 데이터를 수집하고 컴퓨팅 기기에 저장한다.
	자료 분석	수집된 자료를 통계 처리하거나 계산하여 패턴이나 일반화 규칙을 찾는다.
	자료 표현	자료를 분석하여 얻은 정보를 표, 그림 등으로 시각화하여 표현하는 과정으로 이후 컴퓨팅 기기가 처리할 수 있는 형태로 변환하는 것도 포함된다.
추상화	문제 분해	크고 복잡한 문제를 해결하기 위해 해결 가능한 수준의 작은 문제로 나눈다.
	모델링	문제 해결을 위한 핵심 요소를 추출하고 문제 해결 과정을 설명하는 모델을 만든다.
	알고리즘	문제를 해결하기 위해 필요한 명령을 적절한 순서로 나열한 것으로 이 과정에서 문제 해결 알고리즘을 만든다.
자동화	코딩	알고리즘을 컴퓨팅 기기가 이해하고 실행할 수 있는 프로그램으로 변환한다.
	시뮬레이션	실세계의 현상을 흉내 내도록 하는 것으로 문제 해결 방법(프로그램)을 실행하여 문제를 해결한다.
일반화		발견한 해결 방법을 유사한 다른 문제에 적용하고, 패턴, 유사성, 연결고리 등을 식별하고 밝혀내는 과정으로 기존 문제의 해결 방법에 기반하여 새로운 문제의 해결 방법을 빠르게 찾는다.

한국정보교육학회는 컴퓨팅 사고의 구성 요소를 [표 2-9]와 같이 구분하였다.

[표 2-9] 한국정보교육학회의 컴퓨팅 사고의 구성 요소

영역	항목	설명
문제 분석	문제 이해	문제의 현재 상태와 목표 상태를 알 수 있다.
	문제 정의	문제 상황을 파악하여 문제를 표현할 수 있다.
	문제 분해	복잡한 문제를 쪼개어 생각할 수 있다.
자료 분석	자료 수집	문제 해결에 필요한 자료를 수집할 수 있다.
	자료 표현	문제 해결을 위해 자료를 분석하여 말, 글, 그림 등으로 표현할 수 있다.
	자료 구조화	분석된 결과를 표나 그래프 등으로 구조화할 수 있다.
추상화	패턴 분석	문제 해결 과정에서 반복되는 요소를 찾을 수 있다.
	논리적 추론	알고리즘과 프로그램의 결과를 예측할 수 있다.
	모델링	문제를 해결하는 데 불필요한 요소를 제거할 수 있다.
	추상화	문제 해결에 필요한 절차와 방법을 단순화하여 나타낼 수 있다.
	알고리즘	문제 해결 과정을 그림이나 순서도, 의사코드로 나타낼 수 있다.
자동화	프로그래밍	프로그램을 작성하여 문제를 해결할 수 있다.
	디버깅	프로그램의 오류를 찾아 수정할 수 있다.
	자동화	알고리즘을 만들고 프로그래밍을 통해 문제를 해결할 수 있다.
일반화	최적화	보다 나은 문제 해결 과정으로 개선할 수 있다.
	평가	문제를 목적에 맞게 효과적으로 해결하였는지를 판단할 수 있다.
	사례 적용	문제 해결 과정을 유사한 문제에 적용할 수 있다.

이상의 여러 연구자들과 기관이 정의한 컴퓨팅 사고의 개념 및 구성 요소를 분류하면 '자료 수집과 문제 분석', '추상화'와 '자동화'로 정리할 수 있다.

- 자료 수집과 문제 분석: 문제를 해결하기 위한 준비 과정으로 문제의 목표가 무엇이고 지켜야 할 제약 조건이 무엇인지 파악하고, 문제 해결에 필요한 기초 자료를 수집하고, 기초 자료에서 규칙을 찾고 컴퓨팅 기기로 처리할 수 있는 형태로 변환하는 과정이다.

- 추상화: 문제 해결에 필요한 핵심 요소(자료와 절차)를 파악하고, 불필요한 요소를 제거하여 효율적으로 처리할 수 있는 수준으로 단순화하는 과정이다. 실생활 문제를 디지털 기기로 해결하려면 문제 해결에 필요한 특성만 뽑아내고 뽑아낸 특성을 디지털 기기가 처리하기 쉬운 형태로 바꾸는 추상화 과정이 이루어진다.

- 자동화: 추상화 과정을 거친 후 컴퓨터와 같은 컴퓨팅 기기를 사용하여 처리하는 것으로 반복적인 작업을 컴퓨팅 기기가 실행하도록 컴퓨팅 기기가 이해할 수 있는 형태로 알고리즘을 변환(프로그래밍 또는 코딩)하는 과정이다. 컴퓨팅 기기란 추상화한 데이터와 절차를 해석하고, 데이터를 저장하고 통신할 수 있으며, 절차를 실행할 수 있는 물리적인 장치를 의미한다.

그 외의 컴퓨팅 사고의 구성 요소를 살펴보면 다음과 같다.

- **병렬화(parallelization)**: 문제를 해결하기 위해 작은 문제들을 동시에 실행하도록 만드는 과정이다.
- **논리적 추론(Logical Reasoning)**: 동일한 절차(특정 목적을 달성하기 위해 올바른 순서를 갖는 명령의 모임)와 입력이 주어졌을 때에 같은 결과를 얻을 수 있는지 판단하는 과정에서 사용하는 능력이다.
- **일반화(Pattern Generalization)**: 문제 해결 결과를 예측하기 위해 관측한 패턴의 모델, 규칙, 원리 또는 이론을 만드는 과정으로 논리적 추론 능력이 필요하다.
- **평가(evaluation)**: 알고리즘, 시스템, 처리 과정 등 해결 방법이 올바른지를 확인하는 과정으로 정확성, 속도, 자원(문제를 해결하는 데 사용되는 시간, 비용, 인력 등), 사용 적절성 및 용이성 등 평가 관점이 존재한다.

컴퓨팅 사고의 구성 요소에서 혼동하지 말아야 할 것은 추상화의 개념이다. 윙이 제시한 '추상화' 개념은 이후의 연구자들이 컴퓨팅 사고의 구성 요소로 제시한 추상화보다 넓은 의미이다. 좁은 의미의 추상화는 문제 해결에 필요한 핵심 요소(자료와 절차)를 파악하고 불필요한 요소를 제거하여 단순화하는 과정이며, 넓은 의미의 추상화는 좁은 의미의 추상화를 포함하여 컴퓨팅 기기가 문제를 해결할 수 있도록 자료와 절차를 준비하는 과정이다.

다 범주

본 책은 김병수(2014)의 연구 및 다른 관련 연구들을 분석하여 컴퓨팅 사고의 범주를 [그림 2-3]과 같이 구분하였다.

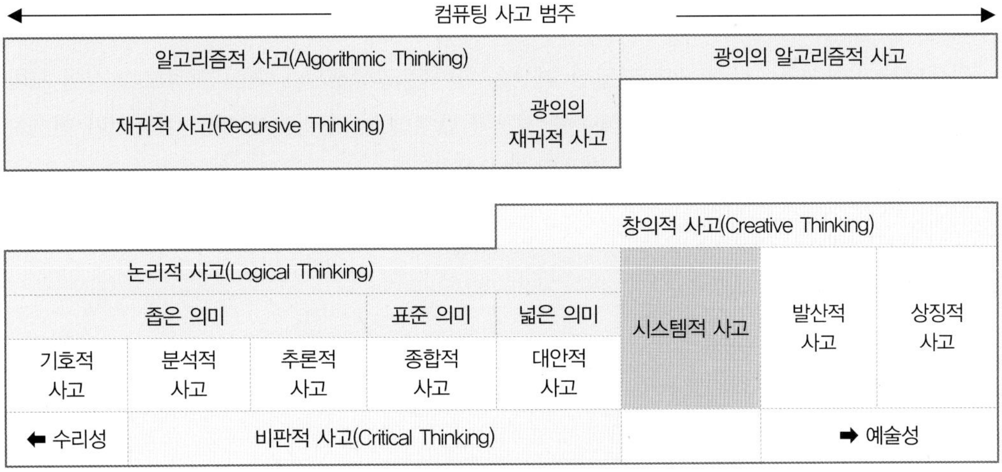

[그림 2-3] 컴퓨팅 사고의 범주

1) 논리적 사고

논리적 사고(Logical Thinking)는 컴퓨팅 사고의 가장 기본적인 요소 중 하나로, 논리적으로 생각하는 능력을 의미한다. 컴퓨터는 연산을 하는 데 논리를 사용하지만 이것이 컴퓨팅 사고에서 논리적으로 생각한다는 것과 완전히 일치하지는 않는다. 컴퓨터는 논리적 인과 관계를 따르도록 프로그래밍 되어 있을 뿐, 컴퓨터 자체가 논리적으로 생각하는 것은 아니기 때문이다.

논리적 사고는 비판적 사고와 동일한 개념으로 혼용되어 사용되기도 한다. 논리적 사고와 비판적 사고 모두 궁극적으로 통합된 적용력을 가진 사고 유형에 대한 연구와 훈련을 추구하고 있다는 점에서 최종 지향점은 같다고 할 수 있다. 따라서 논리적 사고와 비판적 사고를 혼용하여 사용하는 데는 큰 무리가 없으며, 두 가지 사고의 핵심 모두 수렴적 사고(Convergent Thinking) 또는 수직적 사고(Vertical Thinking)에 있다고 볼 수 있다.

김영정(2004)은 가장 좁은 의미의 논리적 사고에는 기호적 사고와 분석적 사고, 추론적 사고가 포함되고, 표준 의미의 논리적 사고에는 종합적 사고가 추가되며, 넓은 의미의 논리적 사고에는 대안적 사고가 추가된다고 하였다.

그러나 아무리 논리적 사고의 개념을 넓게 잡는다 해도 발산적 사고나 상징적 사고의 개념은 포함되지 않는다.

논리적 사고란 확인할 수 있는 작은 정보 단위들로부터 새로운 정보를 추론해 내는 것이다. 이때 새로운 정보는 반드시 확실한 규칙을 따라서 얻어야 하며, 이 확실한 규칙을 세우는 능력은 논리적 사고와 연결되어 있다.

스도쿠 퍼즐(http://sudoku.co.kr/)을 예로 들어보자. 스도쿠 퍼즐은 몇 개의 셀(칸)에 주어져 있는 숫자라는 작은 정보들을 이용하여 나머지 비어 있는 칸의 숫자 값을 찾아내는 것이다. 이때 아주 작은 논리 과정의 실수라도 있다면 그 퍼즐은 풀리지 않는다. 단서를 규칙 체계 안에 넣기 위해서는 확실한 인과성이 있어야 한다. 이와 같이 확실한 인과성을 찾아내는 역량이 논리적 사고 능력이다. 따라서 퍼즐은 이러한 역량을 기르는 데 매우 중요한 사고 훈련 도구라 할 수 있다.

컴퓨터가 일상생활에서 필요한 다양한 연산을 한다면 일상생활에 흩어진 정보를 끌어 모아 확실한 인과성에 따라 재조합할 때 새로운 정보가 탄생하고, 이 정보에 따라 컴퓨터가 연산하도록 만드는 것이 사람이 할 수 있는 컴퓨팅 사고이다.

2) 비판적 사고

비판적 사고(Critical Thinking)는 특정 주장에 대한 판단을 수용하거나 거절 또는 보류할지에 대해 매우 신중하게 결정하는 능력을 의미한다. 우리가 삶을 영위하는 방법은 어떤 주장들을 믿고 받아들이느냐에 따라 달라진다. 따라서 비판적으로 사고할 수 있는 것은 아주 중요한 능력이다.

비판적 사고는 다양하고 복잡하고 난해한 주장, 견해, 이론, 정책, 제도, 행위 등 무수히 많은 언어적·비언어적 자료들에 대해 어떤 것을 받아들이고 어떤 것을 거부하며, 어떤 부분을 어떻게 개선할 수 있는지를 결정하고, 삶의 중요한 고비에서 어떤 행위가 최선인지를 결정하기 위해 신뢰성, 정당성, 적합성, 타당성 등을 판단하는 사고이다.

비판적 사고는 주어진 자료에 제시된 주장들이 어떤 이유 때문에 타당한지를 판단할 뿐만 아니라, 그 이유가 옳은지까지도 판단해야 한다. 그 판단이 적용되는 사고의 전 과정에서 증거를 제대로 사용하였는지, 개념을 올바르게 사용하였는지, 방법 및 여러 가지 관련 준거를 제대로 적용하였는지, 맥락을 잘 고려하였는지 등을 고려하여 판단한다. 이처럼 비판적 사고는 주어진 자료의 형식만을 다루는 '형식 논리'가 아니라, 주어진 자료의 내용도 다루는 '형식과 내용의 통합 논리'이다.

물론, 비판적 사고의 근간은 형식 논리이지만 형식 논리만으로는 언어적·비언어적 자료, 즉 텍스트를 이해하고 평가할 수는 없다. 마치 물리학의 이론만으로 비행기를 날게 할 수 없는 것과 같은 이치이다. 비행기가 날기 위해서는 물리학의 법칙을 응용하는 공학이 있어야 한다. 마찬가지로 언어적·비언어적 자료를 이해하고 평가하기 위해서는 형식 논리를 응용하는 논리 공학, 즉 비판적 사고가 있어야 한다.

김영정(2004)은 단순 기억 능력이나 상기(recall) 능력과 같은 저차원적 사고 능력을 제외한 고차원적 사고 능력을 [그림 2-3]과 같이 기호적, 분석적, 추론적, 종합적, 대안적, 발산적, 상징적 사고로 구분하였다.

수리성 방향의 최고 능력에는 기호적 사고가 있으며, 예술성 방향의 최고 능력에는 상징적 사고가 있다.

기호적 사고는 수렴적 사고, 수직적 사고의 정점이라 할 수 있으며, 상징적 사고는 발산적 사고, 수평적 사고의 정점이라 할 수 있다. 이러한 점에서 기호적·상징적 사고 능력은 매우 중요하다.

비판적 사고는 타인의 진술이나 기타 표현에 대해 판단을 내릴 때뿐만 아니라, 자신의 사고 과정에도 적용한다. 이처럼 자신의 사고 과정에 비판적 사고를 적용하는 것은 곧 자신의 사고에 대한 자기 규제적인 평가를 한다는 의미이다. 이러한 의미에서 보면 비판적 사고는 주관적 사고와 판단을 객관적 시각에서 검토하고 검증하여 가능하면 올바른 세계관과 가치관을 정립하고자 하는 자아창조적 사고이다.

지적으로나 도덕적으로 성숙한 인간은 비판적 사고에 따라 내린 판단에 근거하여 의사 결정을 하고, 그런 객관적으로 인정받고 환영받는 견해와 행위를 통해 인류의 문화와 역사 발전에 기여한다.

비판적 사고의 특징 중 하나는 그것이 구조적으로 절차적인 사고 과정이라는 점이다.

에드워드 글레이저(Edward Glaser)는 비판적 사고를 세 가지 범주로 구분하였다.

그것은 한 개인의 경험의 범위 내에서 주어진 문제나 주제를 신중하게 생각하고 평가하려는 태도, 그런 문제와 관련하여 논리적으로 탐구하고 추리하는 방법에 대한 지식, 그런 방법들을 구체적으로 적용하는 기술인데 이것을 [표 2-10]과 같이 세분화하였다.

[표 2-10] 비판적 사고의 절차

① 문제 인지
② 문제를 다룰 수 있는 적절한 수단 모색
③ 문제와 관련된 정보 수집
④ 명시적이지 않은 가정과 가치 파악
⑤ 언어의 정확하고 명료한 사용
⑥ 자료의 해석
⑦ 증거와 논증에 대한 평가
⑧ 명제들 간의 논리적 관계 확인
⑨ 보증된 결론과 일반화의 도출
⑩ 자신이 얻어낸 결론과 일반화에 대한 검증
⑪ 폭넓은 경험을 기반으로 믿음의 패턴 재구성
⑫ 일상에서 특정 대상과 특정 성질에 대한 정확한 판단

글레이저의 설명은 매우 구체적이고 명료하며 절차적이다. 이는 우리가 직면한 문제 상황을 헤쳐 나갈 수 있도록 차근차근 우리를 안내한다. 이러한 절차성은 각 단계의 사고 과정과 그 과정에서 다루어질 수 있는 대상들과 작업들을 분류할 수 있다는 것을 의미한다. 따라서 비판적 사고는 우리의 시각이 필요한 정보를 얻기 위해 수행하는 작용과 구조적으로 유사하다.

3) 창의적 사고

창의적 사고(Creative Thinking)는 급변하는 미래 사회에 효과적, 능동적으로 대처하기 위해 필요한 능력을 의미한다.

위키백과에서는 창의적 사고를 "새로운 생각이나 개념을 찾아내거나 기존에 있던 생각이나 개념들을 새롭게 조합해 내는 것과 연관된 정신적이고 사회적인 과정"이라고 정의하였다.

김영철(2006)은 창의적 사고를 "미래에 예견되는 문제들에 대한 다각적인 해결책을 모색하고, 복잡한 환경에서 생존, 번창해 갈 수 있는 수단을 제공하는 것으로 세상에 존재하지 않던 완전히 새로운 것을 창조하는 것이 아니라, 이전에 드러나지 않았던 가치를 발견하여 새로운 의미를 부여하는 것"으로 정의하였다.

즉, 새로운 시각에서 통찰력 및 융통성 있는 발상과 사고의 전환을 통해 가치 있는 아이디어와 산출물이 생산 가능하도록 하는 것을 의미한다.

양창삼(2002)은 기업 환경에서 창의적 사고를 방해하는 요소와 촉진시키는 요소를 [표 2-11]과 같이 제시하였다.

[표 2-11] 창의적 사고의 방해 요소와 촉진 요소

방해 요소	촉진 요소
• 습관 • 규제와 제재, 규칙에 사로잡힘. • 시간 및 환경의 제약 • 성급함. • 타인의 비판이나 비난 • 안주와 무사 안일한 사고방식 • 소극적 태도 • 문제 과잉으로 인한 자포자기 • 실패에 대한 두려움 • 스트레스 과잉 • 전제에 대한 맹신 • 논리에 대한 지나친 의존 • 자기에게 창의력이 없다고 생각함. • 선입견 • 자기도취	• 태도의 변화 • 긍정적이고 우호적인 분위기 • 다양한 시각에서 생각하기 • 기존 장벽 허물기 • 발상력 강화 방법의 적극적인 개발 • 발상력 자극 • 마음 펼치기 • 상상과 은유 • 뒤집어 생각하기: 발상의 전환 • 계속적인 학습 • 용기 • 비전 • 문제 제기 • 천재처럼 생각하기

비판적 사고는 발산적 사고, 수평적 사고를 포함하고 있지 않지만 창의적 사고는 발산적 사고를 포함하고 있다.

조이 폴 길포드(Joy Paul Guilford)가 제시한 발산적 사고의 요소는 다음과 같다.

• **유창성**: 생성해 낸 아이디어의 수
• **융통성**: 아이디어들이 속하는 범주의 수(다양성)
• **독창성**: 남들이 생성해 내지 못한 비범한 아이디어를 생산해 내는 것
• **정교성**: 아이디어를 상세하게 잘 발달시키는 것

앨리스 폴 토렌스(Alice Paul Torrance)는 발산적 사고의 4요소(유창성, 융통성, 독창성, 정교성)에 민감성(sensitivity)과 재정의(redefinition)를 추가하였다.

• **민감성**: 의문과 문제를 제기하기 위해 괴리나 결손 등을 민감하게 관찰하는 것
• **재정의**: 통상적이고 기존에 사용하던 방식과는 다른 방식으로 들여다보고 지각하는 것, 사상의 변형과 재해석 및 기능적 고착에서 벗어나 독특한 해결을 생성해 내는 것

4) 시스템적 사고

시스템적 사고(Systemic Thinking)는 시스템을 구성하는 대상이나 사물을 전체적으로 파악하고, 그 대상과 사물의 구성 요소 간의 상호 관련성을 잘 분석하여 다양한 요소가 어떤 상호작용을 하며, 이러한 상호작용이 전체 시스템에 어떤 영향을 주는지 알아내어 전체를 최적화하는 방식이다. 시스템적 사고는 하나의 패러다임이고, 언어이며, 방법이고, 상호 연관된 사건들과 과정들에 대한 이해를 구축하고 공유하는 일련의 기술을 의미한다(Barry Richmond, 1992). 시스템적 사고가 특별히 가치가 있는 이유는 바로 조직에 유익한 변화를 가져올 수 있는 방법을 기술하기 때문이다.

시스템적 사고는 어떤 하나의 대상을 이해하기 위해서 그 대상을 부분들의 합으로서가 아닌 전체로 볼 줄 아는 시야를 말한다. 따라서 시스템적 사고는 사물 자체보다 세상의 복잡한 인과 관계를 이해하고 전체를 바라보는 것을 의미한다. 정지된 장면을 보기보다는 시간에 따른 변화의 유형과 흐름을 보기 위한 사고 체계이다.

시스템적 사고의 효과는 다음과 같이 요약할 수 있다.
첫째, 주어진 문제를 전체적인 입장에서 명확히 밝힐 수 있다.
둘째, 구성 요소 간의 상호 관련성 또는 상호작용을 이해할 수 있다.
셋째, 관련되는 요인의 원인과 결과를 밝힐 수 있다.
넷째, 문제가 되는 변수와 제약 요소와의 상호 관계를 밝힐 수 있다.
다섯째, 시스템 전체의 성과를 높일 수 있다.
여섯째, 환경 변화에 적응할 수 있다.

5) 재귀적 사고

재귀적 사고(Recursive Thinking)는 하나의 사고 과정을 계속적으로 반복하여 사고하는 것을 의미한다. 즉, 인간이 영아기 때 사용하는 원초적인 사고 과정에서 시작하여 인간이 커가면서 논리적 사고가 접목되어 논리를 바탕으로 조건이 만들어지고 조건을 변경하면서 문제가 해결될 때까지 반복적으로 사고하는 과정이다. 윙(2006)은 재귀적 사고란 병렬적 처리를 의미한다고 하였다. 코드를 데이터로, 데이터를 코드로 해석하는 것, 하나의 문제의 장단점을 인식하는 것, 어떤 사람이나 사물에게 하나 이상의 이름을 부여하는 것이 그 예가 될 수 있다.

또한 프로그램의 정확성과 효율성만을 평가하는 것이 아니라, 간결함과 단순성을 고려한 심미적 측면에서의 시스템 설계도 재귀적 사고이다. 이러한 정의는 재귀적 사고의 전체를 정의한다기보다는 컴퓨터 과학에서의 재귀적 사고의 정의라고 할 수 있다.

재귀적 사고는 컴퓨터 과학 이론과 프로그래밍에서 주요 역할을 하며, 특히 컴퓨터 프로그래밍에서 반복 계산법에 의한 처리 과정에 유용하다. 컴퓨터적인 측면에서 재귀적 사고는 사고의 반복을 통해 자료와 코드를 서로 바꾸어주고, 오류 부분을 찾아내고 수정하며, 해결책의 적절성 및 효율성, 그리고 간결성을 판단한다. 또한 크고 복잡한 문제를 해결할 때에 추상화 및 분해 기법을 반복적으로 사용한다.

6) 알고리즘적 사고

소프트웨어 교육의 목적은 고차원적 사고 기술을 신장시키는 데 있다. 예를 들어, 싱가포르, 영국, 홍콩, 네덜란드 등의 수학과 교육과정과 NCTM(National Council of Teachers of Mathematics)에서 제시하는 교육과정의 교육 목표는 다음과 같다.

교육과정 교육 목표는 학생들이 학습한 내용을 또 다른 문제 상황에 적용하는 적응력, 비판적 사고력, 문제 해결력을 기르는 데 두고 있다. 따라서 그들은 학생들에게 비구조적인 문제 상황을 제시하고, 이를 해결해 보는 기회를 제공하는 문제 중심 교육과정을 운영하고 있다.

① 알고리즘의 의미

알고리즘(Algorithm)은 수학적 의미에서의 알고리즘과 컴퓨터 용어로서의 알고리즘으로 구분한다. 수학적 의미의 알고리즘은 "잘 정의되고 명백한 규칙들의 집합이나 문제를 풀기 위한 어떠한 단계"를 말하고, 컴퓨터 용어로서의 알고리즘은 "어떤 문제를 해결하기 위해서 컴퓨터가 사용 가능한 방법으로 잘 정의된 계산 문제를 풀기 위한 도구나 방법"을 말한다. 여기서 '잘 정의된 계산 문제'란 알고리즘이라는 방법을 이용하여 계산되거나 해결할 수 있는 입력과 출력이 명확한 문제를 의미한다. 이 방법은 컴퓨터가 이해할 수 있는 일련의 명령들로 이루어진다. 따라서 알고리즘이란 논리적으로 만들어진 절차 또는 함수에 의해 문제를 해결하는 방식을 의미하며, 컴퓨터 알고리즘이란 명확하게 정의되어 제시된 문제를 해결하는 방법을 의미한다. 컴퓨터 과학에서는 일련의 규칙들의 조합을 알고리즘이라 한다.

② 알고리즘적 사고의 의미

알고리즘적 사고(Algorithmic Thinking)는 컴퓨터가 문제를 해결할 수 있도록 문제를 해결하는 데 필요한 과정을 순차적으로 나열 및 적용하는 사고 과정으로 컴퓨터 과학에서 매우 중요한 사고 요소이다.

알고리즘적 사고는 단순히 컴퓨터에게 문제 해결 과정을 전달하기 위한 사고가 아니라, 다른 사람에게 자기의 문제를 정확하게 전달할 수 있고, 자기가 생각한 문제 해결 방법을 누가 수행하더라도 동일한 결과를 얻을 수 있도록 정의하는 사고이다.

③ 알고리즘적 사고의 특징

알고리즘적 사고의 특징은 다음과 같다.

첫째, 사고의 질적인 부분에만 치중하지 않고, 정보의 양적인 부분에도 신경을 써야 한다. 알고리즘적 사고를 통해 문제 해결 절차를 구상할 때에는 문제 해결을 위한 다양한 정보가 수반되어야 한다.

둘째, 문제를 분할하여 해결 절차를 마련하며, 하나의 문제를 해결하였다면 해결된 부분의 과정은 더 이상 문제시하지 않아야 한다.

셋째, 수많은 시행착오를 겪게 되며, 이를 바탕으로 문제를 해결할 수 있다. 다양한 해결 방법을 구상하고 수많은 실패를 겪으면서 실패의 원인을 분석하여 새로운 해결 방법을 구상하면서 문제를 해결한다.

넷째, 무거운 수학적 공식과는 거리가 멀다. 우리가 일상생활에서 사소한 문제가 생겼을 때에 문제 해결 절차를 마련하는 것도 알고리즘적 사고이다.

다섯째, 여러 가지 사고 과정 및 방법이 종합적으로 이루어진다.

여섯째, 시뮬레이션 형태로 확인할 수 있다.

④ 알고리즘적 사고에 대한 여러 가지 견해

알고리즘적 사고는 특별하고 강력한 사고로 복잡한 현대 사회에 대처하기 위해 필요하고, 다른 과학 및 공학 분야에서도 매우 중요한 개념이다. 그러므로 학생들이 다양한 사고방식으로 새로운 형태의 문제에 접근할 수 있는 능력을 갖게 하는 것이 중요한데 이것은 프로그래밍을 통해서 효과적으로 교육할 수 있다.

'ACM(Association for Computing Machinery)'은 알고리즘적 사고를 위해 LOGO와 같은 교육용 프로그래밍 언어를 통한 프로그래밍 교육이 필요하다고 강조하며, K-8학년의 컴퓨터 과학 기초를 위한 학습 단계에서부터 이러한 교육이 필요하다고 주장하였다. 그러나 학생들은 프로그래밍 학습을 매우 어렵다고 생각한다.

'NRC(미국 국가조사위원회, National Research Council)'는 알고리즘적 사고를 사람이 FIT(Fluency with Information Technology)할 수 있는 주요 정보 기술 개념 중 하나로 정의하였다. NRC 위원들은 알고리즘적 사고에 기능적 분해, 반복, 기본 자료 구조, 일반화와 모수화, 알고리즘 대 프로그램, 톱 다운(top-down) 설계 등을 포함시켰다.

'제럴드 푸체크(Gerald Futschek, 2006)'는 알고리즘적 사고와 창의성은 매우 강한 상관 관계를 가지며, 알고리즘적 사고는 문제를 해결하기 위해 특정한 해결 방법을 습득하는 사고 양식이라고 하였다.

'유중현'과 '김종혜'는 문제를 해결하기 위해서는 직관적 사고가 필요하고, 직관적 사고에 의해 나온 해결책들을 통해 결과를 예측해 보는 추론적·논리적 사고가 필요하며, 여기에는 각각의 해결책들의 장단점을 파악하는 비판적 사고가 이미 포함되어 있다고 말한다. 물론, 알고리즘적 사고에 의해 도출된 결과가 항상 논리적으로 옳고, 최적의 알고리즘이며, 문제를 한 번에 해결하는 통찰을 의미하지는 않는다. 다만, 하나의 문제를 해결하는 데 필요한 최적의 계산을 논리적 사고 기반 위에서 하려는 사고 과정이라는 것이다.

'정인기'는 다양하고 융통성 있는 문제 상황의 제시가 가능함을 이유로 들며, 알고리즘적 사고의 신장이 가능한 교과목으로 수학보다 정보의 비교 우위를 주장하였다.

알고리즘적 사고는 다음 단계로 수행해야 할 일이 결정되도록 하는 일련의 규칙들의 조합이지만 사고 양식이 재귀적 사고처럼 창의적 사고나 비판적 또는 논리적 사고와는 독립적이라고 할 수 있다. 즉, 논리적 사고와 상관은 있지만 이와는 다른 사고 과정의 패턴을 필요로 한다. 계산적 사고력의 계층적인 측면을 볼 때에 알고리즘적 사고는 논리적 사고의 기반 위에서 수행되며, 넓은 의미의 알고리즘적 사고는 발산적 사고가 포함된다. 알고리즘적 사고는 복잡한 정보를 단순화하여 처리하고 행동 목표를 설정해 주는 요소이다.

이 사고는 정보가 넘쳐나는 시대를 살아가는 데 반드시 필요한 사고 기법이라 할 수 있다. 따라서 이러한 알고리즘적 사고를 학습하기 위한 문제는 특정 영역에 한정된 문제가 아니라, 문제 해결 과정에 대한 알고리즘을 답으로 하는 문제여야 한다. 또한 알고리즘적 사고의 신장을 위한 문제는 문제 해결 과정이 다양하게 나올 수 있어야 하며, 답으로 제시된 알고리즘에 대한 평가 방법이 존재해야 한다. 소프트웨어 교육도 이러한 추세에 발맞추어 문제 해결 능력과 컴퓨팅 사고 신장에 그 교육 목표를 두고 있다. 알고리즘적 사고의 신장은 다양한 답안이 도출될 수 있는 문제 상황을 제시하고, 학생들이 이를 해결하기 위해 스스로 알고리즘을 구안하고 그것을 정교화할 수 있어야 가능하다.

라 활용

컴퓨팅 사고는 반드시 컴퓨터를 활용한 프로그래밍 활동이 필요한 것은 아니다. 스크래치와 같이 컴퓨터를 이용하여 습득할 수도 있지만 루브 골드버그 장치와 같이 컴퓨터 없이 컴퓨팅 사고 과정을 익힐 수도 있다.

1) 루브 골드버그 장치의 활용

루브 골드버그 장치(Rube Goldberg Machine)는 20세기 미국의 만화가 루브 골드버그가 고안한 기계 장치들에서 시작한 것으로 [그림 2-4]와 같이 생김새나 작동 원리는 아주 복잡하고 거창한데 하는 일은 아주 단순한 기계를 의미한다.

[그림 2-4] 자동 등 긁기 기계

이 장치는 항상 연쇄 반응을 통해 단순한 작업을 지나치게 복잡하게 수행한다. 얼핏 보면, 진짜로 작동할 것처럼 생겼고 어떤 원리로 작동할지에 대해 다양한 상상을 요구한다. [표 2-12]는 '자동 등 긁기 기계'를 만드는 데 필요한 부품과 작동 원리에 대한 설명이다.

[표 2-12] 자동 등 긁기 기계의 부품과 작동 원리

부품 구성	작동 원리
램프(A), 커튼(B), 물(C), 노인(D), 우산(E), 줄1(F), 시소(G), 쇠공(H), 줄2(I), 망치(J), 유리판(K), 강아지(L), 엄마 개(M), 요람(N), 효자손(O)	① 램프(A)에 불을 붙인다. ② 커튼(B)이 타면서 소방관이 불이 난 줄 알고 물(C)을 뿌린다. ③ 노인(D)은 비가 오는 줄 알고 우산(E)을 집으려 한다. ④ 우산(E)을 집으면 줄1(F)이 당겨지면서 시소(G)의 한쪽이 위로 올라간다. ⑤ 시소(G)에서 쇠공(H)이 미끄러져 떨어지면서 줄2(I)가 당겨진다. ⑥ 줄2(I)가 당겨지면서 망치(J)가 움직여 유리판(K)을 깬다. ⑦ 유리판(K)이 깨지면 강아지(L)가 자다가 깬다. ⑧ 강아지(L)를 재우기 위해 엄마 개(M)는 요람(N)을 흔든다. ⑨ 요람(N)에 연결된 효자손(O)이 움직이면서 앉아 있는 사람의 등을 긁는다.

루브 골드버그 장치 제작자들은 항상 팀을 이루어 작업을 하며, 주어진 문제를 해결하는 기계를 만들기 위해서 물리, 수학, 공학 설계의 원리를 이용하여 창의적으로 생각을 해낸다. 이 기계를 만드는 데는 실제로 코딩은 하지 않지만 질문 및 문제 정의(Defining Problem), 모형 개발 및 사용(Developing and Using Models), 계획 및 조사 시행(Planning and Carrying out Investigations), 자료 분석 및 해석(Analyzing and Interpreting Data), 수학과 CT 사용(Using Mathematics and Computational Thinking), 설명 구성과 설루션 설계(Constructing Explanations and Designing Solutions) 등 다양한 컴퓨팅 사고를 필요로 한다.

2) 스크래치의 활용

컴퓨팅 사고는 스크래치와 같은 교육용 프로그래밍 도구를 활용하여 익힐 수 있다. [그림 2-5]는 스크래치를 이용하여 루브 골드버그 장치를 시뮬레이션한 것이다.

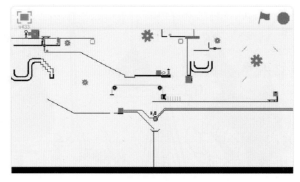

[그림 2-5] 스크래치를 활용한 루브 골드버그 장치

컴퓨팅 사고를 촉진하기 위한 스크래치 학습 활동의 예는 [표 2-13]과 같다.

[표 2-13] 스크래치를 활용한 컴퓨팅 사고의 촉진

컴퓨팅 사고	스크래치를 활용한 학습 활동
절차 및 알고리즘	• 동작, 형태, 소리, 반복 등 블록들을 사용하여 순차, 반복, 조건 등을 처리함.
병행화 및 동기화	• 이벤트 블록을 사용하여 동시에 다수의 블록들이 수행되도록 함. • 스프라이트 간에 방송 메시지를 교환하여 동기화를 구현함.
자료 표현	• 데이터 블록의 변수와 리스트를 활용하여 자료를 표현하고 관리함.
추상화	• 블록 추가를 통해 새로운 블록으로 만들고 필요할 때에 사용함.
문제 분해	• 자기 자신 복제하기 블록을 사용하여 복잡한 문제를 분해하여 해결함.
시뮬레이션	• 블록에 다른 파라미터를 전달하여 해당 파라미터에 대한 결과를 확인함.

컴퓨팅 사고에 관한 논의가 확산되자 컴퓨터 과학자, 정보 기술자, 컴퓨팅 사고 관련 분야의 전문가, 교육 분야 연구자, 인지 과학자들이 2009년 2월 미국 워싱턴 D. C.에서 워크숍을 가졌다. 이들은 컴퓨팅 사고의 정의에 대해서는 합의하지 못하였지만 모든 학생들에게 가르쳐야 한다는 점에는 모두 동의하였다.

3) 컴퓨터 과학과 교육과정에서의 컴퓨팅 사고

21세기 핵심 역량으로서의 컴퓨팅 사고를 학교 교육에 접목하려는 노력으로 컴퓨터 과학 교육 분야의 교육과정이 개선되었다. 컴퓨터 과학 교육의 교육과정 개선은 학생들이 컴퓨팅에 대해 이해하고, 컴퓨팅 기술 활용 능력을 키워 컴퓨팅 기술의 소비자가 아닌 생산자가 될 수 있도록 지원하는 방향성을 갖는다.

예를 들어, 미국의 컴퓨터 과학 원리라는 AP교과는 '컴퓨팅 기술이 개인과 사회에 미치는 영향 인식하기', '컴퓨팅 기술을 이용한 작품 만들기', '현상의 모델을 만들고 모의실험에 추상화 적용하기', '문제와 작품 분석하기', '데이터 시각화를 통해 컴퓨팅 기술의 영향 표현하기', '구조화가 잘 되지 않는 문제를 효율적으로 해결하기'와 같은 여섯 가지 프레임워크를 강조한다.

4) 타 교과에서의 컴퓨팅 사고

컴퓨팅 사고는 특정 분야에 한정된 것이 아니고 초·중등학교 대부분의 교과에 접목하는 것이 가능하다. CSTA & ISTE가 제시한 컴퓨팅 사고의 아홉 가지 요소가 교과 접목의 좋은 시작 위치이다. 그중 컴퓨팅 사고의 주요 요소 가운데 하나인 알고리즘은 요리나 목적지 찾아가기 등 일상생활 속에서 적용할 수 있다. 예를 들어, 초등학생은 이 닦기와 같이 매일 하는 일을 여러 단계로 나누어 보도록 하여 알고리즘에 대해 학습할 수 있다.

J. Cuny, L. Snyder, J. M. Wing은 모든 사람이 컴퓨팅 사고 능력을 갖추어야 하는 이유를 다음과 같이 설명하였다.

> - 컴퓨팅 방식으로 해결하기 좋은 문제는 어떤 특징을 갖는지 이해할 수 있다.
> - 해결할 문제에 컴퓨팅 도구와 기술을 적절하게 적용하는지 평가할 수 있다.
> - 컴퓨팅 도구와 기술의 한계와 역량을 이해할 수 있다.
> - 컴퓨팅 도구와 기술을 새로운 방법이나 분야에 사용할 수 있다.
> - 컴퓨팅 도구와 기술을 새로운 방법이나 분야에 사용할 수 있는지 알 수 있다.
> - 어떤 분야에서든 컴퓨터 과학 분야의 컴퓨팅 전략을 적용하여 문제를 해결할 수 있다.

V. Barr와 C. Stephen은 컴퓨팅 사고의 핵심 개념과 역량을 식별하고, 컴퓨터 과학, 수학, 과학, 사회 과학, 언어학에서 어떻게 녹일 수 있는지를 보여 주었다.

CSTA & ISTE에서는 V. Barr와 C. Stephen이 정의한 개념과 역량에서 분석과 모델 정당화, 시험과 검증, 제어 구조를 제외하고, 타 교과에서의 컴퓨팅 사고 활용 예를 [표 2-14], [표 2-15], [표 2-16], [표 2-17], [표 2-18]과 같이 정리하였다.

[표 2-14] 컴퓨터 과학 교육에서 컴퓨팅 사고 활용 예

개념과 역량	컴퓨터 과학
자료 수집	문제 영역에서 사용할 원천 데이터를 얻는다.
자료 분석	데이터 집합에 대해 기초적인 통계 계산을 할 수 있는 프로그램을 작성한다.
자료 표현	배열, 연결 리스트, 스택, 큐, 그래프, 해시 테이블 등과 같은 자료 구조를 사용한다.
문제 분해	문제 해결에 사용할 객체와 객체 메서드와 함수를 정의한다.
추상화	자주 반복적으로 사용되는 명령을 캡슐화하기 위해 프로시저(procedures)를 사용한다.
알고리즘과 절차	기본적인 알고리즘을 공부하고, 알고리즘을 프로그램으로 구현한다.
자동화	구현한 프로그램을 실행한다.
병렬화	스레딩(threading), 파이프라이닝(pipelining) 기법을 사용하여 데이터와 작업을 나눈다.
시뮬레이션	애니메이션이나 모의실험을 통해 실세계의 현상을 컴퓨팅 기기로 실현한다.

[표 2-15] 수학 교육에서 컴퓨팅 사고 활용 예

개념과 역량	수학
자료 수집	여러 번 동전을 던지거나 주사위를 굴려 확률 학습을 위한 자료를 모은다.
자료 분석	동전을 던져 얻은 앞면과 뒷면의 횟수와 주사위를 굴려 나온 숫자 빈도를 분석한다.
자료 표현	막대 그래프, 히스토그램, 원형 차트 등 다양한 그래프로 데이터를 표현한다.
문제 분해	(7+8)*9와 같이 여러 개의 연산자를 포함하는 수식을 계산하는 순서를 안다.

추상화	변수를 사용하고, 수학의 함수와 프로그래밍의 함수, 반복(iteration)을 사용한다.
알고리즘과 절차	나눗셈과 인수분해, 덧셈과 뺄셈의 자리올림, 자리내림에 대해 학습한다.
자동화	수학 학습 프로그램 도구를 사용한다.
병렬화	선형 방정식을 풀고, 행렬 곱셈을 한다.
시뮬레이션	Cartesian 평면에 함수 그래프를 그려보고, 변수 값을 바꾸어 차이를 확인한다.

[표 2-16] 언어학 교육에서 컴퓨팅 사고 활용 예

개념과 역량	언어학
자료 수집	문장을 언어학적으로 분석한다.
자료 분석	다른 문장 형식에서 패턴을 식별한다.
자료 표현	다른 문장 형식에서 패턴을 표현한다.
문제 분해	개요를 작성한다.
추상화	은유를 사용한다.
알고리즘과 절차	절차를 작성한다.
시뮬레이션	이야기를 연극으로 만들어 연기한다.

[표 2-17] 사회 교육에서 컴퓨팅 사고 활용 예

개념과 역량	사회
자료 수집	전투에 관한 통계 또는 인구 자료에 대해 연구한다.
자료 분석	통계 자료에서 추세를 식별한다.
자료 표현	추세를 요약하고 표현한다.
추상화	사실을 요약하고, 사실로부터 결론을 유추한다.
자동화	엑셀을 사용한다.
시뮬레이션	Age of Empires와 같은 게임을 한다.

[표 2-18] 과학 교육에서 컴퓨팅 사고 활용 예

개념과 역량	과학
자료 수집	실험을 하고 자료의 데이터를 수집한다.
자료 분석	실험 데이터를 분석한다.
자료 표현	실험 데이터를 요약한다.
문제 분해	생물의 종을 분류한다.
추상화	물질 분자 모델을 만든다.
알고리즘과 절차	실험을 실시한다.
자동화	과학 학습용 프로그램 도구를 사용한다.
병렬화	다른 매개 변수를 사용하여 실험을 동시에 진행한다.
시뮬레이션	태양계 행성의 움직임을 모의실험한다.

3 디자인적 사고

디자인적 사고는 지난 10여 년간 미국을 중심으로 유행하고 있는 혁신적 비즈니스 창출 방법론을 일컫는 말로 널리 통용되고 있다. 또한 혁신적인 사고방식 자체를 가리키기도 하고, 때로는 새로운 교육 또는 경영의 패러다임 전반을 의미하기도 한다.

가 정의

디자인적 사고(Design Thinking)는 소비자들이 가치 있게 평가하고 시장의 기회를 이용할 수 있으며 기술적으로 가능한 비즈니스 전략에 대한 요구를 충족시키기 위해 디자이너의 감수성과 작업 방식을 이용하는 사고방식을 말한다. 이러한 사고는 행위의 주체가 누구든 또 그 주체가 어떤 일에 착수하고자 하든지 간에 창조적이고 혁신적인 디자인을 창안하고자 고심하는 디자이너처럼 사고하는 것을 의미한다.

로저 마틴(Roger Martin)은 디자인적 사고를 "분석적 사고에 기반을 둔 완벽한 숙련과 직관적 사고에 근거한 창조성이 역동적으로 상호작용하면서 균형을 이루는 것"이라고 정의하였다. 디자인적 사고를 통해 창조적이고 새로운 방식으로 넓고 다양한 범주의 개인적·사회적·비즈니스적 과제들을 처리할 수 있다.

또 다른 종류의 사고방식으로 예술적 사고(Artistic Thinking)가 있다. 디자인적 사고가 '어떻게 하면 이것을 좀 더 잘할 수 있을까?'라고 묻는 것이라면, 예술적 사고는 '무엇이 가능한가?'라는 좀 더 근본적인 질문을 던진다. 디자인적 사고는 사용자와의 공감에 가치를 둔다. 이것은 마치 보잉사와 같은 회사가 빠른 프로토타이핑을 통해 좀 더 나은 비행기를 만들어 내는 방법과 같다. 예술적 사고는 그 이전 단계에 위치한다. 이것은 마치 라이트 형제가 어떻게 땅과의 충돌을 피하고, 비행이 가능할지 등의 가능성에 대해 생각하는 것과 같다.

디자이너들은 주로 해결이 필요한 문제를 시작점으로 삼는다. IDEO를 창업한 팀 브라운(Tim Brown)은 2008년에 하버드 비즈니스 리뷰에서 "디자인적 사고란 인간을 중심에 두고 과정을 찾아가는 창조적인 작업이며, 이는 프로토타이핑, 테스팅, 개선의 반복 작업을 통해 이루어진다."라고 말하였다. 즉, 디자인 사고에 대해 디자이너의 감각과 방법론을 활용하여 사람들의 요구를 기술적으로 구현 가능하면서 소비자 가치 및 시장 기회로 전환될 수 있는 확실한 비즈니스 전략에 매칭시키는 원리로 규정한 것이다.

디자인적 사고는 무엇보다도 인간 중심적 사고방식을 지녀야 한다. 우리는 디자인이 기술성과 경제성의 통합을 이룬다고 이해는 하지만 실제 인간에게 필요한 것인지에 대해서는 구체적으로 고민해 보지 않았다. 디자인적 사고와 융합에서 중시하는 것이 바로 인간 중심이다.

또한 디자인적 사고에서는 공감이 정의보다 앞선다. 그 이유는 문제점을 정의하기 위해서는 사용자의 경험이 필수적이기 때문이다. 공감을 통해 얻는 통찰은 혁신을 만드는 기초가 된다.

나 절차

디자인적 사고는 [그림 2-6]과 같이 공감, 정의, 아이디어화, 원형, 테스트의 5단계를 거쳐 진행된다.

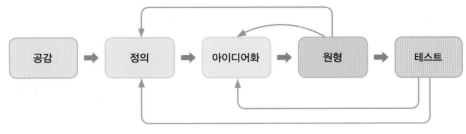

[그림 2-6] 디자인적 사고의 절차

① 공감(empathize)

관찰을 통해 어디에 문제가 있는지를 찾기 시작하는 것이다. 무엇이 문제인지 인지하는 과정이 디자인적 사고의 첫 단계이다.

② 정의(define)

공감으로부터 수집한 문제를 놓고 과연 무엇이 문제인가에 대한 정의를 내리게 된다. 여기서 중요한 것은 소비자의 관점과 제품이나 서비스를 만들어 내는 사람들의 관점을 동일시하는 것이다.

이는 사용자가 제기한 문제점을 이해하는 것, 생산자가 무엇을 제공해야 하는지를 이해하는 과정에 해당한다.

③ 아이디어화(ideate)

정의를 내린 문제를 해결할 수 있는 수많은 아이디어들을 수집하게 된다. 이는 해결 방법을 만들어 내는 과정으로 수많은 아이디어 중 최선, 최적의 아이디어를 선택하게 된다.

④ 원형(prototype)

선택한 아이디어를 토대로 해결책에 대한 원형, 즉 모델을 만들게 된다. 아이디어 발현 단계에서는 브레인스토밍을 적극적으로 활용하기도 한다. 여러 가지 경우의 수를 고려하여 스케치하고, 시나리오를 만들며, 지금까지의 아이디어를 통합하게 된다. 또한 사용자의 마음으로 감정이입하여 사고하고, 원형을 만들어 테스트한다.

⑤ 테스트(test)

목표를 구체화하고, 마케팅 부서가 의사소통 전략을 세우며, 사례를 통해 주요 키워드를 확산시키게 된다.

① 과거와 달리, 오늘날은 핵심 인재 한두 명이 기업이나 국가를 먹여 살리는 시대이다. 미래 사회에서 요구되는 핵심 역량과 인재의 조건을 적어 보시오.

② 소프트웨어 교육이 필요한 이유와 컴퓨팅 사고(Computational Thinking)를 통해서 얻고 자 하는 것에 대해 서술하시오.

③ 과학, 수학 등 다른 교과목에서 컴퓨팅 사고의 활용 방법에 대해 서술하시오.

④ 로봇 팔을 움직이게 하는 루브 골드버그 장치를 설계하는 알고리즘을 작성하시오.

- 강원기술교육연구회(2001). 창의적 문제 해결 능력을 기르는 기술 교육 자료집. 강원도교육청.

- 겐리흐 알트슐러(2006). 창의성은 과학이다. 도서출판 인터비전.

- 교육개발원 역(2012). 21세기 핵심 역량. 학지사.

- 김경훈 외(2012). 미래 한국인의 핵심 역량 증진을 위한 창의적 문제 해결력 기반의 정보 교육 정책 방향 탐색. 한국교육과정평가원.

- 김병수(2014). 계산적 사고력 신장을 위한 PPS 기반 프로그래밍 교육 프로그램. 박사학위논문. 제주대학교.

- 김영기(2009). 기업이 바라는 인재상. 제29차 미래인재포럼.

- 김영철 외(2006). 창의적 인재 양성과 효율적 교육 체제 구축. 정보통신정책연구원.

- 김종혜(2009). 정보 과학적 사고 기반의 문제 해결 능력 향상을 위한 중등 교육 프로그램. 박사학위논문. 고려 대학교 대학원.

- 다니엘 핑크(2012). 새로운 미래가 온다. 한국경제신문.

- 로버트 W. 와이스버그(2006). 창의성 문제 해결 과학 발명 예술에서의 혁신. 시그마프레스.

- 로저 마틴(2010). 디자인 싱킹. 엘도라도.

- 롤프 옌센(2000). 드림 소사이어티.

- 문병로(2007). 쉽게 배우는 알고리즘. 한빛미디어.

- 문외식(2005). 초등학생의 논리적 사고력 및 문제 해결 능력 향상을 위한 컴퓨터 프로그래밍 교육과정 모델. 정보교육학회논문지 9(4). 595-605.

- 박경수(2014). "SDL 프로그램 운영을 통한 미래 사회 핵심 역량 함양", 서울교육 vol. 214 봄호. 164-172. 서울특별시교육정보원.

- 양창삼(2002). 창의성 개발과 기업 경영. 서울: 도서출판 석경.

- 유정수, 이민희(2009). 두리틀을 이용한 프로그래밍 수업이 창의성, 문제 해결력, 프로그래밍 흥미도 향상에 미치는 영향. 정보교육학회논문지 13(4), 443-450.

- 유중현, 김종혜(2010). 문제 해결 과정에서의 정보 과학적 사고 능력에 대한 개념적 고찰. 정보창의교육 2(2), 15-24.

- 이강범(2008). '비판적 사고'에 대한 고찰과 그 활용: Delphi report를 중심으로. 석사학위논문. 연세대학교 교육대학원.

- 이근호(2013). 핵심 역량 중심의 교육과정 재구조화 방안 연구. 교육부.

- 이민희(2009). 두리틀을 이용한 프로그래밍 수업이 창의성, 문제 해결력, 프로그래밍 흥미도 향상에 미치는

영향. 석사학위논문. 전주교육대학교 교육대학원.

- 이은경(2009). Computational Thinking 능력 향상을 위한 로봇 프로그래밍 교수 학습 모형. 박사학위논문. 한국교원대학교.

- 이은경(2013). 컴퓨터 교과 교육: 계산적 사고 향상을 위한 창의적 스크래치 프로그래밍 학습. 컴퓨터교육학회논문지 16(1), 1-9.

- 이지연(2013). 21세기 학습자의 핵심 역량과 우리 교육의 과제. 물리학과 첨단 기술.

- 임백준(2007). 누워서 읽는 알고리즘. 한빛미디어.

- 장혜원(2014). 한국의 인지적 숙련과 교육의 연계 연구. 박사학위논문. 한국교원대학.

- 조연준, 성진숙, 이혜주(2010). 창의성 교육: 창의적 문제 해결력 계발과 교육 방법. 이화여자대학교출판부.

- 톰 켈리(2015). 유쾌한 크리에이티브. 청림출판.

- 한국교육개발원(2011). 21세기 창의적 인재 양성을 위한 교육의 미래 전략 연구.

- 한국교육개발원(2012). 21세기 핵심 역량(이 시대가 요구하는 핵심 스킬).

- Barry Richmond(1992). An Introduction to Systems Thinking, High Performance. STELLA software.

- Denning, P. J.(2010). Ubiquity symposium 'What is computation?': Opening statement. Ubiquity, 2010(November). 1.

- Denning, P. J. & McGettrick, A.(2005). Recentering Computer Science, Communications of the ACM 48(11), 15-19.

- J. Naisbit, Nana Naisbit & Douglas Philips(2001). High Tech/High Touch: Technology and Our Search for Meaning, Material.

- Wing, J. M.(2006). Computational Thinking. Communications of the ACM 49(3), 33-35.

- Wing, J. M.(2008). Computational Thinking and Thinking about Computing. Philosophical Transactions of the Royal Society A: Mathematical, Physical and Engineering Sciences, 366(1881), 3717-3725.

- 위키백과 한국어판 http://ko.wikipedia.org

- http://www.nytimes.com/roomfordebate/2014/05/12/teaching-code-in-the-classroom/other-skills-should-take-priority-over-coding

- http://www.geekymomblog.com/2014/07/
- http://www.rubegoldberg.com/
- http://thesecondprinciple.com/teaching-essentials/beyond-bloom-cognitive-taxonomy-revised/
- 영국 핵심 역량 http://www.inca.org.uk/1303.html

소프트웨어 교육의 이론

제3장

소프트웨어 교육과정

1 국내의 소프트웨어 교육과정

2 국외의 소프트웨어 교육과정

3 미래형 소프트웨어 교육과정

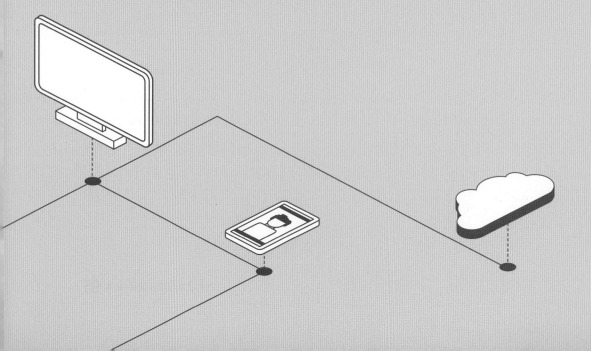

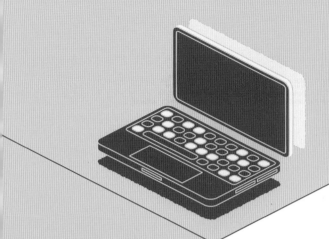

본 장에서는 초·중등학교에서 운영되고 있는 국내외 소프트웨어 교육과
정 현황을 살펴보고, 미래 사회를 대비하기 위한 학생들의 핵심 역량을 기
르기 위해 필요한 미래형 소프트웨어 교육과정을 제시하였다. 구체적인 내
용은 다음과 같다.

첫째, 국내의 소프트웨어 교육과정에서는 교육부에서 고시한 2015 개정
교육과정과 2015 소프트웨어 교육 운영 지침을 중심으로 분석하였다. 초등
학교는 소프트웨어 교육과 관련된 교과가 별도로 존재하지 않으므로 실과
교육과정에 포함된 소프트웨어 교육 내용을 분석하였고, 중학교와 고등학
교는 정보과 교육과정의 내용 체계와 성취 기준을 중심으로 제시하였다.
둘째, 국외의 소프트웨어 교육과정에서는 초·중등학교에서 소프트웨어
교육을 실시하고 있는 영국, 미국, 인도, 에스토니아, 이스라엘, 중국, 일본
등을 중심으로 학년별 교육 내용과 이수 시간을 제시하였다.
셋째, 미래형 소프트웨어 교육과정에서는 국내외 교육과정 운영 현황을
분석한 결과를 토대로 한국정보교육학회와 한국컴퓨터교육학회, 한국정보
과학회 등이 참여하고 있는 한국정보과학교육연합회에서 2018년부터 연구
하고 있는 정보과 교육과정을 중심으로 제시하였다.

국내의 소프트웨어 교육과정

과거의 초·중등학교 교육과정에서는 '소프트웨어 교육'이나 '소프트웨어 교과'와 같은 용어를 사용하지 않았으므로 '소프트웨어 교육과정'이란 용어를 찾을 수가 없다. 하지만 소프트웨어 교육과정은 정보 교육을 포괄하고 있기 때문에 과거의 정보과 교육과정을 살펴보면 소프트웨어 교육과정의 변천 과정과 주요 내용을 이해할 수 있다.

1 교육과정 고시에 의한 소프트웨어 교육

현행 초·중등학교 교육과정은 초·중등교육법 제23조(교육과정 등) 2항에 근거하여 교육부장관이 교육과정의 기준과 내용에 관한 기본적인 사항을 정하고, 교육감이 교육부장관이 정한 교육과정의 범위에서 지역의 실정에 맞는 기준과 내용을 정하여 운영되고 있다. 교육부에서 고시한 초·중등학교 교육과정에서 소프트웨어 교육과 관련된 내용을 중심으로 초등학교와 중학교, 일반계 고등학교의 교육과정의 주요 내용을 살펴보면 다음과 같다.

첫째, 소프트웨어 교육은 1971년에 개정된 실업계 교육과정 중 '전자계산기'의 지도 내용에 최초로 제시되었다. 전자계산기 과목은 전자계산기의 원리, 구성, 기능뿐만 아니라, 기초적인 프로그래밍 기법과 프로그래밍 언어에 관한 개념을 가르쳤다.

둘째, 일반계 고등학교에서 소프트웨어 교육이 시작된 것은 1974년에 개정된 제3차 교육과정으로 기술 과목의 전자계산기라는 단원에 '전자계산기의 구성과 활용'이 포함되었다. 일반계 고등학교에서 소프트웨어와 관련된 과목이 독립 교과로 신설된 것은 제5차 교육과정으로 '정보 산업'이 선택 과목으로 편성되었고, 이후 제6차 교육과정에서 '정보 사회와 컴퓨터'로 개명되었다.

셋째, 초등학교와 중학교에서 소프트웨어 교육이 시작된 것은 제5차 교육과정으로 초등학교는 4~6학년 '실과'에, 중학교는 '기술'과 '상업'에 소프트웨어와 관련된 내용이 포함되었다.

넷째, 제6차 교육과정에서는 중학교에 '컴퓨터'가 선택 과목으로 처음 도입되었으며, 2007 개정 교육과정부터 중학교의 컴퓨터 과목과 고등학교의 정보 사회와 컴퓨터 과목이 '정보'로 일원화되었다.

가 제3~4차 교육과정

제3차 교육과정은 [표 3-1]과 같이 고등학교의 기술 과목에 '전자계산기의 구성'과 '전자계산기의 활용' 영역이 제시되었다. 제3차 교육과정은 소프트웨어 교육이 특성화 고등학교가 아닌 일반 고등학교에서 처음으로 시행되었다는 점에서 중요한 의의를 갖는다.

제4차 교육과정에서는 [표 3-1]과 같이 고등학교의 산업 기술 과목에 '전자계산기의 개요'와 '전자계산기의 응용' 영역을 포함시켜 생활 속에서 전자계산기가 활용됨을 강조하였다.

[표 3-1] 제3~4차 교육과정에서의 소프트웨어 교육

구분	제3차 교육과정	제4차 교육과정

일반계 고등학교	• 기술
	  – 전자계산기의 구성
	  – 전자계산기의 활용
		• 산업 기술
		  – 전자계산기의 개요
		  – 전자계산기의 응용

나 제5차 교육과정

제5차 교육과정은 1987년에 고시되었고, 1989년부터 연차적으로 적용되었으며, [표 3-2]와 같이 중학교뿐만 아니라, 초등학교까지 소프트웨어 교육을 확산시키는 계기가 되었다. 특히 일반계 고등학교에 '정보 산업'이 별도의 과목으로 편성되어 프로그래밍 교육을 본격적으로 시작하게 되었다.

[표 3-2] 제5차 교육과정에서의 소프트웨어 교육

구분	초등학교	중학교	일반계 고등학교

제5차	• 실과(4~6학년)
	  – 컴퓨터와 일의 세계
	  – 컴퓨터의 종류와 쓰임새
	  – 컴퓨터와 생활
		• 기술
		  – 컴퓨터의 이용
		• 상업
		  – 상업 계산, 컴퓨터 및 진로
			• 기술 · 가정
			  – 컴퓨터
			• 상업
			  – 계산과 컴퓨터 활용
			• 정보 산업: 선택 과목 신설
			  – 정보와 정보 산업
			  – 정보 통신
			  – 컴퓨터와 정보 처리

1) 초등학교

초등학교는 1987년 12월 '학교 컴퓨터 교육 강화 방안'이 발표된 후 소프트웨어 교육이 강화되었다. 우선, 실제 과목에 초등학교 4학년은 '컴퓨터와 일의 세계', 5학년은 '컴퓨터의 종류와 쓰임새', 6학년은 '컴퓨터와 생활' 영역이 포함되었다. 특히 6학년은 일상생활에서 활용되는 컴퓨터의 중요성을 이해하고, 기초적인 조작 활동을 통해 컴퓨터와 친숙해지도록 컴퓨터의 기초와 컴퓨터 다루기 내용이 포함되었다.

2) 중학교

중학교는 기술 과목과 상업 과목에 컴퓨터와 관련된 영역이 포함되었다.

과목별 구체적인 내용은 다음과 같다.

첫째, 기술 과목에 '컴퓨터의 이용' 영역이 포함되었다. 현대 생활과 컴퓨터의 역할, 활용 분야 및 컴퓨터의 주요 구조와 원리를 알게 하여 간단한 프로그램을 이용할 수 있도록 하였다. 주요 내용은 컴퓨터와 생활, 컴퓨터의 구성과 원리, 컴퓨터의 사용 방법 등으로 구성하였다.

둘째, 상업 과목에 '상업 계산', '컴퓨터 및 진로' 영역이 포함되어 계산 용구의 사용 방법과 상업에서의 컴퓨터 활용을 익히게 하여 일상생활에 이용할 수 있게 하고, 적성에 맞는 진로를 탐색할 수 있는 능력을 기를 수 있도록 하였다. 주요 내용은 계산 용구의 이용, 컴퓨터의 활용, 진로의 탐색 등으로 구성하였다.

3) 고등학교

일반계 고등학교는 기술·가정, 상업, 정보 산업 과목에 소프트웨어 교육과 관련된 영역이 포함되었다.

과목별 구체적인 내용은 다음과 같다.

첫째, 기술·가정 과목에 '컴퓨터' 영역을 포함시켜 컴퓨터와 산업 사회와의 관계를 이해하고, 그 구성과 기능 및 원리에 대한 기초 지식을 습득하여 컴퓨터를 이용할 수 있도록 하였다. 주요 내용은 컴퓨터와 산업 사회, 컴퓨터의 구성과 원리, 컴퓨터의 이용 등으로 구성하였다.

둘째, 상업 과목에 '계산과 컴퓨터 활용' 영역을 포함시켜 컴퓨터 등에 관한 기본적인 지식과 기능을 습득하고, 계산 용구의 사용 방법과 상업에서의 컴퓨터 활용을 알게 하여 일상생활 및 각종 실무 계산에 이용할 수 있도록 하였다. 주요 내용은 계산 용구의 이용, 컴퓨터의 활용 등으로 구성하였다.

셋째, '정보 산업'은 선택 과목으로 새롭게 도입되었는데 '정보와 정보 산업', '정보 통신', '컴퓨터와 정보 처리' 영역이 포함되었다. 특히 컴퓨터와 정보 처리 영역에서는 정보를 처리하는 데 컴퓨터를 활용할 수 있도록 주요 내용을 컴퓨터의 구조와 기능, 정보의 표현, 프로그래밍, 컴퓨터의 이용 등으로 구성하였다.

다 제6차 교육과정

제6차 교육과정은 [표 3-3]과 같이 소프트웨어 교육이 보통 교육으로 인식되어 중학교에서 처음으로 '컴퓨터' 과목이 개설되어 프로그래밍 교육을 시작하였다.

[표 3-3] 제6차 교육과정에서의 소프트웨어 교육

구분	초등학교	중학교	일반계 고등학교
제6차	• 실과(5~6학년) - 컴퓨터 다루기, 컴퓨터 관리하기 - 컴퓨터로 글쓰기	• 기술 · 산업 - 컴퓨터의 이용 • 컴퓨터: 선택 과목 신설 - 컴퓨터의 이해 - 컴퓨터의 조작 - 컴퓨터의 이용	• 실용 수학 - 계산기와 컴퓨터 • 기술 - 정보 통신 기술 • 상업 - 컴퓨터 • 정보 산업: 선택 과목 - 정보와 산업 - 정보 처리와 컴퓨터 - 컴퓨터의 이용 - 프로그래밍 - 정보 통신과 뉴미디어

1) 초등학교

실과 과목에 초등학교 5학년은 '컴퓨터 다루기'와 '컴퓨터 관리하기' 영역이 포함되었고, 6학년은 '컴퓨터로 글쓰기' 영역이 포함되었다.

2) 중학교

중학교는 필수 교과인 기술 · 산업 과목과 선택 과목인 '컴퓨터'에 소프트웨어 교육과 관련된 내용이 포함되었다.

과목별 구체적인 내용은 다음과 같다.

첫째, 기술 · 산업 과목에 '컴퓨터의 이용' 영역이 추가되어 컴퓨터의 주요 구조 및 원리를 이해시키고, 기초적인 사용 방법을 알게 하여 컴퓨터를 이용할 수 있도록 하였다. 주요 내용은 컴퓨터의 구성과 컴퓨터의 사용 방법으로 구성하였다.

둘째, 컴퓨터 과목은 내용 영역을 '컴퓨터의 이해', '컴퓨터의 조작', '컴퓨터의 이용'으로 구분하였다.

특히 컴퓨터의 이용 영역에 '프로그램의 개념과 작성 절차를 익혀 간단한 프로그램 작성하기'를 포함시킴으로써 이때부터 프로그래밍 교육이 본격적으로 시작되었다.

구체적인 내용 역역은 [표 3-4]와 같다.

[표 3-4] 중학교 컴퓨터 과목의 주요 내용(제6차)

영역	세부 내용
컴퓨터의 이해	• 컴퓨터의 기능, 특성, 종류 등에 대해 이해하기 • 컴퓨터 하드웨어의 기본 구성과 역할을 이해하기 • 소프트웨어에 대한 기본 개념과 역할을 이해하기
컴퓨터의 조작	• 컴퓨터를 이용할 수 있게 설치 및 조작 방법 익히기 • 컴퓨터 자판 익히기 • 운영 체제에 대한 이해와 사용 방법 익히기
컴퓨터의 이용	• 워드프로세서를 이용하여 문서 작성하기 • 스프레드시트를 이용하여 계산표 작성하기 • 소프트웨어를 학습 활동에서 이용하기 • 프로그램의 개념과 작성 절차를 익혀 간단한 프로그램 작성하기 • 정보화 사회에서 컴퓨터의 역할 이해하기

3) 고등학교

일반계 고등학교는 실용 수학, 기술, 상업 과목에서 소프트웨어 교육과 관련된 내용이 포함되었고, 선택 과목인 '정보 산업'이 독립 과목으로 편성되었다.

과목별 구체적인 내용은 다음과 같다.

첫째, 실용 수학 과목에 '계산기와 컴퓨터' 영역이 신설되어 계산기의 기능과 활용뿐만 아니라, 컴퓨터의 기능, 순서도와 프로그래밍, 컴퓨터를 이용한 계산 등의 내용이 포함되었다.

둘째, 기술 과목의 '정보 통신 기술' 영역에 컴퓨터와 정보 통신과의 관계를 이해하게 하고, 컴퓨터의 활용에 대한 기초 지식과 기능을 습득하게 하여 정보 통신에 활용할 수 있도록 정보 통신의 개요, 컴퓨터와 정보 통신, 컴퓨터의 이용 등의 내용이 포함되었다.

셋째, 상업 과목의 '컴퓨터' 영역에 컴퓨터의 기능을 알게 하여 일상생활과 계산 및 문서 처리에 컴퓨터를 활용할 수 있도록 워드프로세서, 스프레드시트, 데이터베이스와 같은 소프트웨어의 활용 방법이 포함되었다.

넷째, 정보 산업 과목은 [표 3-5]와 같이 내용 영역을 '정보와 산업', '정보 처리와 컴퓨터', '컴퓨터의 이용', '프로그래밍', '정보 통신과 뉴미디어'로 구분하였다. 특히 프로그래밍 영역에 프로그래밍의 기초, 프로그래밍의 절차, 알고리즘과 순서도, 프로그래밍의 실제 등의 내용이 포함되었다.

[표 3-5] 고등학교 정보 산업 과목의 주요 내용(제6차)

영역	세부 내용
정보와 산업	• 정보의 개념과 이용 • 정보 산업의 발달과 종류 • 정보화 사회에 대한 이해

정보 처리와 컴퓨터	• 정보 처리의 절차 • 정보 처리 시스템의 형태 • 컴퓨터의 구성과 원리 • 컴퓨터의 운용 방법
컴퓨터의 이용	• 소프트웨어의 개요 • 워드프로세서를 이용한 문서 작성 • 스프레드시트를 이용한 계산표 작성 • 데이터베이스를 이용한 자료 관리 • 컴퓨터의 새로운 이용 분야
프로그래밍	• 프로그래밍의 기초 • 프로그래밍의 절차 • 알고리즘과 순서도 • 프로그래밍의 실제
정보 통신과 뉴미디어	• 정보 통신의 개요 • 정보 통신망의 구성 • 뉴미디어

라 제7차 교육과정

제7차 교육과정은 [표 3-6]과 같이 중학교는 소프트웨어 교육과 관련된 독립 과목인 '컴퓨터'를 그대로 유지하였고, 고등학교는 '정보 산업' 과목을 '정보 사회와 컴퓨터' 과목으로 개명하고 일반 선택 과목으로 편성하였다.

또한 제7차 교육과정 총론의 교육과정 편성 및 운영 지침에 모든 교과에서 정보 기술을 학습 활동에 활용하도록 명시함으로써 소프트웨어가 모든 교과의 학습 도구로 자리매김하게 되었다.

[표 3-6] 제7차 교육과정에서의 소프트웨어 교육

구분	초등학교	중학교	일반계 고등학교

제7차	• 국어
	  – 컴퓨터로 글쓰기
	• 실과(5~6학년)
	  – 컴퓨터 다루기
	  – 컴퓨터 활용하기
		• 기술 · 가정
		  – 컴퓨터와 정보 처리
		  – 컴퓨터와 생활
		• 컴퓨터: 선택 과목 유지
		  – 인간과 컴퓨터
		  – 컴퓨터의 기초
		  – 워드프로세서
		  – PC통신과 인터넷
		  – 멀티미디어
			• 법과 사회
			  – 컴퓨터 범죄와 사생활권의 침해
			• 실용 수학
			  – 계산기와 컴퓨터
			  – 생활 문제 해결
			• 정보 사회와 컴퓨터: 일반 선택
			  – 사회 발달과 컴퓨터
			  – 컴퓨터의 운용
			  – 워드프로세서
			  – 스프레드시트
			  – 컴퓨터 통신망
			  – 멀티미디어

1) 초등학교

초등학교는 국어와 실과 과목에 소프트웨어를 활용한 교육이 포함되었다.

과목별 구체적인 내용은 다음과 같다.

첫째, 국어 과목에 '컴퓨터로 글쓰기' 영역을 포함하였는데 글을 컴퓨터로 옮겨 쓰기, 컴퓨터를 이용하여 자신의 생각을 글로 쓰기, 전달 효과를 고려하여 자신의 글을 컴퓨터로 편집하기 등의 내용을 포함하였다.

둘째, 실과 과목에 초등학교 5학년은 '컴퓨터 다루기' 영역을 포함시켜 컴퓨터의 구성을 이해하고 자판을 다루는 능력을 길러 간단한 문서를 작성하고 편집·인쇄할 수 있도록 하였다. 6학년은 '컴퓨터 활용하기' 영역을 포함시켜 컴퓨터를 이용하여 간단한 그림을 그릴 수 있고 전자우편, 인터넷 등 컴퓨터 통신에 관한 기본 능력을 길러 생활 주변의 정보를 주고받을 수 있도록 하였다.

2) 중학교

중학교는 기술·가정 과목에 컴퓨터와 관련된 내용이 포함되었고, 컴퓨터 과목이 제6차 교육과정에 이어 선택 과목으로 운영되었다.

과목별 구체적인 내용은 다음과 같다.

첫째, 기술·가정 과목에 '컴퓨터와 정보 처리', '컴퓨터와 생활' 영역이 포함되었다. 컴퓨터와 정보 처리 영역에서는 컴퓨터의 구조와 원리를 이해하고, 컴퓨터로 자료를 처리하여 정보를 생산, 저장하여 필요한 곳에 분배하는 방법을 알고, 이를 일상생활에서 활용할 수 있도록 하였다. 컴퓨터와 생활 영역에서는 다양한 컴퓨터 소프트웨어를 이용할 수 있고, 인터넷을 통해 생활에 필요한 정보를 찾고 활용할 수 있도록 하였다.

둘째, 컴퓨터 과목은 [표 3-7]과 같이 내용 영역을 '인간과 컴퓨터', '컴퓨터의 기초', '워드 프로세서', 'PC통신과 인터넷', '멀티미디어'로 구분하였다. 제6차 교육과정의 컴퓨터 과목에는 프로그래밍 교육이 포함되었으나 제7차 교육과정의 컴퓨터 과목에는 프로그래밍 관련 내용이 모두 삭제되었다. 따라서 소프트웨어를 직접 개발하는 교육보다는 기 개발된 소프트웨어를 활용하는 교육으로 전환되어 소프트웨어 교육이 제6차 교육과정보다 오히려 후퇴한 경향을 나타냈다.

[표 3-7] 중학교 컴퓨터 과목의 주요 내용(제7차)

영역	세부 내용
인간과 컴퓨터	• 컴퓨터의 발달 • 컴퓨터와 인간 생활 • 컴퓨터와 일
컴퓨터의 기초	• 컴퓨터의 구성과 조작 • 소프트웨어의 구성

워드프로세서	• 문서의 작성 • 문서의 편집 • 그림 그리기 • 표 작성
PC통신과 인터넷	• PC통신의 활용 • 인터넷의 활용
멀티미디어	• 소리 자료 만들기 • 그림 자료 만들기 • 멀티미디어 제작

3) 고등학교

고등학교는 법과 사회 과목에 컴퓨터 범죄와 관련된 내용이 포함되었고, 실용 수학 과목에 '계산기와 컴퓨터', '생활 문제 해결' 영역이 포함되었으며, 선택 과목인 정보 산업은 '정보 사회와 컴퓨터'로 과목명이 변경되었다. 프로그래밍 교육은 중학교와 마찬가지로 기술·가정이나 정보 사회와 컴퓨터 과목에서 모두 삭제되고, 워드프로세서나 스프레드시트, 컴퓨터 통신망 활용 등과 관련된 내용으로 채워졌다. 다만, 실용 수학 과목에 간단한 프로그래밍 내용을 포함하였다.

과목별 구체적인 내용은 다음과 같다.

첫째, 법과 사회 과목은 범죄와 형벌 단원에 정보 산업의 발달로 인한 '컴퓨터 범죄와 사생활권의 침해'와 관련된 사례를 통해 그 현황을 탐색하고 예방 대책을 세워 볼 수 있도록 컴퓨터 범죄와 관련된 내용을 추가하였다.

둘째, 실용 수학 과목의 '계산기와 컴퓨터' 영역에 컴퓨터의 기능과 간단한 프로그래밍, 컴퓨터 소프트웨어 활용을 포함하였고, '생활 문제 해결' 영역에 컴퓨터를 활용한 문제 해결 내용을 포함하였다.

셋째, 정보 사회와 컴퓨터 과목은 [표 3-8]과 같이 내용 영역을 '사회 발달과 컴퓨터', '컴퓨터의 운용', '워드프로세서', '스프레드시트', '컴퓨터 통신망', '멀티미디어'로 구분하였다. 제6차 교육과정의 정보 산업 과목과 비교해 보면 정보 처리와 프로그래밍 교육이 삭제되었고, 제7차 교육과정의 중학교 컴퓨터 과목과 비교해 보면 스프레드시트가 추가된 것 이외에는 많은 부분에서 내용이 중복되었다.

[표 3-8] **고등학교 정보 사회와 컴퓨터 과목의 주요 내용(제7차)**

영역	세부 내용
사회 발달과 컴퓨터	• 정보화 사회 • 컴퓨터 시스템의 구성 요소 • 데이터의 표현
컴퓨터의 운용	• 운영 체제의 역할 • 윈도

워드프로세서	• 문서의 작성과 편집 • 표 문서 • 그림과 메일 머지
스프레드시트	• 전자 계산표 작성 • 워크시트 작성 • 차트와 데이터 관리
컴퓨터 통신망	• 컴퓨터 통신망의 개요 • PC통신과 인터넷
멀티미디어	• 소리 데이터 • 그래픽 데이터 • 동영상과 애니메이션 • 멀티미디어 제작

마 2007 개정 교육과정

2007 개정 교육과정은 [표 3-9]와 같이 중학교와 고등학교의 소프트웨어 교육 관련 선택 과목이 모두 '정보'로 개명되었다. 정보 과목의 '문제 해결 방법과 절차' 영역은 프로그래밍의 기초와 알고리즘, 정렬과 탐색, 객체 지향 프로그래밍 등을 포함하여 제7차 교육과정에서 제외된 프로그래밍 교육이 다시 포함되었다.

[표 3-9] 2007 개정 교육과정에서의 소프트웨어 교육

구분	초등학교	중학교	일반계 고등학교

2007 개정	• 실과(5~6학년)
	  – 정보 기기와 사이버 공간
	  – 인터넷과 정보
		• 기술 · 가정
		  – 정보 통신 기술
		• 정보: 선택 과목
		  – 정보 기기의 구성과 동작
		  – 정보의 표현과 관리
		  – 문제 해결 방법과 절차
		  – 정보 사회와 정보 기술
			• 정보
			  – 정보 기기의 구성과 동작
			  – 정보의 표현과 관리
			  – 문제 해결 방법과 절차
			  – 정보 사회와 정보 기술

1) 초등학교

초등학교 5학년은 실과 과목의 '정보 기기와 사이버 공간' 영역에서 정보 기기의 종류, 특성, 기능을 이해하여 생활 속에서 다양한 방법으로 활용하고, 사이버 공간의 특성을 이해하며 사이버 공간에서의 올바른 윤리 의식을 실천할 수 있도록 하였다.

6학년은 실과 과목의 '인터넷과 정보' 영역에서 인터넷을 통해 원하는 정보를 효율적으로 탐색하고, 유용한 정보를 선택할 수 있도록 하며, 가족이나 친구들과 함께할 수 있는 여가와 취미 활동 등에 관한 여러 가지 정보를 인터넷을 통해 수집한 후 컴퓨터로 작성하여 활용할 수 있도록 하였다.

2) 중학교와 고등학교

중학교는 기술·가정 과목에 '정보 통신 기술' 영역을 포함시켜 정보 통신의 개념과 특성을 알고, 정보 통신 기술이 우리 생활에 미치는 영향을 이해하도록 하였다. 또한 정보 통신 시스템을 이해하고, 정보 통신 기술을 이용하여 정보를 효율적·능률적으로 계획하고 처리할 수 있도록 하였다. 아울러, 정보 통신 윤리와 개인 정보 보호 및 지적 재산권에 대한 이해를 통해 정보 창작자의 권리를 보호하고, 올바른 정보의 관리와 공유 활동을 실천하도록 하였다.

중학교와 고등학교의 선택 과목으로 개설된 '정보'는 [표 3-10]과 같이 내용 영역을 '정보 기기의 구성과 동작', '정보의 표현과 관리', '문제 해결 방법과 절차', '정보 사회와 정보 기술'로 구분하였다.

정보 과목에 다시 프로그래밍 교육이 포함되었다.

[표 3-10] 중학교와 고등학교 정보 과목의 주요 내용(2007 개정)

영역	중학교 세부 내용			고등학교 세부 내용
	1단계	2단계	3단계	
정보 기기의 구성과 동작	• 컴퓨터의 구성과 동작 　– 컴퓨터의 구성 요소 　– 컴퓨터의 동작 원리	• 운영 체제의 이해 　– 운영 체제의 원리 　– 운영 체제의 기능 　– 운영 체제의 종류와 활용	• 네트워크의 이해 　– 네트워크의 개념 　– 네트워크의 구성 요소와 동작 방식 　– 네트워크 서비스	• 논리 연산과 논리 회로 • 운영 체제의 이해 • 네트워크의 이해
정보의 표현과 관리	• 정보와 자료 구조 　– 정보와 자료의 개념 　– 정보의 유형과 표현 유형 • 자료의 표현과 연산 　– 이진수와 이진 연산 　– 이진 코드	• 선형 구조 　– 선형 구조의 개념 　– 배열의 개념 • 멀티미디어 정보의 표현 　– 그림 및 사진의 표현 　– 소리의 표현	• 선형 구조 　– 스택의 개념과 연산 　– 큐의 개념과 연산 　– 리스트의 개념 • 멀티미디어 정보의 표현 　– 동영상의 표현	• 논리와 추론 • 관계와 함수 • 대량의 자료 관리
문제 해결 방법과 절차	• 문제와 문제 해결 과정 　– 문제의 분석과 표현 　– 문제 해결 과정 • 프로그래밍의 기초 　– 변수의 개념과 활용 　– 자료의 입력과 출력 　– 제어문의 이해	• 알고리즘의 개요 　– 알고리즘의 이해 　– 알고리즘의 표현 • 알고리즘의 실제 　– 알고리즘의 설계 　– 알고리즘의 분석 　– 알고리즘의 구현	• 자료의 정렬 　– 자료의 정렬 방법 　– 정렬 알고리즘의 구현 • 자료의 탐색 　– 자료의 탐색 방법 　– 탐색 알고리즘의 구현	• 문제 해결 전략 • 구조적 프로그래밍 • 객체 지향 프로그래밍
정보 사회와 정보 기술	• 정보 사회와 윤리 　– 정보 사회의 역기능과 대책 　– 개인 정보 보호 • 정보의 수집과 전달 　– 정보의 수집과 가공 　– 정보의 전달	• 정보의 공유와 보호 　– 정보의 공유와 관리 　– 정보 보호 기술과 지적 재산권 • 웹 문서의 작성 　– 웹 문서의 이해 　– 웹 문서의 편집	• 정보 기술과 산업 　– 정보 기술의 변화 　– 정보 산업의 미래 • 멀티미디어 정보의 가공 　– 애니메이션의 제작 　– 동영상의 가공	• 정보 사회의 변화 • 웹의 활용

바 2009 개정 교육과정

2009 개정 교육과정은 [표 3-11]과 같이 초등학교 실과 과목이 5~6학년군으로 묶이면서 소프트웨어 교육과 관련된 내용이 '생활과 정보' 영역으로 통합되어 시수가 감소하였다. 그 대신 '생활과 전기·전자' 영역에 로봇이 새롭게 추가되었다. 중학교는 기술·가정 과목이 운영되고 '정보'가 선택 과목으로 유지되었으며, 고등학교는 '정보'가 심화 선택 과목으로 편성되었다.

[표 3-11] 2009 개정 교육과정에서의 소프트웨어 교육

구분	초등학교	중학교	일반계 고등학교

2009 개정	• 실과(5~6학년군)
	  – 생활과 정보
	  – 생활과 전기·전자
		• 기술·가정
		  – 정보와 통신 기술
		• 정보: 선택 과목
		  – 정보 과학과 정보 윤리
		  – 정보 기기의 구성과 동작
		  – 정보의 표현과 관리
		  – 문제 해결 방법과 절차
			• 정보: 심화 선택 과목
			  – 정보 과학과 정보 윤리
			  – 정보 기기의 구성과 동작
			  – 정보의 표현과 관리
			  – 문제 해결 방법과 절차

1) 초등학교

초등학교 5~6학년군 실과 과목의 '생활과 정보' 영역에서는 일상생활 속에서 올바른 정보 윤리 의식을 가지고 정보 기기와 사이버 공간을 이용하고, 정보 기기를 활용하여 멀티미디어 자료를 창의적으로 만들어 활용할 수 있도록 하였다. 이를 위해 정보 기기의 종류와 기능을 이해하여 다양한 활용 방법을 익히며, 올바른 정보 윤리 의식을 가지고 정보 기기와 사이버 공간을 이용할 수 있도록 하였다. 또한 사용하기 쉬운 소프트웨어로 창의적인 발표 자료를 만들고, 일상생활에서 많이 사용되는 정보 기기를 이용하여 사용자의 환경에 적절한 멀티미디어 자료를 만들어 활용할 수 있도록 하였다. '생활과 전기·전자' 영역에서는 로봇의 작동 원리를 이해하고 센서를 장착한 로봇을 활용할 수 있도록 하였다.

2) 중학교와 고등학교

중학교 기술·가정 과목의 '정보와 통신 기술' 영역에서는 우리 생활 속에서 정보 통신 기술의 세계를 탐색하고, 정보 미디어 및 정보 통신의 원리와 기능을 활용하여 정보 통신 기술과 관련된 문제를 해결할 수 있도록 정보 통신 기술의 세계, 컴퓨터와 통신 기술, 정보 통신 기술 체험과 문제 해결 활동 등을 주요 내용으로 다루고 있다.

중학교와 고등학교의 선택 과목으로 개설된 '정보'는 [표 3-12]와 같이 내용 영역을 '정보 과학과 정보 윤리', '정보 기기의 구성과 동작', '정보의 표현과 관리', '문제 해결 방법과 절차'로 수정하였다. 특히 문제 해결 방법과 절차 영역에는 알고리즘의 이해와 표현, 설계, 정렬과 탐색, 이진 트리와 그래프, 프로그래밍의 기초와 응용 등의 내용이 포함되었다.

[표 3-12] 중학교와 고등학교 정보 과목의 주요 내용(2009 개정)

영역	중학교 세부 내용	고등학교 세부 내용
정보 과학과 정보 윤리	• 정보 과학과 정보 사회 • 정보의 윤리적 활용 • 정보 사회의 역기능과 대처	• 정보 과학과 정보 사회 • 정보의 윤리적 활용 • 정보 사회의 역기능과 대처
정보 기기의 구성과 동작	• 컴퓨터의 구성과 동작 • 운영 체제의 이해 • 네트워크의 이해	• 컴퓨터의 구성과 동작 • 운영 체제의 이해 • 네트워크의 이해
정보의 표현과 관리	• 자료와 정보 • 정보의 이진 표현 • 정보의 구조화	• 정보의 효율적 표현 • 자료와 정보의 구조 • 정보의 관리
문제 해결 방법과 절차	• 문제 해결 방법 • 문제 해결 절차 • 프로그래밍의 기초	• 문제 해결 전략 • 프로그래밍 • 알고리즘의 응용

사 2015 개정 교육과정

2015 개정 교육과정에서 소프트웨어 교육은 학교급별로 큰 변화가 있었다.

- **초등학교**: 5~6학년 '실과'에 소프트웨어 교육과 관련된 내용을 추가하여 17차시 이상 포함하여 2019년부터 모든 초등학교에 적용되고 있다.
- **중학교**: 그동안 선택 과목이었던 '정보'가 필수 과목으로 변경되었는데 초등학교 5~6학년 군 '실과'에서 이수한 소프트웨어 기초 소양 교육을 바탕으로 이수하며, 고등학교의 일반 선택 과목인 정보 및 과학계열 전문 교과Ⅰ 과목인 정보 과학의 선수 과목으로서의 연계성을 갖도록 하였다.
- **고등학교**: '정보'가 심화 선택 과목에서 일반 선택 과목으로 변경되어 전반적으로 소프트웨어 교육이 강화되었다.

2015 개정 교육과정에 제시된 소프트웨어 교육은 초등은 '실과'에서, 중등은 '정보'에서 진행하고, 학생들에게 길러주고자 하는 교과 역량은 '정보 문화 소양', '컴퓨팅 사고력', '협력적 문제 해결력' 등으로 구분하였다. 각 역량별 의미와 하위 요소는 다음과 같다.

- **정보 문화 소양**: 정보 사회의 가치를 이해하고 정보 사회 구성원으로서 윤리 의식과 시민 의식을 갖추고 정보 기술을 활용하여 문제를 해결할 수 있는 능력을 말하는데 정보 윤리 의식, 정보 보호 능력, 정보 기술 활용 능력을 포함한다.
- **컴퓨팅 사고력**: 컴퓨터 과학의 기본 개념과 원리 및 컴퓨팅 시스템을 활용하여 실생활과 다양한 학문 분야의 문제를 이해하고 창의적으로 해법을 구현하여 적용할 수 있는 능력을 말하는데 추상화(abstraction) 능력과 프로그래밍으로 대표되는 자동화(automation) 능력, 창의·융합 능력을 포함한다. 추상화는 문제의 복잡성을 제거하기 위해 사용하는 기법이다.

추상화는 핵심 요소 추출, 문제 분해, 모델링, 분류, 일반화 등의 방법으로 이루어진다. 추상화 과정을 통해 도출된 문제 해결 모델은 프로그래밍을 통해 자동화된다.

• 협력적 문제 해결력: 네트워크 컴퓨팅 환경에 기반한 다양한 지식·학습 공동체에서 공유와 효율적인 의사소통, 협업을 통해 문제를 창의적으로 해결할 수 있는 능력을 말하는데 협력적 컴퓨팅 사고력, 디지털 의사소통 능력, 공유 및 협업 능력을 포함한다.

1) 초등학교

초등학교는 가정과 사회에서 소프트웨어가 적용된 사례와 우리 생활에 미치는 영향을 이해하고, 일상생활의 문제를 절차적으로 해결하는 과정을 놀이와 기초적인 프로그래밍을 통해 체험하도록 하였다. 초등학교의 주요 개정 내용은 5~6학년 실과 과목의 ICT 중심의 정보 교육을 소프트웨어 기초 소양 중심으로 개편하고, 실습·체험 위주의 내용으로 구성하여 누구나 쉽게 소프트웨어 교육을 받을 수 있도록 하였다.

① 주요 개정 내용
2009 개정 교육과정과의 차이점을 중심으로 주요 개정 내용을 살펴보면 [표 3-13]과 같다.

[표 3-13] 소프트웨어 교육 관련 주요 개정 내용(2015 개정)

영역	내용 요소		영역	핵심 개념	내용 요소
생활과 정보	• 정보 기기와 사이버 공간 • 멀티미디어 자료 만들기와 이용	➡	기술 시스템	소통	• 소프트웨어의 이해 • 절차적 문제 해결 • 프로그래밍 요소와 구조
생활과 전기·전자	• 로봇의 이해		기술 활용	혁신	• 개인 정보와 지식 재산 보호 • 로봇의 기능과 구조
[2009 개정 교육과정]			[2015 개정 교육과정]		

첫째, 2009 개정 교육과정은 정보 기기의 활용을 주요 내용으로 다루었지만 2015 개정 교육과정에서는 절차적 사고와 프로그래밍을 포함한 컴퓨팅 사고력 교육이 강화되었다. 또한 2009 개정 교육과정은 기 개발된 소프트웨어를 활용하여 문서를 작성하거나 발표 자료를 만드는 활동으로 구성되었지만 2015 개정 교육과정에서는 기초적인 프로그래밍 과정을 체험하고, 제어 구조 등을 이용하여 간단한 입출력 프로그램을 직접 개발하는 내용이 포함되었다.

둘째, 정보 윤리 분야는 2009 개정 교육과정과 비교할 때 큰 차이는 없다. 다만, 2015 개정 교육과정은 사이버 중독 예방, 개인 정보 보호, 지식 재산 보호 등 정보 윤리와 관련된 내용을 구체화하였으며, 신문 기사나 뉴스 등 실제 사례를 중심으로 탐색하고 토의하여 실천 방안을 도출하도록 하였다.

셋째, 로봇 분야는 두 교육과정 모두 로봇의 작동 원리를 이해하고 센서를 장착한 로봇을 활용하는 내용으로 되어 있지만 2015 개정 교육과정에는 프로그래밍을 통해 로봇을 직접 제어하는 내용을 포함하고 있다. 즉, 로봇을 체험하는 수준에서 벗어나 간단한 프로그래밍을 통해 센서를 장착한 간단한 로봇을 직접 제어하고 구동시켜 봄으로써 로봇의 작동 원리를 이해하도록 하였다.

② 성취 기준

2015 개정 '실과' 교육과정에 포함된 소프트웨어 교육과 관련된 내용은 [표 3-14]와 같이 5개의 내용 요소와 8개의 성취 기준으로 구성되어 있다.

[표 3-14] 초등 실과에 포함된 소프트웨어 교육 관련 내용 요소 및 성취 기준(2015 개정)

내용 요소	식별 코드	성취 기준
소프트웨어의 이해	[6실04-07]	• 소프트웨어가 적용된 사례를 찾아보고 우리 생활에 미치는 영향을 이해한다.
절차적 문제 해결	[6실04-08]	• 절차적 사고에 의한 문제 해결의 순서를 생각하고 적용한다.
프로그래밍 요소와 구조	[6실04-09]	• 프로그래밍 도구를 사용하여 기초적인 프로그래밍 과정을 체험한다.
	[6실04-10]	• 자료를 입력하고 필요한 처리를 수행한 후 결과를 출력하는 단순한 프로그램을 설계한다.
	[6실04-11]	• 문제를 해결하는 프로그램을 만드는 과정에서 순차, 선택, 반복 등의 구조를 이해한다.
개인 정보와 지식 재산 보호	[6실05-05]	• 사이버 중독 예방, 개인 정보 보호 및 지식 재산 보호의 의미를 알고 생활 속에서 실천한다.
로봇의 기능과 구조	[6실05-06]	• 생활 속에서 로봇 활용 사례를 통해 작동 원리와 활용 분야를 이해한다.
	[6실05-07]	• 여러 가지 센서를 장착한 로봇을 제작한다.

첫째, '소프트웨어의 이해'에서는 컴퓨터에 사용된 소프트웨어 이외에도 휴대폰, 가전제품, 사물인터넷 제품까지 일상생활에서 사용되는 소프트웨어를 탐색해 보고, 소프트웨어가 우리 생활에 미치는 영향을 이해하도록 하였다.

둘째, '절차적 문제 해결'에서는 학생들이 절차적 사고에 따라 문제 해결 방법과 순서를 생각하고 적용하도록 하였다. 교육과정에서는 절차적 사고를 "문제를 효율적으로 해결하기 위해 문제를 작은 단위로 나누고, 각각의 문제를 단계별로 처리하는 사고 과정"으로 제시하였다. 일상생활 속의 사례들을 찾아보고, 절차적 사고 과정을 통해 전체적인 흐름을 파악하며, 이를 위해 컴퓨터를 활용한 활동을 한다.

이외에도 컴퓨터 없이 문제를 해결할 수 있는 언플러그드(unplugged) 활동을 통해 놀이와 학습이 동시에 이루어지도록 시간과 내용을 적절히 구성하여 지도하도록 명시하였다.

셋째, '프로그래밍 요소와 구조'에서는 프로그래밍 도구를 사용하여 기초적인 프로그래밍 과정을 체험하고, 자료를 입력하고 결과를 출력하는 단순한 프로그램을 설계하도록 하였다. 또한 순차, 선택, 반복 등의 구조를 이용하여 간단한 프로그램을 만드는 과정을 포함하였다. 교수·학습 방법으로는 블록 기반의 교육용 프로그래밍 도구를 활용하여 기초적인 프로그래밍 과정을 체험하되, 프로그래밍 도구의 사용법에 치우치지 않게 하고, 프로그래밍 언어의 문법 학습을 최소화하여 사고력 신장에 초점을 맞추도록 제시하였다.

넷째, '개인 정보와 지식 재산 보호'에서는 사이버 중독 예방, 개인 정보 보호 및 지식 재산 보호의 의미를 알고 생활 속에서 실천하도록 지도하되, 신문 기사나 뉴스 등 실제 사례를 중심으로 탐색해 보고 토의 등을 통해 실천 방안을 도출할 수 있도록 하였다. 교수·학습 방법으로는 처방보다는 예방을 중심으로 교육하되, 초등학생이 실천할 수 있는 구체적인 예방 방법을 제시하고 실천하도록 하였다. 또한 개인 정보나 지식 재산의 피해를 방지하고 그것을 보호하기 위해 정보 공유 자체를 금지시키기보다는 공유해야 할 정보와 그렇지 않은 정보를 스스로 구분하고, 정보를 공유하였을 때의 장점도 제시하여 건전한 정보 문화가 형성될 수 있게 지도하도록 하였다.

다섯째, '로봇의 기능과 구조'에서는 소프트웨어를 활용하여 로봇을 작동시켜 소프트웨어와 로봇을 연계하여 지도하도록 하였다. 우리 생활 속에서 활용된 로봇의 예를 찾아 어떻게 작동되는지 원리를 이해하게 하고, 로봇은 사람의 감각 기관에 해당하는 감지 장치, 두뇌에 해당하는 제어 장치, 운동 기관에 해당하는 구동 장치가 있음을 알도록 하였다.

2) 중학교

중학교 '정보'에서는 기초적인 정보 윤리 의식과 정보 보호 능력을 함양하고, 실생활의 문제 해결을 위해 정보 기술 활용 능력과 컴퓨팅 사고력, 협력적 문제 해결력을 기르는 데 중점을 두었다.

구체적인 교육 목표는 다음과 같다.

첫째, 정보 사회의 특성을 올바르게 이해하고, 정보 윤리를 실천할 수 있는 태도를 기른다.

둘째, 정보 기술을 활용하여 문제 해결에 필요한 자료와 정보를 수집하고, 효율적으로 구조화하는 능력과 태도를 기른다.

셋째, 컴퓨터 과학의 기본 개념과 원리에 따라 실생활의 문제를 추상화하여 해법을 설계하고, 프로그래밍 과정을 통해 소프트웨어로 구현하여 자동화할 수 있는 능력을 기른다.

넷째, 컴퓨팅 시스템의 구성 및 동작 원리를 이해하고, 다양한 입출력 장치와 프로그래밍을 통해 문제 해결에 적합한 피지컬 컴퓨팅 시스템을 구성하는 능력을 기른다.

중학교 정보 과목은 [표 3-15]와 같이 내용 영역을 '정보 문화', '자료와 정보', '문제 해결과 프로그래밍', '컴퓨팅 시스템'으로 구분하였으며, 핵심 개념에 추상화와 알고리즘, 프로그래밍을 도입하여 소프트웨어 교육을 강조하였다. 특히 프로그래밍과 관련된 내용 요소를 50% 이상 선정하여 교육용 프로그래밍 도구와 피지컬 컴퓨팅을 통해 학생들이 직접 실생활 문제를 다양하게 프로그래밍 하여 해결하도록 하였다.

[표 3-15] 중학교 정보 과목의 내용 체계(2015 개정)

영역	핵심 개념	일반화된 지식	내용 요소	기능
정보 문화	정보 사회	정보 사회는 정보의 생산과 활용이 중심이 되는 사회이며, 정보와 관련된 새로운 직업이 등장하고 있다.	• 정보 사회의 특성과 진로	• 탐색하기 • 분석하기 • 실천하기 • 계획하기
	정보 윤리	정보 윤리는 정보 사회에서 구성원이 지켜야 하는 올바른 가치관과 행동 양식이다.	• 개인 정보와 저작권 보호 • 사이버 윤리	
자료와 정보	자료와 정보의 표현	숫자, 문자, 그림, 소리 등 아날로그 자료는 디지털로 변환되어 컴퓨터 내부에서 처리된다.	• 자료의 유형과 디지털 표현	• 분석하기 • 표현하기 • 수집하기 • 관리하기
	자료와 정보의 분석	문제 해결을 위해 필요한 자료와 정보의 수집과 분석은 검색, 분류, 처리, 구조화 등의 방법으로 이루어진다.	• 자료의 수집 • 정보의 구조화	
문제 해결과 프로그래밍	추상화	추상화는 문제를 이해하고 분석하여 문제 해결을 위해 불필요한 요소를 제거하거나 작은 문제로 나누는 과정이다.	• 문제 이해 • 핵심 요소 추출	• 비교하기 • 분석하기 • 핵심 요소 추출하기 • 표현하기 • 프로그래밍하기 • 구현하기 • 협력하기
	알고리즘	알고리즘은 문제 해결을 위한 효율적인 방법과 절차이다.	• 알고리즘 이해 • 알고리즘 표현	
	프로그래밍	프로그래밍은 문제의 해결책을 프로그래밍 언어로 구현하여 자동화하는 과정이다.	• 입력과 출력 • 변수와 연산 • 제어 구조 • 프로그래밍 응용	
컴퓨팅 시스템	컴퓨팅 시스템의 동작 원리	다양한 하드웨어와 소프트웨어가 유기적으로 결합된 컴퓨팅 시스템은 외부로부터 자료를 입력받아 효율적으로 처리하여 출력한다.	• 컴퓨팅 기기의 구성과 동작 원리	• 분석하기 • 설계하기 • 프로그래밍하기 • 구현하기 • 협력하기
	피지컬 컴퓨팅	마이크로컨트롤러와 다양한 입출력 장치로 피지컬 컴퓨팅 시스템을 구성하고 프로그래밍을 통해 제어한다.	• 센서 기반 프로그램 구현	

① 정보 문화

'정보 문화' 영역의 성취 기준은 정보 사회의 특성을 이해하고, 정보 사회 구성원으로서 갖추어야 할 정보 윤리 의식, 정보 보호 능력을 함양하는 데 중점을 두어 설정하였다. 이 영역에서는 정보 기술의 발달로 인한 개인의 삶과 사회의 변화를 분석해 관련 진로와 직업의 변화를 탐색하고, 정보 사회에서의 소프트웨어의 중요성과 가치를 인식하도록 하는 것이 중요하다.

또한 정보 윤리 의식과 정보 보호 능력을 함양하기 위해 개인 정보 보호, 저작권 보호, 사이버 윤리 실천 방안을 탐색하고 실천하는 데 중점을 둔다.

- [9정01-01] 정보 기술의 발달과 소프트웨어가 개인의 삶과 사회에 미친 영향과 가치를 분석하고, 그에 따른 직업의 특성을 이해하여 자신의 적성에 맞는 진로를 탐색한다.
- [9정01-02] 정보 사회 구성원으로서 개인 정보와 저작권 보호의 중요성을 인식하고, 개인 정보 보호, 저작권 보호 방법을 실천한다.
- [9정01-03] 정보 사회에서 개인이 지켜야 하는 사이버 윤리의 필요성을 이해하고, 사이버 폭력 방지와 게임·인터넷·스마트폰 중독의 예방법을 실천한다.

② 자료와 정보

'자료와 정보' 영역의 성취 기준은 정보 기술을 활용하여 정보를 효율적으로 관리·생산하는 능력과 태도를 함양하는 데 중점을 두어 설정하였다. 이 영역에서는 자료와 정보를 효율적으로 처리하기 위해 디지털 정보의 특성을 이해하고, 실생활에 존재하는 다양한 형태의 자료와 정보를 디지털로 표현하도록 하는 것이 중요하다. 또한 문제 해결에 필요한 자료를 컴퓨팅 도구를 활용하여 수집·관리하고, 정보를 효과적으로 전달하기 위해 구조화하는 데 중점을 둔다.

- [9정02-01] 디지털 정보의 속성과 특징을 이해하고, 현실 세계에서 여러 가지 다른 형태로 표현되고 있는 자료와 정보를 디지털 형태로 표현한다.
- [9정02-02] 인터넷, 응용 소프트웨어 등을 활용하여 문제 해결을 위한 자료를 수집하고 관리한다.
- [9정02-03] 실생활의 정보를 표, 다이어그램 등 다양한 형태로 구조화하여 표현한다.

③ 추상화와 알고리즘

'추상화와 알고리즘'의 성취 기준은 실생활의 문제를 추상화하여 해결하기 쉬운 형태로 만들고, 문제 해결을 위한 알고리즘을 설계하는 능력과 태도를 함양하는 데 중점을 두어 설정하였다. 따라서 실생활의 문제를 분석하고 핵심 요소를 추출하여 해결 가능한 형태로 만드는 추상화 과정을 경험하도록 하는 것이 중요하다. 또한 문제 해결을 위한 방법과 절차인 알고리즘의 의미와 중요성에 대한 이해를 바탕으로 다양한 해법을 탐색하고 명확하게 표현하는 데 중점을 둔다.

- [9정03-01] 실생활 문제 상황에서 문제의 현재 상태, 목표 상태를 이해하고, 목표 상태에 도달하기 위해 수행해야 할 작업을 분석한다.

- [9정03-02] 문제 해결에 필요한 요소와 불필요한 요소를 분류한다.
- [9정03-03] 논리적인 문제 해결 절차인 알고리즘의 의미와 중요성을 이해하고, 실생활 문제의 해결 과정을 알고리즘으로 구상한다.
- [9정03-04] 문제 해결을 위한 다양한 방법과 절차를 탐색하고, 명확하게 표현한다.

④ 프로그래밍

'프로그래밍'의 성취 기준은 추상화와 알고리즘을 통해 설계한 문제 해결 과정을 자동화하는 능력을 함양하는 데 중점을 두어 설정하였다. 따라서 프로그래밍 언어의 개발 환경 및 특성을 이해하고, 입력과 출력, 변수와 연산, 실행 흐름 제어를 위한 제어 구조 등 프로그래밍의 기본 개념과 원리를 문제 해결에 적용하도록 하는 것이 중요하다.

또한 프로그래밍 응용 분야의 프로젝트 수행 과정에서 협력적으로 과제를 수행하는 데 중점을 둔다.

- [9정04-01] 사용할 프로그래밍 언어의 개발 환경 및 특성을 이해한다.
- [9정04-02] 다양한 형태의 자료를 입력받아 처리하고, 출력하기 위한 프로그램을 작성한다.
- [9정04-03] 변수의 개념을 이해하고, 변수와 연산자를 활용한 프로그램을 작성한다.
- [9정04-04] 순차, 선택, 반복의 개념과 원리를 이해하고, 세 가지 구조를 활용한 프로그램을 작성한다.
- [9정04-05] 실생활 문제 해결을 위한 소프트웨어를 협력하여 설계·개발하고, 비교·분석한다.

⑤ 컴퓨팅 시스템

'컴퓨팅 시스템' 영역의 성취 기준은 컴퓨팅 시스템의 구성과 동작 원리를 이해하고, 창의적 컴퓨팅 시스템을 설계·구현할 수 있는 역량을 함양하는 데 중점을 두어 설정하였다. 이 영역에서는 컴퓨팅 기기의 구성과 동작 원리를 이해하고, 실생활의 문제 해결을 위해서 다양한 센서를 통한 자료의 입력과 처리, 동작 제어를 위한 프로그램을 설계하고 개발하는 데 중점을 둔다.

- [9정05-01] 컴퓨팅 시스템을 구성하는 하드웨어와 소프트웨어의 역할을 이해하고, 유기적인 상호 관계를 분석한다.
- [9정05-02] 센서를 이용한 자료 처리 및 동작 제어 프로그램을 구현한다.

3) 고등학교

고등학교 '정보'는 정보 윤리 의식을 바탕으로 정보 보호를 실천하기 위한 역량을 강화하고, 실생활의 기초적인 문제뿐만 아니라, 다양한 학문 분야의 복잡한 문제 해결을 위해 정보 기술 활용 능력과 컴퓨팅 사고력, 협력적 문제 해결력을 기르는 데 중점을 두었다.

구체적인 교육 목표는 다음과 같다.

첫째, 정보 사회에서 정보 과학의 가치와 영향력을 인식하고, 정보 윤리, 정보 보호 및 보안을 실천할 수 있는 태도를 기른다.

둘째, 정보 활용 목적에 따라 효율적인 디지털 표현 방법을 이해하고, 정보 기술을 활용하여 자료와 정보를 수집·분석·관리하는 능력과 태도를 기른다.

셋째, 컴퓨터 과학의 기본 개념과 원리에 따라 다양한 학문 분야의 문제를 추상화하여 해법(알고리즘)을 설계하고, 프로그래밍 과정을 통해 소프트웨어(software)로 구현하여 자동화할 수 있는 능력을 기른다.

넷째, 컴퓨팅 시스템의 효율적인 자원 관리 방법을 이해하고, 다양한 학문 분야의 복잡한 문제 해결을 위한 피지컬 컴퓨팅 시스템을 창의적으로 구현할 수 있는 능력을 기른다.

고등학교 정보 과목은 [표 3-16]과 같이 내용 영역을 '정보 문화', '자료와 정보', '문제 해결과 프로그래밍', '컴퓨팅 시스템'으로 구분하여 중학교 교육과정과의 연계성을 높였다.

[표 3-16] 고등학교 정보 과목의 내용 체계(2015 개정)

영역	핵심 개념	일반화된 지식	내용 요소	기능
정보 문화	정보 사회	정보 사회는 정보의 생산과 활용이 중심이 되는 사회이며, 정보와 관련된 새로운 직업이 등장하고 있다.	• 정보 과학과 진로	• 탐색하기 • 평가하기 • 실천하기 • 계획하기
	정보 윤리	정보 윤리는 정보 사회에서 구성원이 지켜야 하는 올바른 가치관과 행동 양식이다.	• 정보 보호와 보안 • 저작권 활용 • 사이버 윤리	
자료와 정보	자료와 정보의 표현	숫자, 문자, 그림, 소리 등 아날로그 자료는 디지털로 변환되어 컴퓨터 내부에서 처리된다.	• 효율적인 디지털 표현	• 분석하기 • 선택하기 • 수집하기 • 관리하기 • 협력하기
	자료와 정보의 분석	문제 해결을 위해 필요한 자료와 정보의 수집과 분석은 검색, 분류, 처리, 구조화 등의 방법으로 이루어진다.	• 자료의 분석 • 정보의 관리	
문제 해결과 프로그래밍	추상화	추상화는 문제를 이해하고 분석하여 문제 해결을 위해 불필요한 요소를 제거하거나 작은 문제로 나누는 과정이다.	• 문제 분석 • 문제 분해와 모델링	• 비교하기 • 분석하기 • 핵심 요소 추출하기 • 분해하기 • 설계하기
	알고리즘	다양한 제어 구조를 이용하여 알고리즘을 설계하고, 수행 시간의 관점에서 알고리즘을 분석한다.	• 알고리즘 설계 • 알고리즘 분석	

	프로그래밍	프로그래밍은 문제의 해결책을 프로그래밍 언어로 구현하여 자동화하는 과정이다.	• 프로그램 개발 환경 • 변수와 자료형 • 연산자 • 표준 입출력과 파일 입출력 • 중첩 제어 구조 • 배열 • 함수 • 프로그래밍 응용	• 표현하기 • 프로그래밍하기 • 구현하기 • 협력하기
컴퓨팅 시스템	컴퓨팅 시스템의 동작 원리	다양한 하드웨어와 소프트웨어가 유기적으로 결합된 컴퓨팅 시스템은 외부로부터 자료를 입력받아 효율적으로 처리하여 출력한다.	• 운영 체제 역할 • 네트워크 환경 설정	• 활용하기 • 관리하기 • 설계하기 • 프로그래밍하기 • 구현하기 • 협력하기
	피지컬 컴퓨팅	마이크로컨트롤러와 다양한 입출력 장치로 피지컬 컴퓨팅 시스템을 구성하고 프로그래밍을 통해 제어한다.	• 피지컬 컴퓨팅 구현	

① 정보 문화

'정보 문화' 영역의 성취 기준은 정보 사회의 특성을 이해하고, 정보 사회 구성원으로서 갖추어야 할 정보 윤리 의식, 정보 보호 능력을 함양하는 데 중점을 두어 설정하였다. 이 영역에서는 정보 사회에서 발생하는 다양한 현상을 이해하고, 자신의 진로에 정보 과학 분야가 어떤 영향을 주는지 탐색하도록 하는 것이 중요하다.

또한 정보 윤리 의식과 정보 보호 능력을 함양하기 위해 정보 보호, 정보 보안, 저작권 보호 등을 법과 제도적인 관점에서 이해하고, 사이버 공간에서 이루어지는 행위에 대한 규범을 실천하는 데 중점을 둔다.

- [12정보01-01] 정보 사회에서 정보 과학의 지식과 기술이 활용되는 분야를 탐색하고, 영향력을 평가한다.
- [12정보01-02] 정보 과학 분야의 직업과 진로를 탐색한다.
- [12정보01-03] 정보 보호 제도 및 방법에 따라 올바르게 정보를 공유하는 방법을 실천한다.
- [12정보01-04] 정보 보안의 필요성을 이해하고, 암호 설정, 접근 권한 관리 등 정보 보안을 실천한다.
- [12정보01-05] 소프트웨어 저작권 보호 제도 및 방법을 알고, 올바르게 활용한다.
- [12정보01-06] 사이버 공간에서 발생하는 사회적 문제를 예방하기 위한 제도를 이해하고, 사이버 윤리를 실천한다.

② 자료와 정보

'자료와 정보' 영역의 성취 기준은 정보 기술을 활용하여 정보를 효율적으로 관리하고 생산하는 능력과 태도를 함양하는 데 중점을 두어 설정하였다. 이 영역에서는 자료와 정보를 효율적으로 관리하기 위해 여러 가지 디지털 표현 방법을 이해하고, 자료와 정보 활용의 목적과 특성에 따라 보다 효율적인 디지털 표현 방법을 선택하도록 하는 것이 중요하다. 또한 빅데이터 분석 등과 같은 방대하고 복잡한 정보 처리를 위한 컴퓨팅 기술의 중요성을 탐색하고, 문제 해결에 필요한 자료를 컴퓨팅 도구를 활용하여 수집·분석·관리하는 데 중점을 둔다.

- [12정보02-01] 동일한 정보가 다양한 방법으로 디지털로 변환되어 표현될 수 있음을 이해하고, 정보 활용 목적에 따라 보다 효율적인 방법을 선택한다.
- [12정보02-02] 컴퓨팅 환경에서 생산되는 방대하고 복잡한 종류의 자료들을 수집·분석·활용하기 위한 컴퓨팅 기술의 역할과 중요성을 이해한다.
- [12정보02-03] 인터넷, 응용 소프트웨어 등 컴퓨팅 도구를 활용하여 문제 해결을 위한 자료를 수집하고 분석한다.
- [12정보02-04] 정보를 관리하는 데 적합한 컴퓨팅 도구를 선택하고, 이를 활용하여 정보를 체계적으로 관리한다.

③ 추상화와 알고리즘

'추상화와 알고리즘'의 성취 기준은 실생활의 문제를 추상화하여 해결하기 쉬운 형태로 만들고, 문제 해결을 위한 알고리즘을 설계하는 능력과 태도를 함양하는 데 중점을 두어 설정하였다. 따라서 다양한 학문 분야의 복잡한 문제를 문제 분해와 모델링 등의 추상화 기법을 통해 해결하도록 하는 것이 중요하다. 또한 다양한 제어 구조를 활용하여 알고리즘을 설계하고, 수행 시간의 관점에서 알고리즘의 효율성을 분석하는 데 중점을 둔다.

- [12정보03-01] 복잡한 문제 상황에서 문제의 현재 상태, 목표 상태를 이해하고, 목표 상태에 도달하기 위해 수행해야 할 작업을 분석한다.
- [12정보03-02] 복잡한 문제 상황에서 문제 해결에 불필요한 요소를 제거하거나 필요한 요소를 추출한다.
- [12정보03-03] 복잡하고 어려운 문제를 해결 가능한 작은 단위의 문제로 분해하고 모델링한다.
- [12정보03-04] 순차 구조, 선택 구조, 반복 구조 등의 제어 구조를 활용하여 논리적이고 효율적인 알고리즘을 설계한다.
- [12정보03-05] 다양한 알고리즘의 성능을 수행 시간의 관점에서 분석하고 비교한다.

④ 프로그래밍

'프로그래밍'의 성취 기준은 추상화와 알고리즘을 통해 설계한 문제 해결 과정을 자동화하는 능력을 함양하는 데 중점을 두어 설정하였다. 따라서 텍스트 기반 프로그래밍 언어의 개발 환경 및 특성을 이해하고, 변수와 연산, 입력과 출력, 실행 흐름 제어를 위한 제어 구조, 배열과 함수 등 프로그래밍의 기본 개념과 원리를 적용하도록 하는 것이 중요하다. 또한 프로그래밍 응용 분야의 프로젝트 수행 과정에서 협력적으로 과제를 수행하는 데 중점을 둔다.

- [12정보04-01] 텍스트 기반 프로그래밍 언어의 개발 환경 및 특성을 이해한다.
- [12정보04-02] 자료형에 적합한 변수를 정의하고, 이를 활용한 프로그램을 작성한다.
- [12정보04-03] 다양한 연산자를 활용한 프로그램을 작성한다.
- [12정보04-04] 표준 입출력과 파일 입출력을 활용한 프로그램을 작성한다.
- [12정보04-05] 순차 구조, 선택 구조, 반복 구조를 활용한 프로그램을 작성한다.
- [12정보04-06] 중첩 제어 구조를 활용한 프로그램을 작성한다.
- [12정보04-07] 배열의 개념을 이해하고, 배열을 활용한 프로그램을 작성한다.
- [12정보04-08] 함수의 개념을 이해하고, 함수를 활용한 프로그램을 작성한다.
- [12정보04-09] 다양한 학문 분야의 문제 해결을 위한 알고리즘을 협력하여 설계한다.
- [12정보04-10] 다양한 학문 분야의 문제 해결을 위해 설계한 알고리즘을 프로그램으로 구현하고, 효율성을 비교·분석한다.

⑤ 컴퓨팅 시스템

'컴퓨팅 시스템' 영역의 성취 기준은 컴퓨팅 시스템의 구성과 동작 원리를 이해하고, 창의적 컴퓨팅 시스템을 설계·구현할 수 있는 역량을 함양하는 데 중점을 두어 설정하였다. 이 영역에서는 컴퓨팅 시스템의 효율적 관리를 위해 운영 체제를 활용한 자원 관리 방법을 이해하고, 자신이 사용하는 컴퓨팅 시스템의 네트워크 환경을 설정할 수 있도록 하는 것이 중요하다. 또한 다양한 학문 분야의 문제 해결을 위한 피지컬 컴퓨팅 시스템을 구성하고 구현하는 데 중점을 둔다.

- [12정보05-01] 운영 체제의 개념과 기능을 이해하고, 운영 체제를 활용하여 컴퓨팅 시스템의 자원을 효율적으로 관리한다.
- [12정보05-02] 유무선 네트워크의 특성을 이해하고, 사용하는 컴퓨팅 시스템의 네트워크 환경을 설정한다.
- [12정보05-03] 문제 해결에 적합한 하드웨어를 선택하여 컴퓨팅 장치를 구성한다.
- [12정보05-04] 피지컬 컴퓨팅 장치의 동작을 제어하기 위한 프로그램을 작성한다.

2 운영 지침에 의한 소프트웨어 교육

교육부에서는 초·중등학교 교육과정 고시 이외에도 정보 통신 기술 교육 운영 지침과 소프트웨어 교육 운영 지침을 마련하여 교과 활동 이외의 창의적 체험 활동에서 소프트웨어 교육을 진행하도록 제시하였다.

가 2000년 정보 통신 기술 교육 운영 지침

초·중등학교의 국민 공통 기본 교육과정에서 재량 활동이나 특별 활동 시간 등을 활용한 정보 통신 기술에 관한 소양 교육과 각 교과별 교수·학습 과정에서의 활용에 도움을 주기 위해 교육부는 2000년에 정보 통신 기술 교육 운영 지침을 발표하였고, 시도 교육청은 정보 소양 교육과 각 교과별 교수·학습에 10% 이상 활용할 수 있도록 관련 시설·설비, 자료 등의 확충에 필요한 행·재정적인 지원을 하도록 명시하였다. 특히 초등학교는 연간 34시간 이상(1학년은 30시간)의 시간을 확보하여 운영하도록 하였다.

1) 교육 목표

2000년 정보 통신 기술 교육 운영 지침은 초·중등학교 학생들이 컴퓨터, 각종 정보 기기, 멀티미디어 매체 등을 이용하여 지식·정보화 사회에서 필요로 하는 정보의 생성, 처리, 분석, 검색, 활용 등의 기본적인 정보 소양 능력을 기르고, 이를 학습 활동과 일상생활에 적극적으로 활용하게 하는 데 목적이 있었다. 구체적인 교육 목표는 다음과 같다.

첫째, 정보와 정보 기기, 정보화 사회, 정보 윤리와 저작권에 대해 이해하고, 필요한 정보를 올바로 선택하고 활용할 수 있다.

둘째, 컴퓨터의 구성과 관리 방법, 운영 체제를 이해하고, 하드웨어와 소프트웨어의 기초 지식을 길러 각 교과별 교수·학습에 최대한 활용한다.

셋째, 교육용 소프트웨어, 워드프로세서, 멀티미디어, 스프레드시트, 프레젠테이션, 데이터베이스의 기능을 익혀 학습 활동과 일상생활에 다양하게 활용할 수 있다.

넷째, 인터넷에 관한 사용법을 익히고, 이를 사용하여 학습과 자신의 문제 해결에 필요한 정보를 만들고 적극 활용한다.

다섯째, 컴퓨터의 기초 기능과 다양한 응용 소프트웨어, 컴퓨터 통신 기능 등을 복합적으로 이용하여 다양한 교수·학습에 활용하고, 일상생활의 문제를 해결할 수 있다.

2) 내용 체계

정보 통신 기술 교육 운영 지침은 [표 3-17]과 같다.

내용 영역을 '정보의 이해와 윤리', '컴퓨터 기초', '소프트웨어의 활용', '컴퓨터 통신', '종합 활동'으로 구분하였는데, 이는 학년 구분이나 학교급별 구분 없이 학생의 능력과 학습 수준에 따라 융통성 있게 적용하기 위한 것이다.

[표 3-17] 2000년 정보 통신 기술 교육 운영 지침의 내용 체계

영역	1단계	2단계	3단계	4단계	5단계
정보의 이해와 윤리	• 정보 기기의 이해 • 정보와 생활	• 정보의 개념 • 정보 윤리의 이해	• 정보 활용의 자세와 태도 • 올바른 정보 선택과 활용	• 정보 윤리와 저작권 • 정보화 사회의 개념 이해	• 건전한 정보의 공유 • 정보화 사회와 일의 변화
컴퓨터 기초	• 컴퓨터의 구성 요소 • 컴퓨터의 기초 작동 방법 • 컴퓨터와 건강 • 컴퓨터 기본 관리	• 운영 체제의 기초 • 컴퓨터 바이러스의 이해	• 하드웨어와 소프트웨어의 이해 • 운영 체제 사용법 익히기 • 유틸리티 프로그램 활용	• 소프트웨어 업그레이드	• 운영 체제의 종류 알기 • 프로그래밍의 기초
소프트웨어의 활용	• 교육용 소프트웨어 활용 학습	• 워드프로세서를 이용한 자료의 작성과 관리 • 멀티미디어의 기초 • 프레젠테이션의 기본 기능	• 워드프로세서의 고급 기능과 활용 • 다양한 교육용 소프트웨어 활용 • 프레젠테이션 활용	• 스프레드시트 활용 • 데이터베이스 기본 기능 • 멀티미디어 활용	• 다양한 형태의 자료 통합하기 • 데이터베이스 활용
컴퓨터 통신		• 인터넷의 기본 사용 방법	• 전자우편과 정보 나누기	• 전자우편 관리와 인터넷 환경 설정	• 사이버 공간 참여 및 활동 • 다양한 정보 검색과 활용
종합 활동		• 통신을 이용한 자료 수집과 활용	• 정보 검색 및 활용 • 협동 프로젝트 학습	• 자료 형태 변환하기 • 홈페이지 작성	• 인터넷 학급 신문 만들기 • 홈페이지 유지 및 관리

나 2005년 정보 통신 기술 교육 운영 지침

2005년 정보 통신 기술 교육 운영 지침에서는 정보 통신 기술 교육을 소양 교육과 교과 활용 교육으로 나누고, 소양 교육에서 컴퓨터 과학 요소 및 정보 통신 윤리 분야를 강화하였으며, 소양 교육과 교과 활용 교육 간의 연계를 통해 효과적으로 교육 목표를 달성할 수 있도록 하였다.

1) 교육 목표

2005년 정보 통신 기술 교육 운영 지침은 초·중등학교 학생들이 정보 통신 기술에 대한 기초 능력을 기르고, 이의 활용 방법을 익혀 정보를 스스로 수집·분석·가공·생성·교류하는 능력을 습득함으로써 학습 활동과 일상생활에서 발생하는 문제에 대한 해결력을 신장한다.

또한 정보 통신 윤리의 실천을 통해 정보 사회에 올바르고 능동적으로 대처할 수 있는 능력을 함양하는 것을 그 목표로 하였다.

2) 내용 체계

2005년에 개정된 정보 통신 기술 교육 운영 지침은 [표 3-18]과 같이 내용 영역을 '정보 사회의 생활', '정보 기기의 이해', '정보 처리의 이해', '정보 가공과 공유', '종합 활동'으로 구분하였다. 정보 통신 기술을 활용하는 데 중점을 두었던 2000년 운영 지침을 보완하기 위해 정보 처리의 이해 영역에 알고리즘과 프로그래밍 교육을 추가하여 알고리즘적 사고와 프로그램 작성 능력이 신장되도록 하였다.

[표 3-18] 2005년 정보 통신 기술 교육 운영 지침의 내용 체계

영역	1단계	2단계	3단계	4단계	5단계
정보 사회의 생활	• 정보 사회와 생활 변화 • 컴퓨터로 만나는 이웃 • 컴퓨터 사용의 바른 자세 • 사이버 공간의 올바른 예절	• 사이버 공간의 이해 • 네티켓과 대인 윤리 • 인터넷과 게임 중독의 예방 • 정보 보호와 암호 • 바이러스, 스팸으로부터의 보호	• 협력하는 사이버 공간 • 사이버 폭력과 피해 예방 • 개인 정보의 이해와 관리 • 컴퓨터 암호화와 보안 프로그램 • 저작권의 보호와 필요성 • 정보 사회와 직업	• 사이버 기관과 단체 • 사이버 공간의 윤리와 필요성 • 암호화와 정보 보호 기술 • 지적 재산권의 이해와 보호 • 정보 산업의 발전과 미래	• 올바른 네티즌 의식 • 정보 보호 법률의 이해 • 네트워크 속에서의 정보 보호 • 정보 사회와 직업 선택
정보 기기의 이해	• 컴퓨터 구성 요소의 이해 • 컴퓨터의 조작	• 운영 체제의 사용법 • 컴퓨터의 관리 • 소프트웨어의 이해 • 유틸리티 프로그램 활용 • 주변 장치의 활용	• 컴퓨터 동작의 이해 • 컴퓨터 사용 환경 설정 • 네트워크의 이해 • 정보 기기의 이해와 활용	• 운영 체제의 이해 • 네트워크의 구성 요소와 원리 • 컴퓨터 내부 구조의 이해 • 자신의 컴퓨터 구성	• 운영 체제의 동작 원리 • 서버와 네트워크 구조
정보 처리의 이해	• 다양한 정보의 세계 • 재미있는 문제와 해결 방법	• 숫자와 문자 정보의 표현 • 문제 해결 과정의 이해	• 멀티미디어 정보의 표현 • 문제 해결 전략과 표현 • 프로그래밍의 이해와 기초	• 알고리즘의 이해와 표현 • 간단한 데이터 구조 • 입출력 프로그래밍	• 데이터베이스의 이해와 활용 • 프로그램 제작 과정의 이해 • 응용 소프트웨어 제작
정보 가공과 공유	• 생활과 정보 교류 • 사이버 공간과의 만남	• 사이버 공간에서의 정보 검색과 수집 • 문서 편집과 그림 작성	• 사이버 공간 생성, 관리 및 교류 • 수치 자료 처리 • 발표용 문서 작성	• 정보 공유 및 협력 • 정보 교류 환경의 설정 • 웹 문서 제작 • 멀티미디어 자료의 활용	• 멀티미디어 자료의 가공 • 웹 사이트 운영 및 관리
종합 활동	• 정보 사회에 대한 올바른 인식과 이해	• 문제 해결을 위한 정보의 수집, 생성 및 보호	• 책임 있는 협력 활동을 통한 문제 해결	• 다양한 멀티미디어 정보를 활용한 정보 교류	• 사이버 공간에서의 올바른 정보 공유

각 영역별 주요 내용은 다음과 같다.

- **정보 사회의 생활**: 정보의 올바른 사용 방법과 정보 보호 및 표현 방법 학습을 통해 일상생활에서 정보 통신 윤리를 실천하도록 함으로써 정보 사회의 일원으로 바람직한 생활을 할 수 있도록 하였다.
- **정보 기기의 이해**: 컴퓨터를 포함한 각종 정보 기기의 동작 원리와 작동 방법 및 사이버 공간의 환경 구성을 이해하도록 함으로써 학생들의 일상생활과 학교 교육 활동을 위한 기초적인 능력이 함양되도록 하였다.
- **정보 처리의 이해**: 다양한 정보의 종류를 인식하고 효율적인 문제 해결 방법을 찾아내는 능력을 키우도록 하며, 정보 통신 기술의 적용이 가능한 알고리즘적 사고와 프로그램 작성 능력이 신장되도록 하였다.
- **정보 가공과 공유**: 컴퓨터 활용 방법과 사이버 공간에서의 정보 전달 및 교류 방법을 이해함으로써 사이버 공간을 직접 만들고 관리하는 방법을 익히도록 하며, 사이버 공간에서 표현되는 자료의 제작과 그 제한점을 이해하도록 하였다.
- **종합 활동**: 일상 및 교과 활동에서 정보 통신 기술의 원리 이해, 정보 통신 기술의 활용, 정보 사회로의 참여가 함께 이루어질 수 있는 자기주도적 과제나 팀 프로젝트를 통해 창의력, 문제 해결력, 논리적 사고력과 같은 고등 사고력이 신장되도록 하였다.

다 2015년 소프트웨어 교육 운영 지침

2015년 소프트웨어 교육 운영 지침은 초·중등학교에서 소프트웨어 교육을 실시할 수 있도록 소프트웨어 교육의 목표, 내용, 방법, 평가 등을 기술하였다. 특히 이 운영 지침은 초등학교와 중학교에서 2015 개정 교육과정이 적용되기 전까지 소프트웨어 교육과정을 운영하는 안내서로 활용하도록 하였다.

1) 교육 목표

소프트웨어 교육 운영 지침은 기존의 정보 통신 기술 교육 운영 지침에 포함되었던 정보 통신 기술 소양 및 활용 교육의 관점을 확장하여 컴퓨팅 사고력을 기반으로 문제를 해결하는 역량을 기를 수 있도록 하여 프로그램 개발 역량보다는 정보 윤리 의식과 태도를 바탕으로 실생활의 문제를 컴퓨팅 사고력으로 해결할 수 있도록 하였다.

학교급별 소프트웨어 교육의 목표는 다음과 같다.
- **초등학교**: 소프트웨어가 가져온 생활의 변화를 알고, 정보 사회에 필요한 건전한 의식과 태도를 가질 수 있도록 하며, 알고리즘과 프로그래밍을 체험하여 실생활의 다양한 문제를 컴퓨팅 사고로 이해할 수 있도록 하였다.

- 중학교: 소프트웨어 활용의 중요성을 알고, 정보 윤리의 개념을 이해하여 올바른 정보 생활을 실천하고, 정보를 교류할 수 있으며, 간단한 알고리즘을 설계하고 프로그램을 개발하여 문제를 해결할 수 있도록 하였다. 또한 컴퓨팅 사고력에 기반하여 실생활 문제를 해결할 수 있도록 하였다.
- 고등학교: 컴퓨팅 기술과 융합된 다양한 분야를 이해하고, 정보 윤리를 실천하며, 정보 기기를 올바르게 조작할 수 있도록 하였다. 또한 알고리즘을 효율적으로 설계하고, 프로그램을 개발하여 창의적으로 문제를 해결할 수 있으며, 컴퓨팅 사고력을 기반으로 다양한 분야와 융합하여 문제를 해결할 수 있도록 하였다.

2) 내용 체계

2015 소프트웨어 교육 운영 지침은 [표 3-19]와 같이 내용 영역을 '생활과 소프트웨어', '알고리즘과 프로그래밍', '컴퓨팅과 문제 해결'로 구분하였으며, 중학교는 각각의 영역을 기본 과정과 심화 과정으로 구분하였다. 기본 과정은 소프트웨어의 기본적인 역량을 학습할 수 있는 학습 요소로 구성된 운영 과정이며, 심화 과정은 기본 과정을 바탕으로 컴퓨팅 사고력 기반의 문제 해결 역량을 확장하기 위한 학습 요소로 구성된 운영 과정이다.

[표 3-19] 2015 소프트웨어 교육 운영 지침의 내용 체계

영역	초등학교	중학교	고등학교

생활과 소프트웨어	• 나와 소프트웨어
	  – 소프트웨어와 생활 변화
	• 정보 윤리
	  – 사이버 공간에서의 예절
	  – 인터넷 중독과 예방
	  – 개인 정보 보호
	  – 저작권 보호
		• 소프트웨어의 활용과 중요성
		  – 소프트웨어의 종류와 특징
		  – 소프트웨어의 활용과 중요성
		• 정보 윤리
		  – 개인 정보 보호와 정보 보안
		  – 지적 재산의 보호와 정보 공유
		• 정보 기기의 구성과 정보 교류
		  – 컴퓨터의 구성
		  – 네트워크와 정보 교류
			• 컴퓨팅과 정보 생활
			  – 컴퓨팅 기술과 융합
			  – 소프트웨어의 미래
			• 정보 윤리
			  – 정보 윤리와 지적 재산
			  – 정보 보안과 대응 기술
			• 정보 기기의 동작과 정보 처리
			  – 정보 기기의 동작 원리
			  – 정보 처리의 과정

알고리즘과 프로그래밍	• 문제 해결 과정의 체험
	  – 문제의 이해와 구조화
	  – 문제 해결 방법 탐색
	• 알고리즘의 체험
	  – 알고리즘의 개념
	  – 알고리즘의 체험
	• 프로그래밍의 체험
	  – 프로그래밍의 이해
	  – 프로그래밍의 체험
		• 정보의 유형과 구조화
		  – 정보의 유형
		  – 정보의 구조화
		• 컴퓨팅 사고의 이해
		  – 문제 해결 절차의 이해
		  – 문제 분석과 구조화
		  – 문제 해결 전략의 탐색
		• 알고리즘의 이해
		  – 알고리즘의 이해와 설계
		• 프로그래밍의 이해
		  – 프로그래밍 언어의 이해
		  – 프로그래밍의 기초
			• 정보의 표현과 관리
			  – 정보의 표현
			  – 정보의 관리
			• 컴퓨팅 사고의 실제
			  – 문제의 구조화
			  – 문제의 추상화
			  – 모델링과 시뮬레이션
			• 알고리즘의 실제
			  – 복합적인 구조의 알고리즘 설계
			  – 알고리즘의 분석과 평가
			• 프로그래밍의 이해
			  – 프로그래밍 언어의 분류
			  – 문제 해결과 프로그래밍
			  – 프로그래밍의 실제

| 컴퓨팅과 문제 해결 | | •컴퓨팅 사고 기반의 문제 해결
　– 실생활의 문제 해결
　– 다양한 영역의 문제 해결 | •컴퓨팅 사고 기반의 융합 활동
　– 프로그래밍과 융합
　– 팀 프로젝트의 제작과 평가 |

각 영역별 주요 내용은 다음과 같다.

- **생활과 소프트웨어**: 소프트웨어와 생활 변화, 정보 윤리, 소프트웨어의 종류와 특징, 활용과 중요성, 컴퓨팅 기술과 융합, 소프트웨어의 미래, 컴퓨터의 구성과 네트워크, 정보 기기의 동작 원리, 정보 처리의 과정 등을 포함하였다.
- **알고리즘과 프로그래밍**: 문제의 이해와 구조화, 모델링, 시뮬레이션, 알고리즘의 이해와 설계·분석, 프로그래밍의 기초와 실제, 프로그래밍 언어의 분류, 정보의 표현과 관리 등을 포함하였다.
- **컴퓨팅과 문제 해결**: 타 영역에서 익힌 개념과 지식을 바탕으로 실생활에서 마주하게 되는 문제를 컴퓨팅 사고력으로 해결할 수 있는 능력을 키울 수 있도록 하였다. 실생활의 문제 해결과 다양한 영역의 문제 해결, 프로그래밍과 융합, 팀 프로젝트의 제작과 평가 내용을 포함하였다. 특히 특정한 프로그래밍 언어의 습득에 치중되지 않고 문제 해결 절차에 초점을 두고 주어진 문제를 협력하여 프로그램을 개발할 수 있도록 하였다.

2 국외의 소프트웨어 교육과정

최근 영국을 비롯한 많은 국가에서 컴퓨팅 사고력을 기르기 위한 소프트웨어 교육을 강화하고 있다. 그중에서도 초·중등학교에서 소프트웨어 교육을 활발하게 추진하고 있는 몇몇 국가의 소프트웨어 교육에 대한 시수와 편제를 살펴보았다.

1 영국

영국은 새롭게 시작되는 디지털 경제에서 주도권을 확보하고자 2014년 9월부터 5세에서 16세의 모든 학생들이 컴퓨터 프로그래밍을 배울 수 있도록 기존의 정보 통신 기술(ICT) 과목을 컴퓨팅(computing) 과목으로 변경하였다. 또한 영어, 수학, 과학, 스포츠와 더불어 컴퓨팅을 기초 과목으로 지정하여 초·중등학교에서 필수 과목으로 운영하고 있다.

컴퓨팅 과목은 단순히 프로그래밍 기술만을 가르치는 것이 아니라, 논리적 사고나 알고리즘에 대한 이해, 데이터 분석 등 컴퓨팅 사고력을 기르는 데 중점을 두고 있다. 즉, 학생들은 컴퓨팅 과목에서 지향하는 기본 원리를 통해 현실 세계를 이해하고, 의미 있고 사용 가능한 것들을 만드는 데 목표를 둔다.

예를 들어, 학생들은 시스템이 어떻게 작동하는지, 어떻게 디자인되고 프로그래밍 되었는지, 그리고 정보와 계산의 근본적 원리를 배운다. 또한 프로그래밍 능력이 미래에 좋은 직업을 갖게 될 것이라는 것도 제시하고, 단순히 User가 아닌 Maker를 키우기 위한 교육으로서 누구나 배워야 할 보편적 교육을 바라보고 있다.

2013년 8월에 발표된 컴퓨팅 교육과정은 총 4단계(Key Stages)로 구분하며, 구체적인 교육 내용은 [표 3-20]과 같다.

[표 3-20] 영국 컴퓨팅 과목 교육과정의 주요 내용

단계	주요 내용	학년
KS1	• 알고리즘 및 정확한 지시에 의해 작동하는 프로그램에 대한 기본적 이해 • 간단한 프로그램의 작성과 디버깅 • 간단한 프로그램의 실행을 예측하는 논리적 사고 활용 • 디지털 콘텐츠의 생성, 저장, 작동, 검색 등을 할 수 있는 기술 사용 • 사생활을 보호할 수 있는 안전하고 책임 있는 기술의 활용	1~2
KS2	• 특정 목적을 달성할 수 있는 프로그램의 설계 및 작성 • 프로그램에서 순차, 선택, 반복, 변수와 입출력 활용 • 간단한 알고리즘 작동을 설명하는 논리적 사고, 알고리즘의 오류 검출과 수정 • 인터넷 등 컴퓨터 네트워크의 이해 • 검색 기술의 효과적 활용 • 목적을 달성하기 위해 다양한 소프트웨어의 선택, 사용, 결합 • 정보 기술의 안전하고 책임감 있는 활용과 일탈 행동 인지	3~6
KS3	• 실제 문제나 물리 시스템을 모델링하는 컴퓨터 추상 개념의 설계, 활용, 평가 • 핵심 알고리즘을 이해하고, 동일 문제 해결을 위한 다양한 알고리즘 비교 • 2개 이상의 프로그래밍 언어 사용, 데이터 구조의 사용, 모듈 프로그램의 설계, 개발 • AND, OR, NOT 등 논리의 이해와 활용 • 컴퓨터 시스템을 구성하는 하드웨어, 소프트웨어 부품 및 상호 관계 이해 • 데이터의 작동 이해, 컴퓨터 시스템에서 명령의 저장 및 실행 이해 • 복수 개의 응용 프로그램을 사용·결합하여 창의적인 프로젝트 실행 • 정보 보안, 정보 보호, 부적당한 콘텐츠 인식 등 이해	7~9
KS4	• 컴퓨터 과학, 디지털 미디어, 정보 기술에 대한 창의성, 지식, 역량 개발 • 컴퓨터를 통한 문제 해결 능력, 설계, 컴퓨터 추론 기술 등의 개발 및 활용 • 안전 기술의 변화, 온라인 개인 정보 및 정보의 새로운 보호 방법 등 이해	10~11

2 미국

미국은 국가 수준의 교육과정이 아니라, 주에 따라 상이한 교육과정을 운영하고 있다. 따라서 연방정부 차원에서는 ISTE(The International Society for Technology in Education)와 ACM(Association for Computing Machinery)에서 정한 표준을 지원하며, 이 표준을 각 주정부에서 채택하여 교육 구 단위의 표준을 만들고 학교에 적용한다.

컴퓨터과학교사협회(CSTA; Computer Science Teachers Association)가 2017년에 개정한 'K-12 Computer Science Standards, Revised 2017'의 내용 체계는 핵심 개념과 실제로 구분하고 있다. 전자는 [표 3-21]과 같이 컴퓨팅 시스템, 네트워크와 인터넷, 자료와 분석, 알고리즘과 프로그래밍, 컴퓨팅의 영향 등 다섯 가지를 포함하고, 후자는 폭넓은 컴퓨팅 문화 육성, 컴퓨팅 협업, 컴퓨팅 문제의 인식과 정의, 추상화 기법의 활용과 개발, 컴퓨팅 산출물의 창작, 컴퓨팅 산출물의 테스트와 개선, 컴퓨팅에 관한 의사소통 등 일곱 가지를 포함하고 있다.

[표 3-21] 미국 CSTA의 컴퓨터 과학의 내용 체계

영역 및 개념		학년			
		K-2(5~7세)	3-5(8~10세)	6-8(11~13세)	9-12(14~16세)
컴퓨팅 시스템	장치	적합한 소프트웨어 선택	내외부 장치의 기능 설명	주변 장치의 설계 개선	일상용품에 은닉된 컴퓨팅 장치
	HW와 SW	컴퓨팅 시스템의 구성 요소	HW와 SW 작업 방식 모델링	자료 수집에 필요한 HW와 SW 구성	응용 프로그램과 시스템 SW, HW의 상호작용
	장애 처리	HW와 SW의 문제 설명	간단한 HW와 SW 문제 해결	컴퓨팅 장치와 부품의 문제 개선	장애 정의와 처리에 대한 지침
네트워크와 인터넷	네트워크 통신과 구성		정보 분해와 패킷의 전송, 조립	프로토콜의 역할 모델링	네트워크 장비, 악성 코드, 유용성과 보안의 상충 관계
	사이버 보안	암호 사용과 접근 제한	사이버 보안과 개인 정보 보호에 관한 토론	디지털 보안 조치, 암호화	효율성, 실현 가능성, 윤리적 영향을 고려한 보안 조치
자료와 분석	저장소	정보 저장, 복사, 검색, 수정		다양한 인코딩으로 자료 표현	비트 표현과 변환, 자료 구성과 저장
	시각화와 변환	다양한 형태의 시각 자료 수집	자료의 시각적 구성	유용하고 신뢰할 수 있는 자료 변환	대화형 자료 시각화
	추론과 모델	시각화된 자료 예측과 설명	자료의 강조, 관계 파악, 예측	산출물에 따라 전산 모델 수정	현상에서 자료 수집, 관계 표현
알고리즘과 프로그래밍	알고리즘	알고리즘 생성과 일상 모델링	알고리즘을 비교하고 선택	흐름도와 의사코드 활용	알고리즘을 활용한 프로토타입 개발
	변수	자료 저장, 조작	변수를 활용한 자료 저장과 수정	자료형이 다른 변수와 연산	리스트 활용
	제어	순차와 반복	순차, 이벤트, 반복, 조건	중첩 반복, 중첩 조건문 활용	제어 구조 선택, 절차, 모듈, 객체, 분해
	모듈	해결 과정 분해		문제 분해, 매개 변수, 프로시저	프로시저, 프로그램 설계와 개발
	프로그램 개발	프로그램 계획과 설명, 참조	프로그램 설계, 구현, 검토, 주석, 시연	피드백, 라이브러리, 케이스 테스트, 분담, 문서화	라이브러리 평가, 협업 도구, 시연과 문서화
컴퓨팅의 영향	문화	컴퓨팅 기술의 영향	컴퓨팅 기술과 문화적 관습	컴퓨팅 기술과 직업, 기술 설계 시 접근성과 편의성	컴퓨팅이 미치는 영향 평가 및 시험, 개선
	사회적 영향	예절 지키며 다른 사람과 작업	산출물 개선에 대한 다양한 관점	클라우드 소싱, 협업, 설문조사	프로젝트 공동작업 도구 및 방법
	안전법과 윤리	로그인 정보 비공개, 로그오프	저작권 준수하며 저작물 활용	정보 공개와 비공개의 절충	지적 재산권법과 개인정보 보호

〈출처: K-12 Computer Science Framework(2016)〉

3 인도

인도의 소프트웨어 교육은 재미있는 컴퓨터(Computer Masti) 과목을 중심으로 학생들 스스로 다양한 목적을 위해 컴퓨터를 능숙하게 사용하고, 범교과적으로 이용 가능한 사고 처리 기술과 폭넓게 적용할 수 있는 개념을 배우도록 하기 위해 소프트웨어 교육을 실시하고 있다. 즉, 다양한 컴퓨터 활동에 대한 기본 개념을 이해하고, 새로운 기술과 도구를 다루는 방법을 스스로 터득하여 자율적인 학습과 복잡한 문제 상황 인식, 문제 해결, 조사 연구 실행, 아이디어 교류 등 사고 과정 기술을 익히는 데 중점을 두고 있다.

초등학교 1~4학년은 주당 1시간, 5~8학년은 주당 2시간에 걸쳐 실시하고 있으며, 학년별 교육 내용은 [표 3-22]와 같이 개념, 사용 기술, 사회적 측면의 영역으로 구분되어 있다. 초등학교 1~2학년에서는 응용 프로그램을 구분하고 단순한 프로그램 활용법을 가르치며, 3~5학년에서는 스크래치를 활용하여 간단한 프로그램과 게임을 개발할 수 있도록 하였다. 6~8학년에서는 BASIC(베이식)을 이용하여 간단한 프로그램에서부터 고급 프로그램을 작성할 수 있도록 하고 있으며, 데이터베이스의 개념을 이해하고, 그것을 생성과 질의할 수 있는 내용을 포함하고 있다.

[표 3-22] 인도의 재미있는 컴퓨터 과목의 주요 내용

학년	개념	사용 기술	사회적 측면
1	• 응용 프로그램의 구분 • 컴퓨터의 구성 요소와 기능 • 파일 개념	• 애플리케이션의 실행과 종료 • 단순한 애플리케이션 사용 • 파일의 열기, 편집, 저장하기 • 윈도의 구성 요소와 조작	• 바른 자세로 컴퓨터 사용하기 • 컴퓨터를 청결하게 사용하기 • 공용 자원을 공평하게 공유하기
2	• 아이템 구분과 조직화	• 문서 편집 기초(삽입과 삭제) • 오리기, 복사, 붙여넣기, 이미지 • 폴더 생성, 파일 삭제, 저장	• 컴퓨터 관리 방법 및 절차 기술 • 어깨, 손, 목, 눈을 위한 신체 운동 • 타인의 개인 정보 존중 • 안전한 컴퓨터 사용(비밀번호)
3	• 하위 요소의 과제로 분할 • 단계별 사고 과정 적용 • 컴퓨터 프로그램의 목적과 요소	• 스크래치 실행과 결과 해석 • 단순 프로그램(움직임, 제어, 블록)	• 팀 학습 활동 • 눈, 손목, 목 관리 • 컴퓨터 사용 시 신체 운동
4	• 문제 해결을 위한 논리적 추론 • 순차와 제어 프로그래밍 • 콘텐츠의 분류, 조직, 저장	• 스크래치(동작, 제어, 블록 명령) • 스레드를 포함한 프로그램 • 파일과 폴더 분류, 확장자	• 팀 학습 활동 • 반복적인 근육 부상 예방
5	• 목표 인식 · 분석, 정보 수집 및 분류 • 인터넷에서의 정보 생성과 공유 • 웹사이트 주소의 필요성	• 스크래치(게임 개발) • 브라우저에서 하이퍼링크 사용 • 인터넷 정보 검색 엔진 사용 • 이메일을 통한 의사소통	• 로그인과 비밀번호 • 올바른 컴퓨터 사용 자세 유지 • 인터넷 검색 시 지침 실천 • 이메일 신고와 스팸 메일 차단

6	• 사고 기술 적용 • 프레젠테이션, 스프레드시트 활용 • 순서도 활용	• 정보의 조직과 표현 도구 사용 • 순서도와 Pseudo-code 작성 • BASIC(간단한 프로그램)	• 온라인 의사소통 규범 • 책임감 있는 인터넷 활용
7	• 이미지 편집에서의 픽셀 개념 • 스프레드시트로 데이터 처리 • 오픈 소스 소프트웨어 확인 • 프로그램 작성 시 절차적 사고	• 이미지 편집기 활용 • 스프레드시트에서 공식과 정렬 • 오픈 소스 소프트웨어의 확인 • BASIC(조건, 반복, 리스트, 배열)	• 책임감 있는 인터넷 활용 • 인터넷을 활용한 의사소통 능력
8	• 웹 2.0, 소셜 네트워크 • 블로그와 웹사이트 설계 지침 • 이진수의 개념 • DB, 프라이머리 키, 쿼리 개념	• 구글 문서 제작 및 출판 • 생산성 도구로 산출물 설계 • BASIC(고급 프로그램) • DB 생성 및 질의	• 온라인 의사소통 시 보안 절차 • SNS 안전 규칙

4 에스토니아

에스토니아는 '2020 에스토니아 디지털 사회 추진 전략'을 수립하여 의학, 금융, 법률, 기타 기술 분야와의 ICT 통합을 시도하고 있으며, ICT를 활용한 의사소통 능력, 문제 해결력, 팀워크와 리더십을 기르기 위해 초등교육에서부터 교육 정보화를 지속적으로 추진하고 있다. ICT를 필수적인 교육 환경으로 인식하고 교육 정보화를 선도하고 있으며, Proge Tiger, Smart Labs, LEGO FLL과 같은 로봇 교실과 코딩 교실을 운영하면서 소프트웨어 교육을 강화하고 있다.

에스토니아는 [표 3-23]과 같이 통합 교육과정과 선택 과목인 정보학에서 소프트웨어 교육이 이루어진다.

[표 3-23] 에스토니아의 소프트웨어 교육과정의 주요 내용

구분		주요 내용	비고
통합 교육 과정	1단계	• 미래 기술이나 컴퓨터 게임 소프트웨어를 이용하여 컴퓨터를 이용한 창의적인 작업을 위해 정보 기술 활용법 습득	필수
	2단계	• 컴퓨터 기반의 학습을 위해 추천되는 학습 활동과 그룹 활동 • 다른 과목이나 취미 활동에 정보 기술 적용	
	3단계	• 가정 학습과 외부 학습 활동에 필요한 ICT 자원 활용 • 수업 중 ICT 기반으로 다른 과목과 통합적인 활동 전개	
정보학	2단계	• 텍스트 처리, 파일 관리, 인터넷 정보 검색, 멀티미디어 파일 작업, 자료 처리, 프레젠테이션 편집, 문서 형식	선택
	3단계	• 정보 사회의 기술, 의사소통과 작업 공간으로서의 인터넷 • e-State와 e-Services, 개인의 학습 환경 구성, 콘텐츠 생산과 재활용, 라이선스, 가상적인 커뮤니티 활동, 프로젝트 활동	

위 표에서 제시된 것과 같이 수학, 과학 등에서 소프트웨어를 활용한 통합 교육과정을 필수적으로 받고 있으며, 고등학교 전체 학생 중 30% 정도가 정보학을 수강하고 있다.

2015년에는 모든 초등학생들에게 LOGO, KODU, Scratch와 같은 그래픽 프로그래밍 언어와 LEGO Mindstroms와 같은 로봇을 이용한 프로그래밍 교육을 통해 소프트웨어를 직접 만들 수 있도록 코딩 교육을 강화하였으며, 중·고등학교 학생들에게는 웹사이트와 웹 애플리케이션을 만들 수 있는 기회를 제공하고 있다.

5 그 외 국가

이스라엘은 초등학교와 중학교에서는 정규 과목이 아닌 특별 활동이나 방과 후 활동을 통해 소프트웨어 교육을 실시하고 있다.

초등학생에게는 주로 로보틱스를 활용한 피지컬 프로그래밍 교육이 이루어지고 있으며, 중학생에게는 스크래치와 같은 블록 기반 프로그래밍 교육뿐만 아니라, HTML5와 같은 텍스트 기반 프로그래밍 교육을 추진하고 있다. 고등학교는 1992년에 컴퓨터 과학(CS; Computer Science)을 정규 과목으로 도입하였다.

중국은 2001년 초등학교부터 연차적으로 적용되고 있는데 필수 과정인 '종합 실천 활동'의 4개 영역 중의 한 영역으로 '정보 기술(Information Technology)'을 편성하고 있다. 초등학교는 정보 기술 과목을 68시간 미만, 중학교는 68시간 이상 편성하였고, 고등학교 기술 과목은 정보 기술과 일반 기술로 구분하였는데 이 중에서 정보 기술은 72시간을 이수해야 한다.

일본은 초·중등학교 학생들의 정보 관리·수집·처리 등 정보 활용 능력의 중요성을 인식하고, 의무 교육 단계에서 소프트웨어 교육을 추진하고 있다. 초등학교는 타 교과와 연계하여 소프트웨어 교육을 실시하고 있다. 중학교는 2008년 개정 교육과정에서 '기술'과 '정보'를 구분하여 필수와 선택 내용을 제시하였으나 2010년 개정 교육과정에서 중학교의 '기술·가정'과 '정보'를 통합하고, 175시간 중에서 55시간을 '정보'로 배정하였다. 고등학교는 2010년 개정에서 '정보'를 필수이면서 독립 교과로 편성하였다. 또한 사회와 정보 과목과 정보의 과학 과목 중 하나를 반드시 선택하게 하여 70시간 이상을 의무적으로 이수하도록 하였다. 2016년 12월에는 차기 학습 지도 요령을 발표하였는데 학생들의 정보 활용 능력을 키우기 위해 2022년부터 '정보 Ⅰ'을 필수 과목으로 편성하였고, '정보 Ⅱ'는 선택 과목으로 추가할 예정이다. 차기 학습 지도 요령에 포함된 정보 활용 능력은 정보와 기술을 적절히 활용하여 효과적으로 문제를 발견하고 해결하면서 사고력을 키우는 것으로 정의하고 있다.

핀란드는 2014년에 기본 교육 교육과정을 개정하면서 수학 과목에 소프트웨어 교육을 적극적으로 반영하였다. 1~2학년 수학 교육에는 컴퓨팅과 컴퓨팅 시스템을 이해하도록 하였고, 3~6학년 수학 교육에는 그래픽 기반의 프로그래밍 환경을 통해 프로그램을 작성하도록 하였고, 7~9학년 수학 교육에는 정보를 비판적으로 검토하고 문제 해결을 위해 프로그래밍을 적용하는 알고리즘적 사고와 기술을 개발하도록 제시하였다.

오스트리아는 초등학교에서 소프트웨어 교육을 필수 과정으로 운영하지 않으나 학생들에게 최신의 정보 통신 기술 사용을 지원하기 위해 각 학교의 컴퓨터 장비 보유 상황을 고려한 자체적인 ICT 교육 프로그램을 소개하고 있다. 중학교는 선택 과목으로 지정하여 일반적인 소프트웨어의 사용과 기본적인 컴퓨터 사용 기술을 주요 내용으로 하고 있다. 인문계 고등학교는 컴퓨터 과학 과목을 필수 과목으로 지정하여 1주일에 최소 2시간 과정을 운영하고 있다.

독일은 초등학교의 정규 수업 시간에 소프트웨어 관련 교육이 이루어지지 않고 있지만 중등학교(5~12학년)에서는 선택 과목인 정보학(Informatik) 시간에 소프트웨어의 작동 원리와 데이터 처리, 프로그래밍 입문, 데이터 구조와 암호화, 소프트웨어 프로젝트 등을 포함하고 있다.

3 미래형 소프트웨어 교육과정

한국정보교육학회(KAIE; Korean Association of Information Education)와 한국컴퓨터교육
학회(KACE; Korean Association of Computer Education)는 초등학교부터 소프트웨어 교육을
체계적으로 추진하기 위해 정보과 교육과정 표준 모델을 개발하고 있다.

한국정보교육학회는 2018년에 한국컴퓨터교육학회와 공동 연구를 통해 초등학교와 중등학
교 정보과 교육과정과의 체계성과 연계성을 고려하여 [그림 3-1]과 같이 정보과 교육과정 표
준 모델을 개발하였다. 세부적으로 살펴보면 소프트웨어 영역은 알고리즘과 프로그래밍 영역
으로 연계하고, 정보 문화 영역은 정보 문화와 디지털 자료 영역으로 연계할 수 있도록 제시
하였다.

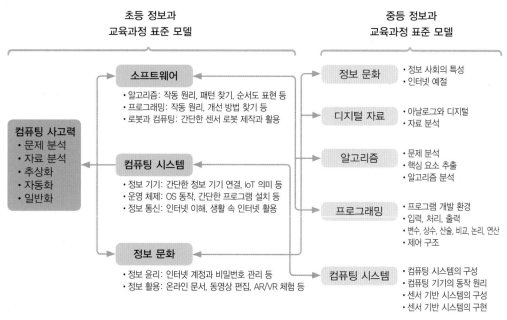

[그림 3-1] KAIE 정보과 교육과정 표준 모델

1 초등학교 정보과 표준 모델

초등학교는 일상생활에서 컴퓨터 과학의 기본 개념과 컴퓨팅 사고력을 기반으로 문제를 해결할 수 있도록 [표 3-24]와 같이 소프트웨어, 컴퓨팅 시스템, 정보 문화 영역으로 구분하였다.

[표 3-24] 초등학교 정보과 교육과정의 내용 체계

영역		1단계		2단계	
		3학년(34시간)	4학년(34시간)	5학년(34시간)	6학년(34시간)
소프트웨어	알고리즘	• 일의 순서 이해 • 일의 순서 표현 • 문제의 의미 해석 • 알고리즘과 프로그램 관계	• 알고리즘의 의미 • 문제 해결 과정을 말과 글로 표현 • 조건에 따른 해결 방법 표현 • 알고리즘 체험	• 알고리즘 분해와 관계 • 문제 해결 과정을 그림과 기호로 표현 • 순서도와 의사코드 • 문제의 현재 상태와 목표 상태 설명	• 알고리즘의 작동 원리 • 패턴 찾기와 문제 해결의 표현 • 다양한 순서도 표현 • 알고리즘 개선
	프로그래밍	• 프로그램 의미 • 프로그램과 알고리즘 관계 • 프로그램 작동 • 간단한 블록 프로그래밍	• 프로그래밍 언어의 필요성과 역할 • 변수의 이해와 활용 • 산술 연산자의 이해 • 간단한 알고리즘 구현	• 프로그래밍 언어 종류 • 반복문의 필요성과 사용 • 비교 연산자와 논리 연산자 이해 • 텍스트 프로그래밍 언어	• 프로그램의 작동 원리 탐구 • 제어 구조 • 프로그램의 디버깅 이해 • 프로그램 개선
	로봇과 컴퓨팅	• 로봇의 정의 • 로봇의 종류와 구성 • 로봇 법칙과 안전한 사용 • 로봇 동작 이해	• 로봇의 작동 원리 • 회전 동작 이해 • 간단한 동작 로봇 제작 • 간단한 동작 로봇 설명	• 로봇과 문제 해결 경험 • 센서 및 다양한 동작 이해 • 다양한 로봇 구동 작품 제작 • 로봇 구동 작품 설명	• 생활 속 로봇의 이해 • 간단한 센서 로봇 작품 제작 • 간단한 센서 로봇 작품 설명 • 규칙 설계와 규칙 적용 활용
컴퓨팅 시스템	정보 기기	• 생활 속 정보 기기 알기 • 정보 기기의 구분 • 정보 기기 입력 장치 연결 • 정보 기기의 역할	• 생활 속 정보 기기의 역할 • 여러 가지 정보 기기 구조 • 정보 기기 출력 장치 연결 • 입출력 장치 활용	• 정보 기기와 소프트웨어 • 정보 기기의 연산 장치 구조 • 정보 기기의 인식 장치 연결 • 정보 인식 장치 활용	• 정보 기기와 프로그래밍 • 정보 기기와 사물인터넷 구조 • 정보 기기 복합 장치 연결 • 복합 장치 활용
	운영 체제	• 일의 관리 이해 • 컴퓨터 시스템 구조 • 파일 생성과 복사 • 컴퓨터 보호하기	• 일의 관리 기능 • 다양한 운영 체제 살펴보기 • 파일 속성과 압축 • 컴퓨터 상태 관리	• 운영 체제의 개념 • 운영 체제의 역할 • 파일 시스템 관리 • 컴퓨터 계정 관리	• 컴퓨터 시스템 • 운영 체제 동작 • 프로그램 관리 • 컴퓨터 자원 관리
	정보 통신	• 생활 속 정보 통신 이해 • 정보 전달 도구 관찰 • 통신 방법과 정보 전달 • 정보 전달 신호 종류	• 생활 속 정보 통신 기기와 역할 • 정보 통신 기기 관찰 • 정보 통신 기기 정보 전달 • 정보 통신 기기 정보 전달 과정	• 인터넷 연결 형태 이해 • 인터넷 접속 기기 특징 • 인터넷 연결 • 정보 전달 프로그램 활용	• 인터넷과 사물인터넷 이해 • 사물인터넷 기기 • 유무선 인터넷 연결 • 생활 속 인터넷

정보 문화	정보 윤리	• 인터넷 언어 예절 • 자신의 개인 정보 보호 • 인터넷의 빛과 그림자 • 저작물 사용 방법	• 인터넷 예절과 실천 • 타인의 개인 정보 보호 • 사이버 따돌림과 대처 방안 • 저작물의 출처 표기 방법	• SNS에서의 예절 • 개인 정보 침해와 대처 방법 • 인터넷 과사용 예방과 대처 방법 • 저작권 양해(CCL)	• 인공지능과 윤리 • 인터넷 계정과 비밀번호 관리 • 유해 정보 차단 방법 • 저작권법 침해 사례
	정보 활용	• 기본 문서 작성과 수정 • 멀티미디어 데이터 보기 • 기본 그림 문서 작성 • 인터넷 검색 • SNS 검색 • 이메일 이용하기	• 협력적 문서 작성과 공유 • 디지털 노트 작성 • 발표 문서 작성 • 사진 및 동영상 촬영 • 음성 녹음 • 정보와 의견 공유	• 기본 수식 문서 작성 • 발표 문서 구조화 • 음성 편집 • 이미지 편집 • 기 기간 문서 공유 • 웹 앱 접속 및 앱 설치	• 온라인 설문 문서 작성 및 분석 • 협력적 수식 문서 작성 • 동영상 편집 및 변환, AR/VR 체험 • 인터넷 검색 연산자 • 클라우드 정보 관리

2 중·고등학교 정보과 표준 모델

중등학교 SW 교육 표준 모델은 [표 3-25]와 같이 중학교와 고등학교 '정보' 교육과정의 체계를 갖추고, 중학교 1학년부터 고등학교 1학년까지의 공통 교육과정으로서의 '정보' 교육과정을 개발하는 한편, 고등학교 '정보' 과목 신설을 위해서 필요한 교과목의 개발에 초점을 두었다.

[표 3-25] 중·고등학교 정보과 교육과정의 내용 체계

영역	핵심 개념	중학교 1~3학년			고등학교 1학년 6단계(5단위)
		3단계(34시간 이상)	4단계(34시간 이상)	5단계(34시간 이상)	
정보 문화	정보 사회	• 정보 사회의 특성	• 정보 과학과 정보 기술	• 소프트웨어와 진로	• 인공지능과 진로
	정보 윤리	• 인터넷 예절	• 개인 정보 보호	• 정보 격차	• 저작권
	정보 보호		• 정보 보호 기법	• 웹 접근성	• 암호 기법
디지털 자료	자료 저장	• 아날로그와 디지털	• 자료의 유형	• 압축 기법	
	자료 분석	• 자료 검색	• 자료 분석		• 빅데이터 분석
	자료 표현		• 자료의 구조화	• 자료의 시각화	
	자료 관리		• 자료 정리	• 데이터베이스	• 빅데이터 관리
알고리즘	문제 이해	• 문제 분석	• 문제 표현	• 문제의 복잡성	• 계산 가능성
	추상화	• 핵심 요소 추출	• 문제 분해	• 패턴 인식	• 모델링 • 일반화
	알고리즘	• 알고리즘 구조	• 알고리즘 설계	• 알고리즘 효율성	• 알고리즘 복잡도 • 정렬 알고리즘 • 탐색 알고리즘

프로그래밍	프로그래밍 기초	• 프로그램 개발 환경 • 입력, 처리, 출력	• 통합 개발 환경	• 프로그램 작성 과정	• 프로그램의 개선
	프로그래밍 기법	• 변수, 상수 • 산술, 비교, 논리 연산 • 제어 구조	• 기본 자료형 • 1차원 배열 • 표준 입출력	• 변수의 유형 • 다차원 배열 • 중첩 제어 구조 • 함수	• 사용자 정의 자료형 • 파일 입출력 • 재귀 함수
	문제 해결 프로그래밍	• 실생활 문제 해결 프로그래밍	• 협력적 문제 해결 프로그래밍	• 융합적 문제 해결 프로그래밍	• 프로그래밍 프로젝트
컴퓨팅 시스템	컴퓨팅 기기	• 컴퓨팅 시스템의 구성 • 컴퓨팅 기기의 동작 원리			• 디지털 논리 회로
	자원 관리		• 컴퓨팅 시스템의 자원 • 운영 체제의 기능		• 자원 관리 기법
	정보 전달			• 네트워크의 구성 요소 • 인터넷과 정보 전달 • 네트워크와 정보 전달	• 프로토콜
	피지컬 컴퓨팅	• 센서 기반 시스템의 구성 • 센서 기반 시스템의 구현	• 마이크로 컨트롤러 시스템의 구성 • 마이크로 컨트롤러 시스템의 구현	• 로봇 시스템의 구성 • 로봇 시스템의 구현	• 사물인터넷 시스템의 구성 • 사물인터넷 시스템의 구현

평가 문항

① 제7차 교육과정부터 2015 개정 교육과정에서 제시된 초·중·고 소프트웨어 교육 관련 교과(실과, 정보 사회와 컴퓨터, 컴퓨터, 정보)의 주요 내용과 특징을 서술하시오.

② '2015년 소프트웨어 교육 운영 지침'에 제시된 초·중등학교에서의 교육 목표와 교육 내용, 창의적 체험 활동의 주요 내용을 서술하시오.

③ 2015 개정 교육과정에 제시된 소프트웨어 교육은 초등은 '실과'에서, 중등은 '정보'에서 진행하고, 학생들에게 길러주고자 하는 교과 역량은 '정보 문화 소양'과 '컴퓨팅 사고력', '협력적 문제 해결력' 등으로 구분하였다. 각 교과 역량에 대한 의미와 하위 요소를 서술하시오.

참고 자료

• 교육부(2015). 실과(기술 · 가정)/정보과 교육과정. 교육부 고시 제2015-74호[별책 10].

• 국가교육과정정보센터(2014). 우리나라 교육과정. http://ncic.kice.re.kr.

• 김재현 외(2017). SW 교육 포럼 운영 사업 보고서. 한국과학창의재단.

• 김현철(2015). 외국의 소프트웨어 교육 사례와 시사점. 세계의 교육. 한국교육개발원.

• 김홍래, 이승진(2013). ICT 선진 외국의 교육 정보화 및 정보(컴퓨터) 교육 현황 분석. 한국교육학술정보원.

• 일본 문부과학성(2015). 프로그래밍 교육 실천 가이드. Learn for Japan.

• 정영식(2014). 해외 초 · 중등 소프트웨어 교육 현황. 한국정보교육학회 세미나.

• 주독일대사관(2014). 독일 초 · 중등학교의 ICT, SW 교육 현황.

• 주일대사관 선향 과학관(2014). 일본의 초 · 중등학교의 ICT 및 SW 교육 현황.

• 주프랑스 한국교육원(2014). 프랑스 초 · 중등 교육과정 및 정보화 교육.

• Federal Minister for Education and Women's Affairs(2013). ICT and CW in the Austrian school curricula. On-line: https://www.bmbf.gv.at.CSTA(2011). CSTA K-12 Computer Science Standards Revised 2011. The CSTA Standards Task Force.English Department for Education(2013). Computing programmes of study for Key Stages 1-4

• MS R&D Center Israel(2014). The Power of gaming, Citizenship program.

• S. Iyer, M. Baru, V. Chitta, F. Khan, U. Vishwanathan(2010). Model Computer Science Curriculum for Schools. Department of Computer Science and Engineering Indian Institute of Technology Bombay.

• Ville, V.(2014). About Kookikoulu. Reaktor.

• Computer Science Teachers Association(2017). CSTA K-12 Computer Science Standards, Revised 2017. http://www.csteachers.org/standards

• Estonia Demo center(2014). Estonian ICT. http://e-estonia.com

• Hanno Pevkur(2011). Appendix10 of Regulation No. 1 of the Government of the Republic of 6 January 2011 National Curriculum for Basic Schools. Minister of Social Affairs acting Minister of Education and Research. http://www.hm.ee/index.php?popup=download&id=11248

• HITSA(2014). Programming at Schools and Hobby Clubs. http://www.innovatsioonikeskus .ee/en/programming-schools-and-hobby-clubs

- K-12 Computer Science Framework(2016). http://www.k12cs.org

- 중국 교육부(2015). 教育部关于印发《中小学信息技术课程导纲要（试行）》的通知. http://old.moe.gov.cn//publicfiles/business/htmlfiles/moe/moe_445/200503/6319.html

소프트웨어 교수·학습

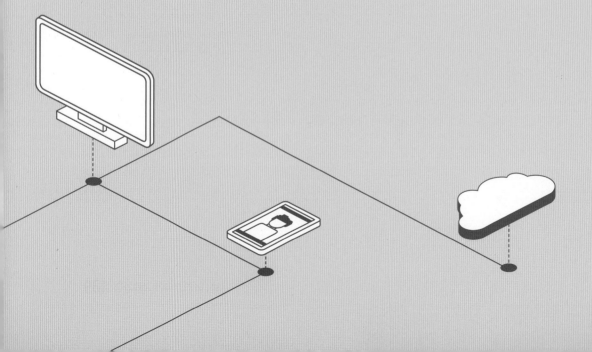

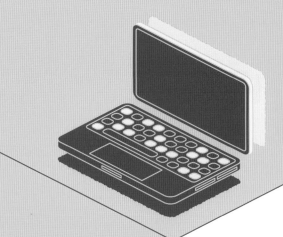

　　본 장에서는 2015 개정 교육과정에 제시된 교수·학습 방향을 실현하기 위해 필요한 교수·학습 이론 및 전략을 살펴보고, 이것을 구현한 교수·학습 모형과 구체적인 교육 방법을 제시하였다. 구체적인 내용은 다음과 같다.

　　첫째, 교수·학습 이론에서는 메릴(Merrill)의 교수 기본 원리를 살펴보고, 이를 구현하는 데 필요한 교수 설계 전략과 동기 유발 전략, 과제 해결 전략, 실습 교육 전략, 프로그래밍 교육 전략을 제시하였다. 또한 교수 설계 전략에는 Pebble 모형, 동기 유발 전략에는 켈러의 ARCS 이론, 과제 해결 전략에는 4C/ID 모형을 제시하였다.

　　둘째, 교수·학습 모형에서는 컴퓨팅 사고력을 기반으로 한 문제 해결력을 향상시키기 위해 창의적 문제 해결 학습 모형을 제시하였고, 컴퓨터 과학의 기본 개념 학습을 촉진시킬 수 있는 순환 학습 모형을 제시하였다. 또한 컴퓨팅 사고력을 향상시키기 위해 개발한 컴퓨팅 사고력 신장 모형으로 시연 중심 모델, 재구성 중심 모델, 개발 중심 모델, 디자인 중심 모델을 제시하였다.

　　셋째, 교수·학습 방향에서는 2015 개정 교육과정에 제시된 교수·학습 방향과 방법 및 유의 사항을 제시하였다.

교수·학습 이론

교수·학습 이론은 학습 결과를 일으키는 원인과 과정을 이해하고, 학습자가 학습 목표에 도달할 수 있는 학습 환경을 조성하는 데 필요한 이론적 근거를 제시한다. 본 절에서는 교수·학습 이론의 기본이 되는 원리와 이를 구현하는 데 필요한 전략 등을 제시하였다.

1 교수 설계 전략

메릴(Merrill)은 효과적인 교수·학습 설계를 위해 문제 중심의 교수 전략에서 학습자의 학습을 촉진할 수 있도록 교수 기본 원리(First Principles of Instruction)와 그에 따른 교수 방법과 전략을 제안하였다. 교수 기본 원리는 다양한 교수 설계 이론과 모형들이 공통적으로 지니고 있는 것으로 그 내용은 다음과 같다.

첫째, 학습자가 실세계의 문제를 해결하는 데 직접 참여하게 한다.
둘째, 새로운 지식을 위한 기초로 기존 지식을 사용하게 한다.
셋째, 학습자가 새로운 지식에 대한 교수자의 시범을 볼 수 있게 한다.
넷째, 학습자에게 새로운 지식을 적용할 수 있는 기회를 제공한다.
다섯째, 학습자가 새로운 지식을 일상생활과 통합할 수 있게 한다.

이러한 교수 기본 원리를 수업에 적용하는 절차를 살펴보면 [그림 4-1]과 같다. 우선, 주어진 과제에 대한 해결 방법이나 기술을 시연한다. 그런 다음, 과제 해결에 필요한 기술을 가르치고, 그것을 과제에 적용하는 방법을 실제로 보여 준다. 이와 같은 방법을 다음 번에 주어지는 과제에도 동일하게 적용하면서 교수자의 지원을 점차적으로 줄여 나간다.

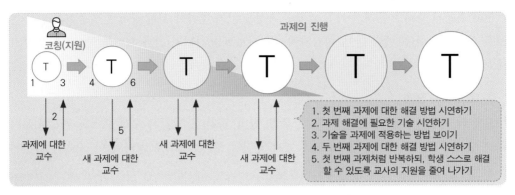

[그림 4-1] Merrill의 과제 중심 교수 전략

가 교수 설계 절차

Merrill의 교수 기본 원리를 바탕으로 개발된 Pebble(Pebble-in-the-Pond) 모형은 조약돌을 연못에 던져 물결이 이는 모양을 도식화한 교수 설계 절차이다. Pebble 모형은 [그림 4-2]와 같이 문제 명시(Specify a Problem), 문제 분해(Progression of Problems), 요소 분석(Component Analysis), 전략 수립(Instructional Strategy), 교수 설계(Instructional Design), 매체 개발(production)의 6단계로 구분되어 있다.

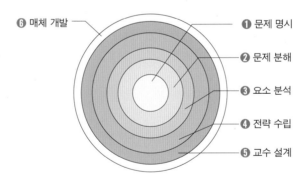

[그림 4-2] Pebble 모형의 구성 요소

① 문제 명시 단계

교수자가 연못에 조약돌을 던지듯이 학습자에게 제시할 현실의 문제를 미리 구성하는 단계이다. 이때 문제는 새로운 지식과 기술을 학습자가 효과적으로 학습할 수 있도록 고안해야 한다.

② 문제 분해 단계

주어진 문제가 어렵고 복잡할 경우에는 이 문제를 해결하기 위해서 주어진 문제를 난이도와 복잡성, 필요한 기술 요소 등에 따라 작은 문제로 분해하여 확장하는 단계이다.

이때 확장된 문제는 본래 주어진 과제의 속성을 잃지 않아야 하며 문제별 입출력과 관련 정보를 확인해야 한다. 예를 들어, 학습자에게 횡단보도를 건너기 전과 건너는 중, 건너 간 후로 구분하여 생각하게 한다.

③ 요소 분석 단계

문제 해결과 관련된 지식, 기술, 부분, 유형, 방법, 사건 등과 같은 구성 요소를 면밀히 분석하는 단계이다. 예를 들어, 횡단보도를 건너기 전에 횡단보도의 위치와 길이, 오가는 차량의 수와 속도, 신호등의 위치 등을 분석하게 한다.

④ 전략 수립 단계

학습자의 문제 해결력을 높이기 위해 활성화, 구조, 반영, 추론, 공개, 통합 등의 전반적인 교수 전략을 결정하고, 문제 해결을 위한 알고리즘을 설계하는 단계이다. 예를 들어, 횡단보도를 건널 때 어느 정도의 빠르기로 건너야 할지, 신호가 바뀔 때 차량의 속도는 얼마이고 사람이 건널 때 제때에 멈추어 설 수 있는지, 신호등의 신호 길이는 얼마나 지속되는지를 감안하여 횡단보도를 건너는 방법을 추론하여 생각하게 한다.

⑤ 교수 설계 단계

이전 단계의 결과물을 종합하여 교수 전달 방법 및 멀티미디어를 결정하고 교수 관리 방법을 결정하여 교수·학습 지도안을 작성하는 단계로 문제 해결에 적용될 수 있는 시스템이나 구조물 등을 설계하는 프로그래밍 단계이다. 예를 들어, 구체적인 횡단보도 건너는 방법과 절차를 말이나 글로 표현하거나 순서도로 제시하게 한다.

⑥ 매체 개발 단계

최종 산출물인 교수·학습 자료와 매체의 효과성, 효율성 등을 평가하기 위해 데이터를 수집하고, 전문가 검토나 개별 평가, 그룹 평가 등을 실시한 후 최종적으로 산출물을 수정·보완하는 단계이다. 예를 들어, 횡단보도를 건너는 방법에 대해 친구들에게 시뮬레이션을 하거나 설명하여 의견을 수렴하고, 오류를 수정·보완하여 자신의 방법을 개선해 나가게 한다.

🔲 소프트웨어 교육에의 적용 방안

Merrill의 교수 설계를 위한 기본 원리는 실제적이고 맥락적인 실생활 문제 중심의 교수·학습 설계 방향을 제시하고 있다. 소프트웨어 교육은 학습자들이 실제 생활과 관련된 문제를 해결하는 데 직접 참여하도록 해야 하는데 컴퓨터 과학적 원리를 이용하여 문제를 해결하고, 그 과정을 시범을 통해 학습자들에게 보여 주어야 한다. 또한 시범을 통해 배운 문제 해결 방법을 주어진 문제에 적용하고, 나아가 실생활과 관련된 유사한 문제에 응용할 수 있는 능력을 기르도록 지도해야 한다.

따라서 소프트웨어 교육에서 과제를 제시할 때에는 쉬운 것부터 시작하여 점차 난이도를 높여가되, 학습자 스스로 사고하고 해결할 수 있도록 다양한 매체를 함께 제공하며, 점차 교수자의 지도 조언을 줄여 나가야 한다. 예를 들어, 프로그래밍 교육을 처음 시작하는 초보자에게는 충분한 도움말을 제공하여 안내하고, 실습 시연을 통해 세부 기능을 익히도록 해야 한다. 또한 구체적 조작기에 있는 어린 학습자들은 직접 만지면서 프로그래밍 할 수 있는 체감형 프로그래밍(Tangible Programming)부터 시작하고, 차후 블록(컴포넌트) 기반의 시각형 프로그래밍(Visible Programming), 텍스트 기반의 스크립트 프로그래밍(Scripting Programming)으로 전환하여 C나 Java와 같은 고급 언어로의 전이성을 높여야 한다.

2 동기 유발 전략

학습자들을 소프트웨어 교육에 몰입시키려면 학습자들의 동기를 유발하는 것이 매우 중요하다. 대표적인 동기 유발 전략에는 켈러(Keller)의 ARCS 모형이 있다. ARCS 모형은 학습 동기를 유발하고 지속하기 위한 요건으로 [그림 4-3]과 같이 주의 집중(attention), 관련성(relevance), 자신감(confidence), 만족감(satisfaction)의 네 가지를 제시하였다.

[그림 4-3] Keller의 동기 유발 전략

가 주의 집중

SW 교육이 효과적으로 이루어지려면 학습자의 주의 집중이 요구되며, 교수자는 학습자의 주의 집중이 지속될 수 있도록 호기심을 자극해야 한다. 즉, 학습자 스스로 궁금한 것을 탐구하고, 탐색해 볼 수 있는 기회를 제공함으로써 흥미를 지속시킬 수 있도록 해야 한다. Keller는 학습자의 주의를 끌고, 주의를 지속시키기 위한 구체적인 방법으로 감각적 주의 집중, 인지적 주의 집중, 다양성의 전략을 제시하였다.

첫째, 감각적 주의 집중을 높이기 위해서는 학습자가 새롭고 흥미롭게 느낄 만한 매체나 전달 방식으로 학습 내용에 대한 관심을 기울이게 해야 한다. 효과음, 음성, 애니메이션, 동영상 등 멀티미디어 자료를 활용하는 것은 학습자의 감각적 주의 집중을 높이는 데 효과가 있다.

둘째, 인지적 주의 집중을 높이기 위해서는 학습자가 학습 내용에 대해 스스로 의문을 갖고, 그것을 탐구하고자 하는 욕구를 갖도록 학습 내용과 관련된 질문거리를 주거나 역설적인 상황을 제시해야 한다. 예를 들어, 누구나 쉽게 계산할 수 있는 문제를 프로그램으로 작성하게 하기보다는 직접 계산하면 많은 시간이 소요되지만 간단한 프로그래밍으로 해결할 수 있는 문제를 제시함으로써 학습자가 프로그래밍의 효율성이나 효과성을 느끼도록 한다면 SW 교육에 대한 관심과 흥미가 높아져 주의 집중이 보다 쉬워질 것이다.

셋째, 다양성을 높이기 위해서는 교수자가 다양한 매체와 구체적인 예시를 제시하는 것이 중요하다. 아무리 새롭고 놀라운 자료를 제공하더라도 그것이 반복된다면 학습자는 지루하게 느껴져 학습 동기가 떨어지게 된다. 예를 들어, 특정 문제를 해결하기 위해 문제 정의, 문제 분석, 문제 분해, 추상화, 자동화, 일반화하는 과정을 여러 시간에 걸쳐 일관성 있게 설명한다면 문제 해결 과정을 이해하는 데에는 도움이 되겠지만 학습자들은 동일한 문제를 매 수업 시간마다 다루어야 하기 때문에 지루해질 수 있다. 따라서 관련 문제와 유사하거나 특이한 사례를 다양하게 제시할 필요가 있다.

나 관련성

SW 교육의 학습 목표와 학습 내용이 학습자의 흥미나 목적과 관련성이 높을 때 학습자의 학습 동기는 높아진다. 학습자가 학습에 뚜렷한 목적이 없고, 그것을 배워야 할 이유를 찾지 못한다면 학습에 대한 흥미가 떨어지고, 불필요한 것으로 생각하게 된다. 따라서 학습 목표와 내용을 학습자의 경험과 관련성을 높여야 한다. 이를 위해 학습자의 필요를 잘 파악하고, 그것에 맞추어 학습 목표를 설정해야 한다. 또한 이미 설정된 학습 목표를 학습자에게 잘 설명하여 그 목표가 유용하게 느끼도록 해야 한다.

학습자의 개인적 성취가 무엇인지 파악하고, 그것과 부합한 학습 목표와 활동을 제시하는 동시에 협력 활동과 긍정적인 역할 모델을 제공하여 학습 내용을 학습자의 동기나 가치와 부합하게 해야 한다. 또한 학습자에게 친숙한 것을 제시하고, 학습자의 발달 단계나 학습 환경을 파악하여 관련된 예시나 상황 자료를 제공해야 한다. 예를 들어, 초등학생들에게 익숙한 전래 동화를 이용한 프로그래밍 교육은 별도의 설명을 하지 않더라도 전체적인 프로그램 흐름을 파악할 수 있어서 프로그래밍 교육에 도움이 된다.

다 자신감

학습자가 특정 과업을 수행하는 데 있어서 자신감을 갖게 된다면 그 과업에 보다 적극적으로 참여하게 된다. 따라서 SW 교육에 대한 동기 유발과 그것을 지속시키기 위해서는 학습 문제를 성공적으로 해결할 수 있다는 자신감을 갖도록 해야 한다.

모든 문제를 100% 해결할 수는 없을지라도 적정 수준의 도전 의식을 자극하면서 노력에 따라 성공할 수 있다는 자신감을 심어준다면 학습 동기가 유발되고 유지될 수 있다.

구체적인 내용은 다음과 같다.

첫째, 학습자가 문제를 성공적으로 해결할 수 있도록 학습 요건과 해결 조건을 명확히 제시해야 한다. 학습자들에게 어떻게 문제를 성공적으로 해결할 수 있는지, 어떤 기준에 의해 성공 여부를 평가받을 수 있는지를 자세히 알려 주고, 선행 과정에서 성공한 또래 학습자의 사례를 제시함으로써 성공에 대한 자신감을 갖도록 해야 한다.

둘째, 실제 학습에서 학습자가 성공한 기회를 갖도록 다양한 학습 경험을 제공하고, 과제를 점진적으로 심화시켜야 한다. 처음부터 어려운 문제를 제시하여 문제를 성공적으로 해결할 수 있는 기회를 전혀 갖지 못한다면 학습자는 무기력해지고 그로 인해 학습 흥미가 현저하게 떨어질 수 있다. 따라서 초기에는 쉽고 단순한 문제를 제시한 후 학습자들의 능력에 따라 점차 어렵고 복잡한 문제를 제시해야 한다.

셋째, 학습에 대한 통제권을 부여해야 한다. 학습자들은 자신의 노력이나 통제에 의해 학습의 성패가 좌우될 때 더 많은 노력을 기울이게 된다. 학습자가 운이나 외부적인 요인이 아니라, 자신의 노력과 능력에 따라 성공이 좌우된다는 것을 믿게 되면 더 나은 성공을 위해 자발적으로 노력하게 된다. 따라서 초기에는 다양한 힌트나 도움말을 제공하다가 점차 그것을 줄임으로써 학습자가 스스로 해결하였다는 자신감과 통제감을 주어야 한다.

라 만족감

만족감은 학습자의 학습 동기를 유발하지는 않지만 그것을 유지할 수 있게 한다. 특히 이전 학습에 대한 만족감이 높으면 다음 학습에 대한 기대와 동기 유발에도 큰 도움이 된다. 따라서 교수자는 다음과 같은 노력이 필요하다.

첫째, 학습자가 내적으로 학습에 대해 긍정적인 인식을 갖도록 해야 한다. 내재적 강화를 위해 학습자가 이룬 학습 성과가 자신의 노력에 의해 좌우된다는 것을 인식시키고, 학습자의 노력과 성과에 칭찬과 격려, 긍정적인 피드백을 수시로 제공해야 한다.

둘째, 긍정적인 피드백 이외에도 적절한 보상과 유인이 필요하다. 외재적인 강화는 학습 동기를 더욱 더 견고하게 하고, 학습자의 성과를 확인할 수 있는 기회를 제공하게 된다. 그러나 자신의 노력과 상관없이 보상이 반복적으로 주어진다면 오히려 학습 동기를 떨어뜨릴 수 있으므로 간헐적이면서도 적절한 보상과 유인책이 필요하다. 예를 들어, SW 교육의 단계별로 다양한 배지를 만들고, 해당 단계를 이수할 때마다 배지를 줄 수 있다. 또한 해당 영역에 대한 배지를 모두 모은 경우에는 별도의 인증서나 수료증을 부여할 수 있다.

셋째, 보상과 유인은 반드시 형평성을 유지해야 한다. 대부분의 학습자는 또래 학습자와의 비교를 통해서 자신의 성과를 인식하게 된다.

SW 교육에 참여하는 학습자들이 받은 보상과 유인이 스스로 받을 만했고, 타인도 인정할 만한 것이어야 참여하는 모든 학습자들이 적극적으로 교수·학습 활동에 참여할 수 있게 된다. 따라서 교수자는 결과물에 대한 평가 기준을 명확히 제시하고, 그 기준에 따라 평가가 엄정하게 이루어질 수 있도록 노력해야 한다.

3 과제 해결 전략

소프트웨어 교육에 참여하는 학생들은 다양한 학습 과제를 해결하게 되며, 이러한 학습 과제를 해결하기 위한 전략에는 Van Merriënboer 등이 개발한 4C/ID(Four Component/ Instructional Design) 모형이 있다. 4C/ID 모형은 [그림 4-4]와 같이 학습 과제(Learning Tasks), 지원 정보(Supportive Information), 절차 정보(Procedural Information), 과제 연습 (Part-task Practice)의 요소로 구성되어 있다.

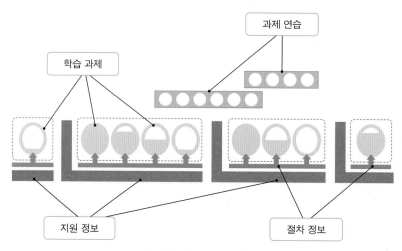

[그림 4-4] 4C/ID 모형도

- 학습 과제: 학습자가 학습할 과제나 수행할 프로젝트 등을 나타낸다. 실생활과 관련된 실제적이고 통합적인 경험을 제공하며, 간단한 것부터 시작하여 복잡한 것으로 나열하고, 지원과 안내를 점진적으로 감소시킨다. 학습 과제는 최대한 실생활의 많은 부분을 학습자들이 통합하고 조정할 수 있도록 선정한다.
- 지원 정보: 학습 과제를 해결하는 데 필요한 정보를 제공하는 것으로 과제 영역이 어떻게 조직되고 문제 해결을 위해 어떻게 접근할지를 구체적으로 제시해 주고, 언제나 활용할 수 있어야 한다.

- **절차 정보**: 학습 과제 수행 방법을 구체적으로 제시 또는 시연하는 것으로 학습 능력이 부족한 학습자가 과제를 해결할 수 있도록 돕는 것이다. 학습자에게 교정적 피드백을 제공하고, 학습 과제 단위로 구체화시켜 학습자가 필요로 할 때 즉시 제공해야 한다. 선수 학습 과제에 대한 경험을 떠올려 현 과제를 해결할 수 있도록 힌트를 제공하되, 학습자들이 문제 해결 방법에서 규칙을 찾고, 그것을 능숙하게 사용하게 되면 절차 정보는 즉시 제거한다.
- **과제 연습**: 학습 과제를 능숙하게 해결하기 위해 학습 과제 중 일부를 포함한 연습 문제를 추가적으로 제시하여 순환적으로 반복하는 것이다. 단순한 것부터 시작한 후 점차 복잡한 것을 연습하며, 연습할 과제는 상황에 따라 다양하게 제시한다. 학습 과제 중에서 중요한 부분은 필수적으로 연습할 수 있도록 제시한다.

가 학습 과제 해결 절차

4C/ID 모형에서 제공하는 학습 과제 해결 절차는 [그림 4-5]와 같이 10단계로 구성된다. 이 중 학습 과제 설계하기(1단계), 지원 정보 설계하기(4단계), 절차 정보 설계하기(7단계), 과제 연습 설계하기(10단계)는 필수적으로 포함된다. 필수적인 것 이외에 학습 과제 나열하기(2단계), 평가 목표 설정하기(3단계), 인지 전략 분석하기(5단계), 정신 모형 분석하기(6단계), 인지 규칙 분석하기(8단계), 배경 지식 분석하기(9단계)를 선택적으로 운영할 수 있다.

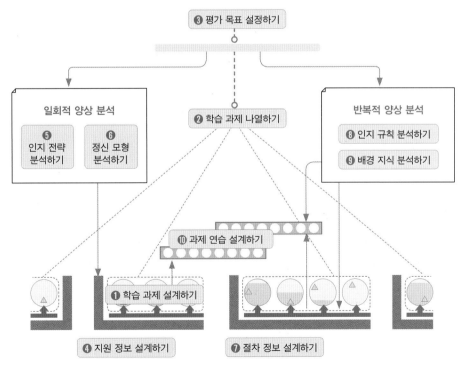

[그림 4-5] 4C/ID 모형의 학습 과제 해결 절차

구체적인 절차는 다음과 같다.

① 학습 과제 설계하기

학습자가 지시에 따라 수행할 하나 이상의 전형적인 학습 과제를 명시하는 단계이다. 학습 과제는 특정 기술을 보여 주는 가장 이상적이면서 핵심적인 본보기 과제를 의미한다. 첫 단계부터 학습 과제를 분명하게 제시함으로써 학습자에게 구체적으로 목표를 제시할 수 있다.

② 학습 과제 나열하기

학습 과제를 각각 다른 난이도로 등급을 매겨 나열하는 단계이다. 가장 쉬운 등급의 과제는 입문 단계에서 제시하고, 가장 어려운 등급의 과제는 최종적으로 제시한다.

③ 평가 목표 설정하기

여러 수행 목표들 중에서 학습자들이 허용할 수 있는 방식으로 반드시 도달해야 하는 기준을 정하는 단계이다. 학습자들에게 그들이 수행한 결과와 질에 대한 피드백을 주고, 언제 다음 단계의 과제로 나아갈지를 결정하기 위해서는 사전에 성취 기준을 명확하게 설정해야 한다.

④ 지원 정보 설계하기

학습자들의 문제 해결과 추론에 관련된 비반복적인 수행 과제들의 해결을 도와주는 단계이다. 지원 정보는 학습 과제의 난이도와 상관있으며, 더 복잡한 학습 과제들은 쉬운 학습 과제보다 일반적으로 더 상세한 지원 정보가 필요하다. 만일 유용한 교육용 자료들이 있다면 어떤 자료가 존재하는지를 알게 하고, 그것을 학습 과제 등급별로 분류하여 제시할 필요가 있다.

⑤ 인지 전략 분석하기

그 분야에서 능률적인 과제 수행자들이 문제를 해결하기 위해 사용하는 인지 전략을 분석하는 단계이다. 만일 교육용 자료가 아무런 기초 지식 없이 구상되고 발전되었다면 새로운 인지 전략이 필요하다.

⑥ 정신 모형 분석하기

정의적 영역이 어떻게 조직되었는지를 묘사하는 단계이다. 인지 전략 분석하기와 정신 모형 분석하기를 통해 얻은 결과들은 지원 정보를 구상하기 위한 기초 자료를 제공하지만 이것을 소홀하게 다루는 경우가 많다.

⑦ 절차 정보 설계하기

학습 과제를 반복적으로 수행하기 위한 절차들이 어떻게 수행되는지를 정확히 명시하며, 나아가 과제를 하는 동안 언제 절차적 지식이 필요한지를 정확히 나타내는 단계이다. 절차적 지식은 다음 학습 과제에서는 빠르게 소멸되며, 때때로 새로운 절차를 수행하기 위한 새로운 정보로 대체되기도 한다.

⑧ 인지 규칙 분석하기

일상적인 행동들에서 도출되는 자극-반응 모형을 명시하는 인지 원리를 분석하는 단계이다. 절차적 지식이 아무런 기초 지식 없이 구상되어 있다면 인지 규칙을 분석해야 한다.

⑨ 배경 지식 분석하기

인지 원리의 정확한 사용에 관한 배경 지식을 분석하는 단계이다. 인지 규칙 분석하기와 배경 지식 분석하기를 통한 결과는 절차적 지식의 구상에 기초를 제공하므로 소홀히 다루어지지 않도록 해야 한다.

⑩ 과제 연습 설계하기

추가적인 연습을 통해 기계적인 수준의 반복적이고 복합적인 기술을 습득하는 단계이다. 예를 들어, 적절하고 시급히 수행되지 않으면 생명이나 신체에 해를 입거나 복구가 힘들거나 막대한 피해를 입을 수 있는 요소에 대해 반복적인 대처 기술을 습득해야 한다.

나 소프트웨어 교육에의 적용 방안

4C/ID 모형을 통한 과제 해결 전략을 소프트웨어 교육에 적용할 때 고려할 사항은 다음과 같다.

첫째, 실생활과 관련된 문제를 제시한다. 일상생활에서 일어나는 복잡한 문제를 해결할 수 있도록 학습 과제를 설계하고, 필요한 지원 정보와 절차 정보를 설계하며, 반복적으로 사용되고 일반화할 수 있는 필수 과제를 연습 과제로 선정한다.

둘째, 모듈별 프로그램을 제시한다. 복잡한 문제를 해결하는 데 필요한 프로그램을 유사한 기능에 따라 구분하고, 그것을 협력 학습을 통해 해결할 수 있도록 한다. 따라서 프로그램의 기능을 몇 개의 모듈로 구분하고, 쉬운 모듈부터 차례대로 해결할 수 있도록 한다.

셋째, 모듈별 프로그램을 작성하는 데 필요한 지원 정보를 제공한다. 전체 문제에 대한 정보나 각각의 모듈의 기능이나 해결해야 할 정보를 언제든지 확인할 수 있도록 한다.

넷째, 모듈 내의 프로그램을 작성하는 데 필요한 절차 정보를 제공한다. 기능별로 분리된 모듈을 작성하는 데 필요한 알고리즘에 대한 정보를 제공하기 위해 학습자에게 직접 시연하거나 결과를 보여 주는 등 단계별로 단서를 제공하여 원하는 모듈을 구현할 수 있도록 도와준다.

다섯째, 모듈에 대한 정보나 단서를 점차적으로 줄여 나간다. 마지막 단계에서는 해결에 필요한 힌트를 전혀 주지 않고 스스로 해결할 수 있도록 한다.

여섯째, 모듈에서 핵심적인 부분은 반복적으로 연습할 수 있도록 한다. 여러 모듈에서 사용이 가능한 기능은 별도로 함수나 라이브러리로 만들어 반복적으로 사용할 수 있도록 한다. 또한 주요 기능은 다른 프로그래밍 언어로 만들 수 있도록 순서도나 의사코드로 만들어 보게 하여 언어의 전이성을 높여 준다.

4 실습 교육 전략

소프트웨어 교육은 문제를 해결하기 위해 컴퓨팅 시스템과 다양한 소프트웨어를 활용할 뿐만 아니라, 직접 프로그램을 설계하여 개발하기도 한다. 따라서 소프트웨어 교육은 이론 중심의 강의보다는 실습과 시연 중심의 프로그래밍 교육이 큰 비중을 차지하고 있다. 이러한 실습과 시연을 통한 소프트웨어 교육은 기능 습득보다는 학습을 통해 습득한 컴퓨팅 사고력을 점차 복잡하고 다양한 상황에 적용하는 데 중점을 두어야 한다.

가 실습 교육 절차

소프트웨어 교육을 위한 실습 교육은 다음과 같이 시연하기(modeling), 코칭하기(coaching), 조력하기(scaffolding), 명료화하기(articulation), 성찰하기(reflection), 탐구하기(exploration)의 6단계로 구성된다.

① 시연하기

교수자가 시범을 통해 학습할 과제를 직접 수행하고 학습자가 그것을 관찰함으로써 관련 지식과 전략에 대한 이해를 넓히고, 실제 과제 수행 과정을 안내하는 단계이다. 교수자의 시범 과정은 외형적인 과정뿐만 아니라, 내면적인 과정을 모두 포함한다. 이때 교수자의 내면적 인지 처리 과정은 학습자에게 언어로 표현하여 나타낼 수 있다.

② 코칭하기

학습자가 직접 과제를 수행하면서 필요에 따라 교수자의 도움을 받을 수 있는 기회를 제공하는 단계이다. 교수자는 학습자를 관찰하면서 힌트를 주고 필요할 때에는 조언이나 피드백을 줄 수 있으며, 학습자는 다른 학습자의 수행 결과와 비교하고 성찰할 수 있는 기회를 가질 수 있다. 그러나 코칭할 때 유의할 점은 가능한 한 학습자 스스로 문제를 해결하고 탐색할 수 있는 여지를 두어 능동적인 인지 활동이 이루어지도록 해야 한다.

③ 조력하기

학습자가 학습 과정에서 문제나 어려움을 겪게 되면 교수자가 도움을 주는 단계로 인지적 도제 학습에서 가장 중요한 단계이다. 교수자는 가급적 직접적인 도움을 주기보다는 학습자 스스로 문제를 해결할 수 있도록 중간 단계의 암시나 단서를 제공하고, 학습자가 과제 수행에 익숙해지면 지원을 점차 줄이고, 더 이상 필요가 없을 때에는 제공하지 않는다.

④ 명료화하기

학습자들에게 자신이 습득한 지식과 문제 해결 과정, 전략, 추론 등을 명료하게 설명한다.

학습자는 자신의 행동에 대해 생각하고, 자신의 결정과 전략을 말로 표현함으로써 내재적인 지식을 보다 명료하게 할 수 있다. 이때 협동 학습이 이루어진다면 다른 학습자들의 관점이나 전략을 비교할 수 있어 명료화가 더욱 활발하게 이루어질 수 있다.

⑤ 성찰하기

학습자 스스로 문제 해결 과정을 다른 사람의 것과 비교하면서 뒤돌아보는 단계이다. 자신의 문제 해결 과정을 교수자나 전문가, 동료 학습자들의 해결 과정과 비교하면서 자신의 것을 객관적으로 관찰하고 조정하면서 더 넓은 안목을 갖게 되고, 향후에 보다 발전적인 문제 해결 전략을 세울 수 있게 된다.

⑥ 탐구하기

어느 정도의 학습을 성취한 후에 학습자 스스로 문제를 해결하기 위한 가설을 설정하고 전략을 수립하여 자율적으로 문제 해결 과정을 수행하는 단계이다. 학습자는 목표와 계획을 수립하고, 그것을 성취하기까지의 일련의 과정을 스스로 해봄으로써 자신감을 갖고 점차 독자적인 전문가가 될 수 있다.

나 소프트웨어 교육에의 적용 방안

소프트웨어 교육을 위한 실습 교육을 실제 교육 현장에 적용할 때 고려할 사항은 다음과 같다.

첫째, 지식을 스스로 습득할 수 있는 기회를 제공해야 한다. 소프트웨어 교육은 대부분 실습 위주이지만 실습하는 데 필요한 기본적인 지식을 체계적으로 습득할 수 있는 기회를 제공하고, 그 지식을 실습 과정을 통해 심화시킬 수 있는 학습 주제를 선정해야 한다.

둘째, 습득된 지식과 전략을 내면화할 수 있는 기회를 제공해야 한다. 교수자의 시연과 코칭의 목적은 학습자들이 학습할 지식과 기능을 스스로 습득할 수 있도록 하는 것이다. 따라서 따라하기 식 교육에서 벗어나 문제를 스스로 해결할 수 있도록 기회를 제공해야 한다.

셋째, 동료 학습자들의 다양한 의견을 듣고 비교할 수 있는 기회를 제공해야 한다. 스스로의 내면화 과정에서 자칫 잘못하면 자신의 편견에 빠질 수 있다. 따라서 협력 학습을 통해 동료 학습자들과 의견을 활발하게 주고받으면서 자신의 의견을 표현하고 탐구할 수 있는 기회를 제공해야 한다. 특히 소프트웨어 교육에서는 하나의 문제를 해결하는 데 다양한 알고리즘이 사용될 수 있으므로 각자가 구현한 알고리즘의 장단점을 비교하여 최적의 알고리즘을 찾아야 한다. 다른 학습자들이 구현한 알고리즘을 비교·분석하는 기회를 갖는 것은 매우 중요하다.

넷째, 실생활에서 접할 수 있는 문제를 해결할 수 있도록 해야 한다. 소프트웨어 교육의 목적은 컴퓨팅 사고력을 이용하여 실생활의 문제를 해결하는 것이다. 교수자의 시연과 코칭, 문제 해결 방법을 스스로 찾고 비교하고 성찰하는 과정에서 습득된 여러 전략을 실제 생활 속에서 문제에 적용할 수 있는 기회를 제공함으로써 소프트웨어 교육의 목적을 달성할 수 있다.

5 프로그래밍 교육 전략

소프트웨어 교육의 핵심 내용 중 하나는 자신만의 프로그램을 개발하여 문제를 스스로 해결하는 것이다. 이러한 프로그램은 프로그래밍 언어를 통해 구현이 가능한데 프로그래밍 언어는 가상의 세계에서 컴퓨팅 시스템과 자유롭게 대화하는 것이다. 일반적인 자연어 교육은 자연어의 문법이나 구조를 중심으로 한 것보다 의사소통 기능에 중점을 두고 있다. 따라서 프로그래밍 언어를 사용하는 소프트웨어 교육에서도 프로그래밍 언어의 문법이나 구조에 대한 정확한 지식을 강조하기보다는 의사소통 교수 이론을 기반으로 한 컴퓨팅 시스템과의 실제적인 의사소통 능력을 기를 수 있는 전략이 필요하다.

프로그래밍 교육을 통해 의사소통 역량을 기르기 위해서는 [그림 4-6]과 같이 문법성(grammaticality), 예측성(predictability), 적절성(appropriacy), 전이성(transition), 맥락성(contextuality) 등을 갖추어야 한다.

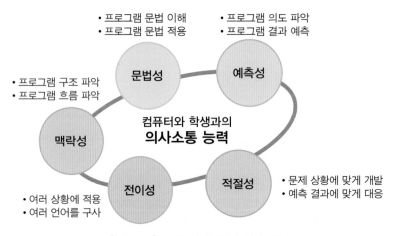

[그림 4-6] 프로그래밍에서의 의사소통

① 문법성

작성된 프로그램이 문법적으로 이상이 없는지 판별할 수 있는 능력을 의미한다. 컴퓨터 프로그래밍 언어는 자연어와 마찬가지로 고유한 문법 체계를 갖는다. 따라서 작성된 프로그램이 해당 프로그래밍 언어의 문법 체계에 알맞게 작성되었는지를 확인할 필요가 있다. 컴퓨터 프로그래밍 언어는 문법적인 오류가 있으면 이를 무시하거나 실행되지 않는 경우가 많다.

② 예측성

작성된 프로그램의 결과를 미리 알 수 있는 능력을 의미한다. 프로그램을 작성하기 전에 만들어진 순서도나 의사코드만을 보고도 실행 결과를 예측하거나 특정 프로그래밍 언어로 작성된 프로그램의 결과를 실행하기 전에 그 결과를 어느 정도 예측할 수 있어야 한다.

③ 적절성

프로그램의 실행 결과를 예측하고, 발견된 오류를 수정하며, 문제 상황에 맞게 프로그래밍 언어를 구사하는 능력을 의미한다. 문제 상황에 적합한지를 판별하여 프로그램을 이해하고 표현하며, 프로그램의 오류나 결과를 예측하여 수정하고 보완한다. 간단한 오류 등은 프로그램만 보고도 예상할 수 있으며, 프로그램의 결과가 원래의 목적에 맞게 출력되는지를 확인하고, 최적화된 프로그램을 작성할 수 있다.

④ 전이성

실제 문제 상황에서 문제를 해결하기 위해 필요한 프로그래밍 언어를 구사할 수 있는 능력을 의미한다. 특정 상황에 최적화된 프로그래밍 언어가 존재하므로 하나의 프로그래밍 언어만으로 문제를 해결하는 데에는 한계가 있다. 따라서 소프트웨어 교육을 할 때 유의할 점은 특정 프로그래밍 언어에 종속되어서는 안 된다는 것이다. 특정 프로그래밍 언어를 배우더라도 프로그래밍 언어의 공통적인 특성을 이해할 수 있도록 하여 필요에 따라 유사한 언어를 자유롭게 구사할 수 있어야 한다.

⑤ 맥락성

프로그램을 문제 상황 속에서 이해하는 능력을 의미한다. 프로그램의 일부를 중심으로 프로그래밍 언어의 구조나 문법에 치중하여 결과를 예측하기보다는 전체 프로그램의 흐름을 판단하는 것을 의미한다. 따라서 어린 학습자를 대상으로 프로그래밍 교육을 할 때에는 프로그램 한 줄 한 줄을 완성해 가기보다는 잘 만들어진 프로그램의 소스 코드 중 일부를 수정하면서 그 변화를 느끼게 하는 것이 더 효과적이다.

가 프로그래밍 교육의 단계 및 절차

프로그래밍 교육은 용법 위주에서 사용 위주로 바뀌어야 한다. 용법은 문법적으로 정확한 구문을 만드는 것이고, 사용은 실제 프로그램에 필요한 적절한 구문을 만드는 것이다. 따라서 초기 프로그래밍 교육을 위한 프로그래밍 도구로는 문법을 엄격하게 처리하는 컴파일러보다 인터프리터를 사용하는 것이 좋다. 또한 일부 구문 중심보다는 전체적인 흐름을 파악하는 프로그래밍 교육이 필요하다. 특정 예약어나 구문의 기능, 함수나 라이브러리의 기능을 짧은 구문을 통해 이해하기보다는 전체적인 프로그램에서의 쓰임새를 파악하는 것이 중요하다. 따라서 프로그래밍의 정확성보다는 유창성에 중심을 두어야 한다. 문법이나 구문을 기계적으로 반복하여 문법의 오류를 최소화하거나 최적화된 프로그램을 작성하기보다는 비록 정확하지는 않지만 자신의 생각을 자유롭게 프로그램으로 구현할 수 있도록 하며, 잘못된 결과가 제시되었을 때에는 그 이유를 찾아 분석하여 스스로 해결 방안을 찾도록 해야 한다.

정영식 외(2015)는 의사소통 중심의 프로그래밍 교육 방법의 하나로 PUMA 교수법을 개발하였다. PUMA 교수법은 프로그래밍 과정에서 특정 구문을 반복(repetition)하게 하고, 그것을 다른 구문에 넣어 확장(expansion)하며, 특정 구문을 채우거나(completion), 다른 구문으로 치환하고(substitution), 완성된 구문을 서로 비교하는(comparison) 등 다양한 교수·학습 활동을 제시한다. 구체적인 수업 절차를 '벽돌 깨기' 게임을 활용하여 제시하면 [그림 4-7]과 같다.

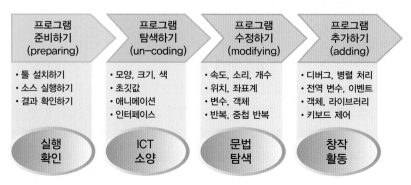

[그림 4-7] PUMA 교수법의 절차

① 프로그램 준비하기

완성된 프로그램 소스를 불러와서 실행하고 결과를 확인하는 단계이다. PUMA 교수법은 완성된 코드를 조금씩 수정해 가면서 문법을 익혀 나간다. 따라서 [그림 4-8]의 '벽돌 깨기' 게임과 같이 프로그램의 실행 결과를 충분히 예측할 수 있고, 학습자들이 재미있게 실행해 볼수 있는 프로그램 소스를 준비한다.

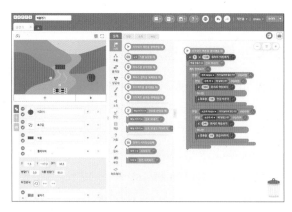

[그림 4-8] 벽돌 깨기 게임의 예시 화면

② 프로그램 탐색하기

프로그램 실행에 필요한 이미지를 소스 수정 없이 클릭만으로 간단히 수정하는 단계이다.

블록형 프로그래밍 도구는 그래픽 기반으로 구성되어 있어 이미지의 크기나 색상 등을 수정하여 구성 요소들의 속성을 파악할 수 있다. '벽돌 깨기' 게임에서 [그림 4-9]와 같이 소스 코드를 수정하지 않고, 마우스 클릭과 드래그만을 이용하여 배경 이미지를 변경하거나 패널의 색상을 변경할 수 있다.

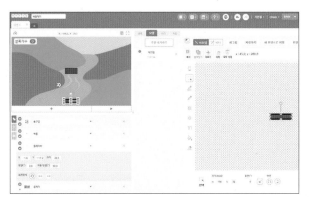

[그림 4-9] 배경 이미지와 패널의 색상 바꾸기

③ 프로그램 수정하기

소스를 직접 수정하여 프로그램의 기능을 변경하는 단계이다. 복잡한 기능보다는 반복 횟수나 크기, 위치, 개수 등 수치를 변경하여 그에 따른 변화를 알게 함으로써 프로그램의 제어 구조나 흐름을 파악하게 한다. '벽돌 깨기' 게임에서 [그림 4-10]과 같이 벽돌의 개수를 변경하기 위해 소스 코드를 수정할 수 있다.

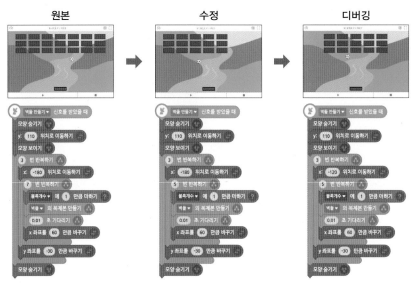

[그림 4-10] 벽돌의 개수 변경하고 수정하기

④ 프로그램 추가하기

소스를 추가하여 주어진 프로그램의 불편한 점이나 오류를 수정하고, 새로운 기능을 추가하는 단계이다. '벽돌 깨기' 게임에서 [그림 4-11]과 같이 새로운 아이템을 추가하거나 2인용 게임 만들기, 점수판 추가하기 등 다양한 게임적인 요소를 추가할 수 있다.

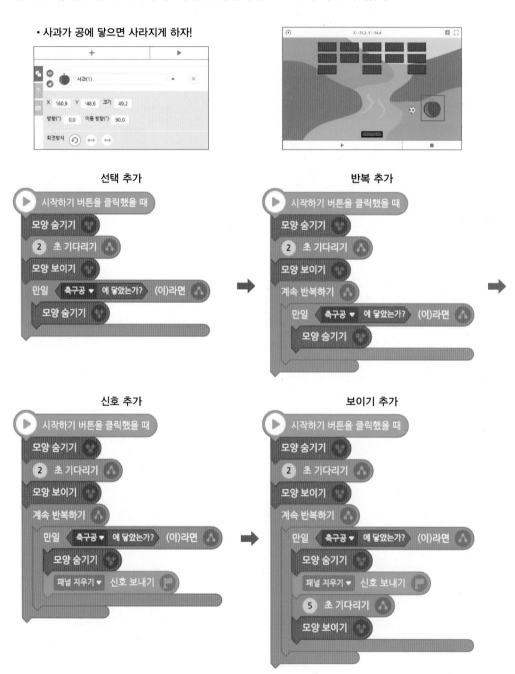

[그림 4-11] 사과 아이템 추가하기

나 프로그래밍 교육 시 유의 사항

하나의 프로그래밍 언어를 사용할 수 있다는 것은 문법적으로 정확한 구문을 표현할 수 있고, 생성된 구문을 실제 상황에서 적절하게 사용할 수 있다는 의미이다. 따라서 학교 현장에서 프로그래밍 교육의 효과를 높이려면 다음과 같은 점을 유의해야 한다.

첫째, 완성된 프로그램 소스는 짧고 간단한 것을 준비한다. 처음에는 학생들에게 친숙한 게임과 같이 누구나 재미있게 따라할 수 있는 프로그램을 준비하되, 기능을 조금씩 추가할 수 있는 소스를 준비한다.

둘째, 초기에는 교사의 시범에 따라 소스를 수정하되, 수시로 결과에 대한 문답 활동을 통해 결과를 예측하는 컴퓨팅 사고력을 자극한다. 수정된 프로그램에 대한 결과를 예측하고, 그 이유가 무엇인지를 묻고 답하며, 오류를 어떻게 수정할 수 있는지를 답하게 한다.

셋째, 학생 스스로 프로그램의 일부를 수정하게 하고, 어떤 결과가 나타날지를 경험에 근거하여 대답하게 한다. 또한 처음부터 끝까지 하나의 프로그램을 완성해 볼 수 있는 기회를 제공한다. 즉, 주어진 프로그램을 수정·보완하는 것이 아니라, 문제를 인식하고 분석하는 단계에서부터 그것을 해결하기 위한 알고리즘을 만들고, 프로그램을 만들어 결과를 예측하고 수정한 후 최적의 프로그램을 만들 수 있는 경험을 제공한다.

넷째, 주어진 프로그램의 핵심 기능이나 알고리즘을 파악하게 하고, 유사한 문제를 제시하여 그것을 해결하는 데 활용하게 한다. 프로그램에 제시된 주요한 아이디어나 핵심 알고리즘에 대해 설명하고, 그것을 활용할 수 있는 새로운 문제를 제시한다.

다섯째, 학생들의 수준에 따라 주어진 프로그램의 양이나 복잡도를 달리하여 제공한다. 초기에는 혼자서 해결할 수 있는 간단한 프로그램을 제공하지만 점차 복잡한 프로그램을 제공하여 모둠이 함께 해결할 수 있는 경험을 제공한다.

여섯째, 학생이 프로그래밍 하는 동안에 오류가 있어도 그 오류를 즉시 수정하지 않으며 어려움을 겪을 때에만 도와주고 질문에 답해준다. 학생들은 소스 코드를 스스로 작성하면서 발생되는 오류를 가급적 동료들과 함께 해결하도록 하되, 해결이 어려울 때에는 교사에게 도움을 요청한다. 교사는 학생들에게 발생되는 공통된 오류를 정리하여 전체 학생들을 대상으로 해결 방법을 안내한다.

2 교수·학습 모형

소프트웨어 교육도 다른 교과와 마찬가지로 직접 교수법을 포함하여 문제 해결 학습, 순환 학습, 발견 학습, 탐구 학습, 프로젝트 학습 등 다양한 모형을 적용할 수 있다. 본 절에서는 소프트웨어 교육에 맞게 수정·보완하여 제시하였다.

1 창의적 문제 해결 학습 모형

문제 해결 학습(Problem Based Learning)은 주어진 문제를 확인하고, 문제 해결 방법을 찾아서 해결하고, 이를 일반화시키려는 교수·학습 활동이다. 학습자들이 여러 가지 문제 상황 속에서 해결 방법을 스스로 찾아 해결함으로써 자발적인 학습 참여가 가능하고, 문제 해결 과정에서 지식이나 개념을 나름대로 재구성하거나 탐구함으로써 자기주도적인 학습이 가능하다.

문제 해결 학습의 핵심 능력인 문제 해결력은 독립된 개념, 원리, 절차 또는 아이디어에 대한 적용 능력이나 이해력에서 나아가 어떠한 문제 상황이 주어졌을 때 스스로 문제를 확인하고, 문제를 쪼개어 분석하고, 해결 방안을 마련하거나 수정할 수 있는 능력을 의미한다. 소프트웨어 교육에서 강조하는 컴퓨팅 사고력 역시 문제를 이해하고 분석하고 최적화된 해결 방법을 찾아 일반화시키는 과정임을 고려할 때 문제 해결력과 컴퓨팅 사고력의 차이는 크지 않다. 따라서 소프트웨어 교육이 컴퓨팅 사고력을 키우는 것이 목적이라면 문제 해결 학습은 소프트웨어 교육에 가장 적합한 교수·학습 모형 중 하나일 것이다.

Feldhusen과 Trefinger(1983)는 창의성과 문제 해결을 결합하여 창의적 문제 해결력(Creative Problem Solving)이라는 개념을 처음 제안하였다. 창의적 문제 해결은 특정한 문제 상황에서 발산적 사고와 수렴적 사고를 번갈아 사용하여 문제 발견과 정의, 창의적 해결 방안 및 아이디어, 적절한 해결안 등을 도출하는 일련의 사고 과정을 말한다.

창의적인 문제 해결 과정에서 발산적 사고는 문제를 발견하고 정의하게 하며, 독창적이고 창의적인 해결책을 도출하는 데 사용된다. 반면, 수렴적 사고는 발견한 문제 상황에 초점을 맞추어 논리적·비판적·분석적·종합적 시각으로 다양한 아이디어를 평가하며, 문제의 해결책을 결정하는 데 사용된다. 따라서 균형 잡힌 창의적 문제 해결 과정에는 발산적인 사고 전략과 수렴적인 사고 전략이 문제 해결 상황에 알맞게 사용되어야 한다.

창의적 문제 해결 학습 모형은 기본 지식과 탐구 기술을 기반으로 주어진 문제에 대한 적절하고 새로운 해결 방법을 발견하는 것을 중요한 목표로 삼는다. 또한 문제를 해결하는 과정 중에 다양한 탐구 과정과 활동을 경험할 수 있으며, 확산적 사고와 비판적 사고를 통한 학습자의 탐구 능력을 향상시킬 수 있다.

가 교수·학습 절차

Osborn과 Parnes는 창의적 문제 해결 학습 모형을 목표 발견하기, 사실 발견하기, 문제 발견하기, 아이디어 발견하기, 해결책 발견하기, 수용안 발견하기의 6단계로 구성하였다.
단계별 세부 활동은 다음과 같다.

① 목표 발견하기

문제 상황에 대해 이야기를 나누고, 창의성을 발휘해야 할 목표에 대해 브레인스토밍을 통해 목록을 작성하며, 최종적으로 도전할 목표를 결정하여 목표 진술문을 작성하는 단계이다. 목표 진술문은 학습자들의 흥미와 능력 정도에 따라 다양하게 설정할 수 있으나 창의적 능력을 발휘할 수 있는 목표를 정하여 간결하고 명쾌한 문장 형태로 작성한다.

② 사실 발견하기

목표와 관련된 모든 사실들을 브레인스토밍하여 학습 과제나 문제 상황과 관련된 모든 정보를 검토하는 단계이다. 문제와 관련된 사실, 느낌, 의문점, 예감, 걱정 등 모든 정보들을 면밀히 조사하여 리스트를 작성한다. 수집된 자료는 현재 문제 상황을 이해하고 해결하는 데 도움이 될 수 있는 자료들만 선별하거나 분류하여 재정리한다.

③ 문제 발견하기

문제에 대해 다시 브레인스토밍하여 창의적으로 문제를 다시 진술하는 단계이다. 이전 단계에서 수집된 중요한 정보를 고려하여 해결해야 할 문제나 관심이 있는 구체적인 영역에 대한 문제를 진술한다.

문제에 관한 진술문에는 문제 당사자, 목적, 방법, 행위 동사를 포함하고, 부정적인 표현이나 사고를 억제하는 진술은 피한다. 최종적으로 여러 개의 문제 진술문 중 새로운 아이디어로 해결할 수 있도록 정의된 것을 선정한다.

④ 아이디어 발견하기

문제의 해결책을 찾기 위해 가능한 한 많은 아이디어를 표출하는 단계로 브레인스토밍이 매우 중요한 단계이다. 이 단계는 확산적 사고에 더 중점을 두어 가능한 한 많은 아이디어를 산출해야 한다. 다양한 기술이나 전략을 사용하여 최대한 새롭고 특이한 아이디어를 많이 도출하게 되는데 이때 아이디어를 버리거나 아이디어가 거부되지 않도록 최종 판단이나 아이디어 평가는 잠시 보류한다.

⑤ 해결책 발견하기

수집된 아이디어를 평가하기 위한 기준을 정한 후 최선의 해결안을 찾아내는 단계이다. 이전 단계에서 모은 아이디어에 대한 목록을 만들고, 그중에서 문제 해결에 가장 적합한 해결책을 결정한다. 이 단계에서는 비용, 모양, 장점 등과 같은 아이디어 평가 기준에 대해 브레인스토밍한 후 그 기준을 바탕으로 아이디어를 평가한다. 이때 주의할 점은 완벽한 아이디어 하나를 찾는 것에 초점을 두기보다 현재 갖고 있는 아이디어들 중에서 문제 해결에 가장 적합하다고 판단되는 것을 찾는 것에 초점을 두어야 한다는 것이다.

⑥ 수용안 발견하기

문제 해결책을 계획, 실천, 평가하는 단계이다. 문제를 해결하였던 과거의 방법과 현재의 새로운 방법을 비교하고, 해결책을 실행할 때 영향을 주거나 방해가 될 수 있는 요인을 다양한 관점에서 살펴보고, 그 해결책을 실행하기 위한 계획을 수립한다. 실행 과정에서 발생되는 새로운 도전은 새로운 문제를 해결하기 위한 기회이며, 계획한 해결책이 충분하지 못할 때에는 또다시 문제를 해결하고 도전하려는 자세가 필요하다.

나 적용 방안

창의적 문제 해결 학습 모형은 소프트웨어 교육에 가장 적절한 모형이다. 소프트웨어 교육에서 특정 문제 상황을 해결할 수 있는 알고리즘을 만드는 것은 매우 다양하며, 그중에서 가장 적합한 알고리즘을 찾거나 프로그램으로 옮기는 과정에서 발생되는 많은 오류를 찾고 프로그램의 성능을 개선하는 일 자체가 창의적 활동이기 때문이다.

소프트웨어 교육에서 창의적 문제 해결 학습 모형을 수업에 적용할 때 고려할 사항은 다음과 같다.

첫째, 목표를 정할 때에 자신의 능력에 맞는 단계를 선택하도록 하고, 교수자는 관련된 자료를 충분하게 제공한다. 목표 발견하기 단계에서 학습자들이 문제 상황을 충분히 인지할 수 있도록 관련 자료를 충분히 제공하고, 학습자의 능력에 따라 목표를 정하도록 지도한다.

둘째, 학습자의 능력, 흥미, 경험 등을 고려하여 문제 상황을 설정해야 한다. 수업 목표와 관련된 문제 상황을 설정하되, 학습자의 능력이나 흥미, 이전에 학습한 내용이나 경험 등을 고려하여 설정하는 것도 좋다.

또한 학습자의 발달 단계나 학년군의 위계에 맞는 문제를 선정하여 학습자들이 자신의 학습 경험을 분석하고 활용하여 해결할 수 있어야 한다.

셋째, 학습자 스스로 관심이 있는 영역의 문제를 제기함으로써 학습의 주도자가 되도록 해야 한다. 초기에는 교수자가 학습자에게 여러 가지 조언과 자료, 정보 등의 지원을 통해 학습을 안내하거나 도와줄 수 있으나 수업이 전개됨에 따라 점차적으로 그 지원을 줄임으로써 학습자 스스로 학습 과정을 주도할 수 있도록 해야 한다.

넷째, 문제 상황을 해결하기 위한 알고리즘을 학습자들이 다양하게 제시할 수 있도록 브레인스토밍 환경을 조성한다. 미숙한 알고리즘을 제시하더라도 가급적 비판하거나 평가하지 않도록 하고, 일단 알고리즘을 제시한 후에는 그 이유를 충분히 설명할 수 있는 기회를 제공한다. 교수자는 학습자들의 발달 수준을 고려하여 말로 표현하기, 글로 표현하기, 그림으로 나타내기, 순서도 그리기, 의사코드 사용하기 등 알고리즘을 표현할 수 있는 다양한 방법을 안내한다. 또한 알고리즘을 프로그램으로 옮기기 전에 실행 결과를 예측하여 가장 최적의 방법을 찾도록 한다. 비록 실행된 결과가 예상하지 못한 것일지라도 그 원인을 파악하여 함께 해결책을 찾도록 도전감을 심어주고, 발견된 해결책일지라도 더 나은 방법이 없는지를 동료의 해결책과 비교하면서 개선할 수 있도록 한다.

다섯째, 개별 학습과 함께 모둠 학습을 병행함으로써 자신의 해결 방법과 비교되는 상대방의 해결 방법을 검토하는 기회를 제공해야 한다. 문제 해결 과정에서도 수시로 자신의 문제 해결 전략을 반추할 수 있는 기회를 제공하여 보다 주도적으로 문제 해결 학습에 참여할 수 있도록 해야 한다.

여섯째, 문제 해결의 결과보다는 문제 해결의 과정을 중시해야 한다. 예상되는 결과를 도출하는 데만 만족할 것이 아니라, 적절한 방법을 찾았는지, 그 방법을 제대로 적용하였는지, 새로운 방법은 없는지, 좀 더 나은 방법은 없는지 등을 살필 수 있도록 해야 한다.

2 순환 학습 모형

순환 학습 모형(Learning Cycle Model)은 학습자 스스로 구체적인 경험을 통해 개념을 획득하고 사고력의 신장을 도와주는 학습 모형으로 컴퓨터 과학의 기본 개념 학습을 촉진시키는 데 활용되고 있다. 순환 학습 모형은 관찰 및 조작 활동을 통해 학습자 스스로 새로운 개념을 발견할 수 있고, 이미 알려진 개념에 대한 확인, 검증, 조작과 같은 전통적 학습 방법과는 달리, 새로운 개념을 형성하는 데 유용하므로 소프트웨어 교육에 적합하다. 또한 학습 단계에서 구체적 경험을 제공하므로 구체적 조작기에 있는 어린 학습자들에게 적합할 뿐만 아니라, 과도기에 있는 학습자들에게도 좀 더 높은 단계에 도달할 수 있도록 인지 구조를 자극한다.

가 교수·학습 절차

순환 학습 모형은 개념 탐색, 개념 도입, 개념 적용의 3단계로 구성되어 있다.

① 개념 탐색

새로운 문제 상황에서 학습자의 행동과 반응을 통해 문제에 내재한 규칙성을 발견하는 단계이다. 학습자들은 기존의 개념이나 사고방식으로 해결할 수 없는 새로운 경험을 겪으면서 인지적 갈등을 느끼게 된다. 교수자는 토론을 통해 학습자들이 품고 있는 개념들이 충분히 드러나도록 하고, 그 개념이 새로운 문제를 해결하는 데 부족하다는 것을 깨달을 수 있도록 해야 한다. 이를 위해 교수자는 다양하고 구체적인 자료를 제시하거나 시범을 보이되, 학습자 스스로 규칙을 찾을 수 있도록 제한된 조언과 안내를 제공한다.

② 개념 도입

개념 탐색 단계에서 발견된 규칙성과 관련 있는 개념, 원리들을 도입하는 단계이다. 학습자들이 이전 단계에서 느꼈던 인지적 갈등을 해소하여 새로운 평형 상태에 도달할 수 있도록 해야 한다. 하지만 인지 수준이 낮은 학습자는 인지적 갈등을 완전히 해소하지 못할 수 있으므로 개념 적용 단계가 필요하다. 교수자는 적절한 용어나 사고 유형을 학습자들이 도입하도록 도와주거나 시범을 통해 교수자가 직접 도입할 수 있다.

③ 개념 적용

개념 탐색 및 도입 단계를 통해 학습한 개념, 원리 또는 사고 양식을 새로운 상황과 문제에 적용하고 발전시키는 단계이다. 이 단계에서는 자율적 조절 기능을 위한 충분한 시간과 경험을 제공하여 새로운 사고 유형을 안정화시킨다. 또한 새롭게 습득한 개념을 새로운 상황과 문제에 적용시켜 일반화시킬 수 있는 기회를 제공한다. 사고 능력이 떨어지거나 성취 수준이 낮은 학습자들은 이 단계가 더욱 중요하며, 교수자는 이 시기에 학습자들을 평가할 수 있다.

나 적용 방안

순환 학습 모형을 소프트웨어 교육에 접목시킬 때에는 각 단계가 서로 단절되지 않도록 순환적·반복적으로 이루어지게 한다. 이미 알려진 개념에 대한 확인이나 검증보다는 새로운 개념을 도입하는 데 중점을 두고, 개념 도입 단계 중 관련 자료를 모으는 단계에서는 가급적 질문을 적게 하고, 용어를 도입할 때에는 많은 질문이 오가도록 해야 한다.

순환 학습 모형은 일상생활에서 발생한 문제를 해결하기 위해 그 문제 속에 포함된 규칙을 찾아내 알고리즘으로 구현하고, 그것을 다른 유사한 문제에 적용하여 알고리즘을 검증하고 발전시킬 수 있다. 특히 알고리즘의 탐색·구현 과정에서 발생할 수 있는 다양한 오류의 원인을 찾고, 기존에 습득한 개념 이외에 보다 심화된 개념에 대한 도입의 필요성을 느끼도록 한다.

3 컴퓨팅 사고력 신장 모형

2015 개정 교육과정에서는 특정 프로그래밍 언어의 기능 습득에 치중하지 않도록 유의하고 문제 해결을 위한 프로그램 설계 및 개발 과정을 통해 컴퓨팅 사고력을 신장하는 데 초점을 맞추도록 교수·학습 방법을 제시하고 있다. 김진숙 외(2015)는 컴퓨팅 사고력을 신장시키기 위한 교수·학습 모형으로 [표 4-1]과 같이 시연 중심 모델, 재구성 중심 모델, 개발 중심 모델, 디자인 중심 모델 등을 제시하였다.

[표 4-1] 컴퓨팅 사고력 신장 모형의 유형

모델명	교수법	수업 절차
시연 중심(DMM)	직접 교수	Demonstration(시연) → Modeling(모방) → Making(제작)
재구성 중심(DMC)	발견 학습	Using(놀이) → Modify(수정) → reCreate(재구성)
개발 중심(DDD)	탐구 학습	Discovery(탐구) → Design(설계) → Development(개발)
디자인 중심(NDIS)	프로젝트 학습	Needs(요구 분석) → Design(디자인) → Implementation(구현) → Share(공유)

가 시연 중심 모델

직접 교수법을 기반으로 한 시연 중심 모델은 프로그래밍 언어의 문법과 실습 중심의 명령어를 지도할 때에 유용하다. 시연, 모방, 제작의 단계를 거치며 교수자가 학습 활동을 시연하고, 학습자들이 특정 기능을 모방하면서 질의하는 반복적이고 단계적인 연습이 필요한 활동 중심 모델이다. 시연 중심 모델은 교수자의 모방을 중심으로 한 모델이지만 질문과 대답을 중심으로 학습자들의 활동에 집중할 경우 학습자 중심 모델이 될 수 있다. 구체적인 수업 절차는 다음과 같다.

① 시연(Demonstration)

컴퓨팅 사고를 기반으로 한 교육 자료를 준비한다. 프로그래밍 언어의 기본적인 문법이나 용법을 설명할지라도 컴퓨팅 사고를 향상시키기 위한 관점에서 시연하고, 어려운 용어는 가급적 배제함으로써 그 의미를 자연스럽게 이해할 수 있도록 한다. 특히 복잡한 모듈을 시연할 때에는 모듈의 기능을 작게 분해하거나 알고리즘을 단계별로 분해하여 설명한다.

② 모방(Modeling)

교수자의 컴퓨팅 사고 과정을 학습자가 따라하는 과정이다. 교수자가 제시한 알고리즘 설계 과정이나 프로그래밍 과정을 따라하면서 컴퓨팅 사고를 이해하고, 질문과 대답을 통해 활동에 필요한 지식과 개념을 이해하도록 한다.

교수자는 발문을 통해 학습자들이 자연스럽게 컴퓨팅 사고를 할 수 있도록 노력하고, 모방을 통해 문제를 이해하고, 분해하고, 발견하고, 탐구하고, 추상화할 수 있도록 지도해야 한다.

③ 제작(Making)

교수자를 모방하면서 자신만의 모델을 만드는 과정으로 학습자의 주도적인 활동이 필요하다. 복잡한 모듈을 분해하고, 그것을 다시 조립하면서 패턴을 인식하고, 패턴에서 발견된 개념을 추상화한다. 교수자는 학습 촉진자로서 학습자들이 문제 해결을 위한 알고리즘과 자료 구조를 설계하면서 추상화 능력을 키울 수 있도록 하고, 그것을 직접 프로그래밍 하면서 자동화할 수 있는 능력이 향상될 수 있도록 지도해야 한다.

나 재구성 중심 모델

재구성 중심 모델은 발견 학습법에서 사용하는 다양한 예제를 중심으로 정보 과학의 핵심 개념과 원리를 발견하고, 제시된 예제의 수정과 재구성을 통해 컴퓨팅 사고를 길러주는 모델이다.

재구성 중심 모델은 학습 동기를 유발하기 위해 놀이를 이용하여 배우고자 하는 학습 모듈을 탐색하고, 사전에 준비된 학습 모듈을 조금씩 수정하면서 학습해야 할 개념과 원리, 기능을 습득한다. 구체적인 수업 절차는 다음과 같다.

① 놀이(Using)

알고리즘이나 프로그램 모듈, 완성된 소프트웨어 패키지, 피지컬 컴퓨팅 부품, 완제품을 포함한 다양한 예시 모듈을 보여 주면서 놀이 활동을 진행한다. 이때 놀이 활동은 학습자가 제시된 알고리즘이나 모듈을 직접 사용해 보고 경험하는 활동을 의미한다. 이러한 놀이 활동에서 일정한 패턴을 자연스럽게 인식함으로써 제시된 모듈 속에 포함된 알고리즘을 발견할 수 있게 된다.

② 수정(Modify)

교수자는 놀이 활동에 포함된 모듈을 의도적으로 변형하여 학습자들이 컴퓨팅 사고력을 기를 수 있도록 해야 한다. 학습자들은 수정 활동을 통해 소스 코드의 순서를 변경하거나 새로운 코드를 채우고, 오류를 제거하는 등 다양한 활동을 전개한다. 이를 통해 알고리즘과 프로그래밍의 문법을 보다 쉽게 이해할 수 있다.

③ 재구성(reCreate)

새로운 모듈을 창작하기보다는 놀이 활동과 수정 활동에서 사용된 모듈을 조금씩 발전시키도록 한다. 사전에 준비한 모듈을 바탕으로 다양한 알고리즘을 적용하고, 그에 따른 프로그래밍을 통해 자신의 지식과 기능을 확대시킬 수 있다.

다 개발 중심 모델

개발 중심 모델은 요구 분석, 설계, 구현, 시험, 운용 단계로 진행되는 소프트웨어 공학적 관점에서 프로그램을 개발하는 모델이다. 따라서 교수자가 제시한 모듈을 확장시키기보다는 학습자가 주도하면서 프로그램을 개발하도록 하되, 교수자는 탐구 및 설계 과정에서 학습 목표에 도달하도록 의도적으로 개발 범위를 제한할 수 있다. 구체적인 수업 절차는 다음과 같다.

① 탐구(Discovery)

교수자가 자료를 제시하되, 설명식 자료보다는 실제 프로그램을 분석하고, 피지컬 컴퓨팅 자료를 활용하여 보다 적극적인 탐구 활동이 전개되도록 한다. 복잡한 문제를 분해하여 문제를 보다 쉽게 해결할 수 있도록 하고, 개발하고자 하는 모듈에 대한 패턴을 스스로 탐구하여 추상화를 위한 핵심 내용을 파악하게 한다.

② 설계(Design)

학습 경험이 충분할 경우 기능 설계와 절차 설계 등의 소프트웨어 공학적인 접근 방법을 사용할 수 있으며, 구상도, 순서도, 의사코드 등을 활용하여 문제 해결 방법을 구체적으로 설계할 수 있다.

③ 개발(Development)

개발 과정은 학습자 중심으로 진행하되, 개발에 사용되는 프로그래밍 문법에 대한 설명은 교수자가 사전에 준비한다. 최종 산출물은 수업 시간을 고려하여 시뮬레이션이나 원형(prototype)으로 개발할 수 있다.

라 디자인 중심 모델

디자인 중심 모델은 디자인 사고에 따라 시뮬레이션이나 원형을 개발하는 모델이다. 디자인 사고는 소프트웨어 개발을 통해 인간의 삶을 개선하고, 인류의 안전과 요구에 부합하는 활동임을 인식함으로써 고도의 창의적 설계를 진행하는 것을 의미한다. 또한 개발물을 서로 공유하고 평가하면서 그 기능을 개선하는 선순환 구조를 가진다. 구체적인 수업 절차는 다음과 같다.

① 요구 분석(Needs)

소프트웨어의 가치를 인간에게 이롭게 발전시킬 수 있는 방향으로 인식하여 개발 과정보다는 요구 분석과 설계 과정에 더 큰 관심을 두고 진행한다.

② 설계(Design)

단순히 설계도를 그려가는 단계에서 벗어나 사고의 확장과 창의적인 아이디어 산출에 집중하고, 마인드맵이나 브레인스토밍, 도식화를 통해 자신의 생각을 구체화시킨다.

③ 구현(Implementation)

단순한 모듈 개발을 넘어 통합적인 시스템을 고려하고, 타 영역과의 융합을 통해 실생활에 유익한 산출물을 만드는 것을 의미한다. 구현은 프로젝트 학습을 통해 학습자가 주도적으로 주제를 선정하고, 요구를 분석하고, 창의적인 설계와 구현 전략을 수립한다. 교수자는 발문을 통해 학습자를 지원하는 조력자의 역할을 한다.

④ 공유(Share)

산출물의 소개를 넘어 제작 의도와 과정에 대한 전체 과정을 공유하게 한다. 자기 성찰을 통해 인간 중심의 요구 분석과 설계에 대한 근본적인 평가를 진행하며, 공유와 평가를 통해 논의된 결과를 모든 단계에 반영할 수 있도록 한다.

4 언플러그드 활동

초등학교 실과 교육과정에 명시된 컴퓨터 없이 문제를 해결하는 언플러그드 활동은 소프트웨어 교육의 원리를 학습할 수 있는 교수·학습 방법으로 뉴질랜드의 팀벨(Tim Bell) 교수와 두 명의 컴퓨터 과학 전문가, 세계의 많은 초등학교 교사들이 참여한 Unplugged Project를 통해 시작되었다.

팀벨 교수는 '놀이로 배우는 컴퓨터 과학'이라는 교재에서 학습자들이 컴퓨터의 동작 원리와 창의적인 아이디어를 게임이나 놀이, 구체적인 조작 활동을 통해 학습함으로써 소프트웨어 교육의 원리를 배울 수 있는 교육 방법으로 언플러그드 활동을 제시하였다. 언플러그드 활동은 소프트웨어 교육의 기본 원리를 컴퓨터를 이용하지 않고 이해시키고, 느끼게 하고, 새로운 방법을 찾아내도록 하는 활동을 통해서 컴퓨터 과학자들이 경험한 것을 학습자들이 직접 경험할 수 있도록 하는 데 큰 의미가 있다.

가 특징

언플러그드 활동은 컴퓨팅 교육을 통해 컴퓨터를 전혀 사용하지 않고도 데이터의 표현, 정렬, 검색, 라우팅, 교착 상태 등 알고리즘과 컴퓨터의 동작 원리를 이해하도록 구체적인 조작 활동 형태의 놀이 학습 자료를 활용한다. 학습자들은 구체적 경험 및 실생활과 관련된 놀이 형태의 학습을 통해 소프트웨어 교육을 보다 쉽고 재미있게 학습할 수 있으므로 초·중등학교 소프트웨어 교육에 매우 효과적으로 적용할 수 있다. 언플러그드 활동은 유치원생을 위한 교육에서 시작하였지만 컴퓨터를 활용하고 이해하는 모든 사람들을 위한 활동으로 발전하였다.

Code.org나 Google for Education 사이트에서는 유치원생뿐만 아니라, 초·중등학교 학습자들을 위해 다양한 언플러그드 활동을 제시하고 있다.

컴퓨터를 활용한 프로그래밍 교육은 소프트웨어 교육의 원리를 깊게 이해할 수 있으나 준비 기간이 많이 필요하다. 물론, 최근에 많이 사용하고 있는 스크래치나 LOGO, Dolittle, KODU와 같은 그래픽 기반의 프로그래밍 언어들은 명령어 사용법이 쉽고 프로그래밍 구조를 익히는 데 필요한 학습 시간을 줄일 수 있지만 여전히 언플러그드 활동에 비해 많은 시간과 노력이 필요하다.

언플러그드 활동은 개인의 경쟁보다는 협업을 중시하며, 짧은 시간에 문제를 파악하고 해결할 수 있다. 노작, 활동, 게임, 놀이, 그리기 등의 전통적인 수업 방식을 사용함으로써 학습자들의 신체를 많이 사용하게 한다. 따라서 언플러그드 활동은 시스템이 복잡하여 추상적으로 설명할 수밖에 없는 컴퓨터의 동작 원리를 이해시키고, 기본적인 알고리즘 교육을 하는 데 많은 도움이 된다.

나 교육 절차

언플러그드 활동의 교육 절차는 문제 제시하기, 활동 안내하기, 해결 방법 찾기, 해결 방법 나누기, 일반화하기의 5단계로 구분할 수 있다.

① 문제 제시하기

언플러그드 활동으로 해결하고자 하는 문제 상황을 제시하는 단계이다. 학습자가 직접 경험할 수 있는 실생활과 관련된 문제를 제기함으로써 학습자의 관심과 동기를 유발한다.

② 활동 안내하기

학습자에게 언플러그드 활동을 구체적으로 안내하는 단계이다. 교수자가 계획한 언플러그드 활동을 명확하게 안내하고, 인지 능력이 부족한 학습자에게는 별도로 설명하여 모든 학습자가 활동 내용을 명확히 인지하고 참여할 수 있도록 한다.

③ 해결 방법 찾기

학습자가 탐색 활동을 통해 문제를 인지하고, 구체적인 언플러그드 활동을 통해 문제 해결 방법을 찾는 단계이다. 해결 방법은 학습자 혼자가 아닌 다양한 의견을 수렴하여 찾을 수 있도록 모둠별 활동을 강화한다.

④ 해결 방법 나누기

모둠에서 찾은 해결 방법을 발표하고, 다른 모둠과 서로 의견을 나누며 문제를 해결하는 단계이다. 학습자들이 문제 해결을 하지 못할 때에는 학습자들의 사고를 자극할 수 있는 자료를 제공하여 스스로 문제를 해결하도록 유도한다.

⑤ 일반화하기

문제 해결의 결과를 유사한 문제에 적용하는 단계이다. 해결 방법을 통해 실제 문제에 적용하여 해결 방법에 대해 평가하고, 해결 방법을 유사한 문제에도 적용함으로써 일반화를 유도하고, 중요 개념을 정확하게 인지할 수 있도록 한다.

다 적용 방안

언플러그드 활동을 소프트웨어 교육에 적용할 때에는 다음과 같이 활동 주제, 교육 내용, 교육 방법, 수업 시간, 교육 자료 측면 등을 고려해야 한다.

- **활동 주제 측면**: 학습 효과를 고려하여 소프트웨어 교육과 언플러그드 활동 주제를 연결해야 한다. 흥미 중심의 놀이로만 끝나는 언플러그드 활동이 아니라, 놀이를 통해 컴퓨팅 사고력을 키울 수 있어야 한다. 컴퓨터를 사용하지 않더라도 놀이 또는 게임, 구체적 조작물의 활동을 기반으로 할 때 효과가 있는 주제를 선정하되, 알고리즘적인 문제 해결과 연산 과정을 통해 학습자들의 컴퓨팅 사고력을 신장시킬 수 있어야 한다.
- **교육 내용 측면**: 학습자를 고려한 추상화 수준을 설정해야 하며, 다양한 수준의 교육 내용을 준비해야 한다. 학습자의 발달 단계, 추상화와 구체화 능력, 소프트웨어 교육에 대한 사전 지식 등에 따라 학습자들이 느끼는 난이도는 서로 다르므로 그에 맞는 내용을 제시해야 한다. 또한 학습자들이 개발한 알고리즘이나 해결 방법을 개선하여 범용적인 해결책으로 일반화할 수 있도록 해야 한다.
- **교육 방법 측면**: 소프트웨어 교육의 목적이 컴퓨터 활용 능력만을 키우는 것이 아니기 때문에 언플러그드 활동이 더 효과적이라고 생각된다면 컴퓨터를 활용하지 않을 수 있다. 특히 어린 학습자들의 발달 단계를 고려할 때 모니터 앞에서 하는 수업보다 놀이나 게임 중심의 수업이 더 재미있고 효과적일 수 있다.
- **수업 시간 측면**: 학습자들의 사고를 촉진할 수 있는 최소한의 시간을 확보해야 한다. 언플러그드 활동을 통해 새로운 해결 방법들을 구안하는 데에는 많은 수업 시간이 필요하다. 언플러그드 활동은 학습 내용을 전달하는 것보다 새로운 해결책을 찾는 경험이 중요하므로 깊이 있는 사고를 할 수 있도록 수업 시간이 충분히 확보되어야 한다. 또한 편견에 빠지지 않도록 모둠 활동과 구성원 간의 토론 및 학급 발표가 필수적이다.
- **교육 자료 측면** : 학습자들이 쉽게 접할 수 있는 자료를 준비하고, 동일한 활동일지라도 학습자들의 규모에 따라 자료의 크기를 달리해야 한다. 협력적인 활동 자료는 대형 자료로 제작하여 그것을 지켜보는 학습자들도 동료들의 활동을 관찰하고 자신의 활동과 비교해 봄으로써 해결 방법을 수정할 수 있는 기회를 제공해야 한다.

3 교수·학습 방향

2015 개정 교육과정에서 소프트웨어 교육을 위한 교수·학습 방향은 초등학교의 실과 교육과정과 중·고등학교의 정보과 교육과정에 제시되어 있다. 또한 각 교과의 내용 영역별로 교수·학습 방법 및 유의 사항이 구체적으로 제시되어 있다.

1 초등학교

초등학교 실과 교육과정에 제시된 소프트웨어 교육은 '기술 시스템' 영역에 포함되어 있고, 다음과 같이 교수·학습 방법과 유의 사항을 제시하고 있다.

첫째, 절차적 사고를 적용할 수 있는 일상생활 속의 사례들을 찾아보고, 놀이 중심의 신체 활동, 퍼즐 등의 다양한 활동을 통해 절차적인 문제 해결 과정을 이해하도록 제시하고 있다. 또한 실생활 속에서 일어나는 문제 상황을 중심으로 학생들이 컴퓨팅 사고를 활용할 수 있도록 지도하고 있는데 컴퓨팅적인 사고는 소프트웨어 교육에 국한되는 것이 아니므로 국어, 사회, 수학, 과학 등 다양한 교과에서도 반영하여 지도하도록 제시하고 있다.

둘째, 컴퓨터를 활용한 활동 이외에도 컴퓨터 없이 문제를 해결할 수 있는 방법과 절차를 이해할 수 있게 지도하도록 하고 있는데 여기서 컴퓨터 없이 문제를 해결할 수 있는 방법은 언플러그드(unplugged) 활동을 의미한다.

이러한 언플러그드 활동 시에는 놀이와 학습이 동시에 이루어질 수 있도록 시간과 내용을 적절히 구성하여 지도하도록 제시하고 있다.

2 중학교

　중학교 정보과의 교수·학습 방향은 컴퓨팅 사고력을 기반으로 문제를 해결할 수 있는 역량을 기를 수 있도록 교수·학습 방법을 설계하도록 명시하고 있다.

　즉, 특정 정보 기술이나 컴퓨팅 도구의 사용법 습득에 치중하지 않도록 유의하고, 문제 해결을 위한 정보 기술의 활용, 프로그램 설계 및 개발 프로젝트 수행을 통해 컴퓨팅 사고력을 신장하는 데 중점을 두고 있다. 아울러, 프로그래밍, 피지컬 컴퓨팅 시스템 구현과 같은 문제 해결을 위한 협력적 프로젝트 수행을 통해 의사소통 능력, 창의·융합적 사고 능력, 정보 처리 능력을 함양할 수 있도록 제시하고 있다.

　이를 위해 개념에 대한 정확한 이해를 바탕으로 이를 응용할 수 있도록 학습을 유도하고, 내용 요소별 핵심 개념 및 원리를 안내하여 학습자가 새로운 문제 상황에서 핵심 개념과 원리를 적용하여 해결해 볼 수 있는 충분한 기회를 제공하도록 제시하고 있다. 특히 교과 내에서의 영역 간 연계성, 초등학교 실과에서 이수한 소프트웨어 관련 내용, 타 교과와의 연계성까지 고려한 학습 경험을 할 수 있도록 조직하여 융합적 사고력을 기르도록 제시하고 있다.

　또한 학습자의 수준과 진로 방향을 고려한 탐구 활동이나 프로젝트를 제시하여 학습자의 꿈과 재능이 발휘될 수 있도록 하고, 학습자의 흥미와 동기를 유발할 수 있는 적절한 수준의 문제를 활용하되, 학습 전개 상황에 따라 계열화하여 제시하도록 하고 있다. 이를 위해 학습자 간 개인차를 고려하여 동료 간 코칭이나 팀 티칭 등의 방법을 적극 활용하고, 학습자의 수준과 실습실 환경에 적합한 교육용 프로그래밍 언어와 피지컬 컴퓨팅 장치를 선택하도록 제시하고 있다.

　중학교 정보과 교육과정에 제시된 내용 영역별 교수·학습 방법과 유의 사항을 살펴보면 다음과 같다.

가 정보 문화

　첫째, 직업 관련 정보 제공 사이트를 활용하여 정보 사회의 특성에 따른 진로와 직업을 조사하고, 미래 사회 및 직업의 발전 방향을 분석한다. 분석 결과와 관련지어 자신의 적성에 적합한 직업을 선택하고, 자신이 선택한 직업의 가치와 중요성을 설명하도록 한다.

　둘째, 일상생활과 다양한 학문 및 직업 분야에서 활용되는 소프트웨어의 종류와 역할을 조사하고 분석하여 개인의 삶과 사회 변화에 미치는 소프트웨어의 역할과 중요성에 대해 토론하도록 한다.

　셋째, 개인 정보 유출로 인한 피해 사례를 조사하고, 각 사례별 문제점에 따른 개인 정보 보호 실천 방안을 수립하도록 한다.

넷째, 인터넷상에서 '저작물 이용 허락 표시(CCL; Creative Commons License)'를 표기한 저작물을 찾아 해당 저작물의 이용 범위에 적합한 사용법을 설명하도록 한다. 또한 자신의 저작물에 '저작물 이용 허락 표시'를 사용하여 이용 허가 범위를 표시한 뒤 저작물을 공유하도록 한다.

다섯째, 컴퓨팅 기기와 인터넷을 활용하여 사이버 폭력의 사례를 조사하고, 각 사례별 예방 계획을 구체적으로 수립하도록 한다.

여섯째, 게임 중독, 인터넷 중독, 스마트폰 중독 등의 여부를 자가 진단하여 자신의 상태를 파악하고, 진단 결과별 예방 계획을 구체적으로 수립하도록 한다.

나 자료와 정보

첫째, 실생활에서 표현되는 디지털 정보의 사례를 찾아 아날로그 정보와의 차이를 분석하게 하고, 간단한 활동을 통해 문자나 그림을 디지털 변환 원리에 따라 표현해 보도록 한다.

둘째, 실생활의 정보를 표, 다이어그램 등 다양한 시각적 형태로 구조화하여 표현하도록 하고, 산출물을 서로 비교하여 정보 활용 목적에 효과적인 형태인지를 토론하도록 한다.

셋째, 문제 해결을 위한 정보의 수집과 관리 계획 수립, 인터넷 검색을 활용한 자료의 수집, 응용 소프트웨어를 활용한 자료의 분류, 관리, 공유를 수행하도록 하고, 이러한 과정을 보고서로 작성하도록 한다.

다 추상화와 알고리즘

첫째, 학습자의 흥미와 동기 및 수준을 고려하여 알고리즘과 관련된 놀이 활동, 퍼즐 등을 활용하도록 한다.

둘째, 실생활에서 경험할 수 있는 친숙한 문제 상황을 제시하여 문제를 분석하게 하고, 문제 해결을 위해 필요한 요소와 불필요한 요소를 분류하도록 한다.

셋째, 모둠별 활동을 통한 문제 해결을 위해 필요한 요소와 불필요한 요소의 분류 기준과 이유를 토론하고 비교하도록 한다.

넷째, 실생활에서 경험할 수 있는 친숙한 문제 상황을 제시한 후 문제 해결 과정을 절차적으로 분석하여 글이나 그림으로 표현하도록 한다.

다섯째, 추상화, 알고리즘 표현, 프로그래밍 과정이 연계될 수 있도록 자신이 해결하고 싶은 실생활의 문제를 선택하게 하고, 문제 해결을 위한 수행 과정을 포트폴리오 형태로 누적하도록 한다.

여섯째, 다양한 문제 해결 절차를 탐색하여 비교·분석하는 데 중점을 두며, 특정 알고리즘 표현 방법에 치중하기보다 학습자의 이해 수준에 맞는 글이나 그림 등을 이용하여 표현하고 산출물을 공유할 수 있도록 한다.

라 프로그래밍

첫째, 학습자 수준에 적절한 교육용 프로그래밍 언어를 선택한다.

둘째, 특정 프로그래밍 언어의 기능 습득에 치중하지 않도록 유의하고, 문제 해결을 위한 프로그램 설계 및 개발 과정을 통해 컴퓨팅 사고력을 신장하는 데 초점을 둔다.

셋째, 학습 초기 단계에서는 이미 작성된 프로그램의 코드를 동일하게 만들어 보거나 부분적으로 수정하는 활동을 통해 프로그래밍의 기본 개념과 원리를 습득하도록 한다.

넷째, 프로그래밍을 통한 실생활 문제 해결 프로젝트를 협력적으로 수행할 수 있도록 지도하고, 협력 과정에서 구성원의 적극적 참여를 유도하기 위해 프로젝트 계획 단계에서 구성원의 임무와 역할을 명확히 분담하도록 안내한다.

다섯째, 실생활 문제와 관련된 프로젝트 수행 시 가급적 컴퓨팅 시스템 영역과 연계하여 지도할 수 있는 주제를 선정한다.

여섯째, 프로그램 개발 과정을 공유·비교·분석하는 활동을 통해 프로그램을 지속적으로 수정·보완하여 효율적인 프로그램을 완성할 수 있도록 지도한다.

마 컴퓨팅 시스템

첫째, 실생활에서 컴퓨팅 시스템을 활용한 사례를 찾고, 각 시스템을 구성하는 하드웨어와 소프트웨어의 유기적인 관계와 역할을 탐구하여 발표하도록 한다.

둘째, 센서 기반 프로그램 구현 시 학습자의 수준과 학습 환경을 고려하여 센서의 종류와 개수를 결정하고, 피지컬 컴퓨팅에 대한 흥미와 동기를 부여할 수 있는 주제를 선정하여 적용한다. 이때 학습자의 수준에 따라 이미 구현된 센서보드를 활용할 수도 있다.

셋째, 피지컬 컴퓨팅 장치의 구성보다는 제어를 위한 동작 설계와 프로그램 작성 과정에 중점을 두고 지도하며, 가급적 '문제 해결과 프로그래밍' 영역에서 선택한 프로그래밍 언어를 사용하도록 한다.

넷째, 피지컬 컴퓨팅 장치의 동작 설계에서부터 제어 프로그램 개발까지의 과정을 공유하고, 비교·분석하는 활동을 통해 효율적인 프로그램을 개발할 수 있도록 지도한다.

3 고등학교

고등학교 정보과의 교수·학습 방향은 중학교 정보과 교육과정에 제시된 교수·학습 방향과 동일하게 제시되어 있으며, 내용 영역별 교수·학습 방법과 유의 사항을 살펴보면 다음과 같다.

가 정보 문화

첫째, 개인의 삶과 사회에서 정보 과학의 지식과 기술이 활용되는 구체적인 사례를 조사하도록 한다.

둘째, 조사 결과를 토대로 정보 과학이 다른 학문 영역과 융합되어 새로운 가치를 만들어 내는 과정을 분석하고 토론하도록 한다.

셋째, 정보 과학 전공 분야의 직업 특성과 다양한 전공 분야에 활용되는 정보 과학의 영역에 대해 조사하고, 미래 사회 변화에 적합한 진로 선택을 위해 준비해야 할 사항에 대해 토론하도록 한다.

넷째, 정보 보호 제도 및 방법에 대해 조사하고, 보호해야 할 정보와 공유해야 할 정보를 구분하도록 한다. 또한 개인 정보 보호 방법에 따라 인터넷상에 정보를 공유하는 방법을 실습하도록 한다.

다섯째, 정보 보안을 실천하기 위해 자신이 사용하는 다양한 컴퓨팅 기기의 암호 설정, 운영 체제 보안 설정, 바이러스 예방 등 다양한 정보 보안 방법을 실습하도록 한다.

여섯째, 소프트웨어 저작권 보호 제도에 따른 소프트웨어 저작물 보호 방법을 조사하고, 상용 소프트웨어, 공개 소프트웨어, 오픈 소스 소프트웨어의 저작권을 준수하여 실천한 사례를 발표하도록 한다. 또한 소프트웨어 저작권 보호의 필요성에 대해 토론하도록 한다.

일곱째, 정보 사회 구성원으로서 지켜야 할 사이버 윤리 관련 법과 제도를 조사하고, 사이버 윤리 실천 사례를 발표하도록 한다.

나 자료와 정보

첫째, 특정 문자열이나 이미지를 표현하기 위한 다양한 디지털 변환 방법을 간단한 활동을 통해 수행하도록 한다.

각 방법에 따른 디지털 변환 결과의 효율성을 비교·분석하도록 한다.

둘째, 빅데이터를 분석하고 활용하는 구체적인 사례를 조사하여 개인의 삶과 사회에 영향을 주는 컴퓨팅 기술의 역할과 중요성에 대해 동료들과 토론하도록 한다.

셋째, 문제 해결에 필요한 자료를 수집하고 분석하기 위해 인터넷 검색을 활용하고, 스프레드시트와 같은 응용 소프트웨어를 활용하는 과정을 클라우드 서비스를 이용해 협업하여 수행하도록 한다.

넷째, 수집한 자료 관리에 적합한 데이터베이스의 구조와 자료의 저장, 수정, 추출 과정을 설계하고, 데이터베이스를 활용하도록 하며, 이러한 과정을 보고서로 작성하도록 한다.

다섯째, 자료와 정보를 분석하고 관리하는 방법을 통해 실생활의 자료들을 유의미한 정보로 가공하여 활용할 수 있도록 하고, 컴퓨팅 도구가 여러 분야에서 활용될 수 있다는 것을 인식할 수 있도록 한다.

여섯째, 응용 소프트웨어를 사용하는 경우에는 공개 소프트웨어나 클라우드 서비스를 교수·학습에 활용하여 가정에서도 쉽게 실습해 볼 수 있도록 하며, 소프트웨어의 기능보다는 자료 분석과 관리의 과정에 집중할 수 있도록 지도한다.

다 추상화와 알고리즘

첫째, 해결 가능한 문제 상황을 제시하고, 추상화 과정을 통해 핵심 요소 추출, 문제 분해, 모델링 등의 기법을 적용하여 문제를 분석하고 해결하도록 한다.

둘째, 동일한 문제를 해결하는 다양한 알고리즘을 제시하여 구조를 분석하게 하고, 순차 구조를 활용한 알고리즘과 선택 및 반복 구조를 활용한 알고리즘의 차이에 대해 토론하도록 한다.

셋째, 제어 구조 활용이 요구되는 다양한 문제 상황을 제시하고, 문제 해결을 위한 알고리즘을 설계하도록 한다.

넷째, 동일한 문제를 해결하는 다양한 알고리즘을 제시하고, 각 알고리즘의 성능을 수행 시간의 관점에서 분석하여 가장 효율적인 알고리즘을 선택하도록 한다.

다섯째, 추상화, 알고리즘 설계 및 분석, 프로그래밍 과정이 연계될 수 있도록 자신이 해결하고 싶은 다양한 학문 분야의 문제를 선택하게 하고, 문제 해결을 위한 수행 과정을 포트폴리오 형태로 누적하도록 한다.

라 프로그래밍

첫째, 텍스트 기반 프로그래밍 언어의 문법에 대한 학습을 최소화하고, 문제 해결을 위한 프로그램 설계 및 개발 과정을 통해 컴퓨팅 사고력을 신장하는 데 중점을 둔다.

둘째, 학습 초기 단계에서는 이미 작성된 프로그램의 코드를 동일하게 만들어 보거나 부분적으로 수정하는 활동을 통해 프로그래밍의 기본 개념과 원리를 습득하도록 한다.

셋째, 프로그램 개발 과정을 공유·비교·분석하는 활동을 통해 프로그램을 지속적으로 수정·보완하여 효율적인 프로그램을 완성할 수 있도록 지도한다.

넷째, 실생활 및 다양한 학문 분야에서 해결해야 하는 문제를 컴퓨팅 사고력을 기반으로 해결해 보는 프로그래밍이 필요한 문제 상황을 제시하여 융합 탐구 활동이 이루어지도록 지도한다.

다섯째, 프로그래밍을 통한 융합 문제 해결 프로젝트를 협력적으로 수행할 수 있도록 지도하고, 수행 과정에서 구성원의 적극적 참여를 유도하기 위해 프로젝트 계획 단계에서 구성원의 임무와 역할을 명확히 분담하도록 안내한다.

여섯째, 실생활 문제와 관련된 프로젝트 수행 시 가급적 컴퓨팅 시스템 영역과 연계하여 지도할 수 있는 주제를 선정한다.

일곱째, 프로그래밍 활동에서의 학습자 간 개인차를 고려하여 동료 간 코칭이나 팀 티칭 등의 방법을 적극 활용한다.

여덟째, 공개용 소프트웨어나 오픈 소스 통합 개발 환경을 선택함으로써 교수·학습 활동에 학습자의 접근성을 높일 수 있도록 한다.

마 컴퓨팅 시스템

첫째, 자신이 사용하는 개인용 컴퓨터, 스마트폰 등의 운영 체제를 활용하여 각 시스템의 중앙 처리 장치, 메모리 등 주요 자원의 성능을 파악하고, 모니터링하는 프로그램을 이용하여 자원을 관리하는 보고서를 작성하도록 한다.

둘째, 자신이 사용하는 개인용 컴퓨터, 스마트폰 등의 유무선 컴퓨팅 시스템의 네트워크 환경을 설정하여 사용하도록 하고, 시스템별 네트워크 환경 설정 방법, 네트워크 공유, 유의 사항 등을 보고서로 작성하도록 한다.

셋째, 문제 해결 목적에 적합한 마이크로 컨트롤러와 다양한 입출력 장치를 선택하여 피지컬 컴퓨팅 시스템의 하드웨어 구성과 동작 순서를 설계하도록 하고, 설계에 따른 제어 프로그램을 구현하도록 한다.

넷째, 프로그램 실행 시 장치가 원하는 대로 동작하지 않을 경우 각 장치의 연결 상태, 프로그램 코드 등을 분석하여 문제점을 찾아 해결하도록 한다. 문제점이 쉽게 해결되지 않을 경우 협력과 토론 과정을 통해 테스트와 디버깅 과정을 수행하도록 한다.

다섯째, 팀 프로젝트를 통해 협력적으로 피지컬 컴퓨팅 시스템을 구현하도록 지도하고, 협력 과정에서 구성원의 적극적 참여를 유도하기 위해 프로젝트 계획 단계에서 구성원의 임무와 역할을 명확히 분담하도록 안내한다.

여섯째, 학습자 수준과 실습실 환경 등을 고려한 피지컬 컴퓨팅 도구와 프로그래밍 언어를 선정하되, 가급적 '문제 해결과 프로그래밍' 영역에서 활용한 프로그래밍 언어를 기반으로 동작하는 피지컬 컴퓨팅 도구를 선택하도록 한다.

평가 문항

1) Merrill의 교수 기본 원리를 바탕으로 개발된 Pebble 모형은 조약돌을 연못에 던져 물결이 이는 모양을 도식화한 것으로 학습자들이 문제를 해결하는 과정을 문제 명시, 문제 분해, 요소 분석, 전략 수립, 교수 설계, 매체 개발의 6단계로 구분하였다. 각 단계에 대해 설명하시오.

2) 교수·학습 모형에는 대표적으로 창의적 문제 해결 학습 모형, 순환 학습 모형, 컴퓨팅 사고력 신장 모형, 언플러그드 활동이 있다. 각각의 특징을 서술하시오.

3) 언플러그드 활동은 컴퓨터 없이 소프트웨어 교육의 원리를 학습할 수 있는 교수·학습 방법이다. 언플러그드 활동을 적용할 때 고려할 점을 활동 주제 측면, 교육 내용 측면, 교육 방법 측면, 수업 시간 측면, 교육 자료 측면에서 서술하시오.

참고 자료

- 교육부(2015). 실과(기술 · 가정)/정보과 교육과정, 교육부 고시 제2015-74호[별책 10].

- 김소희, 정영식(2018). 스토리 기반의 PUMA 교수법을 활용한 피지컬 프로그래밍 교육 방법. 정보교육학회 학술논문집 9(2), 117-122.

- 김연순, 정현미(2013). Merrill의 수업 기본 원리를 적용한 면대면 수업의 설계 및 효과, 교육공학연구 29(3). 599-636. 한국교육공학회.

- 김진동, 양권우(2010). 실생활 속 사례를 통한 알고리즘 학습이 논리적 사고력에 미치는 영향. 한국정보교육 학회 논문지 14(4), 555-560.

- 박의재, 정양수(2003). 새로운 영어 교수법. 한신문화사.

- 배지혜(2012). 대학 IT교육에서의 4C/ID 모델 기반 학습 환경 설계. 한국컴퓨터교육학회 학술발표대회논문집 16(1), 169-172.

- 백영균(2010). 가상 현실 공간에서의 교수 · 학습. 서울: 학지사.

- 서인숙, 김종한, 김태영(2010). 언플러그드 협동 학습 수업 설계 연구. 2010년 한국컴퓨터교육학회 하계 학술 발표논문지 14(2).

- 성영훈, 박남제, 정영식(2017). 정보과 교육과정 표준 모델을 위한 알고리즘 및 프로그래밍 영역 프레임워크 개발. 정보교육학회 논문지 21(1), 77-87.

- 신수범, 김철, 박남제, 김갑수, 성영훈, 정영식(2016). 정보과 교육과정에서 융합형 컴퓨팅 사고력 구성 전략. 정보교육학회 논문지, 20(6), 607-616.

- 오은진, 정영식(2018). 전래 동화를 활용한 T-PUMA 교수법 사례 연구. 정보교육학회 학술논문집 9(2), 163-168.

- 임서은, 정영식(2017). 컴퓨팅 사고력 향상을 위한 알고리즘 기반의 교수 · 학습 방법 개발. 정보교육학회 논문지 21(6), 629-638.

- 임철일(2003). 교수 설계 이론: 학습 과제 유형별 교수 전략. 교육과학사.

- 임철일, 윤순경, 박경선, 홍미영(2009). 온라인 지원 시스템 기반의 '창의적 문제 해결 모형'을 활용하는 통합형 대학 수업 모형의 개발. 교육공학연구 25(1), 171-203. 한국교육공학회. 63-68.

- 정영식(2017). 4차 산업 혁명 시대의 SW 교육 방안, NIA 지능화 연구 시리즈 2017. 한국정보화진흥원.

- 조길호(1987). TEFL에서의 Communicative Approach 적용 방안. 논문집 5, 295-312. 혜전대학.

- 조미헌, 이용학(1994). 인지적 도제 방법을 반영한 교수 설계의 기본 방향. 교육공학연구 9(1), 147-161. 한국교육공학회.

- 한선관(2010). 언플러그드 컴퓨팅과 EPL을 이용한 초등 정보 영재교육 프로그램의 개발. 한국정보교육학회 논문지 15(1), 31-38. 한국정보교육학회.
- 황윤한(2003). 보다 좋은 수업을 위한 교수·학습의 패러다임저 전환. 서울: 교육과학사.

- Abdulkadir TUNA, Ahmet KAÇAR(2013). The Effect of 5E Learning Cycle Model in Teaching Trigonometry on Students' Academic Achievement and The Permanence of Their Knowledge. International Journal on New Trends in Education and Their Implications 4(1).
- Collins, A., Brown, J. S., & Newman, S. F.(1989). Cognitive Apprenticeship: Teaching the Crafts of Reading, Writing, and Arithmetic. In L. B. Resnick(Ed.), Kowing, Learning, and Instruction: Essays in the Honor of Robert Glaser, Hillsdale. NJ: LEA.
- Jeroen J. G. van Merriënboer, Richard E. Clark, Marcel B. M. de Croock(2002). Blueprints for Complex Learning: The 4C/ID-Model. ETR&D, 50(2). The AECT Annual Conference.
- King, Alison(1993). From Sage on the Stage to Guide on the Side. College Teaching 41(1), 30-35, Win 1993.
- Lawson, A. E. et all(1989). A Theory of Instruction: Using the Learning Cycle to Teach Science Concepts and Thinking Skills. NARST Monograph, 1. National Association for Research in Science Teaching.
- Paul Kirschner, Jeroen J. G. van Merriënboer(2014). Ten Steps to Complex Learning: A New Approach to Instruction and Instructional Design. Building Leanring Environments. 245-253. DSpace at Open Universiteit.
- Rodger W. Bybee et al(2006). The BSCS 5E Instructional Model: Origins and Effectiveness, A Report Prepared for the Office of Science Education National Institutes of Health. BSCS.
- Rosenberg, Tina(2013). 'Turning Education Upside Down'. New York Times. Retrieved 2013-10-11.
- Thomas H. Cormen, Charles E. Leiserson, Ronald L. Rivest & Clifford Stein(2009). Introduction to Algorithms, 3rd Edition. Massachusetts Institute of Technology.
- Gary Davis(1998). Creativity is Forever. Kendall Hunt. http://members.optusnet.com.au/~charles57/Creative/Brain/cps.htm

- M. David Merrill(2002). A Pebble-in-the-Pond Model for Instructional Design. Performance Improvement 41(7), 39-44. www.ispi.org
- M. David Merrill(2006). Levels of Instructional Strategy. Educational Technology 46(4), 5-10. http://mdavidmerrill.com/Papers/Levels_of_Strategy.pdf
- Merriënboer, J. J. G. van, & Kirschner, P. A.(2013). Ten steps to complex learning: a systematic approach to four-component instructional design. London: Routledge. www.itunes.apple.com
- OmniSkills(2014). Creative Problem Solving(CPS): The 5-Minute Guide. creativeproblemsolving.com
- The Co-Creativity Institute(1998). Creative Problem Solving. http://www.ctp.bilkent.edu.tr/~cte206/cps.pdf

제5장

소프트웨어 교재 및 교구

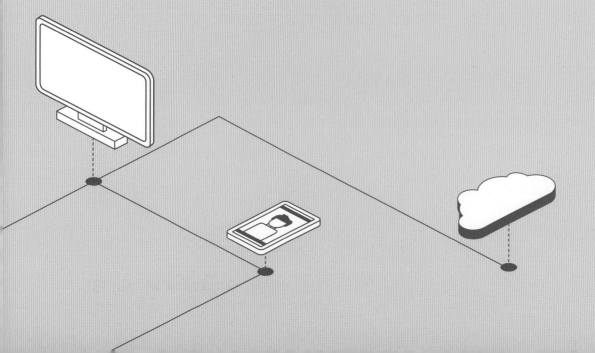

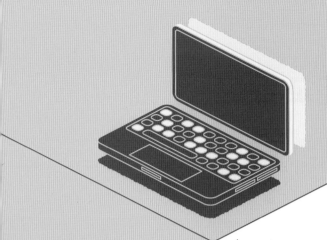

　본 장에서는 소프트웨어 교육에 사용되는 교재와 교구를 살펴보고, 소프트웨어 교육 시 교재와 교구를 선정할 때의 기준을 제시하였다. 구체적인 내용은 다음과 같다.

　첫째, 소프트웨어 교재에서는 교재의 특징과 유형을 살펴보고, 필요한 교재를 직접 설계하고 개발하기 위한 절차를 제시하였다. 특히 교재의 설계 방향과 개발 원칙을 설명하고, 그에 따른 구체적인 개발 절차와 개발 도구를 소개하였다.

　둘째, 소프트웨어 교구에서는 프로그래밍 도구와 피지컬 컴퓨팅 도구를 제시하였다. 특히 프로그래밍 도구로는 텍스트 기반 프로그래밍 도구와 블록 기반 프로그래밍 도구를 소개하였고, 피지컬 컴퓨팅 도구로는 완성형, 조립형, 보드형으로 구분하여 핵심적인 기능을 소개하였다.

　셋째, 소프트웨어 교재 및 교구의 선정에서는 교재 및 교구의 구체적인 선정 기준을 제시하였다.

소프트웨어 교재

교재(敎材)는 가르치고자 하는 내용을 효과적으로 전달하기 위한 수단으로서 교수·학습 활동이 가능한 직접적인 매개물을 의미하며, 그 자체에 교육적인 가치를 포함하고 있다. 반면, 교구(校具)는 간접적인 매개물로 교재와 연결됨으로써 교육적 가치를 갖는다. 본 절에서는 소프트웨어 교재의 특징과 유형을 살펴보고, 개발 방법을 제시하였다.

1 소프트웨어 교재의 특징

소프트웨어 교육에서 교재와 교구는 구분하기가 쉽지 않다. 만일 소프트웨어 교육 중 컴퓨터의 원리를 가르치기 위해서 컴퓨터를 분해하고 조립하였다면 이때 사용된 컴퓨터는 교육의 대상인 동시에 교육 수단으로 활용되어 교재와 교구로서의 역할을 동시에 수행하게 된다. 따라서 소프트웨어 교재는 폭넓게 해석하여 소프트웨어의 교육 목적을 효과적으로 달성할 수 있도록 교수·학습 활동에 직·간접적으로 도움을 주는 수단을 가리키며, 교과서, 도서류, 모형, 괘도, 사진, 비디오, 텔레비전, 컴퓨터, CD-ROM, DVD, 소프트웨어, 멀티미디어 자료, 인터넷 사이트 등을 모두 포함한다.

소프트웨어 교재는 학습 내용을 명확하게 전달할 뿐만 아니라, 교수·학습 과정에서 교사와 학생, 학생과 학생 간에 발생하는 다양한 상호작용과 학생들의 다양한 사고 활동을 촉진한다.

소프트웨어 교재의 특징은 다음과 같다.

첫째, 학생들의 흥미와 호기심을 자극할 수 있다. 소프트웨어 교육에서는 기본적으로 학생들의 관심이 높은 컴퓨터나 로봇과 같은 하드웨어 이외에도 인터넷, 멀티미디어, 응용 프로그램과 같은 소프트웨어를 교육 대상으로 삼거나 교재로 활용하는 경우가 많다.

따라서 이러한 교재는 학생들의 학습 동기를 유발할 뿐만 아니라, 교수·학습 과정 동안에 학생들의 학습 흥미를 지속시킨다.

둘째, 교수·학습 과정에서 발생되는 각종 상호작용에 대한 피드백을 체계적으로 제공할 수 있다. 소프트웨어 교육은 학습 관리를 도와주는 특정 플랫폼에서 교수·학습 활동이 가능하다. 이러한 플랫폼은 교사와 학생, 학생과 학생, 학생과 교재 간에 발생하는 여러 가지 상호작용을 기록하고, 관련 통계를 체계적으로 분석해 줌으로써 교사와 학생에게 유용한 피드백을 제공할 수 있다. 즉, 교사는 학생들과의 다양한 상호작용과 피드백을 통해 그들의 수준을 파악하고, 그에 맞는 교수·학습 활동과 처치를 적시에 제공할 수 있다.

셋째, 디지털 매체를 통해 언제 어디서든지 접근할 수 있다. 소프트웨어 교재는 클라우드 서비스를 이용하여 언제 어디서나 교수·학습 활동이 가능한 디지털 매체로 구성된 경우가 많다. 따라서 학생들이 원하는 때에 원하는 자료에 쉽게 접근하여 학습할 수 있으며, 자신의 학습 능력과 진도에 따라 자기주도적인 학습이 가능하다.

넷째, 교수·학습 활동에 대한 최소한의 가이드라인을 제공함으로써 교수·학습 활동의 질을 높일 수 있다. 교사는 교수·학습 활동에 사용할 교재를 준비하면서 학습 시간과 양을 예측할 수 있다. 즉, 주어진 시간에 학습할 내용을 조정함으로써 교수·학습 활동의 질을 높이고, 교재를 미리 학생들에게 안내함으로써 학습에 대한 자신감을 제공하여 긍정적인 학습 태도를 형성할 수 있다.

2 소프트웨어 교재의 유형

소프트웨어 교재는 전달 수단인 매체(媒體)의 유형에 따라 인쇄형, 시청각형, 디지털형, 디지털 교과서형, 실감형으로 구분할 수 있다. 일반적으로 디지털 교과서형 교재는 디지털형 교재에 속하지만 인쇄형인 서책 교과서를 기반으로 개발되기 때문에 디지털형 교재와 인쇄형 교재의 혼합형이므로 별도로 구분하였다.

가 인쇄형 교재

인쇄형 교재는 전통적인 서책 교과서와 같이 종이 위에 문자나 그림 중심의 자료를 인쇄하여 제작한 것으로 작성과 사용이 다른 매체보다 쉽고 편리하다. 또한 특별한 정보 기기가 없어도 활용이 가능하고, 휴대하기 용이하며, 생산에 소요되는 경비가 저렴하여 대량생산이 가능하다. 특히 교재의 내용이 집필자의 의도에 따라 순차적으로 제시되어 있어 학습 내용을 이해하기 쉽다.

그러나 인쇄형 교재를 만들기 위해서는 편집과 출판에 오랜 시간이 소요되므로 즉각적인 내용 수정이 어렵고, 단편적인 시각적 표현과 제한된 지면으로 인해 학습 내용을 충분히 담을 수 없으며, 글자를 읽고 이해할 수 없는 학습자들은 인쇄형 교재를 활용하기가 어렵다. 특히 소프트웨어 교육에서 사용되는 응용 프로그램은 수시로 업데이트되므로 소프트웨어 교재 역시 수시로 변경되어야 하는데 인쇄형 교재는 수시로 변경하기가 쉽지 않다.

나 시청각형 교재

시청각형 교재는 시각적인 정보뿐만 아니라, 청각적인 정보를 함께 제공하는 교재로 정적이고 평면적인 그림과 동영상이나 애니메이션과 같은 동적이면서 입체적인 자료를 제공할 수 있다. 시청각형 교재에는 오디오 매체형과 영상 매체형이 있다.

1) 오디오 매체형 교재

오디오 매체형 교재에는 음성 자료와 음악, 효과음, 라디오 등이 있는데 문자를 읽지 못하는 어린 학습자를 대상으로 소프트웨어 교육을 하는 해외 사례를 흔히 볼 수 있다. 문자를 읽지 못하는 학습자들에게는 오디오 매체를 이용하여 느낌과 감정을 전달할 수 있어 그들을 격려하고 동기 부여하는 데 도움이 된다.

2) 영상 매체형 교재

영상 매체형 교재에는 비디오나 텔레비전, 컴퓨터 등이 있는데 이것들을 이용하여 영화, 실물, 모형, 표본과 같은 다양한 시청각 자료를 전달할 수 있고, 생생한 영상과 음향으로 학생들의 호기심을 자극할 수 있다. 최근에는 텔레비전에 인터넷을 연결하여 쌍방향 의사소통을 통해 시청자가 원하는 정보를 제공할 수 있다.

다 디지털형 교재

소프트웨어 교육의 주요 대상과 수단은 디지털 매체의 한 형태인 소프트웨어이다. 따라서 디지털형 교재는 소프트웨어 교육에서 가장 많이 사용되는 교재 유형이다. 이러한 디지털형 교재의 특징과 디지털형 교재에 포함될 수 있는 매체의 유형을 살펴본다.

1) 디지털형 교재의 특징

정보 기기를 활용한 디지털형 교재는 대용량 자료를 신속하게 전달할 수 있으며, 정보 통신 기술과 결합하여 교사와 학생들 간에 실시간 또는 비실시간으로 의사소통이 가능하게 한다.

디지털형 교재의 구체적인 특징은 다음과 같다.

첫째, 잘 설계된 디지털형 교재는 마우스 클릭만으로도 원하는 자료와 정보를 쉽게 얻을 수 있다. 사용자는 복잡한 질의어를 사용하지 않고, 마우스로 특정 아이콘이나 하이퍼링크를 클릭하여 원하는 자료와 정보를 쉽게 얻을 수 있으며, 전체적인 교재 내용을 리스트나 트리를 이용하여 쉽게 파악할 수 있다.

둘째, 디지털형 교재에 있는 자료는 참조를 통해 중복을 최소화할 수 있다. 하이퍼링크와 같은 참조 기능을 이용하여 하나의 자료를 여러 가지 디지털형 교재에서 중복하여 연결할 수 있고, 특정 내용과 관련된 자료와 정보를 한꺼번에 찾아보거나 자료의 최신성과 일관성을 유지할 수 있다.

셋째, 여러 명이 함께 협동 작업을 하는 데 용이하다. 인터넷으로 연결된 사용자끼리 디지털형 교재를 서로 공유할 수 있으며, 구글 문서(Google Docs)와 같은 클라우드 서비스를 이용하여 동일한 문서를 보면서 함께 추가·수정·삭제·편집할 수 있다.

2) 디지털 매체의 유형

디지털형 교재에는 텍스트, 멀티미디어, 하이퍼텍스트, 하이퍼미디어 등 다양한 매체가 포함될 수 있다.

- 텍스트(text): 사용자가 읽고 이해할 수 있는 문자로 구성되어 사용하기 쉽지만 실세계에 대한 상황을 상세하게 묘사하더라도 시각과 청각으로 전달되는 정보보다 생생할 수 없다. 그러나 텍스트를 저장하는 데 필요한 공간이 매우 작아 낮은 사양의 단말기에서도 교재를 볼 수 있다.
- 멀티미디어(multimedia): 문자뿐만 아니라, 이미지, 오디오, 비디오 등 다양한 매체를 처리할 수 있다. 직접 사진이나 동영상을 보여 줌으로써 이해하기 쉽고, 실세계와 비슷한 내용을 전달할 수 있지만 많은 저장 공간을 필요로 하고, 고화질 동영상을 재생하려면 고성능 단말기가 필요하다.
- 하이퍼텍스트(hypertext): 특정한 형태의 텍스트(hyperlink)를 클릭하면 관련 정보를 보여 주는 것으로 일반적으로 집필자의 의도에 따라 순차적으로 정보를 얻을 수 있으나 원하는 내용을 자유롭게 탐색할 수 있다.
- 하이퍼미디어(hypermedia): 텍스트뿐만 아니라, 음성이나 화상, 동영상 자료와 같은 멀티미디어 자료에 비순차적으로 접근할 수 있다. 하이퍼텍스트는 주로 문자 정보를 제공하지만 하이퍼미디어는 인터넷과 연결하여 다양한 형태의 정보를 사실상 무제한적으로 제공할 수 있다. 이때 학생들의 학습에 대한 관심을 엉뚱한 방향으로 유도하지 않고 학습 주제와 관련된 자료만을 찾도록 안내해야 한다.

라 디지털 교과서형 교재

디지털 교과서는 서책 교과서에 용어 사전, 멀티미디어 자료, 평가 문항, 보충·심화 학습 자료가 포함된 교재인 동시에 학생들의 학습 관리와 지원 기능이 포함된 학습 플랫폼으로서의 기능을 갖는다.

2015 개정 교육과정에 따라 개발된 디지털 교과서는 서책 교과서를 기반으로 개발되어 인쇄형 교재의 속성뿐만 아니라, 디지털형 교재의 속성을 포함하고 있다.

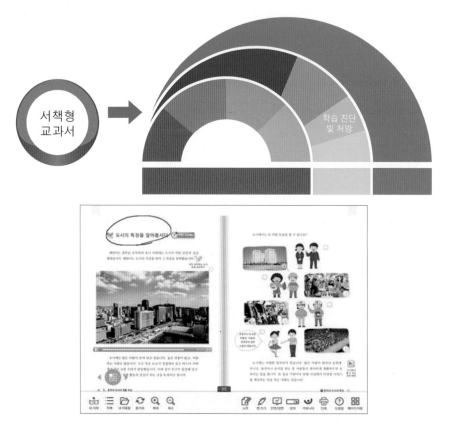

[그림 5-1] 디지털 교과서의 개념도와 실제 디지털 교과서 예

전통적인 서책 교과서와 디지털 교과서의 특징을 교수 설계, 자료 형태, 자료 관리, 자료 접근, 상호작용성, 저작권과 비용 측면에서 비교해 보면 [표 5-1]과 같다.

[표 5-1] 서책 교과서와 디지털 교과서의 비교

구분	서책 교과서	디지털 교과서
교수 설계	• 직선형 설계 • 지식 전달 위주인 단방향 학습 • 단일 교재에 의한 동일한 수업	• 직선형, 분지형, 하이퍼링크형 설계 • 쌍방향 개별 학습 • 능력에 따른 단계별 학습

	• 텍스트와 이미지 위주, 인쇄 기반	• 멀티미디어 위주, 인터넷 기반
자료 형태	• 직접 손에 넣거나 넘기고 운반함. • 책의 형태로 보존되고 관리함. • 최신 정보 제공이 어려움.	• 모니터와 터치스크린을 이용 • 버전별 관리와 플랫폼 관리 필요함. • 최신 정보로 갱신할 수 있음.
자료 관리	• 기록된 내용의 편집이 불가능함. • 많은 양의 정보 보관이 어려움. • 보급 시간과 비용이 많이 소요됨.	• 내용 편집 및 변환이 용이함. • 많은 양의 정보 보관이 가능함. • 보급 절차가 간편하고 재고 없음.
자료 접근	• 읽기 쉽고, 별도 장비가 필요 없음. • 한 명이 한 곳에서만 활용함. • 특정 장치와의 호환성이 상관없음. • 타 교과와 연계를 위해 별도 구입. • 장애인에 맞는 서책을 별도 개발함.	• 별도의 단말기와 SW 등이 필요함. • 다수가 여러 곳에서 접속 가능함. • HW와 SW의 호환이 중요함. • 타 교과와 링크를 통해 참조 가능함. • 별도 개발 없이 보조 공학 장치 활용
상호작용성	• 원하는 정보를 볼 수만 있음. • 의사소통의 역할이 불가능함.	• 정보 검색 및 피드백이 빠름. • 다양한 의사소통 기능을 제공함.
저작권과 비용	• 저작권에 대한 규정이 명확함. • 학생수가 증가할수록 비용 증가	• 저작권의 범위가 다소 모호함. • 학생수가 증가할수록 비용 저렴함.

마 실감형 교재

최근 디지털 교과서의 자료 중에는 [그림 5-2]와 같이 증강현실, 가상현실, 360도 이미지 등 실감형 콘텐츠가 포함되어 있다.

증강현실

가상현실

360도 이미지

[그림 5-2] 실감형 콘텐츠의 유형

① 증강현실(AR; Augmented Reality)

실제 환경에 가상의 사물이나 정보를 합성하여 현실 세계의 정보를 확장시켜 준다.

② 가상현실(VR; Virtual Reality)

현실 세계에서 직접 경험하기 어려운 상황을 컴퓨터 그래픽 기술로 만든 가상 공간에서 체험할 수 있게 해준다.

③ 360도 이미지

두 대 이상의 카메라를 이용하여 입체적으로 촬영한 사진이나 동영상 자료이다.

3 소프트웨어 교재의 개발

소프트웨어 교재는 소프트웨어 교육의 대상이 디지털 장치나 자료인 경우가 많으므로 디지털형 교재로 개발하는 것이 가장 효율적이다. 디지털형 교재를 개발하는 데 필요한 개발 원칙과 절차 및 도구를 살펴본다.

가 개발 원칙

소프트웨어 교재를 개발할 때에는 다음과 같은 요소를 고려해야 한다.

1) 인접성

인접성은 관련된 자료를 서로 가깝게 위치시켜야 함을 의미한다. 글과 그림이 화면상에서 서로 분리되면 학생들은 그것들을 관련 짓기 위해 부족한 인지적 자원들을 사용함으로써 학습 집중력이 떨어질 수 있다. 따라서 교재를 개발할 때에는 화면상의 텍스트와 그래픽, 동영상이 어떻게 통합되는지를 살피고, 관련된 자료가 서로 가까이 위치하도록 해야 한다.

2) 다중성

다중성은 학습 내용을 제시할 때에 텍스트보다는 음성으로 표현해야 함을 의미한다. 학생들이 그래픽 자료와 함께 그것을 설명하는 문자를 동시에 제시하면 시각 자료를 처리하는 기관에서 과부하가 발생되어 학습 집중력이 떨어진다. 따라서 그래픽이나 애니메이션과 같은 시각 자료와 학습 내용을 함께 제시할 경우 학습 내용은 음성 자료로 제공해야 한다.

3) 유일성

유일성은 특정 내용에 대한 중복된 설명과 그래픽은 가급적 피해야 함을 의미한다. 학생들이 인쇄된 텍스트에 지나치게 주의를 기울이면 그래픽에는 주의를 덜 기울이게 된다. 따라서 화면에 그래픽이 제시된 경우에는 음성이나 글로 중복해서 설명하는 것을 피해야 한다. 만약 그래픽에 대한 설명이 부족하여 별도의 설명이 필요할 때에는 음성이나 글로 설명할 수 있다.

4) 일관성

일관성은 불필요한 음향 효과나 그림 장식, 애니메이션 효과는 피해야 함을 의미한다. 이러한 불필요한 장식 효과는 학생들에게 과중한 인지 부하를 제공할 뿐만 아니라, 학습 내용과 무관한 것에 관심을 갖게 하여 학습을 분산 및 분열시키고, 집중력을 떨어뜨릴 수 있다.

장식 효과는 학습 목표와 일관성이 있어야 하며, 꼭 필요한 부분에서만 제한적으로 사용되어야 한다.

5) 개별성

개별성은 공식적인 어투보다는 대화 형태로 내용을 제시하고, 힌트, 사례, 시연, 설명 등을 제시할 때에는 화면 에이전트를 활용해야 함을 의미한다. 학생들은 단순히 정보를 전달받기보다는 대화 상대라고 느낄 때 그 자료를 이해하는 데 더 몰입한다. 따라서 2인칭 대명사와 에이전트를 화면에 제시함으로써 에이전트를 대화 상대로 여기면서 학습에 참여할 수 있도록 한다.

6) 통제성

통제성은 학습 능력이 우수한 학생들에게는 스스로 학습 과정을 통제하도록 허용함을 의미한다. 이는 입문 과정보다는 심화 과정에, 학생들에게 친숙한 내용에, 학생들의 수준이 높은 경우에 적용해야 한다. 또한 중요한 내용은 자신의 수준을 파악하여 적절한 방향으로 반드시 학습할 수 있도록 조언해야 한다.

나 개발 절차

ADDIE 모형은 소프트웨어 교재를 개발하는 데 가장 많이 사용되는 모형 중 하나이다. 특히 디지털형 교재에 적합한 ADDIE 모형은 [그림 5-3]과 같이 분석(Analysis), 설계(Design), 개발(Development), 실행(Implementation), 평가(Evaluation)의 5단계로 구성된다.

[그림 5-3] ADDIE 모형에 따른 교재 개발 절차

① 분석

교재 개발과 관련된 요인을 분석하는 단계로 교사와 학생들의 요구, 교육과정 및 교육 내용, 학생들의 특성, 학습 환경 등을 분석한다. 학생들이 누구이고 어떤 특징이 있는지, 학습 목표는 무엇인지, 학습 형태는 어떠한지, 교재는 어떻게 전달할 것인지, 개발 일정은 어떠한지 등 교재를 개발하는 데 필요한 물적 자원과 인적 자원을 분석한다.

② 설계

교재에 포함될 교수·학습 전략을 수립하는 단계로 교재를 통해 달성해야 할 목표를 진술하고, 교재의 내용을 어떻게 조직할지를 결정하며, 학생과 수업을 평가할 도구를 설계한다. 또한 교재를 구성하는 데 필요한 교수·학습 이론과 모형, 전략, 방법을 구체화하고, 교재를 구성할 매체 유형을 결정한다.

③ 개발

설계 단계에서 산출된 설계서에 따라 실제로 교재를 개발하는 단계이다. 교재를 활용하는 데 필요한 도움말이나 안내서를 개발하고, 개발된 교재를 시범적으로 적용한 후에 결과를 분석하여 교재의 문제점을 수정한다. 교재의 일부나 원형(prototype)만을 개발한 후에 그것을 적용하는 것이 효율적이다.

④ 실행

개발된 교재를 실제 수업에 투입한 후에 학생과 교사의 반응을 살피는 단계이다. 개발된 교재를 활용하는 데 필요한 교사의 역량을 확인하고, 필요하다면 교사를 대상으로 연수를 진행한다. 또한 학생의 준비 상황과 학습 환경을 확인하고, 교재를 배우고 익히는 데 필요한 시간과 일정을 결정한다.

⑤ 평가

실행 과정에서 나타난 결과를 준거에 따라 평가하여 환류하는 단계이다. 설계하고 개발한 교재가 적합한지를 평가할 수 있는 준거를 마련하고, 그 준거를 평가할 수 있는 도구를 개발한다. 교사와 학생이 교재에 대해 직접적으로 평가하고, 그 결과를 반영하여 교재를 지속적으로 수정 및 보완한다.

다 개발 도구

소프트웨어 교육에 필요한 교재를 개발하는 데 필요한 도구는 교재의 형태와 제작 방법에 따라 전자 문서형, 발표 자료형, 화면 캡처형, 저작 도구형, 직접 촬영형으로 구분할 수 있다.

1) 전자 문서형

텍스트나 이미지를 포함하고 있는 인쇄물이나 전자 문서를 제작하는 데 가장 많이 사용되는 도구는 워드프로세서이다. 한글과 컴퓨터에서 개발한 흔글과 마이크로소프트(Microsoft)사에서 개발한 MS-Word는 가장 많이 사용되는 프로그램들이다.

최근에는 [그림 5-4]와 같이 인쇄형 교재에 QR 코드를 추가하여 동영상 강의나 멀티미디어 자료를 연동하는 사례가 늘고 있다.

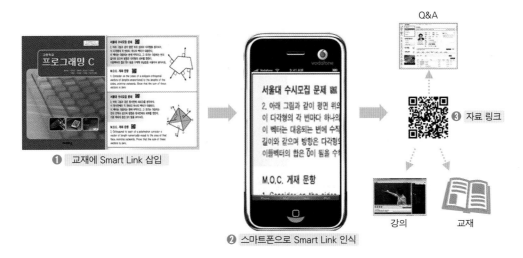

[그림 5-4] QR 코드를 이용한 자료 연계

2) 발표 자료형

발표형 교재를 만드는 데 가장 많이 사용되는 도구에는 [그림 5-5]와 같이 마이크로소프트(Microsoft)사가 개발한 파워포인트와 피터 할라시(Peter Halacsy)가 개발한 프레지 등이 있다.

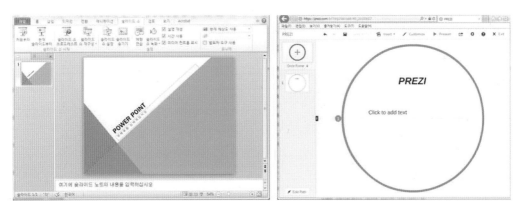

[그림 5-5] 파워포인트(왼쪽)와 프레지(오른쪽)

① 파워포인트(Powerpoint)

파워포인트는 마이크로소프트 오피스에 포함되어 있고, 윈도와 맥 OS에서 구동이 가능하며, 기본적인 슬라이드와 객체에 애니메이션 효과를 주는 등 프레젠테이션을 위한 다양한 옵션을 제공하고 있다.

파워포인트는 순서에 따라 한 가지 주제를 하나의 슬라이드에 담아 차례대로 진행하며, 잘 정리된 여러 장의 슬라이드를 한 장씩 넘겨 가며 주제를 전달한다.

② 프레지(Prezi)

프레지는 프레젠테이션에서 따온 말로, 인터넷(http://www.prezi.com)에 접속하여 언제든지 활용할 수 있는 클라우드 기반의 프레젠테이션 도구이다. 프레지는 화면을 확대하면서 전환하는 ZUI(Zoomable User Interface)로 유명하다.

프레지는 파워포인트와 달리, 모든 주제를 큰 캠퍼스에 담아 각각의 주제를 확대하면서 비순차적으로 진행한다. 또한 하나의 스토리보드의 구석구석에 작은 이야기를 숨겨두고 이곳저곳을 다니면서 역동적으로 주제를 전달한다.

3) 화면 캡처형

TechSmith사의 캠타시아(Camtasia)는 소프트웨어 교육용 동영상 강의 자료를 제작할 때에 가장 많이 사용하는 도구 중 하나이다. 캠타시아는 [그림 5-6]과 같이 동영상을 촬영하여 편집할 수도 있지만 모니터에 보이는 대로 녹화할 수 있는 스크린 캡처(Screen Capture) 기능을 활용할 수 있다. 특정 소프트웨어의 기능이나 학생들에게 시범을 보일 때에 하나씩 클릭하면서 설명하면 그것을 그대로 녹화할 수 있어 소프트웨어 교재를 만드는 데 유용하다.

[그림 5-6] 캠타시아를 활용한 비디오 편집

간단한 동영상 강의 자료를 만드는 또 다른 방법으로는 스마트 기기로 PDF 문서를 띄우고, 그 위에 판서하면서 녹화하는 방법이 있다. 이러한 판서형 동영상 제작 도구에는 Show Me와 Explain Everything이 있다. 구체적인 절차는 다음과 같다.

첫째, 한컴 오피스의 흔글 프로그램이나 마이크로소프트사의 파워포인트를 이용하여 발표용 자료를 제작한다.

둘째, 발표용 자료를 PDF로 변환한다. PDF 파일은 여러 가지 애플리케이션과 호환되어 폰트나 레이아웃이 변형되지 않고 원본 그대로 볼 수 있다.

셋째, PDF 문서를 Box나 Dropbox 등과 같은 클라우드 저장소에 업로드 한다.

넷째, 스마트 기기에서 동영상 강의를 제작하는 데 사용할 애플리케이션을 실행하고, 클라우드 저장소에 저장된 PDF 문서를 불러온다.

다섯째, 동영상 제작 도구의 녹화 기능을 이용하여 불러온 PDF 문서 위에 펜으로 필기하면서 설명을 한다. 녹화된 동영상은 Youtube에 저장하고, 링크 주소를 생성한 후 이메일이나 문자 메시지, SNS를 이용하여 학생들에게 전달한다.

4) 저작 도구형

저작 도구는 텍스트나 그래픽 이미지, 음성, 효과음, 배경음, 동영상 등 여러 가지 멀티미디어 형태의 자료를 하나의 교육용 콘텐츠로 만드는 데 도움을 주는 프로그램을 의미한다. 저작 도구는 각각의 자료 간의 관계를 설정하고, 그것들을 적절한 순서에 맞추어 배열하거나 사용자의 반응에 따라 다르게 보여 줄 수 있다. 이러한 좀 더 복잡한 기능을 위해 스크립트 언어를 지원한다.

Adobe사의 Flash는 교육용 웹 콘텐츠를 만드는 데 많이 사용되는 저작 도구 중 하나이다. Flash는 [그림 5-7]과 같이 벡터 기반의 이미지 처리 기술을 활용하므로 이미지가 확대되더라도 선명하게 보이며, 액션 스크립트를 이용하여 사용자의 반응에 따라 다양한 콘텐츠를 보여 줄 수 있다. 또한 다양한 애니메이션 기능을 제공한다.

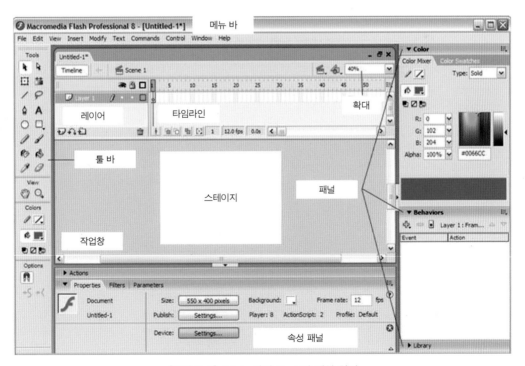

[그림 5-7] Adobe사의 Flash의 메인 화면

5) 직접 촬영형

직접 촬영형은 교사가 직접 A4 용지나 칠판에 필기하면서 동영상 강의를 제작하는 것을 의미한다. A4 용지 위에 그림을 그리면서 설명하고, 스마트폰이나 스마트 패드 거치대를 활용하여 설명한 것을 촬영할 수 있다.

칠판에 판서하면서 동영상을 촬영하거나 교실 수업 장면을 그대로 촬영하기 위해 사용할 수 있는 도구에는 [그림 5-8]과 같은 스위블(Swivl) 장비가 있다. 스위블 장비는 교사가 움직일 때마다 카메라가 자동으로 교사 방향으로 회전하면서 녹화할 수 있는 장비이다. 교사가 마커를 착용하면 교사의 위치를 실시간으로 본체에 전달하여 교사의 위치를 향해 회전하면서 촬영한다. 녹화된 동영상 파일은 동영상 편집 프로그램을 이용하여 불필요한 부분을 제거하거나 동영상 위에 자막이나 화면 전환 효과를 추가할 수 있다.

[그림 5-8] 스위블 장비

2 소프트웨어 교구

소프트웨어 교육에 활용되는 교구는 컴퓨팅 기기뿐만 아니라, 다양한 소프트웨어도 필요하다. 특히 프로그래밍 도구는 설계한 알고리즘에 따라 프로그래밍 언어를 이용하여 프로그램을 개발하고, 피지컬 컴퓨팅 도구를 활용하여 간단한 생활용품을 만들 수 있다. 본 절에서는 프로그래밍 도구와 피지컬 컴퓨팅 도구의 종류 및 활용 방법을 제시하였다.

1 프로그래밍 도구

프로그래밍 도구는 사용자가 쉽고 편리하게 프로그래밍 언어를 이용하여 프로그램을 개발할 수 있도록 통합 개발 환경(IDE; Integrated Development Environment)을 제공한다. 즉, 프로그램 소스를 입력하고 오류를 수정하고 실행하고 테스트하고 배포하는 작업 등 프로그램 개발과 관련된 작업을 프로그래밍 도구를 활용하여 처리할 수 있다. 프로그래밍 도구는 크게 텍스트 기반 프로그래밍 도구, 블록 기반 프로그래밍 도구로 구분한다.

가 텍스트 기반 프로그래밍 도구

텍스트 기반 프로그래밍 도구는 프로그래밍 명령어를 키보드로 직접 입력하여 프로그램을 개발할 수 있다. 따라서 명령어를 키보드로 직접 입력해야 하므로 키보드를 입력하는 데 능숙해야 하고, 프로그래밍 언어에 대한 문법과 용법을 충분히 이해하고 있어야 한다.

대부분의 프로그래밍 언어는 텍스트 기반 프로그래밍 언어라고 할 수 있다. 이 중에서 최근 중·고등학교에서 많이 사용하고 있는 Python(파이선)을 비롯하여 C, JavaScript, Logo 등을 살펴본다.

1) Python

Python은 1991년 프로그래머인 귀도 반 로섬(Guido van Rossum)이 발표한 고급 프로그래밍 언어로 플랫폼 독립적이고 객체 지향적인 인터프리터 언어이다. 다른 프로그래밍 언어에 비해 코드를 이해하기 쉬우며, 프로그램을 입력하고 실행해 볼 수 있는 인터랙티브한 셸을 가지고 있다.

Python은 윈도, 리눅스, 맥 OS 등 다양한 운영 체제에서 사용할 수 있고, 라이브러리가 풍부하며, 유니 코드 문자열을 지원하여 다양한 언어의 문자 처리가 가능하다.

[그림 5-9] Python 홈페이지(www.python.org)

다음 예제는 Python을 이용하여 'hello'를 3번 출력하는 프로그램이다. Python은 기본적으로 그래픽 출력을 지원하지 않는다. 하지만 2000년 카네기 멜론 대학의 David Scherer는 Python에 적용 가능한 3D 그래픽 모듈인 VPython을 개발하였다.

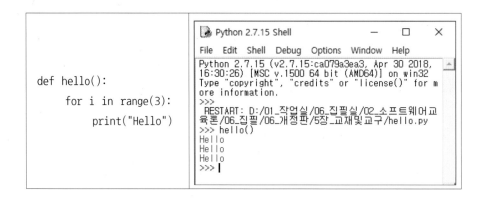

Python은 다양한 패키지를 제공하고 있으며, pySerial(https://pypi.org/project/pyserial) 등을 이용하면 시리얼 통신을 이용하여 피지컬 컴퓨팅 도구를 연결할 수 있다.

2) C

C언어는 1971년 케네스 레인 톰슨(Kenneth Lane Thompson)과 데니스 매캘리스테어 리치(Dennis MacAlistair Ritchie)가 벨(Bell) 연구소에서 Unix(유닉스) 운영 체제에서 사용하기 위해 개발한 프로그래밍 언어이다. 톰슨은 BCPL언어를 필요에 맞추어 개조하여 B언어라 명명하였고, 데니스 리치가 이것을 개선하여 C언어를 만들었다. 유닉스 시스템의 바탕 프로그램은 모두 C언어로 만들었고, 많은 운영 체제의 커널(Kernel) 또한 C언어로 만들어졌다. 오늘날 많이 쓰이는 C++ 언어는 C언어에서 객체 지향형 언어로 발전된 것이다.

다음 예제는 C언어를 이용하여 'hello'를 3번 출력하는 프로그램이다. C언어로 만든 프로그램은 속도가 빠르고 용량도 작지만 프로그램을 수정한 후에는 반드시 컴파일한 후에 실행해야 하며, 디버깅도 쉽지 않아 생산성이 낮은 편이다. 이러한 특징 때문에 피지컬 컴퓨팅 도구처럼 임베디드 시스템을 개발할 때에 많이 사용된다.

C언어는 문법이 엄격하여 교육용 프로그래밍 언어로 사용하는 사례가 점차 줄어들고 있지만 어셈블리어나 기계어보다 생산성이 높고 다른 고급 언어들과 달리, 컴퓨팅 시스템을 저수준까지 제어할 수 있어서 최근 아두이노를 활용한 피지컬 컴퓨팅 프로그래밍이 활성화되면서 다시 부각되고 있다.

더구나 C언어는 오래전부터 사용하던 언어이기 때문에 예제 코드가 많고, 생산성을 높여 주는 라이브러리도 많이 개발되어 있다.

특히 아두이노는 오픈 소스이고 확장성이 뛰어나 여러 가지 센서와 모터 등을 활용한 피지컬 컴퓨팅이 가능하다. 아두이노를 기반으로 한 다양한 하드웨어를 연결할 수 있는 수많은 C언어 프로그램 예제가 존재하기 때문에 최근 피지컬 컴퓨팅 언어로 C언어가 많이 활용되고 있다. 대표적인 아두이노 통합 개발 환경에는 Sketch(https://www.arduino.cc/en/tutorial/sketch)가 있다.

3) JavaScript

 JavaScript는 주로 웹 브라우저 내에서 사용되는 객체 기반의 스크립트 프로그래밍 언어로 1995년 Brendan Eich가 웹 브라우저인 Netscape에서 실행하기 위해 C언어의 문법을 기반으로 개발하였고, 1997년에 ECMA 표준이 되었다. 최근 버전은 2010년 7월에 발표된 JavaScript 1.8.5이며, 거의 모든 웹 브라우저에 JavaScript 인터프리터가 내장되어 있다.

 다음 예제는 JavaScript를 이용하여 'hello'를 3번 출력하는 프로그램이다.

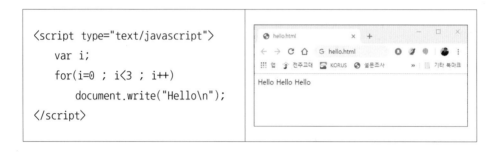

 JavaScript 언어는 다음과 같은 특징이 있다.

 JavaScript는 HTML(Hypertext Markup Language), CSS와 함께 웹을 구성하는 요소 중 하나로 자리매김하고 있다. HTML은 웹 페이지의 기본 구조를 담당하고, CSS는 디자인을 담당하며, JavaScript는 웹 브라우저와 사용자 간의 다양한 상호작용을 담당한다.

 JavaScript는 C언어에서 영향을 받아 기본적인 문법이 유사하여 중괄호로 블록을 구분하고, 세미콜론(;)으로 문장을 끝내며, 변수나 연산자 사용법이 비슷하다.

 Sun Microsystems사에서 개발한 Java 역시 C언어를 기반으로 개발되었기 때문에 JavaScript와 유사한 문법을 사용한다. JavaScript는 속성(attribute)과 메소드(method)를 갖는 객체(object) 개념이 있다.

 또한 JavaScript와 유사한 이름의 JScript가 있는데 이것은 Microsoft사에서 1996년 8월에 인터넷 익스플로러 3.0 브라우저를 지원하기 위해 개발한 스크립트 언어로 ECMAScript 표준을 기반으로 한다.

4) Logo

 Logo는 1960년대 후반 MIT 대학의 인공 지능 연구실에서 Seymour Papert와 그의 연구팀에 의해서 개발된 교육용 프로그래밍 언어이다. Papert는 Logo 프로그래밍을 하면서 어려운 문제를 다루기 쉬운 부분들로 분해하는 전략, 수단과 목표 분석, 문제 해결 방법이 더욱 세련되도록 하는 오류 수정(debugging), 오류에 대한 긍정적인 태도, 소규모 활동을 통한 상호작용, 문제 해결을 위한 강력한 아이디어를 얻고자 하였다.

다음 예제는 Logo를 이용하여 'hello'를 3번 출력하는 프로그램이다. Logo 프로그램은 Turtle Academy(https://turtleacademy.com)에서 프로그램을 작성하고 실행할 수 있다.

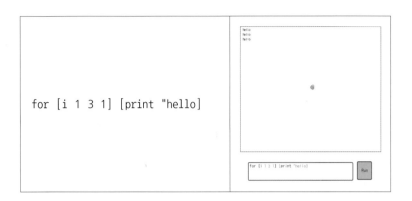

Logo 언어는 다음과 같은 특징이 있다.

첫째, 거북이의 움직임을 학생들이 직접 통제함으로써 원하는 그림을 그리도록 하여 흥미를 유발한다. 어렵고 딱딱한 프로그래밍이 아닌 시각적으로 즐겁고, 창조적이며, 상상력을 자극한다.

둘째, 쉬운 영어와 일상적인 생활 언어로 프로그래밍이 가능하다. 예를 들어, 앞으로(forward, FD), 뒤로(backward, BK), 오른쪽(rightturn, RT) 등 쉽고 간단한 명령어로 구성되어 있다.

셋째, 명령형 언어이다. 일련의 명령어들을 모아 절차를 이루고, 그것이 새로운 명령어로 사용된다. Logo에서 정의된 절차는 또 다른 절차 속에 사용될 수 있으며, 이러한 과정을 단계적으로 실행해 나갈 수 있다.

넷째, 상호작용적(interactive) 언어로 Logo 명령어를 컴퓨터에 입력시켜 화면상에서 즉각적으로 확인할 수 있으며, 오류가 발생되는 경우에는 바로 수정할 수 있다.

다섯째, 순환적(recursive) 언어로 상위 절차의 명령어를 그 절차 내에 다시 사용함으로써 다시 같은 프로그래밍 과정을 반복하지 않고 같은 형태의 결과나 그래픽을 표출할 수 있다. 즉, 과제 수행을 위해 긴 프로그램을 일렬로 쓰지 않고 반복되는 프로그램을 짧게 줄일 수 있다.

이와 같은 특성은 Logo 그래픽의 시각적 흥미를 돋우고, 상상력을 활성화시킬 수 있으며, 학생들에게 순환 법칙을 활용한 창의적인 방법으로 프로그램을 작성할 수 있게 한다.

나 블록 기반 프로그래밍 도구

텍스트 기반 언어는 사용자가 프로그래밍 언어의 문법에 따라 명령어를 키보드로 하나씩 입력해야 하므로 프로그램을 처음 배우는 학생들에게는 어려울 수 있다. 이러한 문제를 해결하기 위해 명령어를 블록으로 만들어서 레고 블록을 쌓듯이 명령어 블록을 조립하여 프로그램을 작성하는 도구를 블록 기반 프로그래밍 도구라 한다. 초·중등학교에서 주로 사용하고 있는 블록 기반 프로그래밍 도구에는 엔트리와 Scratch(스크래치) 등이 있다.

1) 엔트리

엔트리(http://play-entry.com)는 블록 놀이하듯이 하나씩 쌓으면서 간단한 게임이나 애니메이션, 미디어 아트와 같은 다양한 작품을 만들 수 있으며, 그 작품을 친구들과 공유할 수 있다.

엔트리는 학습하기, 만들기, 공유하기, 커뮤니티의 네 가지 기능이 있으며, '엔트리 오프라인' 버전을 다운로드하여 인터넷이 연결되지 않은 곳에서도 사용할 수 있다.

- 학습하기: 컴퓨터를 통한 사고력과 문제에 대한 해결력을 키워주고, 이해하기 쉽도록 다양한 미션과 놀이 중심의 콘텐츠를 제공한다.
- 만들기: 시작, 흐름, 움직임, 생김새, 붓, 소리, 판단, 계산, 자료, 함수, 확장 등 다양한 명령어 블록들을 순서에 맞게 조립하여 창작물을 만든다.
- 공유하기: 엔트리를 통해 제작한 작품은 다른 사람과 공유 및 공동 창작이 가능하다.
- 커뮤니티: 질문이 있을 때 묻고 답하거나 노하우와 팁을 공유하고, 엔트리에 대한 문제점이나 개선 방안을 건의하거나 제안할 수 있다.

[그림 5-10]의 예제는 엔트리를 이용하여 'hello'를 3번 출력하는 프로그램이다. 조립한 블록을 실행하기 위해서 시작하기 버튼(▶)을 클릭하면 실행 창에 프로그램 결과가 나타난다.

[그림 5-10] 엔트리에서 Hello 출력하기

2) Scratch

Scratch는 2007년 MIT 미디어 랩의 연구 팀이 만 8세부터 16세까지의 아동을 대상으로 프로그래밍의 기본 개념과 알고리즘을 가르치기 위해 개발하였으며, 다양한 멀티미디어 지원을 통해 쉽게 게임이나 애니메이션 등을 만들 수 있다. Scratch는 프로그래밍 구조를 익히고 논리적인 문제에 초점을 맞추는 초보자의 프로그래밍 입문 과정에 적합하다. 스퀵(Squeak)을 기반으로 Smalltalk라는 언어로 작성되었으며, 블록 조각을 조립하면서 프로그래밍 할 수 있는 대표적인 교육용 프로그래밍 언어이다.

[그림 5-11]의 예제는 Scratch를 이용하여 'hello'를 3번 출력하는 프로그램이다. 조립한 블록을 실행하기 위해서 오른쪽 상단에 있는 깃발(🏳)을 클릭하면 실행 창에 프로그램 결과가 나타난다.

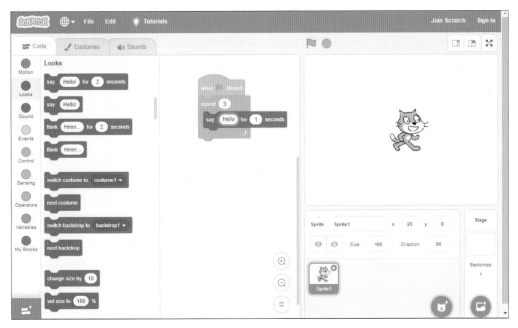

[그림 5-11] Scratch에서 Hello 출력하기

Scratch는 프로그램을 '탐험하기' 메뉴에 공유할 수 있으며, 2019년 7월 기준으로 4,240만 명이 사용하고, 4,295만 개의 프로젝트가 공유되고 있다(https://scratch.mit.edu/statistics). 최근 버전에서는 동작, 형태, 소리, 이벤트, 제어, 감지, 연산, 변수, 나만의 블록 등 다양한 명령어 블록을 지원하고, 오프라인에서도 개발할 수 있도록 '스크래치 데스크톱' 버전을 제공하고 있다.

3) Code.org

Code.org(http://www.code.org)는 2012년 8월에 설립된 미국의 비영리 단체이며, 어린 학습자들과 프로그래밍 입문자를 위해 만들어진 튜토리얼 프로그래밍 도구이다. 튜토리얼 교육이 끝나면 수료증을 발급받을 수 있으며, Beyond Hour를 통해 다양한 프로그래밍 언어에 대한 교육 자료를 확인할 수 있다.

[그림 5-12] Code.org의 실행 환경

Code.org는 컴퓨터 과학의 기초 과정으로 과정1(4~6세), 과정2(6~8세), 과정3(8~18세), 과정4(10~13세) 등 연령별로 20시간 학습 코스를 제공하고 있다. 또한 컴퓨터 없이 진행하는 언플러그드 레슨 과정이 있고, 1시간짜리 학습 튜토리얼인 Hour of Code가 있다. Hour of Code는 댄스 파티, 마인크래프트, 겨울 왕국, 앵그리버드 등 유명한 영어나 게임을 활용하여 친근하게 접근할 수 있다.

하나의 과정은 수십 개의 레슨(차시)으로 구성되어 있고, 각 레슨은 여러 개의 스테이지로 구성되어 있다. 해당 스테이지를 클릭하면 작성해야 할 미션에 대한 소개와 사용 가능한 블록의 개수와 종류가 제시된다.

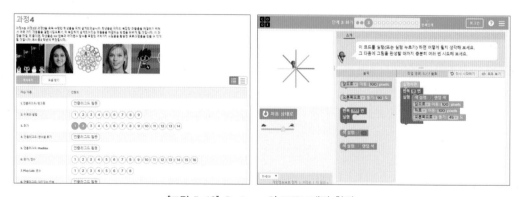

[그림 5-13] Code.org의 프로그래밍 환경

4) Blockly

Blockly(https://developers.google.com)는 Google에서 개발한 프로그래밍 도구로 직관적이고 시각적으로 프로그램을 작성할 수 있다. Blockly 언어는 기본적으로 웹 페이지에서 실행되며, 작성한 프로그램은 독립적으로 실행할 수도 있다. 또한 JavaScript, Python, Dart, XML과 같은 일반 프로그래밍 언어로 컴파일이 가능하므로 일반 프로그래밍 언어에 대한 이해를 도와주며, 프로그램 소스가 오픈되어 있다.

다음 [그림 5-14]의 예제는 Blockly를 이용하여 'hello'를 3번 출력하는 프로그램이다. 조립한 블록을 실행하기 위해서 오른쪽 상단에 있는 실행 아이콘(▶)을 클릭하면 웹 브라우저에 'hello' 경고창이 3회 나타난다.

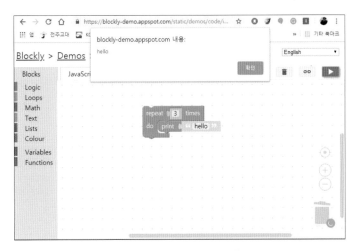

[그림 5-14] Blockly에서 Hello 출력하기

Blockly Games(https://blockly-games.appspot.com)는 Google에서 Blockly 학습을 위해 개발한 미션 프로그램이다. Blockly Games에서 제공하는 미션은 [그림 5-15]와 같이 퍼즐, 미로, 새, 거북이, 동영상, 음악, 포드 튜터, 폰드 등 여덟 가지로 구성되어 있다.

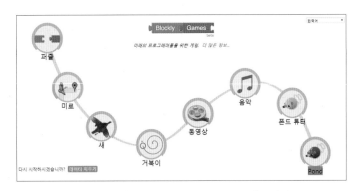

[그림 5-15] Blockly Games에서 제공하는 미션

2 피지컬 컴퓨팅 도구

피지컬 컴퓨팅 도구는 로봇이나 센서보드, 아두이노와 같이 프로그래밍이 가능한 하드웨어를 이용하여 간단한 생활용품을 만들 수 있게 한다. 특히 구체적 조작기에 있는 초등학생들에게 컴퓨팅 사고력을 키워주려면 직접 손으로 만져보고 조작할 수 있는 도구가 필요하다. 현재 초·중등학교에서 사용하고 있는 피지컬 컴퓨팅 도구는 그 종류가 매우 많으며, 지금도 새로운 도구가 개발되고 있다.

피지컬 컴퓨팅 도구는 크게 완성형, 조립형, 보드형으로 구분할 수 있으며, 유형별로 대표적인 피지컬 컴퓨팅 도구의 구성 요소를 비교해 보면 [표 5-2]와 같다.

[표 5-2] 피지컬 컴퓨팅 도구의 비교

구분	도구명	입력 장치										출력 장치				
		조도	음성	적외선	초음파	터치	온도	습도	기타	가속도	자이로	LED	버저	DC모터	서보모터	LCD
완성형	햄스터	○		○			○			○		○	○	○		
	알버트	○		○			○		Dot Code	○		○	○	○		
	거북이								컬러	○		○	○	○		
	대시		○	○							○	○	○	○		
	뚜루뚜루	○	○	○						○	○	○	○	○		
	오조봇								컬러			○				
조립형	비트브릭	○	○	○	○	○			가변 저항, 진동			○	○	○	○	
	EV3	○		○	○	○					○	○	○	○	○	○
	네오봇		○	○	○	○						○		○		
	로보티즈			○					컬러					○		
	과학상자 코딩 보드	○		○		○			가변 저항			○		○	○	
보드형	아두이노					○	○			○		○				○
	E-센서보드	○	○		○	○	○		슬라이더			○			○	
	초코파이 보드	○				○	○	○				○				
	대장장이 보드	○		○	○	○	○		기울기, 자석, 수위, 가변 저항			○	○		○	○
	코드이노	○	○			○			슬라이더	○						
	마이크로비트	○				○	○		자기	○		○				

다양한 피지컬 컴퓨팅 도구에 장착된 입출력 장치에 대해 비교 분석한 결과, 도구마다 장점과 단점이 존재한다. 사용자는 이러한 특징을 파악하고, 자신이 만들고자 하는 작품을 구현하는 데 필요한 입출력 장치가 있는지를 확인한 후 구매해야 한다.

가 완성형

완성형은 피지컬 컴퓨팅 도구 중에서 접근법이 가장 쉽다. 따라서 처음 프로그래밍에 도전해 보는 시기에 사용하면 학생들의 흥미를 불러일으키는 데 효과적이다. 명령어들이 모듈화되어 있어 쉽게 접근할 수 있으나 제공된 기능 외에는 다른 것을 체험하기 힘들다. 완성형 피지컬 컴퓨팅 도구는 [그림 5-16]과 같다.

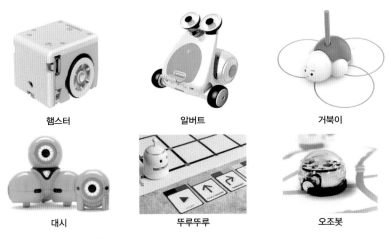

<table>
<tr><td>햄스터</td><td>알버트</td><td>거북이</td></tr>
<tr><td>대시</td><td>뚜루뚜루</td><td>오조봇</td></tr>
</table>

[그림 5-16] 완성형 피지컬 컴퓨팅 도구

1) 햄스터

로보메이션(http://www.robomation.net)에서 개발한 햄스터는 가격이 싸고 누구나 쉽게 활용할 수 있다. PC로 연결하여 프로그래밍이 가능하다.

입력 센서에는 조도, 적외선, 내부 온도, 3축 가속도 센서 등이 있다. 적외선 센서를 활용하여 전방의 장애물을 확인할 수 있고, 라인 트레이싱이 가능하다. 출력 센서로는 LED, 버저, DC 모터가 있다.

2) 알버트

블루컴즈(http://www.albert.school)에서 개발한 알버트는 다양한 종류의 그림 카드가 있어 직관적인 이해가 빠르다. PC, 스마트폰, 태블릿 등의 다양한 기기와 연동이 가능하여 프로그래밍보다 알버트 자체에 많은 관심을 기울일 수 있다.

입력 센서에는 조도, 적외선, 내부 온도, Dot Code, 3축 가속도 센서 등이 있다. Dot Code 센서를 활용하여 명령어 카드를 아래에 넣으면 그대로 움직이는 활동을 통해 프로그래밍 언어를 학습하기 쉽다. 출력 센서로는 LED, 버저, DC 모터가 있다.

3) 거북이

로보메이션(http://www.robomation.net)에서 개발한 거북이(터틀)는 검은색 라인을 따라가며 다섯 가지 색상 코드로 좌우 회전 및 유턴 등 길 따라가기를 할 수 있다. 로봇에 전용 사인펜을 꽂은 후에 그림을 그리며, 카드 코딩으로 언플러그드 활동을 할 수 있다.

입력 센서에는 컬러, 가속도 센서가 있고, 출력 센서로는 LED, 버저, DC 모터가 있다. 다른 완성형 도구에 비해 센서의 종류가 다양하지 않고 한정적이다.

4) 대시(dash)

Wonderworkship(http://www.makewonder.kr)에서 개발한 대시는 전용 애플리케이션이 있어서 단계별 프로그래밍이 가능하고, 음악과 미술 등 다양한 창의적인 활동이 가능하다. 영어를 기본 언어로 사용하고 있어서 한국어를 지원하지 않는 애플리케이션을 사용할 경우에는 영어를 모르는 학생들을 지도하는 데 한계가 있다.

입력 센서에는 음성 인식, 적외선, 자이로 센서가 있어 사람의 목소리나 박수 등을 감지하여 특정 행동을 수행할 수 있다. 출력 센서로는 LED, 버저, DC 모터가 있다.

5) 뚜루뚜루

아이스크림미디어(http://www.truetruebot.com)에서 개발한 뚜루뚜루는 카드를 이용하여 코딩을 할 수 있고, 기울어진 방향과 순서를 기억하는 모션 인식 센서가 있다. 카드를 넣는 순서에 따라 간편하게 프로그램을 작성할 수 있다.

입력 센서에는 조도, 음성 인식, 적외선(초음파인지 적외선인지 불확실), 가속도, 자이로 센서가 있다. 출력 센서로는 LED, 버저가 있다.

6) 오조봇

Ozobot & Evollve(http://www.ozobot.kr)에서 개발한 오조봇은 선과 색상을 인식하여 길을 따라가는 작은 로봇이다. 학생들이 그린 선을 따라가며 색상에 맞는 LED를 점멸하여 자신의 상태를 표시한다.

입력 센서에는 컬러 센서, 출력 센서로는 LED만 있어 다양한 표현에 한계가 있다.

나 조립형

조립형 피지컬 컴퓨팅 도구는 다양한 센서와 모터 등 부품들이 모듈화되어 있어 원하는 부품을 골라 포트에 연결하여 사용할 수 있다. 함께 제공되는 블록 또는 공작물과 함께 다양한 아이디어를 표현할 수 있으나 다른 형태에 비해 가격이 비싼 편이고, 제품 간 호환성이 좋지 않다. 조립형 피지컬 컴퓨팅 도구는 센서보드에 부품을 추가하여 프로그램을 실행시킨다. 조립형 피지컬 컴퓨팅 도구는 [그림 5-17]과 같다.

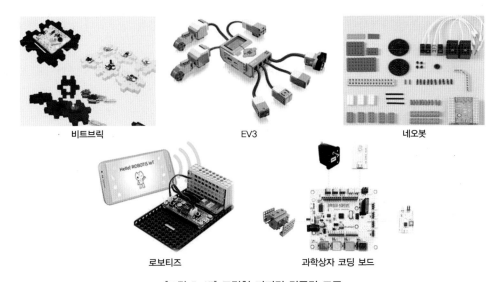

비트브릭　　　　　　EV3　　　　　　네오봇

로보티즈　　　　　　과학상자 코딩 보드

[그림 5-17] 조립형 피지컬 컴퓨팅 도구

1) 비트브릭

헬로긱스(http://www.bitbrick.cc)에서 개발한 비트브릭은 소프트 블록을 활용하여 모듈을 고정시키므로 누구나 쉽게 작품을 만들 수 있다. 또한 꼬마 블록과도 호환이 가능하여 다양한 모양을 만들 수 있다. 소프트 블록에 양면테이프로 모듈을 고정시켜 사용하기 때문에 계속 사용하면 접착력을 잃을 수 있다.

입력 센서에는 조도, 음성 인식, 적외선, 초음파, 터치, 진동 센서, 가변 저항이 있고, 출력 센서로는 LED, 버저, DC 모터와 서보모터가 있다.

2) EV3

레고(https://www.lego.com/mindstorms)사에서 개발한 EV3는 친숙한 레고 조립 활동으로 학생들의 흥미를 끌기 쉽고, 생각한 대로 모양을 만들 수 있다. 다양한 센서를 활용하여 원하는 로봇을 만들기 쉽지만 가격이 비싸고, 부품이 작아 저학년은 조립하는 것이 어려울 수 있다.

입력 센서에는 조도, 적외선, 초음파, 터치, 자이로 센서가 있고, 출력 센서로는 버저, DC 모터, 서보모터, LCD가 있다.

3) 네오봇

네오피아(http://www.neobot.co.kr)에서 개발한 네오봇은 블록 조립을 통해 다양한 블록의 로봇을 만들 수 있다. 2015 개정 교육과정에 따른 실과 교과서에 네오봇이 많이 채택되어 많은 학교에서 구입하고 있다. 컨트롤러에 교과서 예제 프로그램이 저장되어 있어서 코딩하지 않아도 로봇 실습이 가능하다. 조립할 수 있기 때문에 조립형 피지컬 도구이기는 하나 완성형 피지컬 도구의 특징도 포함하고 있다.

입력 센서에는 음성 인식, 적외선, 초음파, 터치 센서가 있고, 출력 센서로는 LED, DC 모터가 있다.

4) 로보티즈

로보티즈(http://www.robotis.com)사에서 개발한 로보티즈는 구조가 간단하여 조립이 쉽고, 제어기의 버튼을 누를 때 저장되는 모드가 세 가지이다. 그러나 다른 조립형 로봇에 비해 센서가 많이 부족하여 흥미를 지속시키기 어렵다.

입력 센서에는 적외선, 컬러 센서가 있고, 출력 센서로는 DC 모터, 서보모터가 있다.

5) 과학상자 코딩 보드

과학상자(http://www.sciencebox.co.kr)사에서 개발한 과학상자 코딩 보드는 기존에 보급되었던 과학상자와 연결이 잘 되어서 응용하면 다양한 것을 만들 수 있다.

입력 센서에는 조도, 적외선, 터치 센서, 가변 저항이 있다. 출력 센서로는 버저, DC 모터, 서보모터가 있어 주로 입력 센서값에 따라 모터를 돌리는 작품을 많이 만들 수 있다.

다 보드형

보드형 피지컬 컴퓨팅 도구는 마이크로 컨트롤러를 포함한 전자기판에 부품을 연결하여 사용할 수 있다.

보드형 도구는 가격이 저렴하며 필요한 재료를 구입해서 사용할 수 있으나 전기 회로 및 전자 지식이 필요하여 초보자들에게는 다소 어려울 수 있다. 센서보드에는 보드 안에 다양한 센서들을 미리 부착해 놓아 전기·전자와 관련된 지식이 없어도 사용할 수 있다. 보드형 피지컬 컴퓨팅 도구는 [그림 5-18]과 같다.

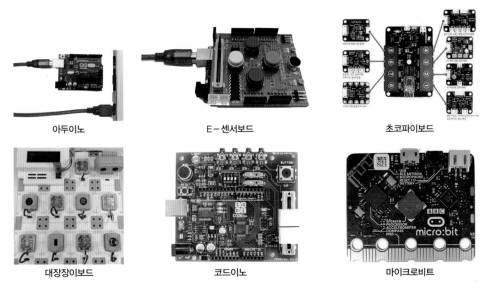

아두이노   E-센서보드   초코파이보드

대장장이보드   코드이노   마이크로비트

[그림 5-18] 보드형 피지컬 컴퓨팅 도구

1) 아두이노

Arduino(http://www.arduino.cc)사에서 개발한 아두이노는 브레드 보드를 이용하여 회로에 저항이나 트랜지스터, 각종 센서 등을 꽂아 작품을 만들 수 있다. 사용자가 다양한 컴퓨터 언어를 활용하여 개인의 상황에 맞게 저항이나 트랜지스터 값을 조정할 수 있는 장점이 있으나 초보자들이 사용하는 데 다소 어려울 수 있다.

입력 센서에는 터치, 온도, 자이로 센서가 있고, 출력 센서로는 LED, DC 모터, 서보모터, LCD가 있다.

2) E-센서보드

새로운교육(http://www.neweducation.co.kr)사에서 개발한 E-센서보드는 아두이노가 포함되어 있는데 분리해서 활용할 수 있고, 가격이 저렴하다. 여러 가지 입력 센서를 이용하여 다양한 조립이 가능하다.

입력 센서에는 조도, 음성 인식, 초음파, 터치, 온도 센서, 슬라이더가 있다. 출력 센서로는 LED, 서보모터가 있다.

3) 초코파이보드

한국과학(http://www.chocopi.org)에서 개발한 초코파이보드는 메인보드, 블록, 모듈로 구성되어 있다. 메인보드에 블록들을 연결하고, 그 블록에 다양한 모듈을 연결하여 전화선 모양의 잭을 꽂는 것만으로 부품을 연결할 수 있다.

초코파이보드는 자동 인식이 가능하여 연결이 간편하고, 다양한 아두이노 센서와 호환이 잘된다.

입력 센서에는 조도, 터치, 온도, 습도 센서가 있고, 출력 센서로는 LED가 있다.

4) 대장장이보드

한이노베이션(http://www.hanibot.com)에서 개발한 대장장이보드는 블록을 끼우기만 하면 되므로 간단하고 편리하다. 센서의 종류가 다양하지만 펼쳐진 보드 모양으로 인해 보드 위로만 확장이 가능하다.

입력 센서에는 조도, 적외선, 초음파, 터치, 온도, 기울기, 자석, 수위 센서, 가변 저항이 있고, 출력 센서로는 LED, 버저, 서보모터, LCD가 있다.

5) 코드이노

CODABLE(http://www.codable.co.kr)에서 개발한 코드이노는 아두이노와 스크래치 센서 보드를 결합한 것으로 간단한 악어 클립 케이블 연결을 통해 외부 센서값을 입력받을 수 있다.

입력 센서에는 조도, 음성 인식, 터치, 가속도 센서, 슬라이더가 있고, 출력 센서가 없어서 따로 구매해야 한다.

6) 마이크로비트

The Micro:bit Educational Foundation(https://microbit.org/ko)사에서 개발한 마이크로비트는 25개의 LED 불빛을 활용하여 시각적으로 다양한 표현을 할 수 있다. 에지 커넥터에 25개의 외부 장치 연결용 핀이 있어 바나나, 피아노 등 다양한 창작물을 만들 수 있다.

입력 센서에는 조도, 터치, 온도, 가속도, 자기 센서가 있고, 출력 센서로는 LED가 있다.

3 소프트웨어 교재 및 교구의 선정

소프트웨어 교재나 교구는 학생들의 학습 동기를 유발하고, 학습 목표를 달성하고, 학습 내용과 밀접하게 관련되어야 하고, 학생들의 컴퓨팅 사고력을 기를 수 있어야 한다. 본 절에서는 구체적인 소프트웨어 교재와 교구의 선정 기준을 제시하였다.

1 교재의 선정 기준

소프트웨어 교재를 선정하기 위한 세부 기준은 교육과정의 준수, 내용 선정과 조직, 내용의 정확성, 기능의 적절성의 4개 영역으로 구분할 수 있다.

세부 기준을 영역별로 살펴보면 다음과 같다.

가 교육과정의 준수

초·중등학교의 정규 수업 시간에 활용되는 소프트웨어 교재는 반드시 현행 교육과정을 준수해야 한다. 따라서 교육과정의 준수 영역은 초·중등학교 교육과정 고시에 제시된 소프트웨어 교육의 '목표', '내용', '교수·학습 방법', '평가'를 소프트웨어 교재가 충실하게 반영하였는지를 평가하기 위해 목표의 충실성, 내용의 충실성, 방법의 충실성, 평가의 충실성의 4개 선정지표로 구성하였다.

구체적인 세부 선정 기준은 교과 교육과정에 제시된 '목표'를 충실히 반영하였는지, 교과 교육과정에 제시된 '내용'을 충실히 반영하였는지, 교과 교육과정에 제시된 '교수·학습 방법'을 충실히 반영하였는지, 교과 교육과정에 제시된 '평가'를 충실히 반영하였는지의 4개 문항으로 구성하였다.

🔲 나 내용 선정과 조직

교육과정에서 요구하는 기준에 따라 어떤 내용을 선정하고, 그것을 어떤 순서에 의해 조직하느냐는 소프트웨어 교재를 평가하는 데 있어서 매우 중요한 영역이다. 하위 선정 지표는 내용의 공정성, 내용 수준의 적절성, 내용 범위의 적절성, 내용 구성의 적절성, 자료의 다양성의 5개 문항으로 구성하였다.

1) 내용의 공정성

내용의 공정성은 교재에 제시된 내용이 특정 지역이나 종교, 성, 상품 등을 비방 또는 옹호하였는지를 평가하는 것이다. 성 역할을 특정 짓거나 특정 종교나 국가를 비하하는 내용은 없는지, 상품을 간접적으로 홍보할 수 있는 로고나 이미지는 없는지, 특히 제시된 자료에 직·간접적으로 상업적인 자료나 텍스트가 없는지를 평가한다.

2) 내용 수준의 적절성

내용 수준의 적절성은 학습 대상자의 수준을 고려하여 자료나 활동, 문제를 제시하였는지를 평가하는 것이다. 저학년 학생들에게 지나치게 추상적이거나 논리적인 활동을 제시하거나 반대로 고학년 학생들에게 논리적인 사고 없이 단순한 놀이나 체험 중심의 활동을 제시하지 않았는지를 평가한다.

3) 내용 범위의 적절성

내용 범위의 적절성은 학습 대상자의 특성을 고려하여 내용의 범위를 구성하였는지를 평가하는 것이다. 교육과정에 제시된 내용에서 벗어나지 말아야 하고, 누락된 설명이나 예시, 학습 활동이 있어서는 안 된다. 제시된 자료나 설명만으로 이해하기 쉬운지, 설명하지 않아도 충분히 내용을 이해하거나 파악할 수 있는지, 같은 내용을 좀 더 심화하거나 구체적인 설명 없이 단순히 반복적으로 제시하고 있지는 않는지, 제시된 학습 활동이 학습 목표와 연관성이 없거나 활동 자체에 오류는 없는지, 제시된 사례가 학습 내용과 관련 있는지를 평가한다.

4) 내용 구성의 적절성

내용 구성의 적절성은 학생들이 스스로 학습하기에 적절하게 구성되었는지를 평가하는 것이다. 인쇄형 교재일지라도 학생들 스스로 학습하는 데 필요한 도움말이나 용어 사전, 평가 문항 등이 적절하게 구성되었는지를 평가하고, 디지털형 교재는 학습 진행 순서를 학생들이 임의적으로 변경할 수 있는지, 형성평가 결과에 따라 적절한 피드백 정보를 제공하는지, 자료를 무작위로 제시하기보다는 '가나다' 순이나 일정 기준을 정하여 제시하는지를 평가한다.

5) 자료의 다양성

자료의 다양성은 학습 내용과 관련된 사례나 예시, 자료, 평가 문항을 좀 더 다양하게 제시하였는지를 평가하는 것이다. 학습 내용과 관련 있고 학생들의 학습을 도와줄 수 있는 사진, 동영상, 흥미 유발 자료 등을 추가로 제시하여 학생들의 이해를 돕고 다양한 활동을 유발하는지를 평가한다. 또한 평가 문항 간에 내용의 형평성이 고려되었는지, 학습 성취 기준을 골고루 평가할 수 있는 문항을 포함하고 있는지를 평가한다.

다 내용의 정확성

소프트웨어 교재에 포함된 내용의 정확성은 제시된 자료가 오류 없이 정확히 제시되고 있는지를 포함하여 자료의 적절성, 표현의 정확성, 표기의 정확성, 출처의 명확성의 5개 선정 지표로 구성하였다.

1) 자료의 정확성

자료의 정확성은 제시된 사실, 개념, 이론 설명이 정확한지를 평가하는 것이다. 자료 자체에 오류는 없는지, 현실과 사실에 맞는지, 지시문 내용이 분명한지, 용어나 문장이 해석에 따라 다르게 이해되지는 않는지, 평가 문항이 목표한 학습 내용이나 성취 기준을 묻고 있는지, 서로 다른 문제가 비슷한 내용을 묻고 있지는 않는지, 문제 진술 자체에 문제점은 없는지, 평가 문항의 질문이 모호하거나 상황에 따라 답이 달라질 여지는 없는지를 평가한다.

2) 자료의 적절성

자료의 적절성은 제시된 자료가 내용에 적합한 최신 것을 사용하였는지를 평가하는 것이다. 관련 기사나 통계 자료, 사진, 동영상 등이 최신 자료인지, 사용된 응용 프로그램이 최신 버전인지 등을 평가한다.

제시된 각종 자료들이 학습 내용과 관련 있고 학습 내용을 충분히 대표할 수 있는지, 불필요하거나 산만한 애니메이션 효과를 나타내어 학생들을 주의산만하게 하거나 애니메이션으로 인해 오개념을 줄 수 있지는 않는지, 제시된 그래프가 제대로 표현되었는지, 학습 내용을 기반으로 제시된 각종 멀티미디어 자료가 유기적으로 연계되어 있는지, 평가 문항에서 정·오답을 확인할 수 있는 피드백을 제공하고 있는지를 평가한다.

3) 표현의 정확성

표현의 정확성은 교재에 포함된 용어, 지도, 통계, 지명, 계량 단위 등의 표현이 적절한지를 평가하는 것이다.

사용 빈도가 낮거나 난해한 용어, 학생들의 수준에 적절하지 않은 용어, 자료와 적절히 대응되지 않거나 학습 내용을 포괄하지 않는 용어를 사용하고 있지는 않는지, 제시된 캐릭터가 통일성 있게 사용되고 있는지, 제시된 멀티미디어 자료의 제목이 적절하게 표시되었는지, 문장의 구조나 표현이 적절한지, 부가적인 설명이 필요한 경우에 말풍선을 적절하게 사용하였는지를 평가한다.

4) 표기의 정확성

표기의 정확성은 오탈자, 문법 오류, 비문 등 표기상의 오류가 없는지를 평가하는 것이다. 교재에 제시된 띄어쓰기가 문법상 옳은지, 하나의 용어에 대해 띄어쓰기 형태가 통일되어 있는지, 맞춤법을 비롯한 문장 기호를 제대로 쓰고 있는지, 문장이 비문은 아닌지, 문법적 오류는 없는지를 평가한다.

5) 출처의 명확성

출처의 명확성은 제시된 자료의 출처를 분명하게 제시하고 있는지를 평가하는 것이다. 참고한 사진 자료나 동영상 자료, 기사문, 도표, 그래프 등의 출처가 명확한지, 특히 저작권과 관련된 자료가 별도 페이지에 정확하게 명시되어 있는지, 시기성을 다투는 자료의 경우에 출처와 함께 연, 월, 일 등이 명시되어 있는지를 평가한다.

라 기능의 적절성

소프트웨어 교재에 대한 기능의 적절성은 주로 디지털형 교재에 대한 평가 영역이다. 이 영역은 기능의 편의성, 활동의 효과성, 상호작용의 효과성, 외부 자료의 연계성, 화면 구성의 편의성, 디자인의 효과성의 6개 선정 지표로 구성하였다.

1) 기능의 편의성

기능의 편의성은 교재가 오류 없이 정상적으로 작동하고 편리한지를 평가하는 것이다. 디지털형 교재의 경우 기능상의 오류나 불편한 점은 없는지, 학생들이 텍스트나 사진, 동영상, 도표 등 다양한 멀티미디어 자료들을 좀 더 크게 볼 수 있도록 확대 및 축소 기능이 있는지를 평가한다.

2) 활동의 효과성

활동의 효과성은 교과 특성을 반영한 교수·학습 활동을 효과적으로 지원하는지를 평가하는 것이다. 소프트웨어 교육의 특성상 따라하기 형태의 시연 과정이 많다.

따라서 활동 순서를 그림이나 애니메이션, 동영상 자료를 통해 잘 표현하고 있는지, 소프트웨어 제작 교육에서 많이 사용하는 언플러그드(Unplugged) 활동에 필요한 자료와 설명을 충분히 제공하고 있는지를 평가한다.

3) 상호작용의 효과성

상호작용의 효과성은 다양한 상호작용이 효과적으로 구현되어 있는지를 평가하는 것이다. 학생과 교재 간, 학생과 학생 간, 학생과 교사 간에 여러 가지 의사소통 도구를 활용하여 대화나 토론·토의가 가능한지, 단순히 클릭만 하는 것이 아니라, 자료 성격에 맞게 터치하기, 끌기, 이동하기, 연결하기 등 다양한 활동을 제공하는지, 학생들 간에 의견 공유나 글쓰기 등의 능동적인 활동이 가능한지, 그러한 활동 결과가 저장되어 원하는 때에 살펴볼 수 있도록 활동 내용과 현황을 보여 주는지를 평가한다.

4) 외부 자료의 연계성

외부 자료의 연계성은 교수·학습에 필요한 외부 자료의 사용이 용이한가를 평가하는 것이다. 소프트웨어 교재에 포함된 자료만으로는 다양한 수준의 학생들을 지도하는 데 한계가 있다. 교재에 포함된 자료들은 학습 목표를 달성하는 데 필요한 하나의 예시일 뿐이다. 따라서 외부 자료와의 연계가 충분히 이루어지고 있으며, 그 자료가 당초의 목표대로 연결되어 있는지를 평가한다. 이때 외부 자료의 연계 페이지에 학습 내용과 관련된 자료 이외에도 학습과 무관하거나 비교육적인 자료가 제시될 수 있으므로 그에 대한 검증이 사전에 철저하게 이루어져야 한다.

5) 화면 구성의 편의성

화면 구성의 편의성은 사용자의 편의성을 고려하여 화면이 구성되었는지를 평가하는 것이다. 버튼, 메뉴, 아이콘 등의 구성이 사용자의 연령이나 활용 빈도에 맞게 구성되었는지, 각종 자료의 위치와 배열이 조화롭게 제시되어 있는지, 특정 기호나 이미지의 크기가 너무 크거나 중첩되어 있어서 다른 것이 가려지지는 않는지 등 모든 자료가 분명하게 잘 보이는지를 평가한다.

6) 디자인의 효과성

디자인의 효과성은 심미성을 고려하여 효과적으로 구현되어 있는지를 평가하는 것이다. 아이콘의 디자인이 시각적으로 효과적인지, 다른 아이콘과 착각할 수 있는 경우는 없는지, 제시된 이미지의 해상도나 선명도가 적절한지를 평가한다.

2 교구의 선정 기준

소프트웨어 교육은 소프트웨어에 관한 교육, 소프트웨어를 활용하는 교육, 소프트웨어를 만드는 교육으로 구분할 수 있다. 이러한 교육은 이론 중심 수업보다는 교구를 활용한 시범과 실습, 시뮬레이션 수업이 보다 직관적이고 효과적이다. 따라서 다양한 소프트웨어 교구 중에서 교육 효과를 높일 수 있는 교구를 선택하는 것이 중요하다.

소프트웨어 교구를 선택하려면 [표 5-3]과 같이 교구의 타당성, 편의성, 활용성, 효율성, 견고성, 범용성을 고려해야 한다.

[표 5-3] 소프트웨어 교구의 선정 기준

영역	선정 지표	세부 선정 기준
교구의 타당성	• 목표의 충실성 • 내용의 연계성	• 컴퓨팅 사고력을 향상시키는 데 도움이 되는가? • 학습할 내용과 연계성이 높은가?
교구의 편의성	• 수준의 적절성 • 조작의 용이성	• 학생들의 수준에 적절한가? • 학생들이 구상한 것을 구현하거나 조작하는 데 용이한가?
교구의 활용성	• 사례의 다양성 • 사용의 친숙성	• 교구와 관련된 활용 사례가 많은가? • 교사와 학생들에게 친숙한 것인가?
교구의 효율성	• 구입의 용이성 • 비용의 적절성	• 교구나 관련 부품을 구입하기가 용이한가? • 교구를 구입하는 데 필요한 비용이 적절한가?
교구의 견고성	• 활용의 안전성 • 관리의 지속성	• 교구가 파손되지 않고 안전한가? • 지속적인 업데이트가 이루어지고 있는가?
교구의 범용성	• 기술의 일반성 • 부품의 호환성	• 관련 기술이 표준화되어 있고 일반적인가? • 다른 기술이나 부품과의 호환성이 있는가?

1) 교구의 타당성

소프트웨어 교육의 목표는 컴퓨팅 사고력을 키우는 것이다. 따라서 교구가 단순히 놀이나 흥미만을 위한 것이 아니라, 교구를 활용하는 활동을 통해 소프트웨어 교육에서 이루고자 하는 학습 목표를 달성하고, 나아가 컴퓨팅 사고력을 키울 수 있어야 한다. 이를기 위해서는 우선 교구가 학습할 내용을 포함하고 있는지, 그것을 가르치는 데 용이한지를 검토해야 한다.

2) 교구의 편의성

소프트웨어 교구는 실습을 보조하는 것이므로 학생들이 쉽고 편하게 사용할 수 있어야 한다. 피지컬 컴퓨팅 도구는 유치원생부터 대학생까지 사용할 수 있도록 그 목적에 따라 다양한 형태로 만들어져 있다.

따라서 그것들 중에서 학생들의 수준에 적합한 것으로 학생들이 생각한 것을 구현하거나 조작하는 데 용이한 것을 신중하게 판단하여 선택해야 한다.

3) 교구의 활용성

로봇, 센서보드, 아두이노를 활용한 소프트웨어 교육은 화면 속에서만 이루어지는 교육이 아니라, 직접 생활용품을 만들면서 이루어지므로 프로그래밍의 개념과 원리를 이해할 수 있는 교구를 준비해야 한다. 따라서 교구와 관련된 활용 사례가 많거나 교사와 학생들에게 친숙한 것일수록 사용하기 편하다.

4) 교구의 효율성

모든 학생들이 실습 활동에 참여하려면 가급적 1인 1교구를 활용할 수 있어야 하므로 제한된 학교 예산으로 너무 비싼 교구를 사는 것은 적절하지 않다. 따라서 가격이 저렴하면서도 성능이 우수한 교구를 선택해야 한다. 이를 위해 미리 견본을 요청하여 충분히 기능과 성능을 시험해야 한다.

5) 교구의 견고성

학생들이 사용하는 교구는 쉽게 파손되지 않고 안전사고가 발생하지 않도록 견고해야 한다. 또한 새로운 기술이나 운영 체제에 능동적으로 대응할 수 있도록 지속적인 업데이트가 가능해야 한다. 따라서 교구를 선택할 때에는 해당 홈페이지에서 교구와 관련된 업데이트가 지속적으로 이루어지고 있는지 확인할 필요가 있으며, 교구를 실제 사용해 본 교사나 구매자들의 의견을 확인할 필요가 있다.

6) 교구의 범용성

소프트웨어 교구는 특정 응용 프로그램이나 운영 체제를 기반으로 만들어지는 경우 해당 소프트웨어의 버전이 바뀌면 더 이상 사용하지 못할 수가 있다. 따라서 교구와 관련된 기술이 표준화되거나 일반적인 것인지를 확인해야 한다. 또한 분실이나 파손 등으로 인해 추가적인 부품이 필요하더라도 쉽게 구매할 수 있거나 시중에 나와 있는 부품들과 호환성이 높아야 한다.

① 텍스트 기반 프로그래밍 도구와 블록 기반 프로그래밍 도구의 특징과 차이점을 비교하여 서술하시오.

② 피지컬 컴퓨팅 도구를 완성형, 조립형, 보드형으로 구분하고, 각각의 특징을 비교하여 서술하시오.

③ 소프트웨어 교재를 선정하는 데 필요한 기준을 교육과정의 준수, 내용 선정과 조직, 내용의 정확성, 기능의 적절성으로 구분하고, 각각의 세부 선정 기준을 설명하시오.

④ 소프트웨어 교구를 선정하는 데 필요한 기준을 타당성, 편의성, 활용성, 효율성, 견고성, 범용성으로 구분하고, 각각의 세부 선정 기준을 설명하시오.

참고 자료

- 교육부(2014). 국정 디지털교과서 편찬상의 유의점(사회).

- 김정랑, 한선관, 한종임, 모경환, 이현주, 김용신(2014). 스마트 교육·디지털 교과서 효과성 검증 도구 개발-연구학교를 중심으로. 한국교육학술정보원.

- 안진아, 정영식(2014). 디지털 교과서의 기능 분석. 정보교육학회 학술논문집 5(1), 91-96. 한국정보교육학회.

- 오은진, 정영식(2019). 초등 소프트웨어 교육을 위한 피지컬 컴퓨팅 도구의 비교 분석. 정보교육학회 학술논문집 10(2). 한국정보교육학회.

- 임철일(2000). 교수 설계 이론. 교육과학사.

- 정영식, 조난심, 김영식(2008). 디지털 교과서 표준화 방안 연구. 한국교육개발원.

- 정영식(2012). 국내 디지털 교과서 연구·개발 동향과 과제에 대한 의견. 디지털 교과서의 현재와 미래. 42-51. 한국교육과정평가원.

- 정영식, 권차미, 김미영(2014). 초등 사회과 디지털 교과서의 개발 방향. 동아출판.

- 주형미, 가은아, 김정효, 남창우, 안종욱(2013). 스마트(SMART) 교육을 위한 디지털 교과서 심사 기준 및 절차 개발. 한국교육과정평가원.

- Hannum, W. H.(2005). Instructional Systems Development: A thirty year retrospective, Educational Technology 45(4), 5-21.

- Keller, J. M.(2009), Motivational Design for Learning and Performance: The ARCS Model Approach. Springer.

- Morrison, Gary R. Designing Effective Instruction, 6th Edition. John Wiley & Sons. 2010.

- Sullivan, H. & Higgins, N.(1983). Teaching for Competence. New York: Teachers College Press.

- Watson, R.(1981). Instructional System Development, Paper presented to the International Congress for Individualized Instruction. EDRS publication ED. 209-239.

- ADDIE Timeline. http://www.nwlink.com/~donclark/history_isd/addie.html#acronym

- Instructional Design(2015). ADDIE Mode. http://www.instructionaldesign.org/models/addie.html

- Heinrich, R., Molenda, M., Russell, D. J., & Smaldino, E. S.(2002). The ASSURE Model. http://itchybon1.tripod.com/hrd/id15.html

- The ABCD model for writing objectives. http://www.mdfaconline.org/presentations/ABCDmodel.doc

- W3schools(2019), JavaScript Versions. https://www.w3schools.com/js/js_versions.asp

- Wikipedia(2015): 파워포인트-프레지 검색 자료 https://ko.wikipedia.org

소프트웨어 교육 평가와 분석

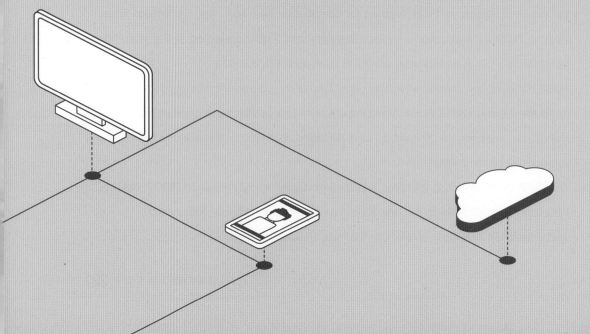

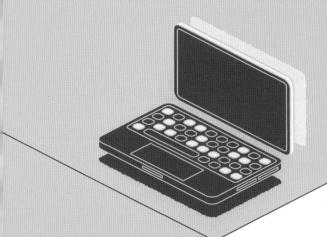

본 장에서는 소프트웨어 교육 평가의 이해와 실제를 살펴보고, 교육 목표 달성도에 대한 평가는 학생들을 대상으로 한 시험이나 관찰을 통해 가능하고, 교수 · 학습 활동에 대한 평가는 교사의 수업 분석(Instructional Analysis)과 학생들의 학습 분석(Learning Analytics)을 통해 가능함을 제시하였다. 구체적인 내용은 다음과 같다.

첫째, 소프트웨어 교육 평가의 이해에서는 학생들을 대상으로 교육 목표 달성도를 평가하기 위해 평가의 개념과 유형 및 도구를 제시하였다.

둘째, 소프트웨어 교육 평가의 실제에서는 학교급별 평가 방법 및 유의 사항과 함께 소프트웨어 교육 역량 평가를 위한 도구와 방법을 제시하였다.

셋째, 소프트웨어 수업 분석과 학습 분석에서는 수업 분석의 개념과 방법, 구체적인 사례를 제시하고, 학습 분석의 개념과 단계를 제시하였다.

1 소프트웨어 교육 평가의 이해

학생들의 학습 목표 달성도를 평가하는 소프트웨어 교육 평가는 주로 시험이나 검사, 관찰, 측정 등을 통해 가능하다. 본 절에서는 교육 평가의 개념 및 유형과 평가 도구를 제시하였다.

1 교육 평가의 개념

소프트웨어 교육 방법이 주로 실습과 활동 중심으로 이루어지기 때문에 학생 평가 역시 지필 평가보다는 관찰과 측정을 통해 이루어지는 것이 바람직하다. 그러나 관찰과 측정은 평가자의 주관적 견해가 많이 포함될 수 있으므로 사전에 평가 목적을 분명하게 정하고, 그에 따른 준거를 마련해야 한다.

가 교육 평가의 목적

소프트웨어 교육에서 학생을 평가하는 목적은 다음과 같다.

첫째, 소프트웨어 교육에 대한 학생의 발달 정도를 결정하기 위해서이다. 학생의 발달 정도는 소프트웨어와 관련된 교과 교육과정에 명시된 성취 기준을 통해 판단할 수 있다. 성취 기준은 학교의 교육 여건이나 학생들의 성취 수준에 따라 조금씩 변형할 수 있으나 큰 틀에서는 교육과정에서 제시한 성취 기준이 중요한 준거가 된다.

둘째, 소프트웨어 교육의 효과가 어떠한지를 판단하기 위해서이다. 소프트웨어 교육의 목적은 소프트웨어에 대한 지식이나 기능만을 익히는 데 있지 않고, 컴퓨팅 사고력을 기르고 그것을 이용하여 실생활의 문제를 해결하는 데 있다. 따라서 이러한 컴퓨팅 사고력에 대한 평가는 장기적이고 지속적으로 이루어져야 한다.

셋째, 소프트웨어 교육의 교수·학습 과정과 방법을 결정하기 위해서이다. 소프트웨어 교육에 대한 효과를 높이려면 수업에 참여한 학생들의 변화뿐만 아니라, 학교에서 운영하고 있는 교육과정과 교육 방법에 대한 점검도 필요하다. 이를 통해 소프트웨어 교육과정이나 교육 방법에 대한 개선 방향을 마련해야 한다.

넷째, 학생들의 진단과 처방을 위해서이다. 학생 평가를 통해 학생들의 수준과 적성을 진단하고, 그에 따라 학생들에게 개별화된 처방을 진행할 수 있다.

나 교육 평가의 방향

학생들을 평가하기 위해서는 소프트웨어 교육에 대한 목표를 정하고, 그것의 달성 여부를 정확하게 판단할 수 있는 체계적인 평가 계획이 필요하다.

소프트웨어 교육의 목표는 컴퓨팅 사고력을 신장시켜 실생활의 문제를 해결하는 데 있다. 따라서 학생들이 소프트웨어에 대한 지식과 기능을 결과적으로 얼마만큼 습득하였는지를 평가하는 것도 필요하지만 소프트웨어를 이해하고 활용하고 창작하는 과정에서 컴퓨팅 사고력이 얼마만큼 향상되었고, 그것을 일상생활에서 얼마만큼 적용할 수 있는지를 평가하는 것이 중요하다.

결국, 소프트웨어 교육에 참여한 학생을 평가할 때에는 컴퓨팅 사고력과 문제 해결력을 평가할 수 있는 도구를 활용하고, 단기적인 평가보다는 장기적이고 지속적인 평가가 필요하다. 또한 학생들의 지식과 기능, 태도를 평가하기보다 결과를 분석하고 진단하고 처방하는 데 필요한 기초 자료를 수집할 수 있어야 한다.

초·중등교육에서의 소프트웨어 교육은 뛰어난 프로그래머를 길러내기 위한 것이 아니고, 컴퓨팅 사고력 역시 단기간에 형성되는 것이 아니므로 학생 평가를 통해 얻은 결과를 활용하여 학생들의 처방과 변화를 이끌어 내는 데 더 많은 노력을 기울여야 한다.

특히 소프트웨어 교육을 처음 접한 학생들은 평가를 한다는 것만으로도 부담을 느낄 수 있고, 평가 결과가 기대보다 낮을 경우 심한 좌절감에 빠질 수 있다. 따라서 평가 초기에는 실생활과 관련된 쉬운 문제를 제시하여 누구든지 쉽게 문제를 이해하고 해결할 수 있도록 하여 학생들이 소프트웨어 교육에 대해 자신감을 갖고 평가에 임할 수 있도록 지원해야 한다.

1) 초등학교의 평가 방향

초등학교에서의 소프트웨어 교육 평가는 교육 목표의 성취를 중심으로 학습자의 학업 능력을 타당하고 신뢰성 있게 평가해야 한다. 이를 위해서 교육과정에 제시된 성취 기준에 근거하여 평가 계획을 설정하고, 지적·정의적·기능적 영역에서 모든 영역이 균형 있게 평가될 수 있도록 계획하되, 다음과 같은 사항에 중점을 두어 평가한다.

- 기본적인 개념이나 원리, 사실 등의 기초 지식과 배경 지식의 이해 능력
- 비판적 사고 능력, 의사결정 능력, 창의력 등을 활용한 실천적 문제 해결 능력
- 실험·실습 방법과 과정에 따른 실천적 수행 능력
- 학습 내용을 실생활에 적극적으로 적용해 보려는 실천적 태도

평가 내용은 교육과정에 제시된 성취 기준의 범위와 수준에 근거하되, 다양한 교수·학습 과정과 결과에서 산출된 자료를 활용하여 교수·학습과의 연계를 강화하고, 실험·실습의 평가는 세부적인 평가 기준을 사전에 제시하고 평가하되, 산출물 평가뿐만 아니라, 과정 중심 평가 및 수행 능력을 평가한다.

평가 목적, 평가 내용이나 영역, 평가 결과 활용 등을 종합적으로 고려하여 검사 도구를 제작·적용하고 점수를 산출하는 양적 평가와 수량화되지 않은 다양한 형태의 자료를 수집하여 평가하는 질적 평가를 적절하게 활용하도록 한다.

학습자의 학업 성취를 위한 평가 결과는 학생의 평점 외에 학생의 자기 진단을 위한 자료 및 학업 개선의 자료로 활용하며, 궁극적으로 학생의 적성 파악 및 진로 지도의 기초 자료로 활용하도록 한다.

2) 중·고등학교의 평가 방향

중·고등학교 소프트웨어 교육은 주로 정보 교과에서 이루어지므로, 평가 항목은 정보 교과 역량인 정보 문화 소양, 컴퓨팅 사고력, 협력적 문제 해결력의 하위 요소를 기반으로 구체적으로 평가한다. 이를 위해 학습자의 수준을 정확히 파악하고 교수·학습 설계에 반영할 수 있도록 형성 평가를 적극 활용하며, 모둠별 탐구 활동의 협업 및 발표, 토론 수행 등의 전 과정에서 합리적이고 객관적인 평가가 이루어질 수 있도록 평가 기준과 구체적인 체크리스트를 마련하여 교사 평가뿐만 아니라, 동료 평가, 자기 평가를 위한 도구로 활용한다.

토론 과정 평가 시 모든 구성원의 발언 내용과 태도를 평가하기 위해 소규모로 모둠별 토론을 진행하여 구성원들이 번갈아 가며 모두 발언할 수 있도록 안내한다. 특히 학습자의 능력과 수준을 고려하여 다양한 평가 문항을 제시함으로써 학습자가 성취감을 경험할 수 있도록 한다.

다 교육 평가의 기능

소프트웨어 교육에서 학생 평가가 갖는 교육적 기능은 다음과 같다.

첫째, 학생의 교육 목표 달성도를 확인할 수 있다. 교육과정에서 제시한 교육 목표와 단위 수업 시간에 설정한 학습 목표에 비추어 학생들의 지식과 기능, 태도에 대한 목표 달성도를 확인할 수 있다.

둘째, 학생 자신을 진단하고 보완할 수 있다. 자신의 평가 결과를 스스로 분석하거나 교사의 도움을 받아 자신의 장점과 단점을 찾음으로써 자신을 더 잘 이해할 수 있으며, 그것을 바탕으로 단점을 보완할 수 있는 계기가 된다.

셋째, 학생의 학습 동기를 유발할 수 있다. 학생 평가를 통해 자신의 성취 수준을 객관적으로 파악한 후 보다 좋은 결과를 얻기 위해 수업에 집중할 수 있다. 그러나 평가 결과가 자신의 기대에 미치지 못할 경우 좌절하거나 포기할 수 있으므로 교사의 관심과 처방이 필요하다.

넷째, 교사의 교수 전략과 방법을 개선할 수 있다. 교사의 교수 전략과 방법은 학생의 성취도에 영향을 많이 미친다. 교육과정의 성취 기준과 학생들의 특성을 분석하여 교수 전략과 방법을 수립한다면 학생들의 성취도가 높아질 것이다. 따라서 학생들의 성취도가 낮다면 교육과정과 학생들의 특성을 재분석하고, 그 결과를 토대로 교사는 자신의 교수 전략과 방법을 재검토하여 원인을 찾아 문제점을 개선해 나가야 한다.

다섯째, 학생의 성취도 수준에 따라 학생을 선별하거나 배치할 수 있다. 수업 시간에 모둠을 구성하거나 과제를 부여할 때에 학생들의 수준을 고려할 수 있으며, 성취도가 낮은 학생에게는 보충 학습을 제공하고, 성취도가 높은 학생에게는 심화 학습을 제공하는 등 수준별 맞춤학습도 가능하다.

여섯째, 미래의 직업에 대해 이해하고, 필요한 핵심 역량을 기를 수 있다. 21세기 학습자의 핵심 역량 중 하나는 정보 기술이며, 미래는 소프트웨어 중심 사회이다. 소프트웨어 중심 사회는 소프트웨어가 새로운 가치를 창출하는 데 중심이 되는 사회이며, 소프트웨어를 기반으로 개인이나 기업, 국가가 성장하는 사회를 의미한다. 소프트웨어 교육은 정보 기술 교육의 한 분야이므로 미래 직업에 필요한 핵심 역량을 기를 수 있다.

교사는 위와 같은 기능이 활성화되도록 해야 한다.

2 교육 평가의 유형

소프트웨어 교육에서의 학생 평가는 평가 시기에 따라 수행 평가와 총괄 평가로 구분할 수 있으며, 수행 평가는 다시 진단 평가와 형성 평가로 구분할 수 있다. 또한 평가 기준에 따라 절대 평가와 상대 평가로도 구분할 수 있다.

이처럼 교육 평가의 유형은 평가 목적에 따라 달라질 수 있다. 하지만 일반적으로 총괄 평가보다는 수행 평가로, 상대 평가보다는 절대 평가를 수행하는 것이 바람직하여 권장하고 있다. 이를 위해 교육 현장에 맞는 소프트웨어 교육과정과 학생들의 발달 단계를 고려한 평가 척도의 개발이 필요하다.

가 수행 평가와 총괄 평가

소프트웨어 교육은 다른 교과와 달리, 실습을 많이 필요로 하고, 컴퓨팅 사고력을 측정하기 위해 특정 시기에 일회적인 평가보다는 지속적인 관찰을 통한 평가가 필요하다. 따라서 총괄 평가보다는 학생들의 새로운 산출물이 나올 때마다 수시로 평가할 수 있는 체제를 마련해야 한다. 그러나 수시 평가 체제는 교사의 평가 부담을 가중시킬 수 있으므로 온라인 평가 시스템을 도입할 필요가 있다.

수행 평가는 학생들의 학습 진전 상황을 수시로 점검하여 교수·학습 방법을 개선하고, 학생들의 성취도를 향상시키려는 데 목적이 있으므로 학생뿐만 아니라, 교사에게도 유용하다. 교사는 수행 평가 결과를 분석하고 활용함으로써 스스로 교수 활동과 방법을 개선할 수 있다. 학생은 수시로 학습 진행 상황을 확인할 수 있고, 자신의 상황에 맞게 학습 진도를 조절할 수 있으며, 학습 결과에 대한 즉각적인 피드백으로 다양한 개선 방안을 마련할 수 있다. 따라서 수행 평가는 교수·학습 결과를 측정하기보다는 교수·학습 과정을 개선하는 데 더 큰 목적이 있다.

이에 비해 총괄 평가는 소프트웨어 교육 활동이 종료되는 시점에서 학생들의 최종적인 성취도를 확인하여 교수·학습 과정의 전반적인 효과성을 확인하는 데 목적이 있다. 총괄 평가는 학생 개개인의 성취도에 따라 학생을 선별 또는 배치하고, 후속 학습을 위한 보충·심화 학습 자료를 추가적으로 제공할 수 있다. 또한 최종적인 교육 목표 달성 여부를 통해 투입된 교수 전략이나 방법의 타당성을 검증하고, 장기적으로 교육의 질을 관리하는 데 활용된다.

나 절대 평가와 상대 평가

실생활의 문제는 개인 혼자서 해결해야 할 문제도 있지만 대부분 가족이나 친구, 동료들과 함께 해결해야 할 문제가 더 많다. 소프트웨어 교육은 실생활의 문제를 해결하는 데 필요한 컴퓨팅 사고력을 기르는 것이므로 주어진 과제를 혼자서 해결하기보다는 동료와 함께 협력하여 해결하도록 해야 한다. 따라서 학생을 평가할 때에 단순히 개인의 산출물을 평가하기보다는 협업 활동을 통해 얻은 산출물과 과정을 평가해야 한다.

소프트웨어 교육에서 협업 활동이 활발하게 이루어지려면 동료 간의 경쟁심보다는 관련 자료를 서로 공유하고 협조할 수 있는 분위기를 조성해야 하므로 상대 평가보다는 절대 평가가 더 효과적이다. 물론, 성취도에 따라 학생을 선발해야 한다면 상대 평가가 필요하지만 대부분의 소프트웨어 교육 상황은 학생 선발보다는 학생들의 역량을 진단하여 소프트웨어 교육의 질을 향상시키는 데 목적이 있으므로 가급적 상대 평가보다는 절대 평가를 하는 것이 바람직하다. 절대 평가를 위해서는 동료 평가나 포트폴리오 평가를 통해 자신의 능력을 객관적으로 살펴보고, 스스로 문제점을 진단하고 해결할 수 있도록 학생들의 발달 단계를 고려한 평가 척도 개발이 필요하다.

평가 척도는 교육과정에서 제시한 성취 기준을 근거로 학교의 여건과 학생의 특성을 고려하여 담당 교사가 재구성할 수 있다.

3 교육 평가의 도구

소프트웨어 교육에 대한 학생 평가는 지식, 기능, 가치, 태도를 종합적으로 평가한다. 평가 목적에 따라 다양한 평가 도구를 선정하고, 적절한 평가 도구가 없을 때에는 교사가 교육과정과 교재를 분석한 후 필요한 평가 도구를 개발한다.

가 평가 도구의 유형

소프트웨어 교육에 참여한 학생 평가는 학습 결과와 더불어 학습 과정이나 활동을 평가해야 한다. 구체적인 평가 방법에는 선택형, 포트폴리오, 보고서, 워크시트, 실습, 자기 평가 등이 있다.

① 선택형 평가

채점을 빠르고 객관적으로 할 수 있으며, 평가 목적에 따라 문항의 형태를 다양하게 변형시켜 평가할 수 있는 방법이다.

또한 평가 문항의 난이도를 쉽게 조절할 수 있어서 진단 평가나 형성 평가, 총괄 평가 등 다양한 평가 유형에 활용할 수 있다. 선택형 평가의 문항 구성에는 진위형, 연결형, 선다형 등이 있다.

② 포트폴리오 평가

자신이 만든 알고리즘이나 프로그램 등 각종 산출물을 지속적이고 체계적으로 모아 두고, 그것을 평가하는 방법이다. 학생들의 산출물을 통해서 발달 과정을 파악하여 체계적인 피드백을 제공할 수 있다.

③ 보고서 평가

학생의 능력이나 흥미에 적합한 주제를 선택한 다음 개인별 또는 모둠별로 관련 자료와 정보를 수집하고 분석하고 종합하여 보고서를 작성한 후 평가하는 방법이다. 보고서를 작성하는 과정에서 탐구 방법을 익히고 자료와 정보를 수집하고 분석하는 방법, 보고서 작성법을 익힐 수 있으며, 보고서를 발표하면서 다른 사람과 비교하고 평가해 볼 수 있는 기회를 가질 수 있다.

④ 워크시트 평가

계획된 수업안에 따라 학습 내용과 활동을 구조화시킨 워크시트를 활용하여 평가하는 방법이다. 워크시트에 포함할 내용은 [표 6-1]과 같이 교육 단계, 교육 목표, 배지, 평가 지표, 평가 대상자 이름 등으로 구성할 수 있다. 배지는 학생들이 교육 목표를 달성하였을 때에 주는 보상 체계로서 문제 해결자(Problem Solver), 프로그래머(programmer), 논리적 사고자(Logical Thinker), 콘텐츠 개발자(Content Creator), 인터넷 안전(e-safety) 등 교육과정에서 요구하는 핵심 역량별로 배지나 스티커를 만들어서 줄 수 있다.

[표 6-1] 영국의 소프트웨어 교육 평가 도구(워크시트)

교육 단계	KS2									
교육 목표	알고리즘이 무엇인지, 정보 기기에서 프로그램으로 어떻게 구현되고 실행되는지를 이해할 수 있다.			간단한 프로그램을 만들고, 디버그할 수 있다.		간단한 프로그램의 결과를 예측하고, 논리적으로 설명할 수 있다.		디지털 콘텐츠를 목적에 맞게 만들고, 저장하고, 조직하고, 조작할 수 있다.			
배지				PROGRAMMER 1		LOGICAL THINKER 1		CONTENT CREATOR 1			
평가 지표	알고리즘을 이해할 수 있다.	알고리즘은 정보기기 안의 프로그램으로 존재한다는 것을 이해할 수 있다.	프로그램은 미리 정의된 명령어임을 이해할 수 있다.	간단한 프로그램을 만들 수 있다.	간단한 프로그램을 디버그할 수 있다.	자신이 만든 프로그램의 실행 결과를 논리적으로 예측할 수 있다.	다른 사람이 만든 프로그램의 실행 결과를 논리적으로 예측할 수 있다.	디지털 콘텐츠를 목적에 맞게 만들 수 있다.	디지털 콘텐츠를 목적에 맞게 저장할 수 있다.	디지털 콘텐츠를 목적에 맞게 조직할 수 있다.	디지털 콘텐츠를 목적에 맞게 조작할 수 있다.
홍길동	상	중	하	상	중	중	상	상	중	하	하
...											

⑤ 실습 평가

개인별 또는 모둠별로 알고리즘이나 프로그램을 작성하게 한 후 그것을 평가하는 방법이다. 실습 평가는 산출물 평가보다는 실습하는 과정을 관찰하고 평가함으로써 컴퓨팅 사고력을 종합적으로 평가할 수 있다.

⑥ 자기 평가

학생 스스로 학습 과정이나 학습 결과에 대한 자기 평가서를 작성한 후 그것을 평가하는 방법이다. 주요 학습 단계에서 학습해야 하는 몇 가지 중요 내용을 상, 중, 하로 표기할 수 있다.

학생은 자기 평가를 통해 자신의 학습 준비도, 학습 동기, 성취 수준, 만족도, 협력 관계 등에 대해 스스로 반성할 수 있는 기회를 가질 수 있고, 교사는 학습자 평가에 대한 타당성을 학생들의 자기 평가와 비교 분석해 볼 수 있는 기회를 가질 수 있다.

나 평가 도구의 선택

학생 평가의 질을 높이기 위해서는 평가 목적에 맞게 평가 도구를 선택해야 한다. 평가 도구를 선택할 때에 고려해야 할 점은 다음과 같다.

- 평가하려는 것이 무엇인지를 분명하게 명시한다.
- 평가의 신뢰도와 타당도가 적절한지를 분석한다.
- 평가 내용이 학생의 연령에 적절한지를 판단한다.
- 상대 평가인 경우 비교할 만한 집단이 적절한지를 판단한다.
- 평가 목적이 무엇인지를 명확히 한다.
- 평가 대상이 개인인지, 집단인지를 정한다.
- 평가를 위해 평가자의 전문적인 훈련이 필요한지를 판단한다.
- 평가 과정에서 학생에게 어떠한 영향을 미칠 수 있는지를 예측한다.
- 평가 결과가 학생에게 어떠한 피드백을 줄 수 있는지를 확인한다.
- 평가 후에 평가 과정이나 결과에 대한 반성의 기회를 갖는다.

다 평가 도구의 개발

적절한 평가 도구가 없을 때에는 직접 교사가 개발할 수 있다. 평가 도구를 개발하기 위해서는 우선적으로 교육과정과 교재를 분석한 후 실제 교육한 내용과 활동을 추출하여 평가의 타당도를 높여야 한다.

평가 도구를 개발할 때의 기본 방향은 다음과 같다.

첫째, 성취 기준과 평가 기준에 근거하여 개발한다. 교육과정에 제시된 성취 기준이나 실제 교수·학습 과정에서 제시한 성취 기준을 확인하고, 그것에 맞는 평가 기준에 근거하여 평가한다. 평가 도구는 평가 영역, 평가 지표, 평가 척도, 평가 문항 등을 구분하여 구체적으로 개발한다.

둘째, 단순하고 지엽적인 내용보다는 새로운 지식을 창출하는 창의적인 사고력을 평가할 수 있도록 개발한다. 소프트웨어 교육은 컴퓨팅 사고력을 실생활에 적용하는 것을 중요시한다.

따라서 습득한 지식을 단순히 암기하였는지를 평가하기보다는 컴퓨터 과학의 지식과 원리를 이용하여 일상생활에서 발생한 문제를 인지하고 분석하여 해결 방법을 찾을 수 있는지를 평가해야 한다.

셋째, 소프트웨어 교육의 지식과 기능, 태도 등 모든 영역을 균형 있게 평가할 수 있도록 개발한다. 소프트웨어의 지식과 기능에 대한 평가는 국내외 사례를 통해 다양한 도구를 참조할 수 있지만 태도 영역은 가치 판단과 태도 변화를 평가하므로 평가 도구를 개발하는 것이 쉽지 않다. 소프트웨어 교육은 하나의 기술로 인간 생활에 많은 변화를 일으킬 수 있으며, 이러한 기술을 어떻게 활용하느냐는 소프트웨어 교육 영역의 핵심 영역 중 하나이다. 따라서 평가를 통해 태도 변화를 지속적으로 관찰하고 반성할 수 있는 평가 도구를 개발해야 한다.

넷째, 학교 현장에서 실제 활용할 수 있도록 개발한다. 실제적인 평가 목적에 맞게 교사가 평가할 수 있는 여건이 적절한지를 판단해야 한다. 즉, 학습 진도, 평가 시기, 평가 시간, 학생의 수, 학생 수준, 실습실의 규모와 장비 등을 종합적으로 고려하여 평가 도구를 개발한다.

다섯째, 실제적인 교수·학습 상황을 고려하여 개발한다. 계획된 수업과 달리, 실제 구현된 교수·학습 상황이 달라졌다면 그에 맞는 평가가 이루어져야 한다. 따라서 평가의 타당성을 높이기 위해서 학생 평가를 수행하기 직전에 실제 수업 상황을 고려하여 평가 도구를 재수정할 필요가 있다.

여섯째, 교사의 교수·학습 방법을 개선할 수 있는 방향으로 개발한다. 평가 목적은 학생들의 성취도를 파악하는 것뿐만 아니라, 교사의 수업을 개선하는 데 있다. 따라서 평가 도구는 교수·학습 방법을 개선하는 데 도움을 줄 수 있도록 소프트웨어 교육의 본질과 성격, 목표에 근거하여 개발해야 한다.

2 소프트웨어 교육 평가의 실제

소프트웨어 교육은 지식·정보 사회를 올바르게 이해하고, 정보 사회 구성원으로서 정보 문화 소양을 갖추고, 컴퓨팅 사고력 및 협력적 문제 해결력을 기르기 위한 교과이다. 본 절에서는 2015 개정 교육과정에 제시된 학교급별 평가 방법 및 유의 사항과 한국교육학술정보원에서 개발한 소프트웨어 교육 역량 진단 도구를 제시하였다.

1 평가 방법 및 유의 사항

소프트웨어 교육과 직접적으로 관련된 초등학교 실과 교육과정과 중·고등학교 정보과 교육과정에 제시된 평가 방법 및 유의 사항을 중심으로 살펴보았다.

가 초등학교

초등학교 실과 교육과정에 포함된 평가 방법 및 유의 사항을 중심으로 초등학교에서의 소프트웨어 교육에 대한 평가 방법을 살펴보면 다음과 같다.

첫째, 소프트웨어의 이해, 절차적 문제 해결, 프로그래밍 요소와 구조에 대한 성취 기준을 확인하고자 할 때에는 다양한 평가 도구를 활용하여 소프트웨어 교육을 통한 컴퓨팅 사고력의 향상 정도를 측정할 수 있도록 한다.

둘째, 개인 정보 보호와 지식 재산 보호에 대한 기본적인 기준과 절차에 대해 체크리스트를 구성하여 자신의 이해 여부와 노력 정도를 평가해 보도록 한다.

셋째, 생활 속에서 로봇이 활용된 예를 찾아 어떻게 작동하는지를 분석하고, 다양한 로봇의 활용 분야에 대해 조사하여 작성한 연구 보고서를 대상으로 평가하도록 한다.

나 중학교

중학교 정보과 교육과정에서는 정보 문화, 자료와 정보, 추상화와 알고리즘, 프로그래밍, 컴퓨팅 시스템의 5개 영역으로 구분하여 평가 방법 및 유의 사항을 제시하고 있다.

1) 정보 문화

- 정보 사회 특성에 따른 진로와 직업을 조사하도록 하고, 발표하는 과정을 관찰하여 미래 사회 변화와 자신의 적성에 적합한 직업을 탐색하였는지 평가한다.
- 일상생활과 다양한 학문 및 사회의 각 직업 분야에서 활용되는 소프트웨어의 종류와 역할을 조사하도록 하고, 토론하는 과정을 관찰하여 개인의 삶과 사회의 변화에 미치는 소프트웨어의 역할과 중요성에 대해 인식하였는지 평가한다.
- 개인 정보 유출로 인한 최근의 피해 사례를 조사하도록 하고, 발표 과정을 관찰하여 사례별 문제점에 따른 개인 정보 보호 실천 방안을 수립하였는지 평가한다.
- 발표 및 저작물을 공유하는 과정을 관찰하여 '저작물 이용 허락 표시'에 따른 디지털 저작물 사용 방법을 정확하게 설명하고, 자신의 저작물을 제작하여 공유할 때 이를 적용하였는지 평가한다.
- 게임 중독, 인터넷 중독, 스마트폰 중독 등에 대한 자가 진단 방법을 찾아 자신의 상태를 파악하고, 진단 결과에 따른 실천 가능한 예방 계획을 수립하였는지 평가한다.
- 정보 사회 구성원으로서 갖추어야 할 정보 문화 소양을 평가하기 위한 체크리스트를 개발하고, 교사의 관찰에 의한 평가뿐만 아니라, 동료 학생의 관찰 평가 시 객관적 평가 도구로 활용할 수 있도록 한다.
- 학습자의 구체적인 실천 사례나 가치관, 흥미 등을 종합적으로 고려하여 정보 윤리와 관련된 정의적 능력을 평가한다.

2) 자료와 정보

- 아날로그 형태의 문자, 그림을 디지털로 변환하는 과정을 관찰하여 아날로그와 디지털 정보의 차이와 변환 원리를 이해하였는지 평가한다.
- 정보를 구조화한 산출물을 시연하고 토론하는 과정을 관찰하여 정보를 효과적으로 전달할 수 있는 형태로 구조화하였는지 평가한다.
- 수행 과정 관찰 및 결과 보고서 평가를 통해 문제 해결에 적합한 정보의 수집과 관리 계획을 수립하고, 이에 적합한 응용 소프트웨어를 활용하여 자료를 수집·분류·관리·공유하였는지 평가한다.
- 정보 기술을 활용하여 자료와 정보를 수집하고, 효율적으로 관리하는 능력을 평가하기 위해서 객관적 평가 도구로 다양한 체크리스트를 구체화하여 제시하였는지 평가한다.

이를 교사의 관찰에 의한 평가뿐만 아니라, 동료 학생의 관찰 평가 시 객관적 평가 도구로 활용할 수 있도록 한다.

3) 추상화와 알고리즘

- 문제 분석 과정의 관찰을 통해 문제 상황을 정확하게 분석하고, 문제 해결을 위한 핵심 요소를 구분하였는지 평가한다.
- 과제를 제시하고, 문제 상황에 적합한 문제 해결 과정을 절차적으로 분석하였는지 평가한다.
- 과제 산출물 평가 시 주어진 문제 해결을 위한 다양한 방법을 탐색하고, 글이나 그림 등으로 이해하기 쉽게 표현하였는지 평가한다.
- 문제 해결 방법과 절차를 다양한 형태로 표현하는 과제 평가에서 표현 형태를 획일적으로 제한하지 않고 절차적 사고가 논리적으로 표현되었는지에 중점을 두고 평가한다.

4) 프로그래밍

- 단계별 형성 평가를 통해 프로그래밍의 기본 개념과 원리를 이해하고 있는지 평가한다.
- 단계별 프로그래밍 실습 과제를 제시하여 학습자가 개발한 프로그램의 정확성과 효율성을 평가하고, 문제 해결 목적에 적합한 변수, 연산자, 입력과 출력, 제어 구조 등을 사용하였는지 평가한다.
- 실생활 문제 해결을 위한 프로젝트 수행 과정을 관찰하는 동시에 포트폴리오를 평가함으로써 프로그래밍으로 해결 가능한 문제를 스스로 선정하였는지, 창의적 문제 해결 아이디어를 고안하였는지, 문제 해결에 적합한 알고리즘을 설계하고 프로그램으로 구현하였는지 등을 종합적으로 평가한다.
- 협력적 프로젝트의 수행 과정을 평가할 때에는 학습자 간 유의미한 상호작용이 이루어졌는지, 구성원 각자의 역할을 책임감 있게 수행하였는지 등을 종합적으로 고려하여 평가한다.
- 프로그래밍 언어의 문법 이해와 관련된 지엽적인 평가를 지양하고, 문제 분석, 추상화, 알고리즘 설계, 프로그램 개발 및 수정 등 일련의 수행 과정을 종합적으로 평가한다.

5) 컴퓨팅 시스템

- 탐구 및 발표 과정의 관찰을 통해 컴퓨팅 시스템을 구성하고 있는 하드웨어와 소프트웨어의 유기적인 관계와 역할을 이해하고, 이에 따라 실생활의 다양한 컴퓨팅 시스템의 동작 원리를 분석하였는지 평가한다.
- 실습 과제를 통해 문제 해결에 적합한 하드웨어를 구성하였는지, 개발한 프로그램에 의해 시스템이 정확하게 동작하는지 등을 평가한다.

- 동일한 문제 해결을 위해 구현한 피지컬 컴퓨팅 시스템이라 하더라도 다양한 형태의 하드웨어와 프로그램으로 구현될 수 있다. 따라서 학습자가 구현한 피지컬 컴퓨팅 시스템을 평가할 때에는 동작 수행의 정확성과 더불어 하드웨어 구성과 프로그램 설계의 창의성과 효율성에 중점을 두고 평가한다.

다 고등학교

고등학교 정보과 교육과정도 중학교와 마찬가지로 정보 문화, 자료와 정보, 추상화와 알고리즘, 프로그래밍, 컴퓨팅 시스템의 5개 영역으로 구분하여 평가 방법 및 유의 사항을 제시하고 있다.

1) 정보 문화

- 사례 조사 및 토론 과정의 관찰을 통해 정보 사회에서의 정보 과학 지식과 기술의 활용 분야와 영향력을 분석하였는지 평가한다.
- 조사 및 토론 과정의 관찰을 통해 정보 과학 전공 분야의 직업 특성에 따라 미래 사회 변화에 적합한 진로를 선택하고 준비 사항을 제시하였는지 평가한다.
- 실습 과정 관찰을 통해 정보 보호 제도 및 방법에 따라 보호해야 할 정보와 공유해야 할 정보를 구분하여 인터넷상의 정보를 올바르게 공유하였는지 평가한다.
- 자신의 컴퓨팅 기기에 적합한 보안(암호 설정, 접근 권한 관리, 방화벽 설정, 보안 업데이트, 바이러스 예방 등) 설정을 실습하도록 하고 수행 과정의 적절성을 평가한다.
- 소프트웨어 저작권 보호 제도의 필요성에 대해 조사·발표하도록 하고, 상용 및 공개 소프트웨어, 오픈(open) 소스 소프트웨어(software) 등의 올바른 활용 방법을 제시하였는지 평가한다.
- 사이버 범죄와 관련된 법률 사례를 조사·발표하도록 하고, 사이버 윤리 실천 방안을 수립하였는지 평가한다.
- 정보 사회 구성원으로서 갖추어야 할 정보 문화 소양을 평가하기 위한 체크리스트를 구체화하여 개발하고, 교사의 관찰에 의한 평가뿐만 아니라, 동료 학생의 관찰 평가 시 객관적인 평가 도구로 활용할 수 있도록 한다.
- 학습자의 구체적인 실천 사례나 가치관, 흥미 등을 종합적으로 고려하여 정보 윤리와 관련된 정의적 능력을 평가한다.

2) 자료와 정보

- 산출물 평가를 통해 특정 문자열이나 이미지를 다양한 디지털 변환 방법에 따라 표현하고, 각 방법에 따른 변환 결과를 비교하여 보다 효율적인 방법을 선택하였는지 평가한다.

- 빅데이터 관련 사례에 대해 조사·토론하도록 하고, 컴퓨팅 기술이 개인의 삶과 사회에 미치는 영향력을 인식하고 있는지 평가한다.
- 클라우드 서비스를 활용하도록 유도하고, 문제 해결에 적합한 자료를 수집하고 분석하였는지 관찰하여 평가한다.
- 수집한 자료를 관리하는 과정을 관찰하고, 보고서 작성 과제를 통해 데이터의 저장, 수정, 추출 과정을 이해하고 있는지 평가한다.
- 협력 수행 과제 평가의 경우 과제 수행 중 구성원의 역할을 사전에 안내하여 가능한 한 모든 구성원이 과제 수행에 참여할 수 있도록 독려하고, 다른 구성원과의 상호작용 및 의사소통 과정을 관찰하여 평가한다.

3) 추상화와 알고리즘

- 문제 분석 과정에서 문제 상황에 적합한 추상화 기법(핵심 요소 추출, 문제 분해, 모델링)을 적용하여 문제를 해결하였는지 관찰하여 평가한다.
- 알고리즘을 설계하는 과제를 제시하고, 자신의 결과물을 동료와 서로 토론하는 과정을 관찰하여 학습자가 문제 상황에 적합한 제어 구조를 활용한 알고리즘을 효율적으로 설계하였는지 평가한다.
- 동일한 문제를 해결하는 다양한 알고리즘을 수행 시간의 관점에서 비교·분석하는 과제를 제시하고, 학습자가 효율적인 알고리즘을 선택하였는지 평가한다.
- 알고리즘을 설계하는 과제에서는 알고리즘의 표현 형태보다 문제 해결 과정의 논리성과 효율성에 대해 중점을 두고 평가한다.

4) 프로그래밍

- 단계별 형성 평가를 통해 프로그래밍의 기본 개념과 원리를 이해하고 있는지 평가한다.
- 단계별 프로그래밍 과제 실습 평가를 통해 학습자가 개발한 프로그램의 정확성과 효율성을 평가하고, 문제 해결 목적에 적합한 변수, 자료형, 연산자, 입력과 출력, 제어 구조, 배열, 함수 등을 사용하였는지 평가한다.
- 융합 문제 해결을 위한 프로젝트 수행 시 관찰 및 포트폴리오 평가를 통해 프로그래밍으로 해결 가능한 문제를 스스로 선정하였는지, 창의적 문제 해결 아이디어를 고안하였는지, 문제 해결에 적합한 알고리즘을 설계하고 프로그램으로 구현하였는지 등을 종합적으로 평가한다.
- 협력적 프로젝트의 수행 과정을 평가할 때에는 학습자 간 유의미한 상호작용이 이루어졌는지, 구성원 각자의 역할을 책임감 있게 수행하였는지 등을 종합적으로 고려하여 평가한다.

- 프로그래밍 언어의 문법 이해 등과 관련된 지엽적인 평가를 지양하고, 문제 분석, 추상화, 알고리즘 설계, 프로그램 개발 및 수정 등 일련의 수행 과정을 종합적으로 평가한다.

5) 컴퓨팅 시스템

- 운영 체제의 자원을 관리하는 보고서를 작성하도록 하고, 학습자가 개인용 컴퓨터, 스마트폰 등의 주요 자원을 효율적으로 관리하였는지 평가한다.
- 네트워크 설정 과정을 보고서로 작성하도록 하고, 학습자가 개인용 컴퓨터, 스마트폰 등의 유무선 네트워크 환경을 적합하게 설정하였는지 평가한다.
- 모둠별 프로젝트 수행 과정을 관찰하고 결과 보고서를 평가하되, 문제 해결 목적에 적합한 하드웨어 구성과 동작 알고리즘을 설계하였는지, 개발한 프로그램에 의해 시스템이 정확하게 동작하는지 등을 평가한다.
- 실습 과제를 통해 피지컬 컴퓨팅으로 실생활의 문제를 해결하는 하드웨어를 설계하고, 이를 제어하는 프로그램을 구현하였는지 평가한다.
- 협력적 프로젝트의 수행 과정은 학습자 간 유의미한 상호작용이 원활히 이루어졌는지, 구성원 각자의 역할을 책임감 있게 수행하였는지 등의 태도를 고려하여 평가한다.
- 운영 체제와 네트워크에 대한 개념적 이해보다 자신이 활용하는 컴퓨팅 시스템을 최적화하여 관리할 수 있는지에 중점을 두고 평가한다.
- 동일한 문제 해결을 위해 구현한 피지컬 컴퓨팅 시스템이라 하더라도 다양한 형태의 하드웨어 구성과 프로그램 구현이 가능하다. 따라서 학습자가 구현한 피지컬 컴퓨팅 시스템을 평가할 때에는 동작 수행의 정확성과 하드웨어 구성과 프로그램 설계의 창의성과 효율성에 중점을 두고 평가한다.

2 소프트웨어 교육 역량 평가

학생들의 소프트웨어 교육 역량을 진단하고, 학교에서 정보 교육 및 소프트웨어 교육의 효과적인 실행을 위한 기초 자료로 활용하기 위해 한국교육학술정보원은 2018년에 소프트웨어 교육 역량 평가 도구를 개발하였다(양재명 외, 2018).

가 평가 내용

소프트웨어 교육 역량을 평가하기 위해 [표 6-2]와 같이 평가 영역을 컴퓨팅 사고력 기반의 문제 해결 과정과 정보 문화 소양으로 구분하였고, 개발된 문항은 13개 문항이다.

[표 6-2] 소프트웨어 교육 역량 진단 문항

영역	능력	하위 요소	정의	문항수	
컴퓨팅 사고력 기반의 문제 해결 과정	분석 능력	정보 수집	관련 정보나 자료를 수집하고 관리	1	3
		정보 분석	정보나 자료를 처리·분석하여 핵심 요소 추출	2	
	설계 능력	모델 설계	문제를 분해, 분류, 구조화하여 모델 구축	1	4
		알고리즘 표현	모델을 기반으로 문제 해결 절차 수립	3	
	실현 능력	구현	절차에 따라 프로그래밍 하거나 기존 툴로 처리	2	3
		적용	해결 방법을 테스트하고, 실생활에 적용	1	
	평가 능력	평가	문제 해결 과정의 효율성, 신뢰성, 적절성 판단	1	1
정보 문화 소양	정보 보호		정보 사회의 가치를 이해하고, 윤리 의식과 시민 의식을 갖춤.	1	2
	정보 윤리 의식			1	

검사 문항은 [그림 6-1]과 같이 문항의 배경 설명을 충분히 제시한 후 그에 따른 문항을 개발하였다.

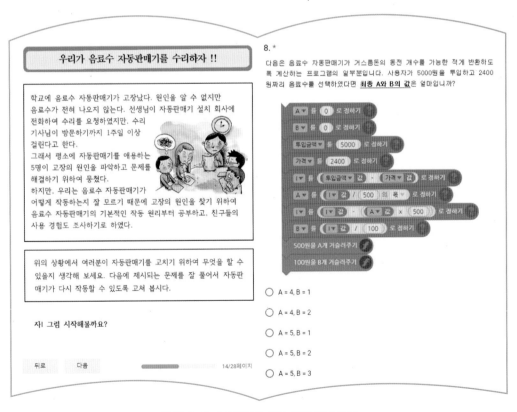

[그림 6-1] 소프트웨어 교육 역량 진단 도구

나 평가 방법

본 검사는 중학교 정보 교과를 학습한 경험이 있는 학생들이 주요 대상이며, 정보 학습을 정규 과정에서 배우지 않았더라도 검사를 실시할 수 있다. 온라인 형식으로 만들어졌으며, 검사 시간은 약 30~40분이 소요된다. 가능한 한 한 번에 검사를 마치도록 하고, 문항별로 1점씩 채점하여 100점 만점으로 환산하되, 61점 이상이면 우수, 28~60점은 보통, 27점 이하는 기초 수준으로 구분한다.

소프트웨어 교육 역량 진단 평가의 하위 요소별로 기대하는 학생들의 성취 수준을 제시하면 [표 6-3]과 같다.

[표 6-3] 성취 수준별 기대하는 학생 능력

능력	하위 요소	기초	보통	우수
정보 보호		개인 정보와 저작권 보호의 개념을 알 수 있다.	개인 정보와 저작권 보호에 대해 이해하고, 이에 대한 바른 인식을 가지고 있다.	개인 정보 보호와 저작권 보호에 대해 이해하고, 이에 대한 바른 인식을 가지고 실천할 수 있다.
정보 윤리 의식		타인의 저작권, 사이버 폭력, 게임·인터넷·스마트폰 중독의 개념을 알 수 있다.	타인의 저작권 보호, 사이버 폭력 방지, 게임·인터넷·스마트폰 중독 방지를 위한 수칙을 알고 있다.	타인의 저작권 보호, 사이버 폭력 방지, 게임·인터넷·스마트폰 중독 방지를 위한 수칙을 알고, 이를 실천할 수 있다.
분석 능력	정보 수집	주어진 문제를 해결하기 위해 정보나 데이터를 수집할 수 있다.	주어진 문제를 해결하는 데 관련이 있는 정보나 데이터를 다양한 방법을 사용하여 수집할 수 있다.	주어진 문제를 해결하는 데 관련이 있는 정보나 데이터를 수집할 수 있고, 이에 대한 적절성, 신뢰성을 판단할 수 있다.
	정보 분석	데이터나 정보를 수치, 시각 자료로 처리하여 표현할 수 있다.	데이터 중 필요한 정보를 분류하여 수치, 통계치, 시각 자료로 표현할 수 있다.	데이터나 정보를 수치, 통계치, 시각 자료로 처리하여 표현할 수 있고, 데이터나 정보 간의 관계성을 토대로 핵심 정보를 추출할 수 있다.
설계 능력	모델 설계	문제를 해결하기 위해 주어진 요소들을 직관적으로 구조화할 수 있다.	주어진 문제를 작은 단위로 분해하거나 분류하여 문제 해결을 위한 요소들의 구조를 만들 수 있다.	주어진 문제를 작은 단위로 분해하거나 분류하여 이 요소들을 구조화하고, 방법과 절차로 표현된 모델을 만들 수 있다.
	알고리즘 표현	설계된 모델을 이해하고 있으며, 다양한 방법(순서도 등)으로 표현할 수 있다.	설계된 모델을 이해하여 논리적인 문제 해결 절차를 세우고, 다양한 방법(순서도 등)으로 표현할 수 있다.	설계된 모델을 이해하여 효율적이고 논리적인 문제 해결 절차를 세우고, 이를 다양한 방법(순서도 등)으로 표현할 수 있다.
실현 능력	구현	순차, 반복, 기본 연산자를 활용한 프로그램을 작성할 수 있다.	기본 연산자, 순차, 선택, 반복의 개념과 원리를 이해하고, 이를 활용하여 프로그램을 작성할 수 있다.	변수, 연산자, 순차, 선택, 반복의 개념을 활용하여 다양한 입출력에 대한 프로그램을 작성할 수 있다.
	적용	구현된 소프트웨어나 절차에 주어진 상황, 입력 값을 넣고 테스트하여 오류를 발견할 수 있다.	구현된 소프트웨어나 절차에 다양한 상황, 입력 값을 적용하여 테스트하여 오류를 확인하고, 그 원인을 알 수 있다.	구현된 소프트웨어나 절차에 다양한 상황, 입력 값을 적용하여 테스트하고, 실제 적용을 위해 오류를 확인하고 수정할 수 있다.

평가 능력	평가	문제 해결 과정을 되돌아보고 문제 해결 여부를 알 수 있다.	전 과정을 되돌아보고 문제 해결의 적절성을 합리적인 방법으로 평가할 수 있다.	전 과정을 되돌아보고 문제 해결의 효율성, 신뢰성, 적절성을 합리적인 방법으로 평가할 수 있다.

소프트웨어 교육 역량 평가 도구는 구글 폼(Google Forms)을 활용한 온라인 검사가 가능한데 엔트리와 스크래치 두 가지 버전으로 제공되고 있으므로 학교에서 사용하는 교육용 프로그래밍 언어에 따라 검사지를 선택하면 된다.

- 엔트리를 사용한 경우: https://goo.gl/forms/4j1eiOuV6Sgt66Eo1
- 스크래치를 사용한 경우: https://goo.gl/forms/l8tlu소프트웨어7AWMOAnwo2

3
소프트웨어 수업 분석과 학습 분석

소프트웨어 교육에서의 분석은 수업의 특징과 현상을 종합적으로 이해하는 활동인 수업 분석과 학습자 개개인에게 적합한 교수 전략 및 내용을 제공하기 위한 활동인 학습 분석으로 이루어진다. 본 절에서는 수업 분석의 개념 및 방법과 실제, 학습 분석의 개념 및 단계를 제시하였다.

1 수업 분석의 개념

수업 분석은 수업과 관련하여 이루어지는 모든 사실과 현상, 수업 중에 발생한 상황이나 결과물에 대한 관찰, 기록, 해석하는 과정을 통해 수업의 특징이나 문제점을 분석하여 수업 개선을 위한 방법과 전략을 수립하는 것이다.

가 수업 분석의 특징

수업 분석은 교사가 자신의 수업 행동을 실질적으로 개선하기 위한 자료 수집과 분석 및 평가에 가장 널리 활용되고 있는 수단이다.

이러한 수업 분석의 특징을 정리하면 다음과 같다.

첫째, 수업 분석의 목적은 수업의 방해 요인과 촉진 요인을 확인하는 것이다.

수업 중에 학생들이 공부해야 할 내용과 목표를 명확히 제시하고, 실제로 계획한 대로 수업이 이루어지기 위해 필요한 요인들을 분석한다. 이러한 분석을 통해 수업을 방해하는 요인은 줄이고, 촉진하는 요인은 강화시킴으로써 수업의 질을 높일 수 있다.

둘째, 수업 분석은 수업의 질을 개선하고, 수업 목표의 달성도를 파악하거나 교수·학습 활동의 개선, 학생 지도, 교육 연구 등 다양한 목적으로 시도되며, 교수·학습 계획, 수업의 전개, 학습 활동 및 자료의 선택과 활용 능력, 수업 기술, 교사의 열의 등 수업 전반에 걸쳐 분석한다.

셋째, 수업 분석은 다양한 목적과 필요성에 의해 이루어지는데 수업이 복잡한 특성을 포괄하고 있으므로 그에 따른 분석 기준도 다양하다. 따라서 수업 분석에 필요한 요소들을 어떻게 조사하고, 수업 분석의 목적을 어디에 둘 것인지, 분석 결과를 어떻게 해석할 것인지 등을 고려하여 도구와 준거를 결정해야 한다.

넷째, 동일한 수업 분석 결과일지라도 분석자의 의도에 따라 다양하게 해석되고, 여러 목적으로 활용될 수 있다. 따라서 처음 수업을 분석을 할 때에는 관찰 내용을 상세하게 기록하는 것이 좋으며, 기록된 관찰지를 토대로 유목화하여 분석해야 한다.

다섯째, 좋은 수업을 하기 위한 보다 나은 수업 기술의 향상을 위해서는 주관적이고 인상적인 관찰과 분석보다는 객관적이고 타당한 관찰과 분석이 필요하다. 이를 위해서는 양적 분석과 질적 분석이 병행되어야 하며, 과학적인 분석 도구를 이용하여 진단되고 처방되어야 한다.

여섯째, 수업을 분석할 때에 수업의 일부나 특정 장면만을 분석하면 수업 개선에 도움이 되지 못한다. 수업 분석은 수업 계획부터 실행, 수업 후의 반성 등 수업과 관련된 전 과정을 분석해야 하므로 수업 분석에 시간과 노력이 많이 요구된다.

일곱째, 수업 분석은 수업 중에 일어난 사실과 현상, 수업 중에 발생하는 상황이나 결과물 등을 분석 대상으로 삼기 때문에 수업자의 의도나 행동으로 인한 직접적인 영향을 받지 않는다. 다만, 수업 분석 결과를 서로 공유함으로써 수업 개선과 교사의 역량을 향상시키는 데 도움을 줄 수 있다.

나 수업 분석의 구성 요소

한국교육과정평가원(2005)은 수업을 분석하는 데 필요한 요소를 전문적 지식, 교실 환경, 수업의 실제, 전문적인 책임감의 4개 영역으로 구분하였다.

이러한 구성 요소를 살펴보면 다음과 같다.

첫째, 전문적 지식 영역은 교과 내용 및 교육과정에 대한 지식, 교수 방법에 대한 지식, 학생들에 대한 이해 등을 포함한다.

둘째, 교실 환경 영역은 학습 환경, 수업 분위기 조성 등을 포함한다.

셋째, 수업의 실제 영역은 수업 설계, 다양한 교수·학습 방법의 활용, 교과에 대한 탐구력, 연계성, 통합성, 학습 결과 등을 포함한다.

넷째, 전문적인 책임감 영역은 교수 활동을 반성하고 전문적으로 성장하고 발달할 수 있는 요소를 포함한다.

2 수업 분석의 방법

수업 분석의 방법은 타당한 근거에 기초하여 과학적이고 객관적인 자료를 얻어 일정한 유형을 찾는 양적 분석과 수업에 대한 상세한 이해와 문제의 탐색, 수업 사태의 이면을 조사하고자 할 때에 사용하는 질적 분석으로 구분할 수 있다.

가 양적 분석

양적 분석은 대부분 구조화된 체크리스트를 사용한다. 미리 만들어진 체크리스트는 분석자가 무엇을 관찰해야 하는지를 알려 주고, 수치로 표현되므로 다양한 수업 상황을 쉽게 비교 및 분석할 수 있다.

그러나 수업 전에 만들어진 체크리스트는 수시로 변하는 수업 상황에 즉각적으로 대응하는 데 한계가 있고, 점수화를 통한 이분적인 판단과 부정적 효과, 수업의 정형화 등의 문제점을 야기한다.

대표적인 양적 분석 방법에는 플랜더스(Flanders)의 언어 상호작용 분석법, 수업 분위기 분석법이 있다.

① 플랜더스의 언어 상호작용 분석법

교사와 학생의 언어적 행동에 초점을 [표 6-4]와 같이 10개의 범주로 나누어 분석하는 방법이다.

[표 6-4] 플랜더스의 언어 상호작용 분석을 위한 분류 체계

영역		분류 항목
교사의 발언	비지시적 발언	1. 감정 수용(긍정적인 학습 분위기 조성)/2. 칭찬 및 격려
		3. 학생의 아이디어를 수용 또는 사용/4. 질문
	지시적 발언	5. 강의/6. 지시/7. 학생 비평 또는 권위의 정당화 지시
학생의 발언		8. 반응/9. 주도
기타		0. 비언어적 상황(침묵 또는 혼란)

② 수업 분위기 분석법

수업 중 교사와 학생이 서로에 대해 가지는 전반적인 태도를 [표 6-5]와 같이 28개 쌍의 형용사로 이루어진 관찰지에 표시한 후 창의성, 활기성, 치밀성, 온화성의 네 가지로 점수화하는 방법이다.

[표 6-5] 수업 분위기 분석법에 의한 체크리스트

	5 4 3 2 1	
1. 독창적인		상투적인
2. 참을성 있는		성미가 급한
3. 냉정한		온화한
4. 권위적인		상냥한
5. 창의적인		모방적인
6. 통제가 많은		자율성이 많은
7. 개방적인		폐쇄적인
8. 부드러운		딱딱한
9. 불공정한		공정한
10. 변덕스러운		일관성 있는
11. 겁이 많은		모험적인
12. 엉성한		치밀한
13. 고립적인		우호적인
14. 확실한		애매한
15. 소극적인		적극적인
16. 융통적인		획일적인
17. 산만한		체계적인
18. 능동적인		수동적인
19. 수용적인		비판적인
20. 조용한		시끄러운
21. 진취적인		보수적인
22. 계획적인		즉흥적인
23. 경솔한		신중한
24. 활기찬		무기력한
25. 객관적인		주관적인
26. 내성적인		외향적인
27. 자신감 있는		망설이는
28. 소심한		대담한

나 질적 분석

질적 분석은 수업 과정과 맥락, 현장을 이해하는 데 가장 적합하다. 수업 중에 발생하는 사실과 현상, 행동을 객관적으로 기록해야 하는데 수업 상황은 매우 복잡하고, 다양한 일들이 벌어진다. 따라서 수업 분석자는 수업 분석의 목적에 따라 학생 활동 또는 교사의 수업 전략 등 기록할 대상 선택 및 기록에 사용할 도구 등을 사전에 충분히 검토해야 한다.

질적 분석 방법에는 면담법, 녹음·녹화법, 중요 사태 분석법, 비언어적 접근법, 일화 기록법 등이 있다.

- **면담법**: 교사나 학생을 직접 만나 수업 분석에 필요한 자료나 정보를 수집하는 방법이다.
- **녹음·녹화법**: 녹음기나 디지털 카메라를 이용하여 수업의 전체 과정을 빠짐없이 녹음·녹화하는 방법이다. 수업자나 분석자가 수업 장면을 되돌려 볼 수 있어 가장 많이 활용되고 있으며, 수업 후에 면담법과 병행하여 사용된다.
- **중요 사태 분석법**: 수업 분석자가 교수 방법이나 교수 전략, 수업의 관리적 측면에 해당하는 구체적인 예를 찾아 그 사태를 주도한 것이 무엇이며, 수업 중에 어떤 일이 발생하였는지, 그 결과가 무엇인지를 기록하는 방법이다.
- **비언어적 접근법**: 교사의 비언어적 요소인 자세, 표정, 동작 등을 관찰하는 방법이다. 교사의 비언어적 행동이 무엇을 의미하는지 정확히 파악하여 수업 현상을 분석할 수 있다.
- **일화 기록법**: 수업 중에 무슨 일이 일어났는지를 일화 형태로 기록하는 방법이다. 문장은 가능한 한 객관적이고 비평가적으로 기록하며, 수업 환경도 기술하여 교사와 학생의 상호작용을 이해하는 데 도움이 되도록 한다.

3 수업 분석의 실제

수업 분석의 실제에서는 소프트웨어 교육에 사용될 수 있는 양적 분석 방법 중 플랜더스의 언어 상호작용 분석법과 그것을 응용하여 매 3초 단위로 질의응답 유형과 모둠 형태, 매체 활용 형태, 공간 활용 형태 등을 기록하여 분석하는 시간 분할 분석법(TSA; Time Slice Analysis)을 제시하였다.

가 언어 상호작용 분석법

플랜더스의 언어 상호작용 분석법은 녹화된 수업 장면을 통해 3초마다 수업에서 일어나는 상황을 열 가지 분류 항목에 따라 그 빈도와 비율 등을 분석하는데 스콧 계수와 수업 분석 툴을 활용한다.

1) 신뢰도 계수 산출 방법

플랜더스의 언어 상호작용 분석법은 관찰 기록이 잘못될 수 있으므로 2인 이상이 관찰하고 분류 항목별 빈도수의 일치 여부를 스콧 계수(Scott's Coefficient)를 이용하여 판단한다. [표 6-6]은 스콧 계수를 구하기 위한 예이다.

[표 6-6] 스콧 계수 산출 방법

분류 항목	빈도수		백분율		백분율 차이	백분율 평균 제곱
	A	B	A%	B%		
1	10	8	3.46	2.54	0.92	0.09
2	5	6	1.73	1.90	0.17	0.03
3	35	32	12.11	10.16	1.95	1.24
4	23	22	7.96	6.99	0.97	0.56
5	25	32	8.65	10.16	1.51	0.88
6	5	6	1.73	1.90	0.17	0.03
7	7	9	2.42	2.86	0.43	0.07
8	120	131	41.52	41.59	0.06	17.27
9	43	47	14.88	14.92	0.04	2.22
0	16	22	5.54	6.98	1.45	0.39
계	289.0(①)	315.0(②)	100.0	100.0	7.7(③)	22.8(④)

일반적으로 스콧 계수는 0.85 이상일 때 신뢰할 수 있다.

- A: 수업 관찰자 A의 열 가지 분류 항목별 기록
- B: 수업 관찰자 B의 열 가지 분류 항목별 기록
- A%: 수업 관찰자 A의 분류 항목별 백분율 = (A÷①)×100
- B%: 수업 관찰자 B의 분류 항목별 백분율 = (B÷②)×100
  백분율 차이: 수업 관찰자 A와 B의 분류 항목별 백분율의 차이 = A%−B%
- 백분율 평균 제곱: 수업 관찰자 A와 B의 분류 항목별 백분율의 평균을 제곱한 값
  $= ((A\% + B\%) \div 2)^2 \div 100$
- 스콧 계수 $= \dfrac{(100 - ③) - ④}{100 - ④} = \dfrac{(100 - 7.7) - 22.8}{100 - 22.8} = 0.90$

2) 수업 분석 툴

수업 분석의 편의성을 높이기 위해 [그림 6-2]에 제시된 에듀트레인과 같은 수업 분석 툴을 활용할 수 있다. 에듀트레인은 일정한 시간 단위로 수업 동영상을 자동으로 멈출 수 있으며, 그 시간 동안 충분히 생각한 후에 분석 데이터를 기록할 수 있다. 또한 플랜더스의 언어 상호 작용 분석뿐만 아니라, 수업 흐름 분석, 수업 요소 분석, 수업 분위기 분석 등 다양한 분석이 가능하다.

[그림 6-2] 에듀트레인(http://www.edutrain.kr)을 활용한 수업 분석

나 시간 분할 분석법

시간 분할 분석법은 매 3초 단위로 질의응답 유형이나 모둠 활동 유형, 매체 활용 형태, 교사의 공간 점유 등을 기록한 후에 그것을 통계적으로 분석하는 방법이다.

첫째, 질의응답 유형은 [표 6-7]과 같이 구분하여 그 빈도와 비율을 분석한다.

[표 6-7] 질의응답 유형별 분석

구분	유형	특징	진행 순서
1	개방형	전체에게 질문한 후 응답하는 형태	질문하기 → 응답하기
2	선택형	질문 후에 답변하겠다는 특정인을 선택하여 응답하게 하는 형태	질문하기 → 손들기 → 승인하기 → 응답하기
3	호명형	질문 후에 답변 의사와 상관없이 특정인을 호명하여 응답하는 형태	질문하기 → 호명하기 → 응답하기
4	지명형	질문 전에 특정인을 선택한 후에 질문하고 응답하는 형태	지명하기 → 질문하기 → 응답하기
5	자문자답형	3초마다 기록한 후에 각각의 빈도와 비율을 분석하는 형태	교사가 스스로 답하기

둘째, 모둠 활동 유형은 전체 활동과 모둠 활동, 개별 활동으로 구분하여 기록한 후 각각의 빈도와 비율을 분석한다. 매체 활용 형태에 따른 모둠 활동 유형을 비교하거나 모둠 활동 유형에 따른 질의응답 유형을 비교할 수 있다.

셋째, 매체 활용 형태는 일반 매체를 활용할 때, 소프트웨어 툴을 이용할 때, 어떠한 매체도 사용하지 않을 때 등 분석자가 원하는 형태로 매체 유형을 구분하고, 그것의 사용 여부를 기록한 후에 비교·분석한다. 예를 들어, 소프트웨어 툴을 사용할 때에 교사의 위치나 모둠 활동 유형, 질의응답 유형 등을 분석한다.

넷째, 교사의 위치 분석은 [그림 6-3]과 같이 12개 구간으로 구분한 후 매체 활용 형태에 따른 차이를 분석할 수 있다.

화이트보드	전자 칠판	화이트보드		①~③	칠판이나 화이트보드 등을 활용하기 위해 최전면에 위치
①	②	③			
교사용 책상	교탁		⑥	④~⑥	교탁보다 앞에 있는 위치/전자 ①~③이 아닌 전면에 있는 위치
④	⑤				
⑦ 책상	⑧ 책상	⑨ 책상		⑦~⑨	학생들과 상호작용하기 위해서 책상과 책상 사이를 궤간 순시
⑩	⑪	⑫			
학급 게시판				⑩~⑫	책상보다 뒤쪽에 위치

[그림 6-3] 교사의 활동 위치

교사의 위치 분석은 시간 흐름에 따라 그래프로 나타내면 [그림 6-4]와 같다. 그래프를 통해 수업 전, 중, 후반에 따라 교사의 위치 변화를 시각적으로 한눈에 확인할 수 있다.

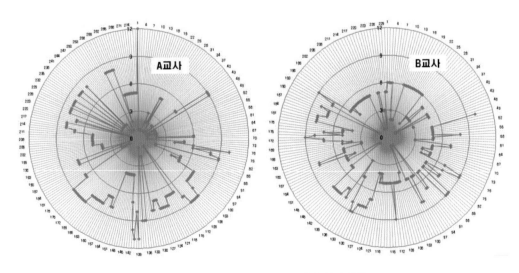

[그림 6-4] 시간 흐름에 따른 교사의 위치 변화

4 학습 분석의 개념과 단계

학습 분석은 학습자들이 학습하는 과정에서 산출되는 각종 데이터를 수집, 분석, 체계화하여 학습자들의 교육적 수요를 신속하고 정확하게 파악하여 학습자 개개인에게 적합한 교수 전략 및 내용을 제공하기 위한 활동이다.

최근 소프트웨어 제작 교육을 위해 Code.org나 엔트리와 같은 오픈 플랫폼이 활발하게 이용되고 있다. 이러한 오픈 플랫폼은 기본적으로 학생들의 학습 이력을 저장 및 관리하고, 인터넷을 기반으로 한 학습 관리 시스템(LMS; Learning Management System)을 이용하여 교육용 콘텐츠를 축적하고 있다.

현재, 데이터의 활용 수준은 개인별 학습 진도를 확인하는 수준에 머물러 있다. 이는 개인 정보 보호와 정보 보안 강화로 데이터의 활용과 공개의 제한에 원인이 있지만 이를 처리하고 활용할 수 있는 학습 분석 기술이 발달하지 못하였기 때문이다. 그러나 최근 빅데이터에 대한 연구와 기술 개발이 활발하게 이루어짐에 따라 학습 분석이 보다 용이해졌다.

학습 데이터를 분석하기 위한 단계는 [그림 6-5]와 같이 관계 분석, 평가 분석, 예측 분석, 적응 분석, 정보 분석의 다섯 가지 단계로 구분할 수 있다.

[그림 6-5] 학습 분석 단계(SEE-PAD)

- 관계 분석(Social Network Analytics): 학습 중에 발생한 데이터를 수집, 저장, 처리하여 학습자가 누구와 어떠한 활동을 하였는지를 분석하며, 사회망 분석과 담화 분석(Discussion Analytics)으로 구분한다. 전자는 누구와 함께 활동을 하였는지를 후자는 어떤 활동을 하였는지를 분석하되, 주고받은 메시지 내용에 대한 구문 분석을 통해 이루어진다.

- 평가 분석(Evaluation & assEssment Analytics): 수업 평가와 학습 평가로 이루어진다. 수업 평가는 교사의 수업 계획 및 과정, 결과에 대한 평가를 의미하고, 학습 평가는 학생의 학업 성취도에 대한 평가를 의미한다. 이러한 평가는 교수·학습 활동에 대한 인식 파악을 위해 설문지 평가, 학업 성취도를 파악하기 위한 루브릭 평가, 교수·학습 활동에 따라 시스템에 축적된 로그 분석 평가로 구분된다.

- 예측 분석(Predictive Analytics): 학생 개별 수행 결과를 분석하여 앞으로의 결과를 추론하는 것이다. 학습 실패의 위험을 줄이고 학습 성공의 확률을 높이려는 것이 목적이다. 신호등을 이용한 표시로 가급적 학생들에게 긍정적 피드백을 제공한다. 학생들의 활동 분석과 평가 분석 결과를 토대로 한 패턴을 도출한 분석 결과로 각종 예측 알고리즘을 적용하여 자동화된 문제 해결 방안을 제시할 수 있다. 즉, 학습 진도나 성취 부진 등을 예측하여 미리 알려 줄 수 있다.

- 적응 분석(Adaptive Learning Analytics): 인지 모델링을 통해 개별화된 교육과정을 제시하며, 지능적 튜터링 시스템을 통한 실시간 상호작용이 가능하다. 학습 목표를 확인하고, 학습자의 현재 수준을 진단한 후 그에 맞는 학습 활동을 제공하는 기능이다. 적응 분석을 위해서는 예측 분석을 통해 학생들에 대한 정확한 수준 진단이 필요하고, 진단 결과에 맞는 학습 활동을 제공하기 위해서는 학습 활동에 대한 충분한 메타 정보를 구축해야 한다. 예를 들어, 특정 학생의 활동 정보를 분석하여 현재의 상태를 진단하고, 그와 유사한 패턴을 갖는 다른 학생들의 학습 정보를 활용하여 학습해야 할 내용을 추천한다.

- 정보 분석(Dashboard Analytics): 관계/활동 분석, 평가 분석, 예측 분석, 적응 분석을 통해 이루어진 각종 결과를 시각화하는 것으로 분석보다는 표현에 중점을 두는 것이다. 정보 분석은 학생들의 배경 정보와 과거 성취 수준, 진도율, 로그 데이터 등 학습과 관련된 각종 데이터 등의 분석 결과를 각종 도표와 그래프로 표현함으로써 학생과 교사가 직관적으로 이해하기 쉽게 제공하며, 실시간 분석과 비실시간 분석으로 구분된다. 실시간 분석은 수시로 또는 일시적으로 변화하는 활동 분석이나 평가 분석과 관련될 때 제공하며, 비실시간 분석은 과거의 정보와 통합하여 장기적이고 예측 가능한 정보를 제공해야 할 때 제공한다.

평가 문항

① 소프트웨어 교육에 참여하고 있는 학생을 평가하기 위한 도구를 개발할 때에 고려할 사항을 서술하시오.

② 초등학교 실과 교육과정에 포함된 평가 방법 및 유의 사항을 중심으로 초등학교에서의 소프트웨어 교육에 대한 평가 방법을 서술하시오.

③ 플랜더스 언어 상호작용 분석법은 교사와 학생의 언어적 행동에 초점을 맞춘 것으로 교사의 말과 학생의 말을 10개의 범주로 나누어 분석하고 있다. 각각의 범주를 영역별로 구분하여 서술하시오.

영역		분류 항목
교사의 발언	비지시적 발언	
	지시적 발언	
학생의 발언		
기타		

참고 자료

- 곽재곤, 정영식(2015). 학습 분석 시스템에 대한 국외 사례 연구. 한국정보교육학회 학술논문집 6(1), 145–150, 한국정보교육학회.
- 국립특수교육원(2009). 특수교육학 용어사전.
- 김정랑, 정영식, 임현정, 권선아(2014). 디지털 교과서 활용과 효과에 대한 종단 연구. 교육부.
- 김진동, 양권우(2010). 실생활 속 사례를 통한 알고리즘 학습이 논리적 사고력에 미치는 영향. 한국정보교육학회 논문지 14(4), 555–560.
- 변영계, 김경현(2009). 수업 장학과 수업 분석. 학지사.
- 양재명, 허희옥, 임경희, 소원호, 박홍준, 박연정, 최혜정, 이지원, 정승열, 김정현, 김영애, 서정희(2018). 소프트웨어 교육 역량 진단 및 분석 연구. 연구보고 RR 2018-7. 한국교육학술정보원.
- 한국학중앙연구원(2014). 한국민족문화대백과.

- Yang, Y. C.(1993). The Effects of Self-Regulatory Skills and Type of Instructional Control on Learning from Computer-Based Instruction. International Journal of Instructional Media 20(3), 225–41.
- Elias, T.(2011). Learning Analytics: Definitions Processes and Potential, Creative Commons. http://learninganalytics.net/LearningAnalyticsDefinitionsProcessesPotential.pdf
- Marianne Sheppard(2014), Learning Analytics EUNIS ELTF Workshop. http://www.eunis.org/wp-content/uploads/2014/05/eltf_learning_analytics.pdf
- Siemens, G.(2004). Learning management systems: the wrong place to stat learning, Elearnspace Weblog. Retrieved November 22, 2004. http://www.elearnspace.org/Articles/LAS.htm

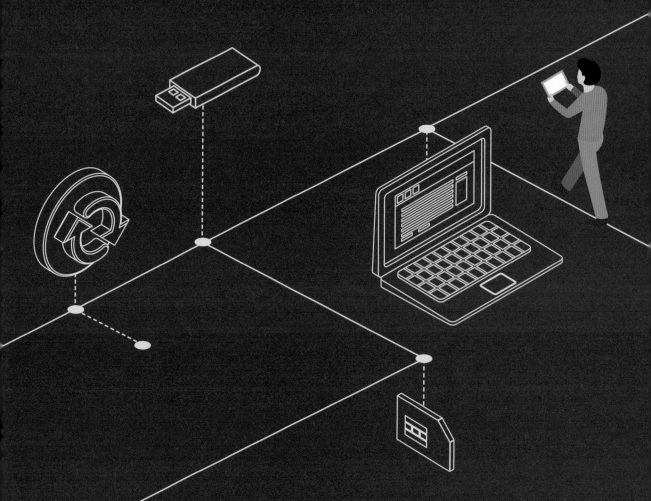

제**2**부

소프트웨어
교육의 실제

제7장

정보 문화

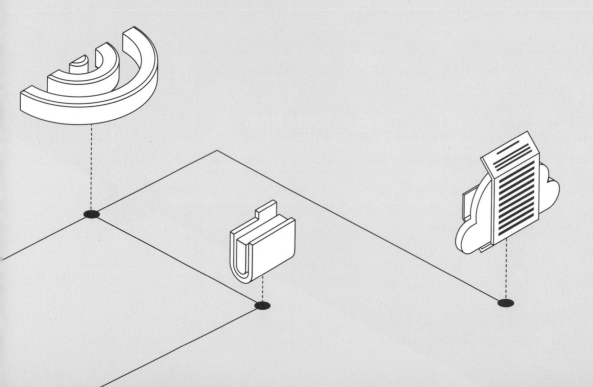

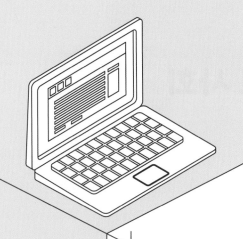

　본 장에서는 정보 사회 및 지능 정보 사회의 개념과 특징에 대해 알아보고, 이러한 시대에 나타날 수 있는 정보 윤리 문제에 대해 제시하였다. 구체적인 내용은 다음과 같다.

　첫째, 지능 정보 사회에서는 정보 사회가 무엇이며 소프트웨어의 발달이 인간 생활에 어떠한 영향을 미치고 있는지를 알아보고, 더 나아가 지능 정보 사회로 발전해 가고 있음을 제시함으로써 다가오는 미래 사회를 대비하기 위한 역량이 필요함을 제시하였다.

　둘째, 정보 윤리에서는 정보 사회에서 발생할 수 있는 정보 윤리 문제에 대해 생각해 보고, 개인 정보 보호, 정보 보안, 저작권 등으로 나누어 각각의 사례와 대응 방안 등을 제시하였다. 아울러, 디지털 시민성의 개념에 대해 알아보고, 이를 정보 윤리 문제를 해결하기 위한 역량과 관련지어 살펴보았다.

　셋째, 교육의 실제에서는 이 장에서 배운 단원을 성취 기준에 따라 1차시 분량의 수업을 위한 교수 · 학습 과정안과 교수 · 학습 자료를 제시하였다.

지능 정보 사회

정보 사회는 정보를 주요 자원으로 하며, 통신 기술 등 사회적·물질적 조건 변화의 산물로서 자본주의 세계화의 한 측면이라 할 수 있다. 이러한 정보 사회가 최첨단 정보 통신 기술의 획기적인 발달과 더불어 로봇, 인공지능, 빅데이터 등을 중심으로 지능 정보 사회로 넘어가고 있다.

1 지능 정보 사회의 개념과 특징

정보 사회와 지능 정보 사회의 개념과 특징을 비교해 보면서 지능 정보 사회로 어떻게 변화해 가는지 이해해 보도록 한다.

가 정보 사회의 개념과 특징

정보 사회는 정보의 생산과 소비가 활발해지고, 정보가 사회의 중심이 되며, 정보가 사회 전반에 활용되어 사회적·경제적 가치가 높아지는 사회를 의미한다. 따라서 정보가 매우 중요한 자원이 되며, 정보를 중심으로 사회가 움직이기 때문에 인간의 생활에 막대한 영향을 미치게 된다.

이러한 정보 사회의 특징을 살펴보면 다음과 같다.

첫째, 지식과 정보가 가치 창출의 원천으로서 경제 체제의 중심이 된다.

둘째, 정보의 생산, 유통, 소비의 주체가 뚜렷하지 않으며, 정보의 흐름 또한 쌍방향이기 때문에 다양한 주체들에 의해 지식과 정보가 만들어지고 재구성되며 활용된다.

셋째, 개인의 개성과 가치가 중시되어 다품종 소량생산이 확대된다.

넷째, 정보의 공유로 수평적 사회 조직이 발달하게 되어 탈권위적, 탈관료적인 모습이 나타난다.

다섯째, 정보 기기의 활용으로 사회적 관계를 맺는 범위가 넓어질 뿐만 아니라, 가상 공간이나 통신 매체를 통해 새로운 인간관계가 활발하게 형성된다.

이러한 특징을 가지는 정보 사회가 과거와는 비교할 수도 없을 만큼 빠르고 혁신적인 기술 발전을 토대로 4차 산업 혁명 시대에 돌입하고 있다. 인공지능, 로봇, IoT, 3D 프린팅, 나노 기술, 양자 컴퓨팅 등 지능 정보 기술들이 융합되면서 사회, 문화, 교육, 정치, 경제 등 국가 전반에 파격적인 변화를 일으키고 있는 것이다. 이 같은 시대적 변화를 두고 많은 전문가들은 지금까지 구축된 ICT를 토대로 지능이 극대화되어 국가와 사회 전반에서 혁신적이고 새로운 가치가 창출되는 지능 정보 사회가 도래할 것이라 내다보고 있다. 즉, 정보 사회에서 지능 정보 사회로 나아가고 있는 것이다.

시대별 사회 변화의 흐름은 [그림 7-1]과 같다.

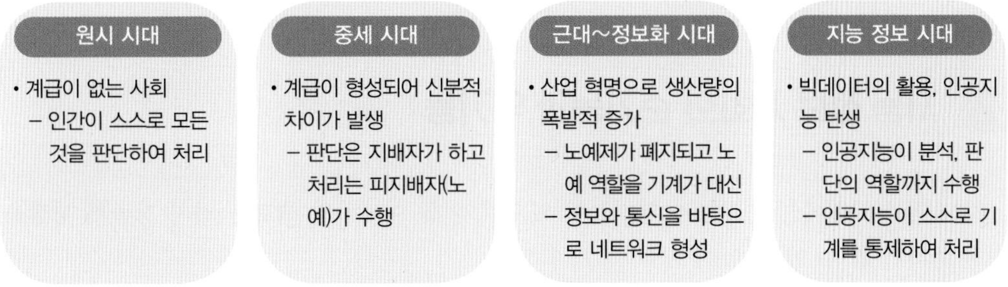

[그림 7-1] 사회 변화의 흐름

나 지능 정보 사회의 개념과 특징

지능 정보 사회는 모든 사물과 인간이 연결되는 초연결(hyper-connected) 기반과 축적된 데이터를 토대로 자동화가 극대화되고 새로운 가치가 창출되는 시대를 의미한다.

지금까지의 정보 사회가 정보를 분석하고 분석한 결과를 바탕으로 판단하는 행위의 주체가 인간이었다면 앞으로 다가올 미래 사회는 인공지능이 주체가 될 것으로 예상된다. 즉, 인간이 아닌 기계가 스스로 생각하고 판단을 내리는 사회로 기계와 사람의 상호작용이 극대화되면서 자동화의 속도와 범위 역시 확대될 것으로 보인다.

지능 정보 사회의 특징을 살펴보면 다음과 같다.

첫째, 사물과 인간의 상호작용이 극대화된다. 기계에 의해 자동화의 속도가 빨라질 뿐만 아니라, 영역이 확대되면서 기계와 기계, 기계와 사람 간의 상호작용이 가능한 사회로 전환된다.

둘째, 지능 기술의 발전이 고도화된다. 데이터, 인공지능을 기반으로 하는 기술의 발전이 더욱 가속화되고, 기존에 구축된 여러 기술을 토대로 무형의 소프트웨어가 가치를 더하며 방대한 데이터가 바탕이 되어 예측할 수 있는 범위가 지속적으로 커져 기업의 형태는 물론, 개인 맞춤형 서비스가 확대되는 사회이다.

셋째, 사고 능력이 개선되고 문제 해결 능력이 제고되어 새로운 가치가 창출된다. 지능형 서비스와 정보가 중심이 되어 문제 상황을 판단하고, 이에 대한 결정을 내린다. 즉, 지금까지의 사회에서는 인간이 직접 정보를 수집하고, 선택해 가치를 부여하였으나 지능 정보 사회에서는 인공지능이 이러한 인간의 일을 대체함으로써 지능 기반의 의사 결정과 새로운 가치가 창출되는 사회로 바뀌게 된다.

넷째, 정보화 사회의 연장적 성격을 갖는다. 기존 정보 사회가 보여 준 진화 양상과 비슷한 모습이되, 점진적으로 인공지능을 통해 대체가 이루어지는 사회라 할 수 있다. 즉, 기존의 정보 사회가 서서히 진화하면서 만들어지는 사회이기 때문에 정보 사회와 단절되어 새롭게 나타난 것이 아니라, 오래전부터 이어져 온 정보화의 흐름이 연장되는 것이라 할 수 있다.

2 지능 정보 사회의 순기능과 역기능

지능 정보 사회에는 순기능과 역기능이 있으며, 이를 이해하면 새로운 가치 창출과 성장을 위한 준비를 할 수 있다.

가 지능 정보 사회의 순기능

지능 정보 사회에서는 로봇, 인공지능과 같이 이전에 없던 행동 주체가 인간의 일상에 들어오게 된다. 이에 따른 지능 정보 사회의 순기능을 각 분야별로 살펴보면 다음과 같다.

① 경제 분야

인공지능을 통한 저비용, 고효율의 극대화로 생산성이 획기적으로 제고된다. 인공지능이 생산 과정에서 낭비되는 부분을 판단하고, 이를 제거함으로써 효율성이 극대화될 뿐만 아니라, 그동안 구축해 온 각종 기술을 기반으로 우리 사회의 다양한 자원 활용도를 최적화한다.

② 국민 생활 측면

기계가 단순하고 기계적이며 반복적인 인간의 업무를 대체하면서 해당 분야에서 인간의 역할은 축소되고, 여가 시간은 늘어난다. 또한 방대한 데이터를 기반으로 개인 맞춤형 서비스가 일반화되어 생활의 편이성이 증대된다.

나 지능 정보 사회의 역기능

지능 정보 사회의 순기능에 반해, 지능 정보 사회로의 진입이 가져다주는 역기능은 다음과 같다.

첫째, 자동화를 통한 노동의 대체 속도가 가속화될수록 직업 구조가 급격하게 변화되고 실업자가 대거 양산될 수 있다. 특히 [그림 7-2]와 같이 제조업 노동 분야를 비롯하여 은행원, 사무직 노동자, 판매 사원, 택배 기사 등의 사무직 일자리와 비교적 단순 노동 형태 직종의 일자리가 위협받을 것으로 평가되고 있다. 패스트푸드점 주문을 무인 단말기인 키오스크가 대체하고, 유통업계에도 고객 상담 챗봇이 빠르게 도입되고 있다. 아마존은 2019년 6월, 수개월 내에 드론 택배 배송을 시작한다고 밝혔다.

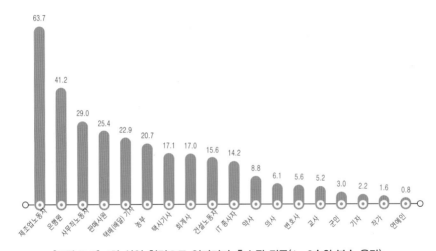

[그림 7-2] 4차 산업 혁명으로 일자리가 축소될 직군(1~3순위 복수 응답)

둘째, 지능 정보 기술을 가진 자와 못 가진 자 간의 불평등과 양극화가 심화될 수 있고, 정보 획득의 불균형으로 인한 도덕적 해이, 역선택 문제의 피해가 빈번히 발생할 수 있다. 과학기술 정보통신부와 한국정보화진흥원이 조사한 '2018 디지털 정보 격차 실태 조사 보고서'에 따르면 일반 국민 대비 정보 취약 계층의 디지털 정보화 수준이 68.9%에 이르고 있다. 디지털 정보화 수준은 아래와 같이 PC, 모바일 등 유무선 정보 통신 기기, 인터넷 이용 등 디지털 정보로의 접근, 역량, 활용 수준을 측정한 것이다.

> ※ 디지털 정보화 수준(종합) = 디지털 접근 수준+디지털 역량 수준+디지털 활용 수준
> * 디지털 접근 수준: 컴퓨터 · 모바일 스마트 기기 보유, 인터넷 접근 가능 정도
> * 디지털 역량 수준: 컴퓨터 · 모바일 스마트 기기 · 인터넷의 기본적인 이용 능력
> * 디지털 활용 수준: 컴퓨터 · 모바일 스마트 기기 · 인터넷의 양적 · 질적 활용 정도

이러한 정보 격차는 개인의 사회적·경제적 격차의 원인으로 작용할 수 있는데 디지털이 보편화되면서 이를 제대로 활용하는 계층은 지식이 늘어나고 소득도 증가하는 반면, 그렇지 못한 계층은 발전이 더디어 양 계층 간에 격차가 벌어질 수 있다. 즉, 지식과 정보에 있어서 선진국과 후진국 간, 사회 주류와 소외 계층 간의 격차가 더욱 벌어지고, 권력의 편중 현상이 심화되는 양상을 보이게 된다는 것이다.

셋째, 빅데이터 시대에 기업의 경우를 보면 마케팅을 위해 고객의 개인 정보를 수집, 저장, 분석 단계를 거쳐 활용하게 되는데 이때 개인 정보가 침해될 우려가 높다. 특히 다양한 디지털 정보 기기를 사용하면서 개인이 어디에 있는지, 어디를 가는지, 누구를 만나는지, 어떤 기사를 읽는지, 어떤 음식을 먹는지, 어떤 콘텐츠를 소비하는지 등 개인에 대한 방대한 데이터가 생성되고 저장된다. 이러한 개인 정보가 불특정 다수에게 노출되면 사생활 침해 문제가 심각한 사회 문제로 대두될 수 있다. 더구나 수사 기관처럼 특정 기관에서 빅데이터, 서버, 메신저 정보들을 적극적 또는 편법으로 활용하려고 한다면 사생활 침해를 넘어 윤리적 문제로 확대될 수 있다.

다음 신문 기사처럼 범죄 예방을 위해 시민들의 개인 정보나 통신 정보를 들여다보는 사회를 범죄 예방 측면에서 순기능으로 보아야 할지, 개인의 사생활 침해 측면에서 역기능으로 보아야 할지에 대해 생각해 보자.

G사가 최근 미국 텍사스 휴스턴에 사는 41살 남성의 메일 계정에서 아동 성범죄 관련 사진을 발견하고는 이 남성의 신원을 아동 보호 기관에 통보했다고 B 방송사가 휴스턴 지역 언론을 인용하여 보도했다. 아동 보호 기관의 신고를 받은 경찰은 이 남성을 체포했다. 휴스턴 경찰도 이 남성이 발송한 이메일에서 문제의 사진을 G사가 탐지했다고 밝혔다. 법에 따른 조처이기는 하지만 G사가 사용자의 메일 내용을 들여다보고 있음이 드러나면서 사용자의 프라이버시 침해 논란이 벌어졌다.

G사는 현재 메일 내에서 광고를 제공하려고 이메일 계정을 자동으로 검색하고 있다. 2014년 개정된 서비스 사용 조건에서 "자동화된 시스템이 사용자들에게 맞춤형 검색 결과와 광고, 스팸 및 악성 소프트웨어 탐지 등을 제공하기 위해 이메일 등 사용자의 콘텐츠를 분석한다."라고 명시했다. 이러한 분석은 사용자가 이메일을 발송·수신하거나 저장할 때 이루어진다.

넷째, 인간과 인간이 만나는 기회가 점차 줄어들고, 인공지능 간의 접촉이 증가함에 따라 몰인간성 발생이 우려될 뿐만 아니라, 인공지능의 책임 소재에 대한 사회적 갈등도 발생할 수 있다.

다음 신문 기사처럼 자율 주행차가 상용화되고 있는 현시점에서 자율 주행차가 사고를 냈을 때 이에 대해 누가 책임질 것인가에 대한 문제를 생각해 보자.

2016년 미국 도로교통안전국(NHTSA)은 구글의 자율 주행차를 하나의 운전자로 간주할 수도 있다는 견해를 내놓았고, 자율 주행차에 탑재된 인공지능(AI)이 사람을 대신할 운전자가 될 수 있음을 시사했다. 반면, 미국 캘리포니아 주는 관련법에 자율 주행에서도 면허를 소지한 운전자가 반드시 필요하며, 인간이 상황에 따라 적극 운전에 개입해야 한다고 명시했다. 자동차 스스로 운전하더라도 100% 안전이 보장되지 못한다면 자율 주행을 할 수 없다는 것을 명확히 한 것이다. 우리나라의 경우 자율 주행차를 "운전자 또는 승객의 조작 없이 자동차 스스로 운행이 가능한 자동차(2조 제1의3항)"로 정의하고, 사고 책임을 가릴 때 "(해당 자동차가) 누구를 위해 운행되었는가"를 따진다. 향후 자율 주행차의 사고 책임도 "자율 주행으로 이익을 본 주체"에 따라 결정될 가능성이 크다고 하나 추후 자율 주행차가 보다 생활화되면 사고에 대한 책임 문제가 사회 문제로 대두될 것으로 보인다.

오늘날 자율 주행차 사고에 대한 법적 책임에 대해서는 미국을 비롯하여 많은 국가에서 연구하고 있지만 아직까지 명확한 결론을 내리기는 어렵다. 하지만 이러한 다양한 역기능 문제들이 발생 가능함에도 불구하고 지능 정보 사회로의 발전은 이미 시작되었고, 필연적으로 나타날 사회이기 때문에 새로운 가치 창출과 성장을 위해 이에 대비한 준비가 필요하다고 할 수 있다.

3 소프트웨어의 역할

정보 사회가 인간의 삶에 많은 변화를 준 것은 정보 통신 기술의 발달에 따른 수많은 소프트웨어의 등장 덕분이라 할 수 있다. 인터넷 검색을 위해 사용하는 검색 엔진은 물론, 각종 SNS, 메신저 프로그램, 음악을 듣고 만들 수 있는 프로그램, 문서를 작성하고 발표 자료를 만들 수 있는 프로그램, 사진을 찍고 공유하며 동영상을 볼 수 있게 하는 프로그램 등은 모두 소프트웨어가 있기에 가능하다.

소프트웨어는 가정에서뿐만 아니라, 학교, 회사 등 인간 생활의 모든 영역에서 사용되고 있다. 기존의 하드웨어가 가지는 한계를 다양한 소프트웨어를 이용하여 극복함으로써 더욱 편리하고 안전하게 사용할 수 있으며, 이로 말미암아 인간의 삶의 질을 향상시키고 부를 창출할 수 있게 되었다.

정보 사회에서의 각 분야별 소프트웨어의 역할은 다음과 같다.

① 교육 분야

소프트웨어는 언제 어디서든 누구나 교육받을 수 있는 평생 학습의 장을 마련해 준다. 인터넷을 통해 다양한 온라인 수업을 언제 어디서든 들을 수 있고, 자신이 만든 온라인 콘텐츠를 서비스할 수도 있다. 학교와 같은 교육 기관에서는 교육 행정 시스템 지원 프로그램을 활용하여 편리하게 행정 처리를 할 수 있다.

② 경제 분야

소프트웨어는 자동화 시스템을 통해 생산성을 향상시킬 뿐만 아니라, 유통에서 관리까지 효율적으로 일을 처리할 수 있게 도와준다. 예를 들어, 바다에서 GPS, 어군 탐지기 프로그램 등을 활용하여 손쉽게 어획을 함으로써 인건비는 줄이고, 어획량은 획기적으로 늘릴 수 있다.

③ 문화 분야

소프트웨어는 작곡 및 편곡, 그림 편집, 애니메이션 제작과 같은 예술 활동을 편리하게 해 준다. 또 운동을 할 때에도 정확한 데이터 분석을 통해 운동 효과를 높일 수 있게 해 준다. 자세 교정 프로그램 같은 경우 일반인에게는 건강한 삶에 도움을 주며, 운동선수에게는 보다 나은 기록과 성장에 도움을 줄 수 있다.

④ 사회 및 국방 분야

소프트웨어는 언제 어디서나 민원 업무를 가능하게 할 뿐만 아니라, 무기 사용의 정확성을 높여 준다.

이같이 소프트웨어는 해당 제품의 가치를 높이거나 이를 활용하는 사람들을 편리하고 안전하게 해 준다.

2 정보 윤리

정보 기술의 발달은 우리의 생활을 더욱 편리하고 유익하게 만들어 주는 반면, 이러한 기술의 잘못된 사용으로 인한 윤리적 문제도 나타나고 있다. 기존 산업 사회에 있었던 윤리적 문제들을 더욱 복잡하게 만들거나 산업 사회와는 또 다른 형태의 새로운 윤리적 문제가 대두되고 있는 것이다.

1 정보 사회의 윤리적 문제

정보 사회에서는 많은 정보들이 컴퓨터에 의해 관리되고, 전 세계의 컴퓨터가 인터넷으로 연결됨에 따라 개인 정보 유출, 악성 프로그램 유포, 악성 댓글과 사이버 폭력, 소프트웨어 불법 복제와 저작권 침해, 인터넷 사기, VDT 증후군과 인터넷 중독 등 정보 사회의 역기능 문제들이 발생하고 있다.

가 사이버 폭력

사이버 폭력의 개념과 특징, 유형에 대해 알아보고, 사이버 폭력 예방 원칙을 살펴본다.

1) 사이버 폭력의 개념과 특징

사이버 폭력은 컴퓨터 등 정보 통신 기기를 활용하여 사이버 공간이라는 특성을 이용하여 상대방이 원하지 않는 글, 이미지, 음성 등과 같은 적대적 표현을 일방적으로 전달하여 타인에게 정신적·물질적 피해를 입히는 행위, 즉 괴롭힘을 의미한다. 이는 현실 공간에서의 피해를 유발할 수도 있다.

사이버 폭력의 특징을 살펴보면 다음과 같다.

첫째, 사이버 공간의 빠른 전파성과 결합하여 빠른 피해 확산 속도를 보인다.

둘째, 집단성과 결합하여 피해자에게 가중된 피해를 준다.

셋째, 사이버 공간의 익명성으로 인해 가해자를 특정하기가 쉽지 않다.

넷째, 사이버 공간의 익명성, 집단성, 무경계성 및 기술 지배성으로 인해 사이버 폭력이 발생한 경로를 추적하기가 쉽지 않다.

다섯째, 사이버 공간의 영구성은 원상회복을 어렵게 만든다.

여섯째, 사이버 폭력과 관련된 법률을 제정하고, 그에 따른 집행을 하려고 해도 사이버 공간의 기술 지배성으로 인해 법률 집행에 어려움이 따른다.

일곱째, 사이버 공간에서만 존재하는 것이 아니라, 현실 공간에서도 실재화되어 2차 피해로 이어질 가능성이 높다.

2) 사이버 폭력의 유형

사이버 폭력은 사이버 스토킹, 사이버 비방, 이미지 불링, 아이디 도용 등 그 유형이 다양하다.

① 사이버 스토킹(Cyber Stalking)

특정인이 싫다고 했음에도 인터넷이나 스마트폰을 통해 계속적으로 말, 글, 사진, 그림 등을 보내 공포심과 불안감을 유발하는 행위를 말한다.

② 사이버 비방(Cyber Slander)

인터넷이나 스마트폰을 통해 특정인에게 욕설, 비속어, 모욕적인 메시지 등을 전달하는 행위를 말한다.

③ 이미지 불링(Image Bullying)

특정인을 비난하거나 모욕하기 위해 타인에게 알려지기를 원치 않는 사진이나 동영상을 유포하는 행위를 말한다.

④ 아이디 도용(ID Theft)

특정인의 아이디를 이용하여 사이버 공간에서 마치 그 사람인 것처럼 행동하여 특정인에게 피해를 입히는 행위를 말한다.

⑤ 사이버 갈취(Cyber Extortion)

인터넷이나 스마트폰을 이용해 특정인에게 돈이나 사이버 머니, 캐릭터 등을 요구하거나 데이터나 소액 결제 등의 비용을 부담하게 하는 행위를 말한다.

⑥ 사이버 성폭력(Cyber Sexting)

사이버 공간에서 특정인에게 동의를 구하지 않고 원하지 않는 성적인 메시지를 보내거나 성적인 모욕 등을 하는 행위를 말한다.

⑦ 사이버 감옥(Cyber Jail)

인터넷의 대화방이나 스마트폰의 카톡 등에서 특정인을 퇴장하지 못하게 막고 비방 또는 욕설을 하는 행위를 말한다.

⑧ 사이버 따돌림(Cyber Exclusion)

사이버 공간에서 특정인을 친구 목록에서 제외하거나 친구 신청을 거부 또는 배제하는 행위를 말한다.

⑨ 플레이밍(flaming)

특정인을 자극하여 일부러 논쟁 또는 분란을 일으켜 특정인이 문제 있음을 드러나도록 하는 의도적 행위를 말한다.

⑩ 사이버 명령(cyber-order)

인터넷이나 스마트폰을 이용해 특정인에게 원치 않는 행동을 강요하거나 심부름을 시키는 행위를 말한다.

⑪ 안티 카페(anti-cafe)

특정인에게 비방, 욕설, 따돌림 등을 하기 위해 사이버 공간에 사이트나 게시판 등을 만들어 운영하는 행위를 말한다.

⑫ 사이버 왕따 놀이(Cyberbullying Play)

사이버 공간에서 특정 그룹에 소속된 사람들끼리 번갈아 가면서 소속된 사람을 일방적으로 욕설, 비방, 모욕하는 행위를 말한다.

최근에는 신종 사이버 폭력으로 카따, 떼카, 방폭, 카톡 감옥, 와이파이 셔틀, 하트 셔틀 등이 언급되고 있다. 이 중 카따, 떼카, 방폭, 감옥 등은 청소년들 사이에 카카오톡 앱이 많이 사용되면서 이와 관련된 신종 사이버 폭력 유형이 생성된 것이다. 또한 오프라인에서 행해지던 빵 셔틀(일진들을 위해 빵을 사다주는 것), 가방 셔틀(가방을 들어주는 것), 담배 셔틀(담배 심부름을 하는 것)과 같은 학교 폭력 행위가 사이버 공간으로 이어져 와이파이 셔틀(공짜로 인터넷 데이터를 이용하는 것), 게임 셔틀(게임을 대신하는 것), 아이템 셔틀(아이템을 상납하는 것)로도 이어지고 있다.

요즈음 학교나 학원, 동아리 활동 등에서 단체 대화방으로 소통하는 것이 일상화되다 보니 사이버 폭력이 외부로 잘 드러나지 않으며, 가해자들의 죄의식이 신체적 폭력의 정도에 비해 크지 않다는 것이 문제라고 할 수 있다.

- **카따**: 카카오톡에서 집단 따돌림을 하는 행위를 말한다.
- **떼카**: SNS를 이용하여 다수의 학생이 한 명의 학생에게 일시에 욕을 퍼붓는 행위를 말한다.
- **방폭**: 대화방에 초대한 후 한꺼번에 나가 버려 피해 학생만 카톡방에 남기는 행위를 말한다.
- **카톡 감옥**: 한꺼번에 수백 명이 카카오톡 채팅방에서 특정인에 대한 욕설과 험담을 올리고, 채팅방을 나가도 다수 이용자가 끊임없이 다시 초대하는 행위를 말한다.
- **하트 셔틀**: 스마트폰 게임 애니팡을 하기 위해 필요한 하트를 상납하도록 하는 행위를 말한다.

3) 사이버 폭력의 예방 원칙

사이버 폭력의 특징에서도 언급했듯이, 사이버 폭력은 사이버 공간의 빠른 전파성과 결합하여 빠른 피해 확산 속도를 보이기 때문에 예방이 무엇보다 중요하다.

사이버 폭력을 예방하기 위한 10대 원칙을 살펴보면 다음과 같다.

첫째, 서로 존중하고 배려하는 문화를 만든다. 사이버 공간에서 타인도 자신과 같은 감정과 생각을 가진 사람임을 잊지 말아야 한다.

둘째, 개인 정보는 스스로 지킨다. 개인 정보를 소중히 여기고, 스스로 보호할 수 있도록 해야 한다.

셋째, 바르게 이야기하는 습관을 가진다. 사이버 공간이라 할지라도 고운 말, 바른말을 사용해야 하고, 거짓된 내용이나 개인의 사생활에 대한 내용은 올리지 말아야 하며, 글을 쓴다면 여러 번 읽어 보고 올려야 한다.

넷째, 오해받을 수 있는 행동은 하지 말아야 한다. 타인으로부터 오해나 불신을 살만한 행동은 하지 않는 것이 좋다.

다섯째, 사이버 폭력에 대한 정확한 이해가 중요하다. 사이버 폭력이 무엇인지, 어떤 경우가 이에 해당하는지 등 정확하게 이해하기 위한 노력이 필요하다.

여섯째, 자주 이야기해야 한다. 사이버 공간에서의 활동과 관련하여 도움이나 조언을 구할 수 있는 주변인에게 자주 이야기해야 한다.

일곱째, 도움을 요청해야 한다. 사이버 폭력을 당하였을 경우에는 가정이나 학교 등 도움을 받을 수 있는 곳에 정확하게 도움을 요청해야 한다.

여덟째, 처음부터 정확하게 대처해야 한다. 먼저 분명한 거부 의사를 표시해야 하고, 보복하지 않아야 하며, 무시하거나 차단하는 등 처음부터 명확한 대처가 중요하다.

아홉째, 사이버 폭력의 증거를 수집해야 한다. 자신을 비난하거나 욕설 등의 메시지를 받은 경우 삭제하지 말고 증거를 확보해야 한다. 이때 자신이 분명한 거부 의사를 표시한 내용을 함께 확보하는 것이 중요하다.

열째, 적극적으로 대응해야 한다. 사이버 폭력을 당하였을 경우에는 관련 기관을 찾아 상담을 받고 도움을 청해야 한다. 또한 사이트 관리자에게 사이버 폭력 피해 사실을 신고하고 삭제를 요청한다.

위와 같은 사이버 폭력 예방 원칙을 사전에 교육시키고, 사안이 발생하더라도 빠르게 대처하여 피해가 확산되는 것을 막아야 한다.

🟦 나 디지털 과사용

사이버 폭력 못지않게 사회적 문제로 심각하게 대두되고 있는 디지털 과사용의 개념과 특징, 유형에 대해 알아보고, 디지털 과사용을 예방하기 위한 방법에 대해 살펴본다.

1) 디지털 과사용의 개념과 특징

인터넷 중독, 게임 중독을 넘어 디지털 과사용이 사회적 문제로 대두되고 있다. 디지털 과사용은 디지털 기기가 없으면 불안하고, 일상생활을 하는 데 매우 불편해 하며, 다른 것보다 디지털 기기를 소중하게 여기는 현상을 의미한다. 예를 들어, 식사를 하거나 일을 할 때, 심지어 화장실을 갈 때에도 디지털 기기를 손에 쥐고 다니고, 외출 중에 배터리가 얼마 남아 있지 않으면 매우 초조해 하거나 하루에 두 시간 이상 스마트폰을 사용하는 현상들이 디지털 과사용의 대표적인 증상들이다.

2) 디지털 과사용의 유형

디지털 과사용과 관련된 신조어 및 그 증상은 다음과 같다.

① 유령 진동 증후군

실제 전화나 메시지가 오지 않았음에도 진동을 느끼거나 알람이 울린 것 같은 느낌을 받는 것을 의미하며, 유령 전화, 팬텀 진동 현상으로 불리기도 한다.

② 노모포비아(nomophobia)

노모포비아는 노(no)와 모바일폰(mobilephone), 포비아(phobia)의 합성어로 휴대전화가 없으면 불안해지고, 심지어 공포심까지 느끼는 증상을 의미한다.

③ 스몸비(smombie)

스마트폰(smartphone)과 좀비(zombie)의 합성어로 스마트폰(태블릿 PC 등 모든 모바일 기기 포함)에 정신이 팔려 주변을 인지하지 못한 채 걸어가는 사람을 좀비에 빗댄 말이다.

④ 24/7 디바이스(24hours 7days Device)

'아침에 일어나서부터 잠들기까지 스마트폰과 함께한다'는 뜻이다.

⑤ 수그리족

스마트폰이나 태블릿 PC 등과 같은 스마트 기기를 들여다보는 사람이나 무리를 가리키며, 거북목 증후군과 척추 측만증, 손목 터널 증후군과 같은 수그리족 증후군의 외형적 증상을 가지고 있다.

⑥ 팝콘 브레인

고온에서 팝콘이 만들어지는 것처럼 강한 자극에만 반응하는 뇌를 의미한다. 업무가 바쁜데도 문자 메시지를 보내고, 인터넷 접속을 반복하는 것도 대표적인 팝콘 브레인의 증상이다.

⑦ 디지털 치매

디지털 기기에 대한 의존도가 지나치게 높아 기억력이나 계산 능력이 크게 떨어진 상태를 말한다.

⑧ 몽유 문자병(Sleep Texting)

머리맡 등 바로 곁에 스마트폰을 두고 자다가 문자 메시지를 확인하거나 답문자를 보내고 잠든 후 다음날 일어나서 이를 기억하지 못하는 병을 말한다.

이외에도 24시간 스마트폰과 함께한다는 의미에서 '폰연일체', 고개를 푹 숙여 핸드폰만 본다는 '수그리족'보다 좀 더 격한 표현으로 '폰충'이라는 신조어까지 등장하고 있다. 이처럼 스마트폰을 사용하는 것이 일상생활에 깊숙이 자리 잡다 보니 과사용임을 인지하지 못하거나 알면서도 줄이지 못해 생활에 지장을 주는 일 등이 빈번하게 일어난다.

3) 디지털 과사용 예방법

디지털 기기가 대중화되면서 디지털 과사용을 초래하였는데 최근에는 과도한 디지털 기기의 사용으로 피로감과 기억력 감퇴 등의 증상이 나타나자 디지털 기기로부터 벗어나기 위한 '디지털 디톡스'와 같은 트렌드가 생겨났다.

디지털 디톡스는 '디지털'에 '독을 해소하다'라는 뜻의 디톡스가 결합된 말로, 디지털 기기에서 벗어나 명상, 독서 등을 통해 몸과 마음을 회복하자는 의미이다.

일상생활에서 쉽게 실천할 수 있는 디지털 디톡스 방법을 살펴보면 다음과 같다.

첫째, 침대로 스마트폰을 가지고 가지 않아야 한다.

둘째, 이메일 계정을 수시로 확인하는 것을 금하면서 이메일 계정에서 로그아웃한다.

셋째, SNS와 모바일 메신저에 있는 알림 기능을 끈다.

넷째, 스마트폰이나 컴퓨터 화면 대신 종이책을 본다.

다섯째, 온라인 접속 시간을 측정해 통제한다.

여섯째, 가족이나 친구들과 만나서 보내는 시간을 늘린다.

일곱째, 아무것도 하지 않고 보내는 시간을 늘리는 등 뇌가 쉴 수 있는 시간을 준다.

여덟째, 폰스텍 게임(모든 사람이 스마트폰을 책상 위에 놓고, 스마트폰에 먼저 손을 대는 사람이 벌칙을 받는 게임)처럼 놀이를 통해 디지털 기기의 사용을 최소화할 수 있도록 제어한다.

다 사이버 명예 훼손

사이버 명예 훼손의 개념과 특징, 유형에 대해 알아보고, 사이버 명예 훼손 발생 시 대처 방법에 대해 살펴본다.

1) 사이버 명예 훼손의 개념과 특징

명예 훼손죄는 공연히 구체적인 사실 또는 허위 사실을 적시하여 사람의 명예를 훼손하여 성립하는 죄를 말한다. 명예는 일반적으로 사람의 인격적 가치에 대해서 타인이 부여하는 사회적 평가나 가치를 말하는데 사람의 사적 평가를 저하시킨다는 점에서 명예 훼손죄와 비슷한 모욕죄가 있다. 명예 훼손죄는 구체적인 사실을 적시하여 명예를 침해하는 것이고, 모욕죄는 구체적인 사실을 적시하지 않고 추상적인 판단이나 경멸적 감정을 표현하여 사회적 가치를 침해하는 것이다.

사이버 명예 훼손은 정보 통신망을 통해 사람을 비방할 목적으로 사실이나 허위 사실을 공공연히 드러내어 타인의 명예를 훼손하는 행위를 말한다. 형법상의 명예 훼손죄와는 달리, 다른 사람을 비방할 목적을 구성 요건으로 하고 있어 비방할 목적이 증명되지 않는다면 정보 통신망 이용 촉진 및 정보 보호 등에 관한 법률상의 사이버 명예 훼손죄가 아닌 형법상 명예 훼손죄가 성립한다.

2) 사이버 명예 훼손의 유형

사이버 명예 훼손의 유형에는 비방, 폭로, 사생활 침해, 사칭 및 오용 등이 있다.

① 비방 및 폭로

비방은 특정인을 비웃고 헐뜯어 말하는 것이고, 폭로는 특정인의 비밀을 아는 사람 또는 불특정 다수에게 누설하는 것을 말한다.

② 사생활 침해

개인에 관련된 여러 가지 정보, 예를 들어 성별, 주소, 나이, 재산 정도, 학력, 취미 등을 다른 사람에게 노출하거나 악용하는 것을 말한다.

③ 사칭 및 오용

이름이나 직업 등을 거짓으로 속이거나 잘못 사용하는 것을 말한다.

3) 사이버 명예 훼손 발생 시 대처 방법

사이버 명예 훼손이 발생했을 경우 대처 방법은 다음과 같다.

첫째, 침해 정보의 삭제를 요청한다. 특정 사이트에 명예 훼손이 될 만한 정보가 공개되어 권리가 침해된 경우에는 사이트 운영자에게 침해 사실을 증명하고, 그 정보를 삭제하거나 반박 내용을 사이트에 올려줄 것을 요청할 수 있다.

둘째, 분쟁 조정 기관에 조정을 신청한다. 본인이 명예 훼손을 당했거나 명예 훼손 행위를 했다면 방송통신심의위원회에 분쟁 조정을 신청할 수 있다. 19세가 되지 않은 미성년자의 경우에는 보호자를 통해서 조정 절차를 이용할 수 있다.

셋째, 형사 고소 또는 민사 소송을 제기할 수 있다. 사이버 명예 훼손으로 고소를 하려는 경우에는 경찰청 사이버 안전국에 신고를 하거나 직접 경찰서를 방문해 고소장을 제출하여 형사 고소할 수 있다. 또한 명예 훼손을 한 사람을 상대로 정신적·금전적 손해 배상을 청구할 수 있다.

2 개인 정보 보호

개인 정보는 살아 있는 개인에 관한 정보로 이름, 주민 등록 번호 및 영상 등을 통해 개인을 알아볼 수 있는 정보를 의미한다.

해당 정보만으로는 특정 개인을 알아볼 수 없더라도 다른 정보와 쉽게 결합하여 알아볼 수 있는 것을 포함한다.

인터넷, GPS 등 정보 통신 기술의 발달에 따른 개인의 위치 정보와 지문, 홍채 등의 바이오 정보, 로그 파일, 쿠키(cookies) 정보, DNA 정보 등 기술 발전에 따른 새로운 유형의 정보가 나타나면서 개인 정보의 범위가 점차 확대되고 있다.

가 개인 정보의 유형

개인 정보는 생활에 편리함을 주고 우리 사회의 경쟁력을 높이는 데 기여하지만 만일 누군가에 의해 오용될 경우 개인의 안전과 재산에 중대한 손실을 초래할 수 있다.

개인 정보의 유형은 다음과 같다.

① 일반 정보

이름, 주민 등록 번호, 주소, 전화번호, 생년월일, 출생지, 본적지, 성별, 국적 등

② 가족 정보

가족 구성원의 이름, 출생지, 생년월일, 주민 등록 번호, 직업, 전화번호 등

③ 교육 및 훈련 정보

학교 출석 사항, 최종 학력, 학교 성적, 기술 자격증 및 전문 면허증, 이수한 훈련 프로그램, 동아리 활동, 상벌 사항 등

④ 병역 정보

군번 및 계급, 제대 유형, 주특기, 근무 부대 등

⑤ 부동산 정보

소유 주택, 토지, 자동차, 기타 소유 차량, 상점 및 건물 등

⑥ 소득 정보

현재 봉급액, 보너스 및 수수료, 기타 소득의 원천, 이자 소득, 사업 소득 등

⑦ 기타 수익 정보

보험(건강, 생명 등) 가입 현황, 회사의 판공비, 투자 프로그램, 퇴직 프로그램, 휴가, 병가 등

⑧ 신용 정보

대부 잔액 및 지불 상황, 저당, 신용카드, 지불 연기 및 미납의 수·임금 압류 통보에 대한 기록 등

⑨ 고용 정보

현재의 고용주, 회사 주소, 상급자의 이름, 직무 수행 평가 기록, 훈련 기록, 출석 기록, 상벌 기록, 성격 테스트 결과, 직무 태도 등

⑩ 법적 정보

전과 기록, 자동차 교통 위반 기록, 파산 및 담보 기록, 구속 기록, 이혼 기록, 납세 기록 등

⑪ 의료 정보

가족 병력 기록, 과거의 의료 기록, 정신 질환 기록, 신체장애, 혈액형, IQ, 약물 테스트 등 각종 신체 테스트 정보

⑫ 조직 정보

노조 가입, 종교 단체 가입, 정당 가입, 클럽 회원 등

⑬ 통신 정보

전자우편(e-mail), 전화 통화 내용, 로그 파일(Log File), 쿠키(cookies) 등

⑭ 위치 정보

GPS나 휴대폰에 의한 개인의 위치 정보

⑮ 신체 정보

지문, 홍채, DNA, 신장, 가슴둘레 등

⑯ 습관 및 취미 정보

흡연, 음주량, 선호하는 스포츠 및 오락, 여가 활동, 비디오 대여 기록, 도박 성향 등

나 개인 정보의 수집과 처리

개인 정보 보호법에 따르면 개인 정보 처리자는 다음 각 호의 어느 하나에 해당하는 경우에는 개인 정보를 수집할 수 있으며, 그 수집 목적의 범위에서 이용할 수 있다.

- 정보 주체의 동의를 받은 경우
- 법률에 특별한 규정이 있거나 법령상 의무를 준수하기 위해 불가피한 경우
- 공공 기관이 법령 등에서 정하는 소관 업무의 수행을 위해 불가피한 경우
- 정보 주체와의 계약의 체결 및 이행을 위해 불가피하게 필요한 경우
- 정보 주체 또는 그 법정 대리인이 의사 표시를 할 수 없는 상태에 있거나 주소 불명 등으로 사전 동의를 받을 수 없는 경우로서 명백히 정보 주체 또는 제3자의 급박한 생명, 신체, 재산의 이익을 위해 필요하다고 인정되는 경우
- 개인 정보 처리자의 정당한 이익을 달성하기 위해 필요한 경우로서 명백하게 정보 주체의 권리보다 우선하는 경우

이 경우 개인 정보 처리자의 정당한 이익과 상당한 관련이 있고 합리적인 범위를 초과하지 않는 경우에 한하여 개인 정보의 수집과 이용이 가능하다. 또한 개인 정보 처리자는 다음의

경우를 제외하고는 고유 식별 정보를 처리할 수 없다. 비록 정보 주체에게 개인 정보 처리에 대한 동의와 별도로 동의를 받은 경우라 할지라도 다음의 세 가지 경우를 제외하고는 주민 등록 번호를 수집할 수 없다.

- 법령에서 구체적으로 주민 등록 번호의 처리를 요구하거나 허용한 경우
- 정보 주체 또는 제3자의 급박한 생명, 신체, 재산의 이익을 위해 명백히 필요하다고 인정되는 경우
- 주민 등록 번호 처리가 불가피한 경우로서 안전행정부령으로 정하는 경우

개인 정보 처리자는 정보 주체가 인터넷 홈페이지를 통해 회원으로 가입하는 단계에서는 주민 등록 번호 없이도 회원으로 가입할 수 있는 방법을 제공해야 한다. 또한 개인 정보 처리자가 고유 식별 정보를 처리하는 경우에는 그 고유 식별 정보가 분실, 도난, 유출, 변조 또는 훼손되지 아니하도록 암호화 등 안전성 확보에 필요한 조치를 취해야 한다.

다 개인 정보 유출 사례 및 보호 방법

전 세계적으로 개인 정보 유출 문제는 심각하다. 다음과 같이 본인의 동의 없는 개인 정보 수집, 정정 요구에 불응하는 경우는 개인 정보 침해에 해당된다.

- 네트워크 관리자의 허가를 받지 않고 공공 기관이나 기업 등의 컴퓨터에 침입하여 개인 정보를 수집하거나 변경하는 행위
- 인터넷에 연결된 개인 컴퓨터에 은밀하게 침입하여 개인 정보를 수집하는 행위
- 은행이나 백화점의 데이터베이스에 침입하여 개인의 신용 정보를 빼내거나 개인 컴퓨터에 침입하여 사용자의 전자우편 주소, 사용하는 소프트웨어 유형, 웹 접근 기록, 개인적인 데이터베이스를 수집하는 등의 침해 행위
- 인터넷 마케팅 업체들이 쿠키를 사용해서 소비자들이 어떤 웹사이트를 접속하여 얼마나 머물고 어떤 거래를 하는지 등 소비자들에게 알리지 않고 인터넷 활동을 모니터링하는 행위
- 호텔과 같은 사적인 장소나 공장, 백화점과 같은 일터에 CCTV를 설치하여 근로자들의 행동을 감시하는 행위
- 개인 정보 수집 시 고지 또는 명시 의무를 이행하지 않는 행위
- 정보 주체의 동의가 없는 개인 정보 수집, 과도한 개인 정보 수집, 원치 않는 정보 수신
- 개인 정보의 훼손, 침해, 도용
- 정보 주체의 동의 철회(회원 탈퇴), 열람 또는 정정 요구에 불응하거나 정보 주체의 동의 철회(회원 탈퇴), 열람 또는 정정을 수집보다 쉽게 해야 할 조치를 이행하지 않는 행위

이처럼 자신의 개인 정보를 안전하게 지키기 위해서는 개인 정보 침해에 대해 정확하게 이해함으로써 자신의 개인 정보가 침해되고 있을 때 이를 빠르게 파악해야 할 뿐만 아니라, 개인 정보 침해를 예방하기 위한 다음과 같은 노력이 필요하다.

첫째, 회원 가입을 하거나 개인 정보를 제공할 때에는 개인 정보 처리 방침 및 약관을 꼼꼼히 살핀다.

둘째, 회원 가입 시 비밀번호를 타인이 유추하기 어렵도록 영문/숫자/특수 문자 등을 조합하여 8자리 이상으로 설정한다.

셋째, 자신이 가입한 사이트에 타인이 자신인 것처럼 로그인하기 어렵도록 비밀번호를 주기적으로 변경한다.

넷째, 가급적 안전성이 높은 주민 번호 대체 수단(아이핀: i-PIN)으로 회원 가입을 하고, 꼭 필요하지 않은 개인 정보는 입력하지 않는다. 아이핀(i-PIN)은 인터넷상 개인 식별 번호 (Internet Personal Identification Number)로, 대면 확인이 어려운 온라인상에서 본인 확인을 할 수 있는 수단의 하나이다.

다섯째, 타인이 자신의 명의로 신규 회원 가입 시 즉각 차단하고, 이를 통지받을 수 있도록 명의 도용 확인 서비스를 이용한다.

여섯째, 자신의 아이디와 비밀번호, 주민 등록 번호 등 개인 정보가 공개되지 않도록 주의하여 관리하며, 친구나 타인에게 알려주지 않는다.

일곱째, 인터넷에 올리는 데이터에 개인 정보가 포함되지 않도록 하며, P2P로 제공하는 자신의 공유 폴더에 개인 정보 파일이 저장되지 않도록 한다.

여덟째, 금융 거래 시 신용 카드 번호와 같은 금융 정보 등을 저장할 경우 암호화하여 저장하고, 가능한 한 PC방 등 개방 환경을 이용하지 않는다.

아홉째, 인터넷에서 출처가 불명확한 자료는 다운로드하지 않는다.

열째, 개인 정보가 유출된 경우 해당 사이트 관리자에게 삭제를 요청하고, 처리되지 않은 경우 즉시 개인 정보 침해 신고를 한다.

③ 정보 보안

정보 보안(Information Security)은 정보의 수집, 가공, 저장, 검색 및 송수신 과정에서 정보가 훼손·변조·유출되는 것을 막기 위한 기술 관리 등을 의미한다. 정보 보안이 유지될 때 개인, 기업, 국가의 안전과 신뢰가 보장될 수 있다.

가 정보 보안의 목표

정보에 대한 위협이란 허락되지 않은 접근, 수정, 노출, 훼손, 파괴 등을 의미한다. 나날이 늘어가고 있는 정보 침해에 대한 위협으로부터 대응하기 위해서는 기밀성(confidentiality), 무결성(integrity), 가용성(availability), 부인 방지(non-repudiation) 등의 정보 보안의 목표를 달성하기 위해 노력해야 한다.

① 기밀성

기밀성은 허락되지 않은 사용자 또는 객체가 정보의 내용을 알 수 없도록 하는 것으로 비밀 보장을 의미한다. 원치 않는 정보의 공개를 막는다는 의미에서 개인 정보 보호와 밀접한 관계가 있다.

② 무결성

무결성은 허락되지 않은 사용자 또는 객체가 정보를 함부로 수정할 수 없도록 하는 것이다. 수신자가 정보를 수신하거나 보관된 정보를 꺼내 보았을 경우에는 그 정보가 중간에 수정 또는 첨삭되지 않았음을 확인할 수 있어야 한다.

③ 가용성

가용성은 허락된 사용자 또는 객체가 정보에 접근하고자 할 경우에 이것이 방해받지 않도록 하는 것으로 최근에 네트워크의 고도화로 대중에게 많이 알려진 서비스 거부 공격(DoS; Denial of Service Attack)이 이러한 가용성을 해치는 공격이라 할 수 있다.

④ 부인 방지

부인 방지는 정보를 보낸 사람이 나중에 정보를 보냈다는 것을 부인하지 못하도록 하는 것을 말한다.

나 정보 침해의 유형

대표적인 정보 침해의 유형에는 악성 코드와 해킹이 있으며, 개념과 종류를 살펴보면 다음과 같다.

1) 악성 코드의 개념과 종류

악성 코드(malware)는 사용자 컴퓨터에 악의적인 영향을 끼칠 수 있는 모든 소프트웨어를 총칭하며, 1985년 BBS(Bulletin Board System)를 통해 정상적인 공개 소프트웨어로 가장하여 일반 사용자들을 감염시킨 것이 최초이다. 1990년대 말부터 악성 코드의 감염 방법과 증상들이 다양화되었다.

대표적인 악성 코드는 [표 7-1]과 같다.

[표 7-1] 악성 코드

컴퓨터 바이러스 (Computer Virus)	• 정상적인 파일이나 시스템 영역에 침입하여 그 곳에 자신의 코드를 삽입하거나 설치하는 프로그램 • 스스로를 복제하여 컴퓨터를 감염시킴.
트로이 목마 (Trojan Horse)	• 컴퓨터 시스템에서 정상적인 기능을 하는 프로그램으로 가장하여 다른 프로그램에 숨어 있다가 그 프로그램이 실행될 때 활성화하는 악성 프로그램 • 자기 복사 능력은 없지만 실행되는 순간, 시스템에 직접적인 피해를 가함.
스파이웨어 (spyware)	• 사용자의 PC에서 사전 동의 없이 설치되어 컴퓨터의 정보와 개인 정보를 수집하는 악성 코드 • 신용 카드와 같은 금융 정보 및 주민 등록 번호와 같은 신상 정보 등의 각종 정보를 수집하여 원격지의 특정 서버에 주기적으로 보냄.
애드웨어 (adware)	• 상업용 광고를 목적으로 만들어진 악성 코드로, 웹 브라우저 시작 페이지 변경, BHO(Browser Helper Object) 객체를 이용하여 팝업 윈도 생성 등의 동작을 함.
랜섬웨어 (ransomware)	• 컴퓨터 시스템을 감염시켜 접근을 제한하고 일종의 몸값을 요구하는 악성 소프트웨어의 한 종류 • 최근 전 세계적인 랜섬웨어를 통한 대량 해킹은 인터넷 세계의 사이버 아마겟돈으로 불림.

2) 해킹의 개념과 종류

해킹은 컴퓨터 네트워크의 취약한 보안망에 불법적으로 접근하거나 허가받지 않은 정보 시스템에 침투하는 행위를 의미한다. 기존 서버를 대상으로 하던 해킹 공격은 웹 서버나 데이터베이스 시스템, 네트워크 통신 프로토콜 등의 취약점을 악용하여 이루어졌고, 이를 통해 기업이나 정부의 시스템에 접근하여 서비스를 불가능하게 만들거나 기밀문서 등을 빼가는 등의 공격을 하는 방식이었다. 그러나 최근에는 방화벽, IDS, IPS, 백신 엔진 등의 기본 보안 시스템에 막혀 상대적으로 보안에 취약한 클라이언트를 공격하는 형태로 전이되고 있다.

구체적인 해킹 기법의 유형은 [표 7-2]와 같다.

[표 7-2] 해킹 기법의 유형

해킹 유형	내용
취약점 공격 (exploit)	• 컴퓨터 소프트웨어나 하드웨어 및 컴퓨터 관련 전자 제품 버그, 보안 취약점 등 설계상 결함을 이용한 공격 행위를 의미함(항상 최신의 업데이트를 적용하여 취약점을 보완하거나 최신 버전 의 바이러스 검사 소프트웨어 등을 이용하여 위협에 대한 노출을 줄일 수 있음).
분산 서비스 거부 공격(DDoS)	• 서비스 공격을 위한 도구들을 여러 대의 컴퓨터에 심어놓고, 공격 목표 시스템을 대상으로 대 량의 패킷을 동시에 발생시켜 네트워크의 성능을 저하시키거나 시스템을 마비시키는 방식
스푸핑(spoofing)	• IP를 날조하여 정당한 사용자인 것처럼 보이게 하거나 승인받은 사용자인 척하며 시스템에 접 근하는 고급 해킹 수법
파밍(pharming)	• 합법적인 사용자의 도메인을 탈취하거나 도메인 네임 시스템 또는 프록시 서버의 주소를 변조함 으로써 사용자들로 하여금 진짜 사이트로 오인하여 접속하도록 유도한 후 개인 정보를 탈취함.
엑스 코드 고스트	• 정식 iOS 개발 도구인 엑스 코드에 악성 기능이 포함된 것을 말하는데 엑스 코드 고스트를 이 용하여 개발된 iOS 앱은 개발자 모르게 악성 코드가 포함됨.

3) 최신 해킹 기법의 동향

최근 새로운 해킹 기법들이 주목을 받고 있는데 인간의 생활뿐만 아니라, 업무에 IoT 기기가 널리 사용되면서 개인과 기업 모두를 표적으로 하여 IoT 해킹이 이루어지고 있다. 특히 신생아의 부모가 아기를 지켜보기 위해 가정에 설치한 네스트(NEST) 카메라를 해킹한 사실이 보도되면서 가정용 IP 연결 기기에 대한 해킹 문제가 사회적 이슈로 대두되었다. 이는 2018년 고스트 DNS 악성 코드가 10만 개의 가정용 라우터를 탈취하면서 가정이든 기업이든 IP 주소를 가진 장치가 있다면 언제든지 해킹당할 수 있음을 보여 주며 새로운 보안 문제로 등장하였다. 대다수의 가정용 CCTV의 경우 IP 주소만 알면 손쉽게 접속할 수 있다고 하니 막대한 사생활 침해 문제가 불거질 수 있다.

아울러, 2014년 6,000만 달러에 불과하였던 전 세계 민간 드론 시장이 2023년에 8억 8,000만 달러로 급성장할 것으로 전망되며, 드론 해킹에 대한 문제도 이슈가 되고 있다.

드론의 해킹 기법은 [표 7-3]과 같다.

[표 7-3] 드론의 해킹 기법

해킹 유형	내용
GPS 스푸핑 (spoofing)	• 드론에게 가짜 GPS 신호를 보내 드론이 해커가 의도한 곳으로 이동하거나 착륙하도록 만드는 기법
하이재킹 (hijacking)	• 드론의 조종권을 빼앗는 것으로 비행하고 있는 비행기를 탈취하는 하이재킹을 드론에 적용한 해킹 기법
재밍 (jamming)	• 모든 무선 통신을 교란시키는 것으로 방해 신호를 고출력으로 송출하여 정상 신호와 간섭을 일으켜 연결을 방해하는 원리(드론의 경우에는 재밍 공격을 받게 되면 드론과 연결된 모든 신호가 끊어지므로 별다른 기술 없이 방해 전파만으로 드론을 작동 불능 상태로 만들 수 있음).

다 정보 보안 기술

외부의 공격을 예방하거나 방어할 수 있는 정보 보안 기술에는 암호화와 인증을 통한 접근 통제, 방화벽이나 침입 탐지 시스템, 침입 방지 시스템 도입 등이 있다.

1) 암호화

암호화(encryption)는 인가된 사람들을 제외하고는 아무나 읽어볼 수 없도록 알고리즘을 이용하여 정보를 전달하는 과정을 의미한다. 암호화되지 않은 문장을 평문이라 하고, 암호화된 문장을 암호문이라고 한다. 암호화는 평문을 암호문으로 만드는 과정을 말하고, 암호화된 문장을 다시 평문으로 바꾸는 것은 복호화라고 한다. 이것은 암호화한 정보를 전달 과정에서 인가되지 않은 사람이 취득한 경우에 암호화하기 이전 정보를 취득하지 못하게 하는 방법이다.

현재 암호화 기술의 핵심은 임의의 문자열 값인 암호화 키이다. 예측할 수 없는 암호화 키를 사용한다면 암호화 알고리즘이 노출되더라도 키 없이는 암호를 해독할 수 없기 때문에 보안이 보장된다. 암호화 방식은 암호화와 복호화하는 키의 형태에 따라 대칭형과 비대칭형으로 나눌 수 있는데 그 개념과 장단점은 [표 7-4]와 같다.

[표 7-4] 대칭 키와 비대칭 키 암호화

	대칭 키 암호화	비대칭 키 암호화
개념	암호문을 생성할 때 사용하는 키와 암호문을 평문으로 복원할 때 사용하는 키가 동일한 암호화 방식	송신자가 공개된 암호화 키를 이용하여 정보를 암호화하여 보내고, 수신자는 자신만이 가진 개인 키를 이용하여 수신된 정보를 해독할 수 있도록 한 방식
장점	알고리즘이 상대적으로 단순함.	전송되는 정보에 개인 키가 포함되어 있지 않아 높은 안전성과 보안성을 제공함.
단점	관리에 어려움이 많고, 시스템에 가입한 사용자들 사이에 하나의 서로 다른 키를 공유해야 하기 때문에 n명이 가입한 시스템에는 n개의 키가 필요함.	암호화, 복호화에 소요되는 시간이 상대적으로 오래 걸림.

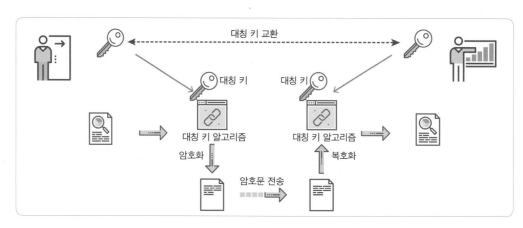

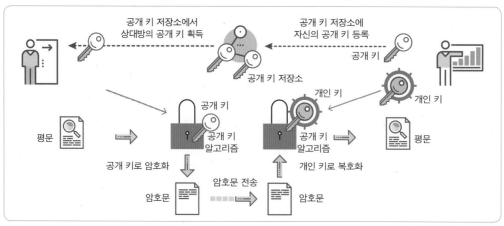

[그림 7-3] 대칭 키와 비대칭 키 암호화 방식

2) 인증

인증(authentication)은 여러 사람이 공유하고 있는 컴퓨터 시스템이나 통신망에 신분을 확인하여 불법적인 사용자가 들어올 수 없도록 시스템 보안을 유지하는 방법을 의미한다. 이러한 인증 기법 중의 하나가 전자 서명(Digital Signature)이다. 전자 서명은 서명자를 확인하고 서명자가 당해 전자 문서에 서명하였음을 나타내는 데 이용하기 위해 당해 전자 문서에 첨부하거나 논리적으로 결합된 전자적 형태의 정보를 의미한다.

이외에도 다양한 인증 수단이 있다. 비밀번호, Q&A, 코드북, 패턴, 이미지 등은 기존에 미리 답을 저장해 둔 지문에 답하는 방식으로 인증하는 방법이다. 인증서, 보안 카드, 단말기, OPT 등은 보안성이 높지만 분실 및 도난의 위험이 있다. 지문, 음성, 홍채, 안면, 정맥, 행위 등은 몸의 특징을 활용한 것으로 보안성이 높고 분실 위험이 거의 없지만 만일 저장해 둔 정보가 유출되면 대체할 인증 수단이 없다는 단점이 있다.

3) 통제

정보 보안을 위한 통제 방법에는 방화벽, 침입 탐지 및 방지 시스템 등이 있다.

방화벽(firewall)은 인터넷과 특정 조직의 개별 네트워크 사이의 정보 흐름을 관리하는 하드웨어 또는 소프트웨어 체제를 의미한다. 방화벽은 인증되지 않은 인터넷 사용자가 인터넷, 특히 인트라넷에 연결된 사설 네트워크에 접근하는 것을 방지할 수 있으며, 인터넷으로부터 유입되는 바이러스의 공격도 차단할 수 있다.

네트워크 방화벽은 네트워크 구조의 최상단에 위치하며, 인터넷과 같은 외부망으로부터 들어오는 접근 시도를 1차로 제어 및 통제함으로써 내부 네트워크를 보호하는 역할을 한다. 방화벽 소프트웨어는 두 네트워크 사이를 통과하는 각각의 정보 패킷을 분석하여 미리 구성된 규칙에 맞지 않는 패킷이 있으면 이를 거부한다.

방화벽의 작동 방식은 [그림 7-4]와 같다.

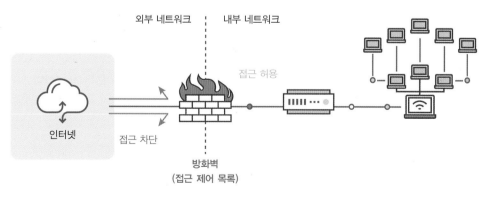

[그림 7-4] 방화벽의 작동 방식

침입 탐지 시스템은 비정상적인 공격을 찾아내는 소극적인 보안 설루션이고, 침입 방지 시스템은 적극적인 보안 설루션이다.

침입 탐지 시스템은 일반적으로 시스템에 대한 원치 않는 조작을 탐지해 주며, 전통적인 방화벽이 탐지할 수 없는 모든 종류의 악의적인 네트워크 트래픽 및 컴퓨터 사용을 탐지하기 위해 필요하다. 이것에는 취약한 서비스에 대한 네트워크 공격과 애플리케이션에서의 데이터 처리 공격, 권한 상승 및 침입자 로그인, 침입자에 의한 주요 파일 접근, 악성 코드(컴퓨터 바이러스, 트로이 목마, 웜 등)와 같은 호스트 기반 공격을 포함한다.

침입 방지 시스템은 인터넷 웜, 악성 코드 및 해킹 등에 기인한 유해 트래픽을 차단하는 네트워크 보안 기술 중 예방적 차원의 시스템에 해당한다. 악의적인 공격을 탐지하고, 미리 설정해 놓은 규칙에 기반하여 즉각적인 대응이 가능한 시스템이다. 전송된 특정 패킷을 점검하여 부적절한 패킷이라 판단되면 해당 포트 및 IP에 대한 연결을 봉쇄하고, 적절한 패킷에 대해서는 지체 없이 전달한다. 탐지 기법으로는 주소 대조, HTTP 스트링과 서브스트링 대조, 일반 패턴 대조, TCP 접속 분석, 변칙적인 패킷 탐지, 비정상적인 트래픽 탐지 및 TCP/UDP 포트 대조 등이 있다.

라 정보 보안 수칙

각종 정보 침해로부터 자신의 컴퓨터를 안전하게 보호하기 위해서는 컴퓨터에 암호를 설정하고, 수시로 보안 업데이트를 행하여 시스템의 보안 취약점을 제거하며, 해킹을 감시하고 차단하는 방화벽 프로그램을 실행하는 것이 좋다.

정보 보안 수칙은 다음과 같다.

첫째, 운영 체제에서 제공하는 최신 보안 패치를 적용한다.

둘째, 로그인 계정의 패스워드를 자주 변경하고, 영문/숫자/특수 문자를 조합하여 8자리 이상 설정한다.

셋째, 신뢰할 수 있는 기관의 서명이 없는 Active-X 보안 경고 창이 뜨면 동의하거나 설치하지 말고 창을 닫는다.

넷째, 이메일을 확인할 때 발신인이 불분명하거나 수상한 첨부 파일은 모두 삭제한다.

다섯째, 메신저 프로그램에 첨부된 URL이나 첨부 파일에 대해 메시지를 보낸 이가 직접 보낸 것이 맞는지 확인한다.

여섯째, P2P 프로그램에서 파일을 다운로드할 때 반드시 보안 검사를 한 후 사용한다.

일곱째, 공유 권한을 '읽기'로 설정하고, 사용 후에는 공유를 해제한다.

여덟째, 보안 제품은 항상 최신 버전의 엔진을 유지한다.

4 저작권

기술의 발달에 따라 콘텐츠의 생산이 폭발적으로 늘어나고, 파일의 공유와 유통이 손쉬워짐에 따라 저작권과 관련된 쟁점들이 사회적 문제로 이슈화되고 있다. 저작권의 개념과 구성 등에 대해 알아봄으로써 저작권을 보호하는 방법에 대해 생각해 본다.

가 저작권의 개념

저작권(copyright)은 [그림 7-5]와 같이 지식 재산권에 포함된다.

1) 지식 재산권

지식 재산권(Intellectual Property Rights)은 인간의 창조적 활동 또는 경험 등을 통해 창출하거나 발견한 지식, 정보, 기술이나 표현, 표시, 그 밖에 무형적인 것으로서 재산적 가치가 실현될 수 있는 지적 창작물에 부여된 재산에 관한 권리를 의미한다.

여기에는 문학, 예술 및 과학적 저작물, 음반 및 방송, 인간 노력에 의한 모든 분야에서의 발명, 과학적 발견, 의장, 상표, 서비스표, 상호 및 기타의 명칭, 부정 경쟁으로부터의 보호 등에 관련된 권리와 그 밖에 산업, 과학, 문학 또는 예술 분야의 지적 활동에서 발생되는 모든 권리를 포함한다.

지식 재산권은 보통 보호 목적을 기준으로, 산업 분야의 창작물과 관련된 산업 재산권과 문화·예술 분야의 창작물과 관련된 저작권으로 구분한다. 이외에도 반도체 배치 설계나 온라인 디지털 콘텐츠와 같이 전통적인 지식 재산권의 범주에 속하지 않고, 경제, 사회, 문화의 변화나 과학 기술의 발전에 따라 새로운 분야에서 출현하는 지식 재산권을 따로 분류하여 '신지식 재산권'이라고 한다.

신지식 재산권은 컴퓨터 프로그램, 인공지능, 데이터베이스와 같은 산업 저작권, 생명공학과 같은 첨단산업 재산권 및 영업 비밀, 멀티미디어와 같은 정보 재산권 등으로 분류된다. 이외에도 만화 영화 등의 주인공을 각종 상품에 이용하여 판매할 수 있는 캐릭터, 독특한 색채와 형태를 가진 콜라병 등도 신지식 재산권에 포함된다.

2) 저작권

저작권(copyright)은 지적 창작물 중에서 인간의 사상 또는 감정을 표현한 창작물에 대해 주어진 독점적 권리를 의미한다. 소설, 만화, 음악, 그림, 영화 등과 같은 저작물을 창작한 사람은 자신의 창작물을 스스로 이용하거나 다른 사람들이 이용하는 것을 허락할 수 있는 권리를 가진다.

저작자는 저작물에 대해 복제(인쇄, 녹음, 녹화), 공연(상연, 연주, 연출, 상영), 공중 송신(방송, 전송), 전시, 배포(양도, 대여), 개작(번역, 번안, 편곡, 각색), 편집할 권리를 가지며, 저작권은 저작물을 창작한 때부터 발생하는데 어떠한 절차나 형식의 이행을 필요로 하지 않는다.

[그림 7-5] 지식 재산권의 범위

저작권법에 따라 보호받는 저작물과 보호받지 못하는 저작물은 [표 7-5]와 같다.

[표 7-5] 보호받는 저작물과 보호받지 못하는 저작물

보호받는 저작물(저작권법 제4조)	보호받지 못하는 저작물(저작권법 제7조)
• 소설, 시, 논문, 강연, 연설, 각본, 그 밖의 어문 저작물 • 음악 저작물 • 연극 및 무용, 무언극, 그 밖의 연극 저작물 • 회화, 서예, 조각, 판화, 공예, 응용 미술 저작물, 그 밖의 미술 저작물 • 건축물, 건축을 위한 모형 및 설계 도서, 그 밖의 건축 저작물 • 사진 저작물 • 영상 저작물 • 지도, 도표, 설계도, 약도, 모형, 그 밖의 도형 저작물 • 컴퓨터 프로그램 저작물	• 헌법, 법률, 조약, 명령, 조례 및 규칙 • 국가 또는 지방자치단체의 고시, 공고, 훈령, 그 밖에 이와 유사한 것 • 법원의 판결, 결정, 명령 및 심판이나 행정 심판 절차, 그 밖에 이와 유사한 절차에 의한 의결, 결정 등 • 국가 또는 지방자치단체가 작성한 것으로서 제1호 내지 제3호에 규정된 것의 편집물 또는 번역물 • 사실의 전달에 불과한 시사 보도

저작권법상의 보호를 받는 저작물은 아홉 가지로 규정되어 있지만 저작권법에 예시되지 않았더라도 창작한 작품은 저작권법에 의해 보호받는다. 또한 원저작물을 번역, 편곡, 변형, 각색, 영상 제작, 그 밖의 방법으로 작성한 2차적 저작물은 독자적인 저작물로서 보호되며, 편집 저작물 또한 독자적인 저작물로서 보호된다.

나 저작권의 구성

저작권은 저작 인격권, 저작 재산권, 저작 인접권으로 구성된다.

① 저작 인격권

저작물과 관련하여 저작자의 명예와 인격적 이익을 보호하기 위한 권리로 [표 7-6]과 같이 구분된다.

[표 7-6] 저작 인격권의 종류

공표권	저작물을 일반에게 공표하거나 공표하지 않을 권리
성명 표시권	저작자 자신이 그 저작물에 자신의 이름(성명이나 이명)을 표시하거나 표시하지 않을 권리
동일성 유지권	저작물의 내용, 형식 및 제호 등이 부당하게 바뀌지 않도록 금지할 수 있는 권리

② 저작 재산권

저작자의 경제적 이익을 보전해 주기 위한 권리로 [표 7-7]과 같이 구분된다.

[표 7-7] 저작 재산권의 종류

복제권	저작자가 자신의 저작물을 인쇄, 사진 촬영, 복사, 녹음, 녹화, 그 밖의 방법으로 유형물에 고정하거나 유형물을 다시 제작할 권리
공연권	저작자가 자신의 저작물을 상영, 연주, 연설 등의 방법으로 일반 공중에게 공개할 수 있는 권리
전시권	저작자가 자신의 미술, 사진 및 건축 저작물의 원본이나 그 복제물을 일반 공중이 관람할 수 있도록 전시할 수 있는 권리
배포권	저작자가 저작물의 원작품이나 그 복제물을 일반 공중에게 양도 또는 대여할 권리
공중 송신권	저작자가 자신의 저작물, 실연, 음반, 방송 또는 데이터베이스를 공중이 수신하거나 접근하게 할 목적으로 무선 또는 유선 통신의 방법에 의해 송신하거나 이용에 제공할 권리
2차적 저작물 작성권	저작자가 자신의 원저작물을 번역, 편곡, 변형, 각색, 영상 제작, 그 밖의 방법으로 독창적인 저작물로 제작하고 이를 이용할 권리

③ 저작 인접권

실연자, 음반 제작자, 방송 사업자에게 부여되는 저작권에 인접한 권리로 [표 7-8]과 같이 구분된다.

[표 7-8] 저작 인접권의 종류

실연자	저작물을 연기, 무용, 연주, 가창, 구연, 낭독, 그 밖의 예능적 방법으로 표현하거나 저작물이 아닌 것을 이와 유사한 방법으로 표현하는 자 또는 실연을 지휘, 연출, 감독하는 자
음반 제작자	음을 음반에 고정하는 데 전체적으로 기획하고 책임지는 자
방송 사업자	방송을 업으로 하는 자

다 저작 재산권의 제한

저작권법에서는 저작자의 권리를 보호하면서도 공익 목적을 위해 저작자의 재산적 권리를 제한하고 있다. 저작권을 제한한다는 것은 저작권자가 가지고 있는 권리와 그 이용을 제한하는 것으로 이 범위 안에서 저작물을 이용하는 것은 저작권 침해가 되지 않는다.

그러나 컴퓨터 프로그램의 복제는 저작권 침해가 된다. 컴퓨터 프로그램은 학교에서 교육을 목적으로 이용하거나 시험 문제로 복제된 경우 사적인 목적을 위한 복제나 저작권 제한에서 제외된다. 즉, 학교에서 사용하는 컴퓨터 프로그램은 정당한 대가를 지불하지 않으면 저작권 침해에 해당된다.

1) 학교 교육 목적 등에의 이용

학교 교육을 목적으로 이용되는 저작물은 저작권의 제한을 받는다. 교과서와 같은 공식적인 교재의 이용은 이미 법적인 기준에 따라 개발된 자료이기 때문에 특별한 문제가 없다. 학교에서의 저작 재산권 제한, 즉 저작물의 정당한 이용 범위에 대한 기준을 살펴보면 다음과 같다.

첫째, 수업 목적을 위해서는 저작물 일부분의 복제, 공연, 방송, 전송이 가능하다. 그러나 저작권법 제25조 2항에 따라 수업 목적을 위해서일지라도 저작물을 이용하는 데 몇 가지 요건이 따른다.

① 저작물 이용 시 원칙적으로 일부분을 이용해야 하지만 부득이한 경우 전부를 이용할 수 있다. 이용의 범위는 복제, 공연, 방송 또는 전송만 해당된다. 여기에서 복제는 배포 또는 전시까지도 허용되는 것으로 보기도 한다. 또 수업을 위해 이용하는 저작물은 번역, 편곡 또는 개작하여 이용할 수 있으며, 그 출처를 반드시 명시해야 한다.
② 학교 또는 교사나 교수는 그 수업을 받는 사람만 접근할 수 있도록 다음과 같은 보호 조치를 해야 한다.
   • 수업을 받는 자 외에는 이용할 수 없도록 하는 접근 제한 조치
   • 수업을 받는 자 외에는 복제할 수 없도록 하는 복제 방지 조치
   • 저작물에 저작권 보호 관련 경고 문구의 표시

둘째, 학생들의 저작물 일부분을 복제·전송할 수 있다. 학생들도 수업 목적상 필요한 경우에는 저작물을 복제하거나 전송할 수 있다. 이 경우에는 자료에 저작권 보호와 관련된 경고 문구를 표시해야 하고, 교사나 수업을 받는 학생들만 접근·복제할 수 있는 장소에 올려야 한다. 학생은 저작물 등의 복제, 전송 시에 보상금 지급 의무가 없다.

셋째, 비영리 목적의 공연, 방송이 가능하다. 학교에서 학생들이 공연이나 축제를 하는 경우와 관련하여 비영리 목적의 공연이나 방송에 대해서는 저작 재산권을 제한하고 있다.

넷째, 시험 문제로 복제가 가능하다. 학교의 입학시험, 그 밖에 학식 및 기능에 관한 시험 또는 검정을 위해 필요한 경우에는 그 목적을 위해 정당한 범위에서 공표된 저작물을 복제·배포할 수 있다. 다만, 영리를 목적으로 하는 경우에는 그렇지 않다.

2) 사적 이용을 위한 복제

학생들의 저작물 이용은 대부분 개인적인 이용을 위한 복제이다. 사적 이용을 위한 복제는 저작권법에서 일정한 요건에 따라 허용하고 있다. 공표된 저작물을 영리 목적으로 하지 아니하고 개인적으로 이용하거나 가정 및 이에 준하는 한정된 범위 안에서 이용하는 경우에는 그 이용자가 이를 복제할 수 있다.

라 저작권 보호

저작권을 보호하는 방법은 정당한 대가를 지불하고 저작물을 이용하는 것이다. 하지만 저작권법 제46조에 따르면 저작 재산권자는 다른 사람에게 그 저작물의 이용을 허락할 수 있고, 이용 허락을 받은 자는 허락받은 이용 방법 및 조건의 범위 안에서 저작물을 이용할 수 있다. 저작물을 이용하는 자는 그 출처를 반드시 명시해야 한다. 출처의 명시는 저작물의 이용 상황에 따라 합리적이라고 인정되는 방법으로 해야 하며, 저작자의 실명 또는 이명이 표시된 저작물인 경우에는 그 실명 또는 이명을 명시해야 한다.

1) 소프트웨어 라이선스

소프트웨어는 저작권에 의해 자신이 만든 소프트웨어를 다른 사람이 사용하지 못하게 하고 자신만이 사용할 수 있는 권리를 가진다. 원칙적으로 권리자만 소프트웨어를 사용·복제·배포·수정할 수 있다. 하지만 다양한 필요에 의해 권리자가 다른 사람들에게 일정한 내용을 조건으로 특정 행위를 할 수 있는 권한을 부여할 필요가 있는데 이러한 권한을 이용 허락권, 즉 라이선스(license)라고 한다.

라이선스는 일반적으로 소프트웨어 자체에 대한 소유권과는 별개의 개념으로 '사용할 수 있는 권리'를 말한다. 즉, 소프트웨어 라이선스는 저작권자로부터 일정한 범위와 조건 안에서 소프트웨어를 사용할 수 있도록 허락받는 것이다.

대표적인 소프트웨어 저작권 침해 유형은 다음과 같다.

- 정당한 라이선스 취득 없이 무단으로 사용하는 행위
- 보유한 소프트웨어 상위 버전을 사용하는 행위

- 보유 수량을 초과하여 사용하는 행위
- 별도의 라이선스 취득 없이 네트워크를 통해 다수의 사용자가 보유하는 행위
- 번들 소프트웨어를 다른 하드웨어 장치에서 사용하는 행위
- 프리웨어와 셰어웨어의 사용 조건을 위반하는 행위

2) 공개 소프트웨어 활용

1980년대부터 소프트웨어가 거대 부가가치 산업으로 발전하자 지적 재산권 및 라이선스 계약을 통해 소프트웨어의 사용, 복제, 배포, 수정에 제한을 가하려는 움직임이 나타났다. 1990년대에 리처드 스톨만은 카피레프트(copyleft) 운동을 제창하여 소프트웨어와 저작물은 공유되어야 한다고 주장하였다. 카피레프트는 저작권 체제하에서 저작물을 자유롭게 이용하는 것을 허락함으로써 저작권을 공유하는 효과를 낳는다. 리처드 스톨만은 FSF를 설립하고, 자유 소프트웨어(Free Software) 운동을 전개하였다.

① 오픈 소스 소프트웨어

오픈 소스 소프트웨어(Open Source Software)는 소스 코드를 최초로 작성한 프로그래머가 소스 코드를 모든 사람에게 공개하여 누구나 사용·복제·배포·수정할 수 있는 자유가 부여된 소프트웨어를 의미한다. 이것은 프리웨어(freeware)와 구분되는 개념으로 원시 코드(Source Code)의 공개에 주안점을 두며, 일정한 라이선스에 따라 자유로운 사용, 수정, 재배포가 가능하다. 그러나 자유롭게 이용 가능한 부분이 존재하더라도 저작권의 보호를 받지 않는 것은 아니다. 오픈 소스를 이용하여 2차적 저작물을 개발할 경우 오픈 소스를 제외하고 추가된 창작적인 부분에 대해서는 개발자에게 저작권이 부여된다. 오픈 소스는 그 이용에 일정한 조건을 부여하고 있으므로 오픈 소스 이용자들은 주어진 조건에 따라 이용해야 한다.

② 프리웨어

프리웨어(Freeware)는 누구나 무료로 사용하는 것을 허가한 공개된 소프트웨어이다. 계속 사용하기 위해 일정한 대가를 지불할 필요가 없는 소프트웨어는 대부분 프리웨어로 분류된다. 다만, 특정한 사용자 집단에 따라서 프리웨어일 수도 있고 아닐 수도 있다.

예를 들어, 상업적으로 쓸 수 없는 소프트웨어는 개인 사용자에게만 프리웨어이다. 개인에게는 무료이지만 기업에서는 구매해야 하는 소프트웨어가 많기 때문에 학교에서 프리웨어를 사용할 경우 저작권 침해가 되지 않도록 주의를 기울여야 한다.

③ 셰어웨어

셰어웨어(shareware)는 보통 체험판 또는 평가판이라 불리며, 구매하기 전에 미리 써 보도록 하는 마케팅의 일종으로 활용되고 있다. 보통 사용 기간이나 기능에 제한이 있으며, 일정 기간 사용한 뒤에는 구매해야 사용할 수 있다.

3) 정보 공유 라이선스

저작권자는 정보 공유 라이선스(CCL; Creative Commons License)를 이용하여 자신이 만든 저작물에 대한 이용 허락 표시를 할 수 있다. CCL은 저작권자가 저작물의 이용 범위를 미리 정하여 표시한 것으로 다른 사람이 자신의 작품을 그 조건에 맞게 이용하도록 한 것이다. 이것은 저작권의 부분적 공유를 목적으로 2001년에 만들어졌으며, 자발적 공유의 표시 방식을 통해 창작자에게 자동으로 부여되는 저작자의 권리를 최소화하여 자신의 창작물을 인류의 공동 자산화하는 개념이다.

CCL은 저작물에 대한 모든 사람의 이용을 허락하되, 반드시 지켜야 하는 조건을 부가하는 것이다. 부가될 수 있는 조건은 [표 7-9]와 같다.

[표 7-9] 라이선스 유형과 내용

라이선스 유형		내용	라이선스 유형		내용
(i)	저작자 표시	이용자는 저작물을 이용하려면 반드시 저작자를 표시해야 한다.	(S)	비영리	저작물의 이용을 영리를 목적으로 하지 않는 이용에 한한다.
(=)	변경 금지	저작물을 이용하여 새로운 2차적 저작물을 작성하는 것뿐만 아니라, 저작물의 내용, 형식 등의 단순한 변경도 금지한다.	(C)	동일 조건 변경 허락	저작물을 이용한 2차적 저작물의 작성을 허용하되, 그 2차적 저작물에 대해서는 원저작물과 동일한 내용의 라이선스를 적용해야 한다.

CCL에 사용되는 조건은 중복해서 사용하는 구체적인 표기 사례와 그 의미는 [표 7-10]과 같다.

[표 7-10] CCL 표기 사례와 의미

표기	의미
CC (i) (C) BY SA 〈저작자 표시-동일 조건 변경 허락〉	저작자와 출처 등을 표시하면 영리 목적의 이용이나 2차적 저작물의 작성을 포함한 자유 이용을 허락한다. 단, 2차적 저작물에는 원저작물에 적용된 라이선스와 동일한 라이선스를 적용해야 한다.
CC (i) (S) (=) BY NC ND 〈저작자 표시-비영리-변경 금지〉	저작자와 출처 등을 표시하면 자유 이용을 허락한다. 단, 영리적 이용과 2차적 저작물의 작성은 허용되지 않는다.
CC (i) (S) (C) BY NC SA 〈저작자 표시-비영리-동일 조건 변경 허락〉	저작자와 출처 등을 표시하면 저작물의 변경, 2차적 저작물의 작성을 포함한 자유 이용을 허락한다. 단, 영리적 이용은 허용되지 않고 2차적 저작물에는 원저작물에 적용된 라이선스와 동일한 라이선스를 적용해야 한다.

5 디지털 시민성

디지털 시민성(Digital Citizenship)은 정보 통신 기술과 디지털 미디어의 단순한 활용 능력 뿐만 아니라, 타인을 존중하는 이타 정신, 덕과 윤리 의식, 디지털 정보 속 자기 보호, 책무성에 기반된 역동적인 참여와 실천이 전제된 종합적인 역량이다.

가 시민성의 개념

디지털 시민성에 대해 알아보기 전에 시민성의 개념에 대해 살펴보면 다음과 같다.

첫째, 시민의 특성인 동시에 시민이 마땅히 갖추어야 하는 자질이다. 아리스토텔레스를 비롯한 고대 그리스의 여러 폴리스에서 시민을 논할 때 시민의 범주는 연령, 성별, 학식, 재산 등의 여러 가지 기준에 따라 선별된 '시민으로서의 특별한 자질을 갖추고 입증된 공동체 구성원의 일부'로 지칭하였다.

둘째, 시민의 자유, 권리에 대한 접근이다. 훌륭한 시민이든 아니든 상관없이 개인들은 모두 같은 권리를 평등하게 가지고 있다는 전제에서 출발하며 자기 권리만을 주장하거나 사회적 정책에 관심을 갖지 않는 사람들은 적어도 좋은 시민이 될 수 없다는 의미를 포함한다.

셋째, 수준 있는 시민이라는 의미의 접근이다. 수준 있는 시민이라는 의미는 '적어도 이런 수준의 덕성이나 역량은 갖추고 있어야 한다.'는 생각을 압축한 것이 시민성이라는 것이다. 개인의 권리보다는 공동체에 대한 의무를 먼저 생각할 수 있는 태도와 사익보다는 공익, 자유보다는 질서, 기회보다는 결과의 평등에 더 관심을 갖는 모습을 기대한다.

넷째, 정치 사회화의 자유주의, 공동체주의, 구성주의적 측면에서 살펴볼 수 있다. 자유주의적 접근에서 본다면 자율과 비판 중심의 시민성과 개인 중심의 시민성으로 볼 수 있다. 공동체주의적 접근에서 본다면 공동체에 대한 헌신의 자세로 덕을 중시하고 사회를 중시하는 사회 중심의 시민성으로 볼 수 있다. 구성주의적 접근에서 본다면 타협과 참여 중심 및 상호 주관성 중심의 시민성으로 접근할 수 있다.

나 디지털 시민성의 개념

디지털 시민성은 기존의 정보 사회에서 강조되었던 시민성의 중요 요소인 합리성과 실천성, 도덕성과 같은 덕성과 역량을 갖추되, 실천, 실행을 위한 리터러시 개념이 적용된 것을 의미한다. 이때의 리터러시는 미디어나 정보에 접근할 수 있고 해석·활용하는 것뿐만 아니라, 정보를 창의적으로 형성해 가고 소통하며 정보가 미치는 영향력과 결과까지 두루 고려할 수 있는 책임감을 강조한다.

디지털 시민성은 ICT 역량을 통해 사회 문제를 도출하고 해결하는 핵심적 기반이 된다는 점에서 기존 시민성과 다른 특징을 가진다고 할 수 있다. 유럽의 경우에는 시민 중심의 디지털 사회 혁신을 위해 시민 정책에 대한 관심과 적극적인 참여를 강조하고 있다.

디지털 시민성은 빠르게 변화하는 미래를 대비하여 디지털 기술을 미리 준비하고 또한 현재 이용하는 디지털 기술을 이해하기 위한 것으로 지식 정보 사회를 살아가는 삶의 행동 방식이자 지능 정보 사회 구성원들이 갖추어야 하는 역량으로 볼 수 있다. 따라서 주어진 문제를 논하고 문제 해결을 위해 적극적으로 참여하며 집단의 의사 형성 및 문제 해결 방법이나 과정을 창의적이고 발전적으로 만들어 나갈 수 있는 시민으로서 다른 사람과 민주적으로 상호작용하면서도 효율적인 의사소통 능력과 현명한 정보 처리 능력 등 디지털 리터러시 능력을 갖추어야 한다.

디지털 시민성의 하위 요소는 다음과 같다.

첫째, 디지털 윤리가 있다. 디지털 윤리는 안전하고 올바르게 디지털 기기 및 인터넷을 사용하는 것과 바람직한 소통과 관련된 역량을 말한다. 새로운 형태의 정치에 참여하거나 경제 활동이나 사회 문화적 쟁점에 대한 민감성을 가지고, 온라인 커뮤니티에서 개인이 가지는 권리와 책임 및 책무를 다하는 것이다.

둘째, 디지털 리터러시이다. 디지털 리터러시는 기술적인 인터넷 접근 및 이를 활용하는 능력, 정보 검색 능력을 통칭하는 개념이다. 비판적인 사고를 통해 미디어를 이해하고, 소셜 네트워크를 통해 자신의 생각이나 의견을 전달하는 의사소통 능력이나 협업 능력을 포함한다.

셋째, 온라인 참여이다. 정치적·사회적·경제적·문화적 차원에서 능동적으로 온라인을 통해 참여하고, 바람직한 실행력을 가지는 것이다.

넷째, 비판적 저항과 능동성이다. 온라인 참여가 기존의 사회 체제를 유지하는 형태인데 반해, 비판적 저항은 기존의 사회 내에서 발생하는 정치적·경제적·사회적·문화적·민주적으로 문제를 해결하고, 사회의 체제 변화 및 사회 변화를 요구하는 능동성, 역동적 실천성과 관련된다.

다 디지털 시민성과 미래 핵심 역량

ISTE(International Society for Technology in Education)는 디지털 기술이 변화함에 따라 그 시대가 새롭게 요구하는 역량을 지능정보 사회에 학생들이 새롭게 갖추어야 할 핵심 역량으로서 [그림 7-6]과 같이 일곱 가지를 제시하고 있다.

첫째, 능력 있는 학습자를 말한다. 학생들은 학습 목표에서 스스로 역량을 선택하고, 이를 성취하며 개발하기 위해 제 역할을 다해야 한다. 따라서 학생들은 개인의 학습 목표를 구체적으로 세우고, 이를 성취하기 위한 기술 활용 전략을 개발해야 한다.

둘째, 디지털 시민이어야 한다. 학생들은 권리와 책임, 삶의 기회 등이 상호 연결된 세계에서 학습과 일을 인식하고, 안전하면서도 법적이고 윤리적인 방법으로 행동해야 한다.

셋째, 지식 구성자이다. 지식을 획득하기 위해 디지털 도구를 활용하고, 여러 가지 자원을 비판적으로 생각하며, 자신과 다른 이들을 위해 창의적인 작품을 만들어 내고, 이를 통해 의미 있는 학습 경험을 스스로 구축해 가야 한다.

넷째, 혁신적인 디자이너이다. 문제를 해

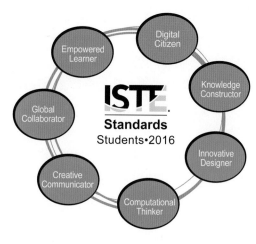

[그림 7-6] ISTE 학생용 디지털 역량 표준 도식

결하는 과정에서 새로우면서 용이하고, 혁신적인 방법을 찾되, 이를 실행하기 위한 다양한 기술을 활용하는 능력을 갖추어야 한다.

다섯째, 컴퓨터적인 사고자이다. 문제를 해결하는 데 필요한 데이터를 수집하고, 디지털 툴을 활용해 이를 분석하며, 문제들을 구성 요소들로 분해한 뒤 주요한 정보를 추출할 수 있어야 한다. 또한 문제 해결을 위해 필요한 기술적 모델을 찾아내거나 개발해야 하고, 자동화를 통해 어떻게 동작하게 될지 이해할 수 있어야 한다.

여섯째, 창조적 의사 소통자이다. 다양한 툴이나 미디어를 활용해 생각이나 의사를 명확하게 표현할 수 있어야 하며, 청중들에게 복잡한 아이디어를 최적화된 콘텐츠로 이해시킬 수 있어야 한다.

일곱째, 글로벌 협력자이다. 다양한 배경을 가진 사람들과 상호 이해 속에 협력하고, 효과적으로 공동의 목표를 향해 나아갈 수 있어야 한다.

이와 같이 지능 정보 사회의 디지털 시민으로서 살아가야 함은 곧 협력과 소통, 그리고 자신의 언행에 대한 책임감, 책무성이 수반되어야 함을 뜻한다. 즉, 지능 정보 사회에서 이야기하는 디지털 역량은 결국 디지털 시민성이 추구하는 본질과 그 맥락이 같다고 할 수 있다. 이처럼 디지털 시민성은 ICT와 디지털 미디어의 단순한 활용 능력뿐만 아니라, 다른 사람을 존중하는 정신, 덕목과 윤리 의식, 자기 보호, 책무성을 바탕으로 역동적으로 참여하고 실천하는 시민으로서 갖추어야 하는 종합적인 역량인 것이다.

3 교육의 실제

1 정보 사회 교육의 실제

초등학교 소프트웨어와 생활 영역의 소프트웨어의 이해 단원의 수업에 활용할 수 있는 교수·학습 과정안과 교수·학습 자료를 제시하였다.

가 교수·학습 과정안

단원	Ⅳ. 소프트웨어와 생활 1. 소프트웨어의 이해	
학습 주제	정보 사회가 우리 생활에 미치는 영향 알기	
성취 기준	[6실04–07] 소프트웨어가 적용된 사례를 찾아보고, 우리 생활에 미치는 영향을 이해한다.	
학습 목표	정보 사회의 발달이 우리 생활에 미치는 긍정적·부정적 측면의 영향에 대해 알아본다.	
핵심 역량	지식 정보 처리, 정보 문화 소양, 기술 시스템 설계 능력, 창의적 사고력, 관계 형성 능력, 의사소통 능력	
수업 형태	토론 학습	
수업 자료	교사	PPT, 태블릿 PC(20개), 붙임 딱지(20장), 활동지
	학생	교과서, 필기도구

단계 (시간)	수업 형태	학습 과정 (학습 유형)	교수·학습 활동		자료 및 유의점	핵심/ 교과 역량
			교사 활동	학생 활동		
도입 (5')	시작	전시 학습	▶ 질문을 통해 전시 학습에서 배운 소프트웨어의 개념과 일상 생활 속 소프트웨어의 종류에 대해 떠올린다.			지식 정보 처리 (핵)
		동기 유발	▶ 스마트폰의 두 얼굴 알아보기를 통해 학습 동기를 유발한다.			

	전체 학습	학습 목표	▶ 교사는 이번 시간 학습 목표를 제시하고, 학생들은 학습 목표를 인지한다. – 정보 사회의 발달이 우리 생활에 미치는 긍정적·부정적 측면의 영향에 대해 알아본다.		
전개 (30')	전체 학습	생각 열기	**[볼거리 제시]** ▶ 채널 A 뉴스 동영상 "IT 기술의 발달, 범인 검거에 기여 (https://www.youtube.com/watch?v=wrAwtc8Lb_c)"를 실행하여 학습 동기를 유발한다.	인터넷 사이트 활용 PPT	정보 문화 소양 (교)
		학습 내용 설명	▶ 뉴스 영상을 시청한다. ▶ 정보 기술의 발달이 우리 생활에 어떻게 도움이 되는지 생각해 본다.		
	개인 활동 하기	문제 이해 하기	활동1 ▶ 우리 생활 속에서 소프트웨어를 비롯한 정보 기술의 발달 모습을 조사한다. – 집에서 찾아볼 수 있는 정보 기술의 발달 모습이나 소프트웨어는 무엇이고, 그것이 우리 생활에 어떤 영향을 미치는지 발표한다. – 집 밖에서 찾아볼 수 있는 정보 기술의 발달 모습이나 소프트웨어는 무엇이고, 그것이 우리 생활에 어떤 영향을 미치는지 발표한다.	태블릿 PC 활동지	기술 시스템 설계 능력 (교) 창의적 사고력 (핵) 관계 형성 능력 (핵)
	모둠 학습	문제 해결 하기	활동2 ▶ 태블릿 PC를 이용해 긍정적 측면과 부정적 측면의 자료를 수집한 후 수집한 자료를 활동지에 간단히 적고 발표한다.		
	전체 학습	적용하기	활동3 ▶ 긍정적 측면과 부정적 측면 중 자기의 입장을 선택하고, 붙임 딱지로 자신의 입장을 표현하고 토론한다.	붙임 딱지	
정리 (5')	자기 평가	공유	▶ 오늘 알게 된 내용을 발표하고 공유한다.	공유 문서	의사소통 능력 (핵)
		생각 정리 (수업 성찰)	▶ 수업 내용을 정리한다. ▶ 자기 평가와 동료 평가서를 작성한다.		
	동료 평가	과정 중심 평가	▶ 수업에서 이루어지는 활동을 과정 중심 평가하고, 이에 대해 피드백한다.		
	끝	차시 예고	▶ 다음 시간에 배울 내용에 대해 안내한다.		

나 교수·학습 자료 : 토론 학습지

20 . . .	학년 반 번	이름	
토론 주제	정보 사회의 발달이 우리 생활에 미친 영향에 대해 알기		

나의 의견과 그에 따른 근거	〈긍정적 측면이 많다고 생각함.〉 • 마트나 백화점을 가지 않아도 손쉽게 물건을 살 수 있음. • 공연이나 영화를 볼 때도 쉽게 예매할 수 있음. • 정보를 쉽게 얻고 의사 결정에 도움을 받을 수 있음.

다른 친구들의 의견과 근거	찬성 측	• 생활이 편리해졌음. • 위치를 쉽게 파악할 수 있어 미아나 치매 환자 등을 찾기 쉬움. • 위급한 상황을 빨리 알려 더 큰 피해를 막을 수 있음.
	반대 측	• 온라인상에서 왕따, 사이버 폭력 등 청소년 문제가 많이 일어남. • 해킹이나 스팸 등 사이버 범죄가 증가함. • 하루 종일 스마트폰을 붙잡고 있거나 게임 중독 등의 문제가 심각함.

토론 후 자신의 의견과 근거	정보 사회의 발달로 스마트폰 중독, 사이버 폭력 등의 부정적인 문제도 있지만 잘 활용하기만 하면 우리 생활을 편리하게 해 주고, 많은 도움을 받을 수 있으므로 부정적인 영향을 줄일 수 있도록 노력해야겠음.

2 개인 정보 보호 교육의 실제

중학교 정보 문화 영역의 개인 정보 보호 단원의 수업에 활용할 수 있는 교수·학습 과정안과 교수·학습 자료를 제시하였다.

가 교수·학습 과정안

단원	Ⅰ. 정보 문화 2. 정보 윤리 / 2-1. 개인 정보 보호	
학습 주제	개인 정보 보호의 중요성을 알고, 개인 정보를 보호하는 방법 알기	
성취 기준	[9정01-02] 정보 사회 구성원으로서 개인 정보와 저작권 보호의 중요성을 인식하고, 개인 정보 보호, 저작권 보호 방법을 실천한다.	
학습 목표	개인 정보 보호의 중요성을 인식하고, 개인 정보를 보호하는 구체적인 방법을 실천한다.	
핵심 역량	지식 정보 처리, 정보 문화 소양, 창의적 사고력, 심미적 감성, 공동체 역량, 의사소통 능력	
수업 형태	조사 학습	
수업 자료	교사	PPT와 학습 자료, 교과서, 태블릿 PC(20개)
	학생	교과서

단계 (시간)	수업 형태	학습 과정 (학습 유형)	교수 · 학습 활동		자료 및 유의점	핵심/ 교과 역량
			교사 활동	학생 활동		
도입 (5′)	시작	전시 학습	▶ 질문을 통해 전시 학습에서 배운 정보 사회에서의 소프트웨어의 가치에 대해 떠올린다.			지식 정보 처리 (핵)
	전체 학습	동기 유발	▶ 광고 메일이나 문자를 받은 경험을 발표하고, 이러한 메일이나 문자가 오게 된 이유를 생각해 본다.			
		학습 목표	▶ 교사는 이번 시간 학습 목표를 제시하고, 학생들은 학습 목표를 인지한다. – 개인 정보 보호의 중요성을 인식하고, 개인 정보를 보호하는 구체적인 방법을 실천할 수 있다.			
	전체 학습	생각 열기	**[볼거리 제시]**		인터넷 사이트 활용 PPT	정보 문화 소양 (교)
			▶ KISA 강의 "개인 정보 보호 교육—중학생용(https://www.youtube.com/watch?v=NkutrzeU1Y8)"을 실행하여 학습 동기를 유발한다.			
		학습 내용 설명	▶ 개인 정보 보호와 관련된 애니메이션 강의 자료를 시청한다. ▶ 개인 정보의 개념과 범위를 생각해 본다.			

			활동1		

전
개
(35′)
	개인
	활동
	하기
		문제 이해
		하기
			▶ 개인 정보의 개념과 침해 유형에 대해 조사한다.
			  – 조사할 내용을 계획한다.
			  – 개인 정보의 개념을 찾아보고, 개인 정보의 유형이 위치
			    정보는 물론, 지문, 홍채, 정맥, 음성과 같은 신체 정보까
			    지도 포함됨을 알게 한다.
			  – 당사자의 동의가 없는 개인 정보 수집이나 개인 정보 훼
			    손, 도용, 유출 등 개인 정보 침해 유형과 사례를 조사하
			    여 정리한다.
				태블릿
				PC
					창의적
					사고력
					(핵)

	모둠
	학습
		문제 해결
		하기
			활동2
			▶ 개인 정보 보호의 중요성을 정리한다.
			  – 조사한 내용을 바탕으로 개인 정보 보호가 필요한 까닭을
			    정리하여 발표한다.
				활동지	심미적
					감성
					(핵)
					
					공동체
					역량
					(핵)

	전체
	학습
		적용하기	활동3
			▶ 개인 정보를 보호하는 방법을 알아보고, 자신의 정보 보호를
			  위해 실천할 수 있는 일을 실행한다.
			  – 개인 정보 보호 방법을 찾아 정리한다.
			  – 개인 정보 보호 방법 중 실천할 수 있는 일을 찾는다.
			  – 개인 정보 보호 방법을 실천한다.
			  – 실천한 뒤 느낌을 발표한다.		

정 리 (5′)	자기 평가	공유	▶ 오늘 알게 된 내용을 발표하고 공유한다.	공유 문서	의사 소통 능력 (핵)
		생각 정리 (수업 성찰)	▶ 수업 내용을 정리한다. ▶ 자기 평가와 동료 평가서를 작성한다.		
	동료 평가	과정 중심 평가	▶ 수업에서 이루어지는 활동을 과정 중심 평가하고, 이에 대해 피드백한다.		
	끝	차시 예고	▶ 다음 시간에 배울 내용에 대해 안내한다.		

나 교수·학습 자료 : 조사 학습 보고서

20 . . .	학년 반 번		이름	
조사할 내용	개인 정보의 개념과 침해 유형 조사하기			
조사 계획	• 조사 일시: ○○월 ○○일~○○월 ○○일 • 조사 방법: 인터넷 검색 등 • 조사 내용: 개인 정보의 개념과 개인 정보 침해 유형			
조사 내용	• 개인 정보는 개인의 신체, 재산, 사회적 지위, 신분 등에 관한 사실, 판단, 평가 등을 나타내는 일체의 모든 정보를 말함. • 개인 정보의 유형에는 일반 정보, 가족 정보, 교육 및 훈련 정보, 병역 정보, 부동산 정보, 소득 정보, 기타 수익 정보, 신용 정보, 고용 정보, 법적 정보, 의료 정보, 조직 정보 등이 있음. • 개인 정보 침해 유형에는 내부 또는 외부 사람에 의해 개인 정보가 유출되는 경우, 영리 목적을 위해 개인 정보가 매매되는 경우, 무분별한 개인정보 오용 또는 남용되는 경우, 허술한 관리로 인해 홈페이지 등에 노출되는 경우, 기업이나 담당자가 개인 정보 관리를 제대로 하지 않은 경우 등이 있음.			
정리 및 결론	개인 정보가 유출되지 않도록 스스로 개인 정보 보호 노력을 기울여야 함. 예를 들어, 회원 가입 시 개인 정보 수집 및 이용 목적 항목 검토 후 가입 또는 개인 정보를 제공하거나 비밀번호를 타인이 유추하기 어렵도록 설정함. 또한 자신이 가입한 사이트의 비밀번호는 주기적으로 변경하는 것이 좋음.			

3 저작권 교육의 실제

고등학교 정보 문화 영역의 저작권 단원의 수업에 활용할 수 있는 교수·학습 과정안과 교수·학습 자료를 제시하였다.

가 교수·학습 과정안

단원	I. 정보 문화 2. 정보 윤리 / 2-3. 저작권	
학습 주제	소프트웨어 저작권을 이해하고 이를 보호하는 방법 알기	
성취 기준	[12정01-05] 소프트웨어 저작권 보호 제도 및 방법을 알고 올바르게 활용한다.	
학습 목표	저작권 침해 사례를 통해 저작권에 대해 이해하고 저작권을 보호할 수 있다.	
핵심 역량	지식 정보 처리, 정보 문화 소양, 창의적 사고력, 심미적 감성, 공동체 역량, 의사소통 능력	
수업 형태	조사 학습	
수업 자료	교사	PPT와 학습 자료, 교과서, 태블릿 PC(20개)
	학생	교과서

단계 (시간)	수업 형태	학습 과정 (학습 유형)	교수·학습 활동		자료 및 유의점	핵심/ 교과 역량
			교사 활동	학생 활동		
도입 (5')	시작	전시 학습	▶ 질문을 통해 전시 학습에서 배운 정보 보안의 필요성에 대해 생각하고, 컴퓨팅 기기에서 정보 보안을 실천할 수 있는 방법에 대해 떠올린다.			지식 정보 처리 (핵)
	전체 학습	동기 유발	▶ 저작권과 관련한 O, X 퀴즈를 통해 저작권이 무엇인지에 대해 생각해 본다.			
		학습 목표	▶ 교사는 이번 시간 학습 목표를 제시하고, 학생들은 학습 목표를 인지한다. – 저작권 침해 사례를 통해 저작권에 대해 이해하고, 저작권을 보호할 수 있다.			
	전체 학습	생각 열기	**[볼거리 제시]**		인터넷 사이트 활용	정보 문화 소양 (교)
			▶ 연합뉴스 "아이디어를 베끼는 건 저작권 침해가 아닌가요? (https://www.youtube.com/watch?v=cU98Ei4R1Ys&feature=youtu.be)"를 실행하여 학습 동기를 유발한다.			
		학습 내용 설명	▶ 저작권과 관련된 카드 뉴스 영상을 시청한다. ▶ 저작권의 개념과 저작권 침해 범위에 대해 생각해 본다.		PPT	

전개 (35')	개인 활동 하기	문제 이해 하기	**활동1** ▶ 저작권 침해 사례에 대해 조사한다. 　- 조사할 내용을 계획한다. 　- 저작권의 개념을 찾아보고, 다양한 저작권 침해 사례 검색을 통해 저작권의 유형과 예방에 대해 생각해 보게 한다. 　- 저작권 침해와 관련된 Q&A를 학생들이 직접 만들어 보며 저작권 침해 사례를 분석 정리한다.	태블릿 PC	창의적 사고력 (핵)
	모둠 학습	문제 해결 하기	**활동2** ▶ 소프트웨어 저작권에 대해 정리한다. 　- 조사한 내용을 바탕으로 소프트웨어 저작권에 대해 이해한다. 　- 상용 소프트웨어, 공개 소프트웨어 등 각각의 사용 경험과 각 소프트웨어의 특징을 생각해 본다. 　- 소프트웨어를 보호하기 위한 여러 가지 제도를 생각한다.		심미적 감성 (핵)
	전체 학습	적용하기	**활동3** ▶ 소프트웨어 저작권을 보호할 수 있는 방법을 보고서로 정리하여 발표한다. 　- 소프트웨어 저작권 보호의 필요성에 대해 생각해 본다. 　- 소프트웨어는 저작권, 특허권, 상표권, 디자인권 등에 의해 법적으로 보호받을 수 있음을 알도록 한다. 　- 자신이 직접 실천할 수 있는 소프트웨어 저작권 보호 방법에 대해 정리한다.	활동지	공동체 역량 (핵)
정리 (5')	자기 평가	공유	▶ 오늘 알게 된 내용을 발표하고 공유한다.	공유 문서	의사 소통 능력 (핵)
		생각 정리 (수업 성찰)	▶ 수업 내용을 정리한다. ▶ 자기 평가와 동료 평가서를 작성한다.		
	동료 평가	과정 중심 평가	▶ 수업에서 이루어지는 활동을 과정 중심 평가하고, 이에 대해 피드백한다.		
	끝	차시 예고	▶ 다음 시간에 배울 내용에 대해 안내한다.		

나 교수·학습 자료 : 조사 학습 보고서

20 . . .	학년 반 번		이름	
조사할 내용	저작권 침해 사례 및 소프트웨어 저작권을 보호할 수 있는 방법 조사하기			
조사 계획	• 조사 일시: ○○월 ○○일~○○월 ○○일 • 조사 방법: 인터넷 검색 등 • 조사 내용: 저작권 침해 사례 및 소프트웨어 저작권 보호 방법			
조사 내용	〈저작권 침해 사례〉 • 인터넷에서 떠도는 글이나 그림, 사진을 퍼서 옮기는 것 • 공유 사이트나 웹하드 등에서 자료를 주고받는 것 • 영화, 음악 파일 등을 게시판 자료로 올리는 것 • 인기 드라마, 예능 등 방송 프로그램 캡처하여 인터넷에 올리는 것 〈소프트웨어 저작권 보호 방법〉 • 소프트웨어의 경우 저작권, 특허권, 상표권, 디자인권 등에 의해 법적으로 보호받을 수 있음. • 라이선스(이용 허락권)를 통해 소프트웨어를 사용할 권리를 부여할 수 있으므로 일정한 범위와 조건 안에서 소프트웨어를 사용함.			
정리 및 결론	• 저작권자의 허락 없이 저작물을 이용하거나 저작자의 인격을 침해하는 방법으로 저작물을 이용해서는 안 됨. • 소프트웨어를 사용할 때에는 라이선스를 반드시 확인하고, 라이선스에서 허락하는 범위 안에서 사용함.			

평가 문항

① 지능 정보 사회의 개념과 특징을 정보 사회와 비교하여 서술하시오.

② 개인 정보의 개념과 유형을 예를 들어 설명하고, 개인 정보를 안전하게 지키기 위한 방법을 서술하시오.

③ 저작권의 개념을 지식 재산권과 구분하여 설명하고, 공개 소프트웨어 활용 방법을 그 종류에 따라 설명하시오.

참고 자료

- 글꼴 파일 저작권 바로 알기(2019). 문화체육관광부 한국저작권위원회.

- 4차 산업 혁명 시대, 지능 정보 사회의 디지털 시민성에 대한 탐색. 2017 KERIS 이슈 리포트.

- 염홍열 외 7인(2014). 악성 코드 분석. 한국인터넷진흥원.

- 오피니언 리더가 전망하는 지능 정보 사회 미래와 도전 과제(2016). 한국정보화진흥원.

- 지금 왜 디지털 시민성인가? 국회의원 박경미, 한국교육학술정보원[공동] 주최: 국회교육희망포럼.

- 한국저작권위원회(2010). 판례로 풀어보는 저작권 상담 사례.

- 한국교육학술정보원(2017). 4차 산업 혁명 시대, 지능 정보 사회의 디지털 시민성에 대한 탐색.

- 개인 정보 보호법 http://www.law.go.kr/lsEfInfoP.do?lsiSeq=142563#0000

- 방화벽 http://it.donga.com/8810/

- 보안용어사전 http://www.ahnlab.com

- 보호나라 http://www.boho.or.kr/

- 사이버 폭력 http://ko.wikipedia.org/wiki/사이버폭력

- 오픈 소스 SW http://www.copy112.or.kr/olis/license/intro/init.do

- 저작권 교실 http://www.copyright.or.kr/education/educlass/main.do

- 저작권법 http://www.law.go.kr/법령/저작권법

- 청소년을 위한 개인 정보 서비스 http://www.privacy.go.kr

- 침입 탐지 시스템 http://ko.wikipedia.org/wiki

- CCL. http://www.cckorea.org/xe/ccl

- Caesar cipher. https://en.wikipedia.org/wiki/Caesar_cipher

- http://www.doopedia.co.kr/doopedia/master/master.do?_method=view&MAS_IDX=101013000963329

- http://www.doopedia.co.kr/doopedia/master/master.do?_method=view&MAS_IDX=101013000792755

자료와 정보

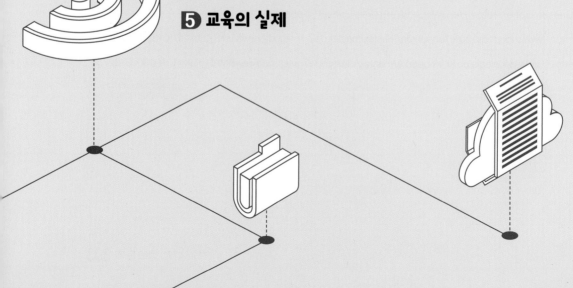

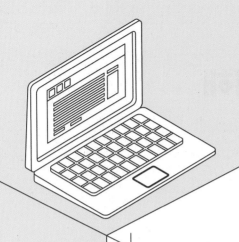

본 장에서는 자료와 정보의 개념을 알아보고, 다양한 자료의 수집과 관리 및 표현과 정보의 생성 및 구조화 방법을 제시하였다. 구체적인 내용은 다음과 같다.

첫째, 자료의 이해에서는 아날로그 자료와 디지털 자료에 대해 알아보고, 정보를 담는 단위인 비트와 바이트에 대해 살펴보았다.

둘째, 자료의 표현에서는 문자, 그림, 소리, 영상의 디지털 표현 방법을 알아보고, 이를 효율적으로 표현할 수 있는 방법을 제시하였다.

셋째, 자료의 수집과 관리에서는 자료를 수집하고 관리 및 저장, 공유하는 방법에 대해 알아보고, 빅데이터의 특징과 활용 사례를 제시하였다.

넷째, 정보의 구조화에서는 정보의 생성 과정과 이를 구조화하는 방법을 테이블형, 다이어그램형으로 나누어 살펴보고, 정보의 시각화가 필요한 이유를 제시하였다.

다섯째, 교육의 실제에서는 이 장에서 배운 단원을 성취 기준에 따라 1차시 분량의 수업을 위한 교수·학습 과정안과 교수·학습 자료를 제시하였다.

자료의 이해

자료(data)는 관찰이나 측정을 통해 얻은 값을 문자, 소리, 이미지, 동영상 등의 형태로 표현한 것으로 연구나 조사 등의 바탕이 되는 가공되지 않은 상태의 재료를 말한다. 수집된 자료들을 정보로 활용하기 위해서는 목적에 따라 자료를 가공하는 과정이 필요하다. 이 과정에서 컴퓨터를 사용하면 필요한 형태의 정보를 효과적으로 만들 수 있다.

1 아날로그 자료

일상생활에서 사용되는 숫자, 문자, 이미지, 소리, 동영상 등의 자료는 기본적으로 아날로그 방식으로 표현된다. 디지털 자료는 불연속적인 값을 가지는 데 비해, 아날로그 자료는 연속하여 변화하는 값을 가진다. 예를 들어, 빛, 소리, 온도나 습도, 전압, 음의 크기 등 실생활에서 볼 수 있는 연속적인 값들은 모두 아날로그 정보이며, '있다', '없다' 또는 'on', 'off'와 같은 불연속적인 값은 디지털 정보이다.

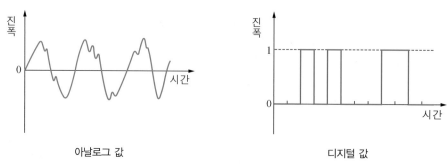

아날로그 값   디지털 값

[그림 8-1] 아날로그 값과 디지털 값

2 디지털 자료

디지털 자료는 숫자, 문자, 소리, 영상 등을 연속된 수치가 아닌 일정한 간격의 불연속적인 값으로 표현된다. 초기의 컴퓨터는 대부분 수치 계산(Digit Computing)에 이용되었는데 디지털 자료를 다루는 디지털 컴퓨터는 숫자, 문자, 산술적 연산 등의 이산적 요소를 조작하는 데 사용된다. 디지털 컴퓨터는 자료를 전기적 신호로 표현하며, 이때 전기 신호는 'on', 'off' 두 가지의 전자적 상태만 가진다.

컴퓨팅 기기에서 전자적 상태는 켜짐과 꺼짐을 나타내며, 그것은 0과 1로 표현된다. 따라서 컴퓨터를 이용하여 여러 가지 형태의 자료를 처리하고 관리하기 위해서는 모든 자료를 컴퓨터가 이해할 수 있는 신호, 즉 0과 1로 바꾸어 주어야 하며, 이를 디지털화(digitize)라고 한다. 컴퓨터를 통해 자료의 처리와 저장이 일반화되면서 거의 대부분의 자료는 디지털 처리 방법을 취하고 있다.

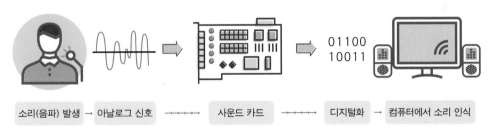

소리(음파) 발생 → 아날로그 신호 ⋯⋯→ 사운드 카드 ⋯⋯→ 디지털화 → 컴퓨터에서 소리 인식

[그림 8-2] 아날로그 자료의 디지털화

아날로그 자료와 디지털 자료의 차이를 비교하면 [표 8-1]과 같다.

[표 8-1] 아날로그 자료와 디지털 자료

구분	아날로그 자료	디지털 자료
정의	빛의 밝기, 소리의 높낮이나 크기, 바람의 세기 등과 같이 연속적으로 표현되는 것	특정한 값이 일정한 단위로 불연속적으로 표현되는 것
장점	자연 그 자체의 신호로 세밀한 표현이 가능함.	정보의 저장과 전달이 쉽고, 변형 없이 전달 가능함.
단점	신호를 전달할 때마다 신호가 변형될 수 있음.	원래의 정보를 그대로 기록하고 저장하기 어려움.
그래프	곡선과 같은 연속적인 형태	막대 모양처럼 불연속적인 형태
예	온도 변화에 따른 알코올 온도계의 눈금 변화 등	컴퓨터나 스마트폰처럼 현대 사회에 사용되는 대부분의 신호

3 비트와 바이트

컴퓨터는 0과 1로 이루어진 2진법을 이용하여 연산을 수행한다. 10진법은 사람에게 가장 친숙하고 자연스러운 수이지만 컴퓨터는 on, off의 두 가지 상태만 가지므로 컴퓨터에게 0과 1의 숫자로만 정보를 표현하는 2진법이 가장 알맞은 수 체계인 것이다. 컴퓨터는 다양한 형태의 수를 2진수로 바꾸어 연산을 수행하며, 연산 결과는 사람이 이해하기 쉬운 10진수로 바꾸어 출력해 준다.

2진수의 각 자릿수는 비트(bit) 단위로 표현하는데 이는 Binary Digit의 줄임말이며, 하나의 비트는 0 또는 1의 두 가지 값(상태)으로 표현할 수 있다. 하나의 비트가 담을 수 있는 정보는 두 가지 밖에 없으므로 보통 8비트 단위를 사용한다. 8비트는 1byte 단위와 같으며, 0부터 255까지 총 256개의 다른 값을 표현할 수 있다.

[표 8-2] 비트와 값의 표현

8비트 2진수 예	1	1	1	1	1	1	1	1
자릿값	2^7	2^6	2^5	2^4	2^3	2^2	2^1	2^0
10진수 값	128	64	32	16	8	4	2	1

2진수가 연속으로 표현될 경우 판독하고 표기하는 데 어려움이 발생할 수 있기 때문에 8진수나 16진수로 표현하기도 한다. 8진법은 0부터 7까지의 수로 정보를 표기하며, 16진법은 0부터 9까지의 수와 A, B, C, D, E, F의 알파벳을 사용하여 정보를 표기한다.

2진수, 8진수, 16진수의 변환은 디지털 기기에서 중요한 역할을 한다. $2^3=8$, $2^4=16$이므로 8진수 숫자 1자리는 3비트의 2진수 숫자에 해당하며, 16진수 숫자 1자리는 4비트의 2진수 숫자에 해당된다. 따라서 진법 간의 변환에서 10진수를 거치지 않고 바로 변환할 수 있어 컴퓨터에서 8진법과 16진법이 자주 이용되고 있다.

2진수의 연산과 논리적인 조작을 위해 보수(complement)를 사용하는데 일반적으로 보수는 r진법에서 r의 보수와 (r-1)의 보수가 있다. 2진법에서 r=2이고 r-1은 1이므로 1의 보수는 2진수의 각 비트를 0은 1로, 1은 0으로 바꾸어 얻을 수 있고, 2의 보수는 1의 보수 값에서 1을 더함으로써 얻을 수 있다.

[표 8-3] 2진수와 보수

2진수 예	1	0	1	1	0	0	0	1
1의 보수	0	1	0	0	1	1	1	0
2의 보수	0	1	0	0	1	1	1	1

부호가 있는 정수에서 음수를 표현하는 방법에는 부호와 절댓값, 1의 보수, 2의 보수 방식이 있는데 보통 2의 보수 방식을 사용한다.

부호와 절댓값 방식이나 1의 보수를 이용하여 음수를 표현할 경우는 0을 표기하는 방법이 두 가지이다.

따라서 컴퓨터에서 음수의 표현은 [표 8-3]과 같이 양수의 2의 보수를 취하여 나타낸다. 2의 보수 표현은 0의 표기가 한 가지이므로 8비트의 2진수는 -128~127까지의 수를 표현할 수 있다.

[표 8-4] 정수의 표현법

10진수	2진수
+13	00001101
−13	11110011

부호 비트

실수를 표현하기 위해서는 소수점의 위치가 고정되어 있지 않고 이동하는 부동 소수점 (Floating Point) 방식을 사용한다. 실제로 컴퓨터 내부에 소수점이 표현되는 것이 아니라, 소수점의 위치를 나타내는 정보를 사용하여 소수점을 표현하는 것이다. 이를 위해 부호와 소수점의 위치를 나타내는 지수, 데이터 값인 가수의 세 부분으로 구성되며, 지수는 현재의 소수에서 소수점을 왼쪽이나 오른쪽으로 얼마를 이동해야 원래의 값이 되는지를 나타낸다. 따라서 수를 표시하는 데 필요한 자릿수를 줄일 수 있으며, 수의 표현 범위가 확장되어 정밀도를 높일 수 있다.

실수 저장 형식은 [그림 8-3]과 같다.

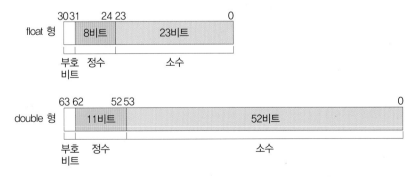

[그림 8-3] 실수 저장 형식

2 자료의 표현

문자, 그림, 소리, 영상 등의 다양한 아날로그 자료는 디지털 자료로 표현할 수 있으며, 자료의 성격이나 목적, 용도에 따라 효율적으로 표현할 수 있다.

1 다양한 자료의 디지털 표현

다양한 자료를 효율적으로 관리하기 위해서는 자료의 성격에 따라 디지털 자료로 표현하는 방법을 이해해야 한다. 문자, 그림, 소리, 영상 자료를 중심으로 디지털 자료로 표현하는 방법을 살펴본다.

가 문자의 디지털 표현

컴퓨터에서는 영문자, 한글, 특수 문자, 한자 등과 같은 문자를 표현하기 위해 2진수를 사용하는데 각 2진수에 특정 문자를 할당하여 배정한 것을 문자 코드라고 한다. 2진수의 비트 수에 따라 표현할 수 있는 문자의 수가 달라지며, 보통 n비트를 사용할 경우에는 총 $2n$개의 서로 다른 정보를 표현할 수 있다. 대표적으로 사용되는 문자 코드에는 아스키코드(ASCII)와 유니코드(UNICODE)가 있다.

1) 아스키코드

아스키코드(ASCII; American Standard Code for Information Interchange)는 영문 알파벳과 특수 문자, 숫자 등을 이진화하여 표현하는 대표적인 문자 코드이다.

아스키코드의 특징은 다음과 같다.

첫째, 컴퓨터와 통신 장비를 비롯한 문자를 사용하는 많은 장치에서 사용된다.

둘째, 대부분의 문자 인코딩이 아스키에 기초를 두고 있다.

셋째, 7비트를 사용하며, 33개의 출력 불가능한 제어 문자와 95개의 출력 가능한 문자들로 이루어져 있다.

넷째, 출력 가능한 문자들은 52개의 영문 알파벳 대·소문자와 10개의 숫자, 32개의 특수 문자, 그리고 공백 문자로 이루어져 있다.

다섯째, 대문자 A는 아스키코드 표에서 상위 비트와 하위 비트의 조합으로 1000001로 변환할 수 있다.

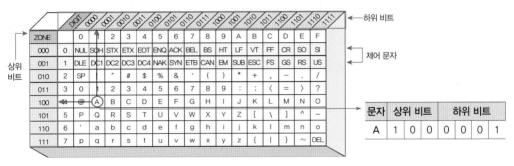

[그림 8-4] 아스키코드 표

2) 유니코드

유니코드(Unicode)는 전 세계의 모든 문자를 일관되게 표현하고 다룰 수 있도록 설계된 국제 표준 코드로 16비트로 구성되어 있으며, 65,536개의 서로 다른 문자를 표현할 수 있다. 유니코드는 기존의 문자 코드가 가진 표현의 한계와 다국어 환경에서 호환 문제를 극복하고 현존하는 문자 코드를 모두 유니코드로 교체하기 위해 만들어졌다. 최근에는 XML, 자바, 최신 운영 체제 등에서 사용되고 있다.

[표 8-5] 유니코드 표

문자	비트 표현															
가	1	0	1	0	1	1	0	0	0	0	0	0	0	0	0	0
中	0	1	0	0	1	1	1	0	0	0	1	0	1	1	0	1
ぁ	0	0	1	1	0	0	0	0	0	1	0	0	0	0	0	1
A	0	0	0	0	0	0	0	0	1	0	0	0	0	0	0	1

유니코드는 여러 가지 인코딩 방식이 있는데 그중 UTF-16은 대부분의 문자를 16비트로 표현한다. UTF-8은 아스키코드에 해당하는 문자로 8비트, 그 외 문자는 16비트, 24비트, 32비트로 표현하는데 한글의 경우 24비트로 표현한다. UTF-32는 전 세계 모든 문자를 32비트로 표현한다.

나 그림의 디지털 표현

컴퓨터에서 그림 자료 또한 2진수로 처리되며, 이를 표현하는 방식에는 [그림 8-5]와 같이 비트맵(bitmap)과 벡터(vector) 두 가지 방식이 있다.

240 화소 ←화소

〈계단 현상〉
그림을 확대하면 화소의 크기가 커져 테두리가 깨지는 현상이 나타난다.

2,400 화소

원본

200%

그림을 확대해도 깨지는 현상이 나타나지 않는다.

[그림 8-5] 비트맵 방식(왼쪽)과 벡터 방식(오른쪽)

1) 비트맵 방식

비트맵은 픽셀(pixel)이라 불리는 작은 점이 모여 그림을 이루는 방식이며, 각 픽셀은 단일한 색상 정보를 가진다.

비트맵 방식의 이미지를 확대하면 픽셀의 형태가 보이기 때문에 그림이 계단처럼 끊어져 보인다. 따라서 이러한 현상을 피하기 위해서는 이미지의 해상도를 높여야 하지만 해상도를 높일수록 파일의 용량이 커진다. 비트맵 방식에서 검은색 점과 흰색 점으로만 구성된 그림을 디지털로 표현한다면 하나의 픽셀은 흰색 또는 검은색 두 가지 중 하나의 색을 가지게 되므로 0(흰색) 또는 1(검은색)의 숫자를 나열하여 '가로×세로', 즉 16×16=256개의 비트로 전체 그림을 표현할 수 있다.

2) 벡터 방식

벡터 방식은 이미지를 점이나 선 등과 같은 수학적 수식 정보를 이용하여 표현하는 방식으로, 어떤 해상도에서도 자동으로 크기를 조절할 수 있으므로 이미지를 확대해도

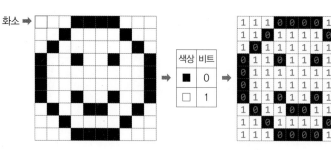

[그림 8-6] 비트맵 방식 그림 표현

비트맵 방식과 같은 계단 현상이 나타나지 않는다. 또한 점과 선의 개수로 파일의 용량이 결정되므로 간단한 이미지는 같은 크기의 비트맵 파일보다 용량이 훨씬 적다.

3) 해상도

실제 컴퓨터 모니터를 구성하는 픽셀은 다양한 색상을 표현하기 위해 빨강(R), 초록(G), 파랑(B) 세 가지 빛을 조합하여 색을 표현하며, 각각의 색상은 8비트씩 총 24비트, 즉 3바이트로 구성된다. 따라서 각각의 0~255 단계의 색상 값을 가지는 RGB 색상을 조합하여 224개의 서로 다른 색을 가진 픽셀이 모여 모니터의 이미지를 표현한다. 실제로 이미지는 RGB 세 가지 색 조합에 투명도를 나타내는 8비트를 더하여 총 232비트로 하나의 픽셀을 표현하며, 이미지의 해상도는 이미지를 구성하는 픽셀의 '가로×세로'의 수로 나타낸다. 이미지 파일의 크기는 '이미지를 구성하는 픽셀의 수×픽셀을 표현하는 비트 수'로 계산할 수 있다.

다 소리의 디지털 표현

소리는 물체의 진동을 통해 생긴 파동이 공기를 통해 전달되는 것으로, 사람이 소리를 들을 수 있는 것은 공기가 진동하기 때문이다. 소리가 만들어지는 곳을 음원이라고 하고, 음원은 공기를 진동시켜 음파라고 하는 주파수를 발생시킨다. 소리는 아날로그 신호이므로 컴퓨터에서 이용되는 형태로 만들기 위해서 표본화(sampling), 양자화(quantization), 부호화(coding)의 과정을 거쳐야 한다.

1) 표본화

표본화는 아날로그 신호에서 일정한 구간마다 샘플 신호를 선택하는 것이다. 즉, 아날로그 형태의 주파수를 일정한 시간 간격으로 잘라 진폭의 값을 디지털 값으로 변환하는 것으로 샘플링 간격이 넓을수록 음질이 떨어지고, 간격이 좁을수록 높은 품질의 디지털 소리를 얻을 수 있다.

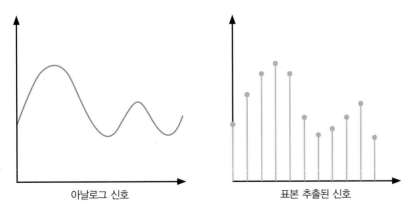

아날로그 신호   표본 추출된 신호

[그림 8-7] 소리 자료의 표본화

이때 1초 동안 표본화한 개수를 표본화율이라고 하며, 단위는 헤르츠(Hz)를 사용한다. 표본화율이 클수록 원음에 가깝게 표현할 수 있으나 처리할 자료의 양이 많아진다.

2) 양자화

양자화는 샘플링을 통해 얻은 신호 값을 결정하는 것으로, 표본화된 신호의 크기를 몇 비트의 크기로 표현할 것인가를 결정하는 단계이다. 표본화에서 선택된 각 신호를 8비트로 표현하면 256가지의 소리 크기로 구분할 수 있고, 16비트로 표현하면 65,536가지의 소리 크기로 구분할 수 있다. 표현하는 비트 수가 많아지면 소리의 표현은 정확해지지만 파일의 용량이 커진다는 단점이 있다.

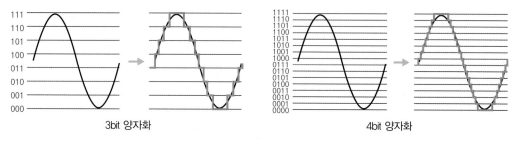

3bit 양자화   4bit 양자화

[그림 8-8] 소리 자료의 양자화

3) 부호화

부호화는 양자화된 신호들을 2진수인 0과 1로 표현하는 단계이다. 오디오 파일의 크기는 '표본화율×양자화 비트 수×신호 경과 시간'으로 계산할 수 있다.

라 영상의 디지털 표현

동영상은 여러 장의 정지된 이미지(frame)를 연속적으로 빠르게 보여 주어 실제로 움직이는 것처럼 보이도록 한 것이다. 이것은 착시 효과를 이용한 것으로 사람의 눈은 1초에 24프레임 정도의 이미지를 연속으로 보여 주면 자연스러운 움직임으로 인식한다.

동영상은 초당 프레임 수(fps; Frame Per Second)에 따라 품질이 달라지며, 각 프레임은 일반적인 디지털 이미지와 같이 이미지의 해상도와 색상을 표현하는 비트 수에 따라 동영상 파일의 크기가 결정된다. 동영상은 프레임에 소리까지 결합되기 때문에 소리 정보 또한 동영상 파일 크기에 영향을 주게 되며, 프레임 수가 많을수록 좋은 품질의 영상을 얻을 수 있다. 따라서 동영상은 그림이나 소리 자료보다 큰 용량의 저장 공간이 필요하므로 동영상의 품질에 영향을 적게 주면서 용량은 줄일 수 있는 압축 방법이 필요하다.

일반적으로 동영상의 압축 방법에 따라 동영상 파일의 형식이 달라지며 동영상 파일을 압축하거나 압축된 파일을 풀 때 사용되는 소프트웨어를 코덱(codec)이라고 한다. 코덱은 코더(coder)와 디코더(decoder)의 합성어로 동영상 파일을 컴퓨터에서 재생할 수 있도록 압축을 풀 때 사용된다.

2 효율적인 디지털 표현

디지털 정보로 표현할 때에는 각각의 정보가 가진 특성을 잘 살려 최대한 비슷하게 표현하는 것이 중요하다. 따라서 표현하고자 하는 정보가 가진 특성과 주어진 상황이나 목적 등을 잘 파악하여 디지털화해야 한다. 디지털로 효율적으로 표현하기 위해서는 같은 정보라도 더 적은 수의 비트를 사용하여 표현하는 것이 중요하다. 디지털 정보의 크기가 작을수록 기억 장치의 저장 공간과 장치 간 데이터 전송 시간이 줄어들기 때문에 효율적으로 활용할 수 있다.

가 문자의 효율적인 디지털 표현

문자열은 문자들을 하나로 묶은 것을 의미한다. 이때 문자열에 존재하는 반복되는 문자나 부분 문자열을 찾아 더 적은 수의 비트로 반복을 표현하여 문자열을 보다 효율적으로 표현할 수 있다. 이러한 과정을 데이터 압축이라고 하며, 정보가 디지털화되면서 정보를 보다 효율적으로 전송하고 저장하기 위한 압축 기술이 발달하고 있다. 압축 기술에는 손실 압축과 무손실 압축이 있으며, [표 8-6]과 같은 특징이 있다.

[표 8-6] 손실 압축과 무손실 압축

손실 압축	무손실 압축
• 원래 자료로 복원하기 어려움. • 중요 정보는 보존하고, 세부 내용은 제거함. • 압축률이 좋아 대용량 이미지나 동영상 압축에 많이 사용함. • 변환 기법, FFT, 양자화 등	• 원래 내용을 그대로 복원 가능함. • 압축률은 낮지만 자료의 품질이 좋음. • 주로 텍스트 파일 압축에 사용함. • 런·길이 압축, 렘펠·지브 압축 등

1) 런·길이 압축

런·길이 압축은 동일한 문자가 연속으로 반복되는 경우에 사용되며, 그것을 문자와 반복된 문자 개수의 쌍으로 표현하는 방법이다. 반복되는 문자가 길거나 자주 나타날수록 압축 효율이 높아지며, 흑백의 그림이나 팩스, 단색의 만화 등을 압축할 때 많이 사용된다.

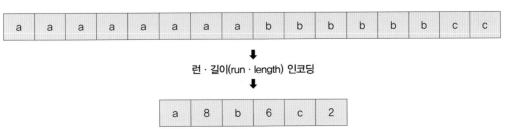

[그림 8-9] 런·길이 압축

2) 렘펠·지브 압축

렘펠·지브 압축은 가까이 있는 동일한 패턴의 상대적 위치와 패턴의 길이로 문자열을 치환하여 표현하는 방법이다. 따라서 떨어져 있는 동일한 패턴에 대해서도 압축할 수 있기 때문에 효율이 높아 대부분의 압축 형태에서 확장 또는 변형하여 사용된다.

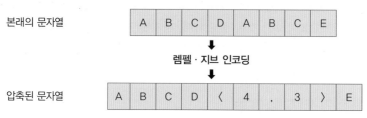

[그림 8-10] 렘펠·지브 압축

나 그림의 효율적인 디지털 표현

그림 정보를 효율적으로 표현하기 위해서는 해당 그림 정보의 특성에 따라 적절한 방법을 선택해야 한다. 즉, 그림 정보가 얼마나 복잡한지, 색채 변화에 얼마나 민감한지 등과 같은 특성에 따라 달라질 수 있다.

앞에서 논의되었듯이, 벡터 방식의 그림은 선과 면으로 구성되기 때문에 다른 개체끼리 섞이거나 혼합되지 않고 확대나 축소 시 이미지의 변화가 전혀 없다. 그래서 벡터 방식은 글자, 로고, 그래프, 캐릭터 디자인 등에 많이 사용된다. 벡터 방식 파일 형태에는 어도비 일러스트레이터에서 사용되는 AI, 코렐드로에서 사용되는 CDR, 윈도 운영 체제에서 벡터 형태의 그림을 응용 프로그램 간에 교환하기 위해 사용되는 WMF 등이 있다.

[그림 8-11]은 비트맵 방식별 압축 용량을 비교한 것이다.

BMP 76KB   PNG 32KB   JPG(50% 품질) 2KB

[그림 8-11] 비트맵 방식의 압축 비교

비트맵 방식은 벡터 방식에 비해 확대 및 축소 또는 변형 작업을 통해 그림이 손상되고 고해상도일수록 용량이 커진다. 따라서 그림을 사용하는 목적에 맞게 [표 8-7]과 같이 효율적인 형식으로 변환하여 사용한다.

[표 8-7] 비트맵 방식의 그림 정보 압축 방법

구분	내용
BMP	• 모든 화소에 표시할 색 정보를 차례대로 기록하는 무압축 방식임. • 구현 방법이 간단하나 그림의 용량이 커서 작은 크기의 간단한 그림을 표현할 때 많이 사용함.
PNG	• 그림 정보를 변형시키지 않고 용량만 줄이는 무손실 압축 방법 중 하나로 고품질의 정밀한 그림을 표현할 때 많이 사용함. • 온라인에 게시할 때도 텍스트와 로고를 선명하게 유지할 수 있음.
JPEG	• BMP와 달리 용량을 압축하는 방식으로 데이터를 저장함. • 압축률을 높이기 위해 사람이 잘 인식할 수 없는 부분의 정보를 변형하거나 제거하여 용량을 줄이는 손실 압축 방법 중 하나임.
GIF	• 무손실 압축 방법 중 하나로 256색만 표현 가능함. • 그림의 품질은 낮으나 여러 장의 그림을 넣고 차례대로 보여 주는 애니메이션 기능이 있음.

다 소리의 효율적인 디지털 표현

소리를 디지털로 변환할 때도 여러 가지 압축 방법을 사용한다.

1) 손실 압축

손실 압축은 압축률을 높이기 위해 사람이 잘 인식하지 못하는 부분의 정보를 손실시키고 압축하는 방법이다. 용량을 1/10 정도로 줄여 압축률을 정할 수 있어 초당 처리하는 비트 수를 의미하는 비트레이트로 표현할 수 있다. 압축 형식에는 MP3, WMA, AAC 등이 있다.

2) 무손실 압축

무손실 압축은 소리 정보를 손실하지 않고 용량만 줄이는 압축 방법으로, 손실 압축에 비해 압축률은 낮지만 고품질의 음원을 확보할 수 있다. 소리 정보를 원본 그대로 복구 가능하므로 장기간 보존하는 데에도 유리하다. 압축 형식에는 FLAC, ALAC 등이 있다.

[표 8-8] 손실 압축과 무손실 압축 방법

구분		내용
손실 압축	MP3	• CD에 가까운 음질을 유지하면서 파일 용량을 압축하여 음악 등 사운드 데이터를 저장한 파일 • 가청 주파수를 제외한 나머지 주파수를 삭제하여 용량을 줄임.
	WMA	• MS가 만든 멀티미디어 압축 방식 중 오디오 데이터 압축 방식 및 파일 • 소리뿐 아니라, 비디오까지 포함된 경우에 많이 사용함.
무손실 압축	FLAC	• Free Lossless Audio Codec의 약자로 전송률, 대역폭, 저장 공간 등을 절약할 수 있고, 오디오 소스를 온전하게 보전할 수 있음.
	ALAC	• 애플에서 개발한 디지털 음악의 무손실 압축 포맷 • FLAC와 구조적으로 유사하나 압축된 결과물은 FLAC가 용량이 약간 더 작음.

라 영상의 효율적인 디지털 표현

영상 정보는 문자, 소리, 그림 등의 정보를 조합하여 사용하는 멀티미디어 정보로 파일 용량이 커서 압축하여 저장한다. 음성과 영상의 압축 기법에 따른 다양한 코덱(codec)이 존재하며 같은 코덱을 사용해야 동영상 파일을 재생할 수 있다.

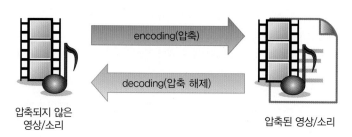

[그림 8-12] 코덱 이미지

코덱에는 데이터 압축 기능을 사용하여 자료를 압축하거나 압축을 푸는 소프트웨어나 소리, 동영상 등의 자료를 다른 형식으로 변환하는 장치 및 소프트웨어가 포함된다. 일반적으로 코덱이라고 하면 영상, 음향 등 미디어 정보를 압축하는 기술을 가리킨다.

코덱에는 손실 코덱과 무손실 코덱이 있으며, [표 8-9]와 같은 특징이 있다.

[표 8-9] 손실 코덱과 무손실 코덱의 장단점 비교

손실 코덱	무손실 코덱
• 사람이 잘 느끼지 못하는 부분을 우선적으로 손실시켜 압축률을 크게 올리는 기술 • 사용되는 코덱과 설정에 따라 압축되지 않은 원음과 실제 차이를 느끼기가 쉽지 않음. • MPEG-4, H.264/MPEG-4 AVC 등	• 압축된 데이터가 원본 스트림에 존재하는 모든 정보를 보유하고 있는 코덱 • 영상 편집처럼 빠른 처리가 필요하거나 편집 도중 화질 열화를 막기 위해 사용 • zip을 비롯한 데이터 압축은 기본적으로 이 기술을 사용 • FFV1, Lagarith(래가리스) 등

3 자료의 수집과 관리

어떤 문제를 해결하기 위해서는 그 문제를 해결하기 위해 필요한 자료를 수집하고, 저장 및 공유 등 관리하는 능력이 중요하다. 이때 인터넷이나 응용 소프트웨어 등 컴퓨팅 도구를 활용하여 문제를 해결하기 위한 자료를 수집하고 체계적으로 관리할 수 있다.

1 자료의 수집

문제를 해결할 때 그 문제를 해결하는 데 필요한 자료를 수집하는 과정은 매우 중요하다. 자료는 인터넷이나 책, 보고서, 신문 등을 통해 수집이 가능하지만 다양한 곳에 흩어져 있을 뿐만 아니라, 그 양도 많아 문제를 해결하려면 필요한 정보를 찾고, 이를 관리하는 능력을 갖추는 것이 중요하다. 자료의 수집 방법에는 관찰, 측정, 인터뷰, 설문 조사, 문헌 조사, 인터넷 검색 등이 있다. 이때 컴퓨터를 잘 활용하면 필요한 자료를 찾거나 관리할 때 많은 도움이 된다. 인터넷을 통해 자료를 수집할 수 있는 다양한 경로는 [표 8-10]과 같다.

[표 8-10] 인터넷을 통한 자료 수집 방법

구분		내용
인터넷	인터넷 검색 사이트	• 국내: 네이버, 다음, 네이트, 줌 등과 같은 포털 사이트 • 국외: 구글, 빙과 같은 포털 사이트
	학술 정보 사이트	• 국가 전자 도서관: 국내 주요 도서관 자료 열람 가능 • 국회 도서관: 인문, 사회 과학 분야 자료, 미국 등 주요국의 의회 자료나 각국의 헌법, 정부 간행물 등 제공 • KOSIS 국가 통계 포털: 국내외 분야별, 주제별 통계 자료를 표와 그래프로 제공 • 학술 연구 정보 서비스: 국내외 학술지 검색

자료를 수집할 때에는 먼저 자료를 수집하고자 하는 목적이 무엇인지를 명확하게 해야 한다. 그리고 그 목적에 알맞은 자료를 수집하기 위해 수집할 대상과 수집할 자료, 수집 방법 등을 정해야 한다.

예를 들어, 여행을 가기에 적합한 장소를 선정하기 위해 자료가 필요하다면 그 목적은 여행지를 결정하기 위한 것이 되고, 수집할 자료 대상은 국내 또는 국외의 유명한 여행지가 될 수 있다. 또한 각각의 여행지에 대한 다양한 볼거리, 먹을거리, 교통편 등이 수집할 자료가 될 수 있으며, 인터넷이나 여행 책자 등을 수집 방법으로 정할 수 있다.

2 자료의 저장과 공유

컴퓨터에 저장한 자료를 효율적으로 관리하기 위해서는 스프레드시트나 데이터베이스, 클라우드 서비스 등을 이용해 자료들을 통합하여 저장하고 일괄적으로 관리하는 방법이 필요하다.

가 스프레드시트

자료를 수집했다면 이 자료들을 일정한 기준에 의해 정리해야 한다. 이를 자료의 분류라고 하는데 자료를 분류할 때에도 자료를 수집할 때처럼 컴퓨터를 적절하게 활용하면 시간과 노력을 절약할 수 있다. 자료를 분류하는 응용 프로그램으로는 스프레드시트나 데이터베이스 관리 프로그램 등이 있다.

스프레드시트는 표를 이용해 각종 계산 작업이나 통계, 차트, 정렬, 필터 등을 손쉽게 작업할 수 있도록 도와주는 프로그램이다. 저용량의 자료와 정보를 관리하는 데 매우 적합하며, 대표적인 스프레드시트에는 엑셀이나 한셀 등이 있다.

온라인상에서 문서를 작성하고, 스프레드 작업을 할 수 있으며, 온라인에서 작업한 자료를 저장할 수 있는 온라인 문서 작성 및 공유 프로그램도 있다. 특히 개인이 아닌 여러 명이 함께 협업을 해야 하는 경우에 유용하게 사용하는 네이버 오피스, 구글 드라이브, 네이버 클라우드 등이 있다.

온라인 자료 관리 프로그램 중 온라인 설문 도구의 경우에는 손쉽게 설문지를 만들 수 있을 뿐만 아니라, 언제, 어디서든 필요한 설문 정보를 모으고, 통계를 자동으로 처리할 수 있는 장점이 있다. 오프라인에서 실시되는 설문 도구의 경우는 직접 또는 우편으로 배포하고, 다시 이를 직접 또는 우편 수거하여 그 결과를 수동으로 처리해야 한다는 점에서 시간이 많이 소요될 뿐만 아니라, 비용도 많이 발생한다. 이러한 오프라인 설문의 불편함을 온라인 설문 도구를 활용하면 대부분 해결할 수 있다는 점에서 온라인 설문 도구를 많이 활용하고 있다.

나 데이터베이스

컴퓨터를 이용해 정보를 관리할 때 스프레드시트와 더불어 많이 사용하는 방법으로 데이터 베이스가 있다. 데이터베이스는 여러 사람이 공유하고 사용할 목적으로 통합 관리되는 정보의 집합을 의미한다. 같은 속성을 지닌 자료들의 집합인 필드(field), 하나 이상의 필드를 갖고 있는 자료의 저장이나 표현의 기본 단위인 레코드(record), 레코드의 집합으로 이루어진 테이블(table)로 구성되어 있다.

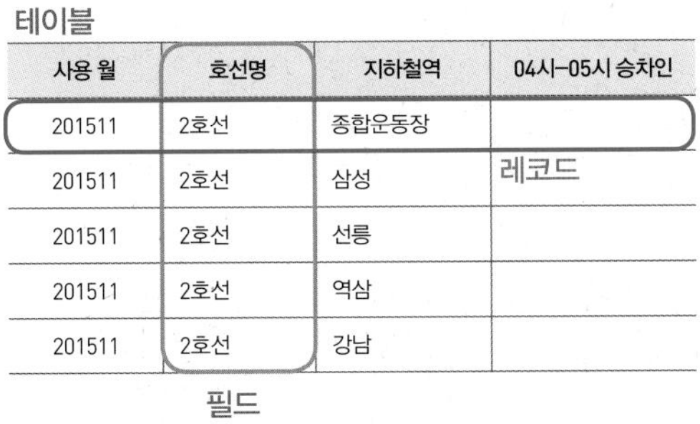

테이블

사용 월	호선명	지하철역	04시-05시 승차인
201511	2호선	종합운동장	
201511	2호선	삼성	레코드
201511	2호선	선릉	
201511	2호선	역삼	
201511	2호선	강남	

필드

[그림 8-13] 데이터베이스의 구성

데이터베이스는 자료의 중복을 방지하고, 자료를 공유하기 쉬우며, 저장 공간을 효율적으로 사용할 수 있는 장점이 있다. 정보를 문서에 저장하는 기존의 방식과 비교했을 때 데이터베이스가 가지는 장점을 보다 자세하게 정리하면 [표 8-11]과 같다.

[표 8-11] 데이터베이스 시스템의 장점

구분	내용
중복성의 최소화	운영 데이터에 대한 제어 권한을 갖고 있는 데이터베이스 관리자가 개인 파일을 통합 관리하면서 중복성을 피할 수 있음.
불일치성의 최소화	중복성을 제어하지 못하는 경우에는 다른 두 데이터의 불일치성이 발생할 수 있는데 중복성을 제어함으로써 불일치성을 최소화할 수 있게 됨.
데이터의 공유	데이터베이스는 한 조직에서 공동으로 소유하고 유지하며 이용할 수 있는 공용의 데이터를 모아 놓은 것이기 때문에 데이터의 공유가 용이함.
보안성 확보	기밀을 보장해야 하는 경우에 데이터베이스 관리자는 각 사용자가 적절한 채널을 통해서만 데이터베이스에 접근하도록 하며 각각의 접근에 대한 보안 검사를 할 수 있음.
무결성 유지	데이터베이스 내에 정확한 데이터가 저장될 수 있도록 하는 것으로 다수의 사용자가 데이터를 공유하는 데이터베이스 시스템에서는 매우 중요한 부분임.
상충되는 요구 조절	데이터베이스 관리자는 동시에 여러 사용자의 업무에 필요한 정보를 처리하기 위해 다른 견해를 가진 사용자의 견해를 조정하고 최상의 능률을 제공하기 위해 노력함.

다 클라우드 서비스

디지털 시대가 본격화됨에 따라 온라인상에서 문서 작성 및 스프레드 작업을 할 수 있을 뿐만 아니라, 온라인상에 자료를 바로 저장하고 공유할 수 있다.

클라우드 서비스는 각종 자료를 사용자의 컴퓨터나 스마트폰 등 내부 저장 공간이 아닌 외부 클라우드 서버에 저장한 후 인터넷을 통해 내려받는 서비스이다. 클라우드 서비스를 활용하면 서버를 따로 구매하지 않아도 되므로 구매 비용을 절감할 수 있고, 외부 서버에 자료가 저장되기 때문에 자체 컴퓨터에 문제가 생겨도 자료가 손실되지 않는다. 또한 언제, 어디서나 인터넷만 된다면 자신이 작업하여 저장해 놓은 문서나 자료를 다운받아 작업할 수 있고, 공유 가능한 링크를 통해 누구와도 공유가 가능하다.

클라우드 서비스의 유형에 따라 서버, 스토리지 등 하드웨어 자원만을 임대하여 제공하는 형태, 소프트웨어 개발에 필요한 플랫폼을 임대 및 제공하는 형태, 이용자가 원하는 소프트웨어를 임대 및 제공하는 형태 등으로 구분할 수 있다. 서비스의 유형과 운용 형태에 따라 클라우드 컴퓨팅 서비스와 관련된 주요 용어는 [표 8-12]와 같다.

[표 8-12] 클라우드 컴퓨팅 서비스 용어

구분		주요 개념
서비스 유형	IaaS	이용자에게 서버, 스토리지 등의 하드웨어 자원만을 임대 및 제공하는 서비스
	PaaS	이용자에게 소프트웨어 개발에 필용한 플랫폼을 임대 및 제공하는 서비스
	SaaS	이용자가 원하는 소프트웨어를 임대 및 제공하는 서비스
서비스 운영 형태	퍼블릭 클라우드	불특정 다수를 대상으로 하는 서비스로 여러 서비스 사용자가 이용하는 형태
	프라이빗 클라우드	기업 및 기관 내부에 클라우드 서비스 환경을 구성하여 내부자에게 제한적으로 서비스를 제공하는 형태
	하이브리드 클라우드	퍼블릭 클라우드와 프라이빗 클라우드가 결합한 형태로 공유를 원하지 않는 일부 데이터 및 서비스에 대해 프라이빗 정책을 설정하여 서비스를 제공하는 형태

3 빅데이터

빅데이터는 디지털 환경에서 생성되는 데이터로 규모가 방대하고 생성 주기도 짧으며 수치, 문자, 영상 등 다양한 형태를 포함하는 대규모 데이터를 의미한다. 이는 단순히 데이터의 크기만을 의미하는 것이 아니라, 데이터의 형식과 처리 속도 등을 모두 포함하는 개념으로 기존의 방법으로는 자료를 수집, 저장, 분석 등이 쉽지 않은 데이터를 총칭한다.

가 특징

일반적으로 빅데이터는 관련 소프트웨어가 수용할 수 있는 한계를 넘어서는 크기의 데이터로서 단일한 데이터 집합의 크기가 수십 테라바이트(terabyte)에서 수 페타바이트(petabyte)에 이르며, 그 크기가 고정적이지 않고 끊임없이 변화한다.

빅데이터의 공통적인 특징은 다음과 같다.

첫째, 데이터의 양(volume)이 물리적 한계를 초과할 정도로 거대하다.

둘째, 데이터의 생성 속도(velocity)인데 순차적 데이터 처리 수준의 속도에서 실시간으로 데이터를 처리하고, 분석이 진행될 정도로 속도가 빠르다.

셋째, 형태의 다양성(variety)인데 정형 데이터뿐만 아니라, 텍스트, 영상, 로그 기록 등 다양한 형태의 데이터를 분석 대상으로 한다.

최근에는 위에서 제시한 세 가지 외에 한 가지가 더 추가되었는데 바로 데이터의 정확성(veracity)이다. 정보의 양이 방대해진 만큼 수집된 데이터가 정확한지, 분석할 만한 가치가 있는지를 살펴봐야 하는 것이다. 즉, 데이터의 품질이나 정확도가 결과에 매우 중요한 영향을 끼칠 수 있기 때문에 정확성을 확보함으로써 데이터의 신뢰도를 확보하고자 한다.

나 활용 사례

빅데이터를 활용해 다양한 분야에서 부가가치를 생산하는 사례들이 늘고 있다. 대표적인 예로, 구글의 독감 분석 사례가 있다. 2009년 'Nature'에 발표된 논문에 따르면 특정 지역에서 실제 병원을 방문한 환자 수와 구글에서 독감 관련 키워드를 검색한 사용자의 수가 일치한다. 구글은 독감 트렌드, 뎅기열 트렌드 등의 구글 분석 결과를 시각화해서 보여 주었는데 이 분석 결과에 따르면 일정한 주기로 질병이 유행함을 알 수 있고, 실제로 검색 결과와 일치하게 환자가 발생했음을 알 수 있다. 이는 검색 결과와 데이터들을 잘 이용한다면 질병을 예측하거나 예방하는 데 활용할 수 있음을 의미한다. 나아가 역학 조사에 대한 새로운 방법론이나 특정 질병에 대한 조기 경보 시스템으로도 활용할 수 있다.

기업의 경우에는 소비자 행동 패턴 분석을 통해 소비자들의 행동 변화를 예측하고, 이에 맞는 맞춤형 마케팅 전략을 수립하는 데 활용한다. 예를 들어, 월마트는 소셜 미디어에서 수집한 빅데이터 분석을 통해 한 지역의 거주자들이 자전거에 관심이 많다는 사실을 파악한 후 해당 점포의 상품 라인업을 조정했다. 이베이는 명절이나 기념일처럼 선물 구입이 증가하는 시점에 맞춰 고객의 소셜 미디어 활동 내역과 과거 구매 이력을 분석해 고객이 선물할 만한 지인의 프로파일을 추정하고 적합한 선물을 추천한다. 또한 포드사는 차량에 설치된 센서로 고객의 운전 습관 데이터를 분석해 신차에 대한 소비자의 욕구를 파악한다.

4 정보의 구조화

자료를 분석하여 얻은 정보를 논리적으로 처리하여 재배치하는 것을 정보의 구조화라고 한다. 정보의 구조화를 통해 정보에 대한 이해도를 높일 수 있을 뿐만 아니라, 정보의 체계적인 관리가 가능하고, 정보의 오류 역시 쉽게 파악할 수 있다.

1 정보의 생성 과정

정보(information)는 자료를 특정 목적을 위해 의미 있게 정리하고 가공하여 유용한 형태로 처리한 것으로 의사 결정이나 행동을 위해 사용되는 의미 있는 내용이다. 따라서 자료는 가공되기 전까지는 사용자에게 특정한 의미를 주지 못한다.

[그림 8-14] 정보의 생성 과정

우리는 정보를 만드는 과정에서 자료를 가공하고 처리하는 일의 효율을 높이기 위해 컴퓨터를 이용한다. 이같이 컴퓨터로 자료를 입력하고 처리하여 정보를 산출해 내는 과정을 자료 처리(Data Processing)라고 한다. 이때 컴퓨터에서 산출된 정보는 다시 정보를 만들어 내기 위한 입력 자료로 활용할 수 있다. 컴퓨터를 이용한 자료 처리는 방대한 양의 자료를 매우 빠른 속도로 정확하게 처리할 수 있다는 특징이 있으며, 생산해 낸 정보는 통신망을 통해 시간과 공간의 제약을 받지 않고 손쉽게 공유할 수 있다.

2 정보의 구조화 방법

정보의 내용과 활용 방법에 따라 구조화 형태를 결정하는 것이 중요한데 정보의 구조화 방법은 크게 테이블형과 다이어그램형으로 구분할 수 있다.

가 테이블형

서로 기준이 다른 행과 열을 이용하여 정보를 구조화할 수 있는데 이를 테이블형 정보의 구조화라고 한다. 테이블형의 경우 표를 이용하면 중복되는 내용을 피할 수 있으며, 효율적으로 정보를 표현하고 관리할 수 있다.

예를 들어, [그림 8-15]의 스프레드시트 표에서 연번, 종목, 번호, 명칭, 지역, 시대명과 같은 각각의 항목은 '필드'라고 할 수 있으며, 이러한 필드 정보들이 모인 하나의 사물에 대한 정보를 '레코드'라고 한다. 이같이 각각의 레코드들이 모여 하나의 테이블, 즉 표가 완성된다.

연번	종목	번호	명칭	지역	시대명
1	국보	제2호	서울 원각사지 십층석탑	서울특별시 종로구	조선시대
2	국보	제6호	충주 탑평리 칠층석탑	충청북도 충주시	통일신라
3	국보	제9호	부여 정림사지 오층석탑	충청남도 부여군	백제
4	국보	제10호	남원 실상사 백장암 삼층석탑	전라북도 남원시	통일신라
5	국보	제11호	익산 미륵사지 석탑	전라북도 익산시	백제
6	국보	제21호	경주 불국사 삼층석탑	경상북도 경주시	통일신라
7	국보	제30호	경주 분황사 모전석탑	경상북도 경주시	신라
8	국보	제34호	창녕 술정리 동 삼층석탑	경상남도 창녕군	통일신라
9	국보	제35호	구례 화엄사 사사자 삼층석탑	전라남도 구례군	통일신라
10	국보	제37호	경주 황복사지 삼층석탑	경상북도 경주시	통일신라
11	국보	제38호	경주 고선사지 삼층석탑	경상북도 경주시	통일신라
12	국보	제39호	경주 나원리 오층석탑	경상북도 경주시	통일신라
13	국보	제40호	경주 정혜사지 십삼층석탑	경상북도 경주시	통일신라

[그림 8-15] 테이블형 구조화의 예

나 다이어그램형

다이어그램형은 정보 간의 관계를 점, 선, 기호 등으로 구조화한 것을 말한다. 다이어그램형은 정보와 정보를 비교할 때 시각적으로 효과적이며 많은 양의 정보를 빠르게 이해할 수 있다는 장점이 있다. 하지만 구조화가 제대로 되지 않았거나 구조화 형태가 적합하지 않은 경우에는 그 가치나 의미가 제대로 전달되기 어렵다. 다이어그램형은 다시 정보의 위계를 손쉽게 파악할 수 있는 계층형 다이어그램과 정보의 연관성을 쉽게 파악할 수 있는 그래프형 다이어그램으로 구분할 수 있다.

1) 계층형

계층형은 한 지점에서 여러 갈래로 나뉘어 연결되는 형태로 정보를 구조화하는 방법을 말한다. 형태가 나무와 비슷해 트리 구조라고도 하는데 [그림 8-16]과 같이 계층적인 관계를 나타내는 정보를 구조화할 때 유용하다.

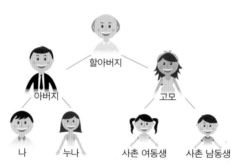

[그림 8-16] 계층형 구조화의 예

2) 그래프형

그래프형은 특정 자료와 자료 간의 연결 관계를 나타내는 데 사용하는 정보의 구조화 방법을 말한다. [그림 8-17]과 같은 지하철 노선도나 버스 노선, 수도 배관의 배수 시스템, 물질의 분자 구조 등은 연결 구조가 매우 다양하기 때문에 그래프형을 이용하는 것이 적당하다.

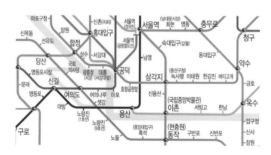

[그림 8-17] 그래프형 구조화의 예

3 정보의 시각화

빅데이터 시대에 쏟아지는 수많은 정보 속에서 이를 효율적이고 명확하게 전달하기 위해 정보의 시각화에 대한 관심이 높아지고 있다. 특히 복잡한 수치나 글로 표현되어 있는 다량의 정보를 지도나 다이어그램, 로고, 일러스트레이션(illustration), 차트(chart) 등을 활용해 한눈에 파악할 수 있도록 한 인포그래픽(infographic)은 대표적인 정보의 시각화 방법 중 하나이다.

인포그래픽은 정보를 뜻하는 'information'과 시각화를 뜻하는 'graphic'의 합성어로 단순히 정보를 그래프화하여 나열하는 것으로 끝나는 것이 아니라, 수집한 정보를 분석하고, 가공하여 이야기나 디자인을 더한 정보라고 할 수 있다.

[그림 8-18] 인포그래픽의 예시 자료

또한 데이터 대시 보드를 활용한 정보의 시각화 방법도 있다. 데이터 대시 보드는 여러 개의 차트와 표 등으로 구성된 보드인데 정보를 얻거나 의사 결정에 필요한 데이터를 한눈에 확인할 수 있다. 아울러, 주목해야 할 정보를 강조할 수 있고, 데이터 조회 기간을 선택하거나 특정한 기준을 바탕으로 데이터를 필터링할 수 있는 상호작용 기능이 있어 사용자가 자유롭게 데이터를 탐색할 수 있다.

[그림 8-19] 데이터 대시 보드의 예시 자료

5 교육의 실제

1 자료의 디지털 표현 교육의 실제

중학교 자료와 정보 영역의 그림의 효율적인 디지털 표현 단원 수업에 활용할 수 있는 교수·학습 과정안과 교수·학습 자료를 제시하였다.

가 교수·학습 과정안

단원	II. 자료와 정보 1. 자료와 정보의 표현 / 1-3. 그림의 효율적인 디지털 표현	
학습 주제	아날로그와 디지털 자료의 차이를 알고, 디지털 화면의 원리를 활용해 점묘화 그리기	
성취 기준	[9정02-01] 디지털 정보의 속성과 특징을 이해하고, 현실 세계에서 여러 가지 다른 형태로 표현되고 있는 자료와 정보를 디지털 형태로 표현한다.	
학습 목표	아날로그와 디지털 자료의 차이점을 알고, 디지털 화면의 원리를 활용해 이를 점묘화로 표현할 수 있다.	
핵심 역량	지식 정보 처리, 정보 문화 소양, 창의적 사고력, 심미적 감성, 의사소통 능력	
수업 형태	문제 해결 학습	
수업 자료	교사	PPT와 학습 자료, 교과서, 태블릿 PC, 사인펜(혹은 면봉과 물감)
	학생	교과서

단계 (시간)	수업 형태	학습 과정 (학습 유형)	교수 · 학습 활동		자료 및 유의점	핵심/ 교과 역량
			교사 활동	학생 활동		
도입 (5')	시작	전시 학습	▶ 질문을 통해 전시 학습에서 배운 문자를 디지털로 표현하는 방법을 떠올린다.			지식 정보 처리 (핵)
		동기 유발	▶ 자료와 정보를 구분하는 O, X 퀴즈를 통해 학습 동기를 유발한다.			

	전체 학습	학습 목표	▶ 교사는 이번 시간 학습 목표를 제시하고, 학생들은 학습 목표를 인지한다.		
전 개 (30')	전체 학습	생각 열기	**[볼거리 제시]** ▶ 영화 '픽셀' 예고편(http://news.samsungdisplay.com/305)을 실행하여 학습 동기를 유발한다.	인터넷 사이트 활용 PPT	정보 문화 소양 (교)
		학습 내용 설명	▶ 디지털 이미지를 이루는 가장 작은 단위인 픽셀로 형상화된 영화 속 캐릭터들을 살펴본다. ▶ 픽셀과 해상도의 개념에 대해 생각해 본다.		

	개인
	활동
	하기
		문제 이해
		하기
			활동1
			▶ 컴퓨터가 그림 자료를 디지털로 표현하는 방법에 대해 이해한다.
			  – 아날로그 자료와 디지털 자료의 차이점에 대해 이야기한다.
			  – 비트맵 방식과 벡터 방식의 차이점을 검색을 통해 찾아보고, 비트맵 방식의 이미지를 확대했을 때 발생하는 계단 현상에 대해 이야기 나눈다.
				태블릿
				PC
					창의적
					사고력
					(핵)

	모둠
	학습
		문제 해결
		방법 찾기
			활동2
			▶ 디지털 화면의 원리를 이해하고, 이를 점묘화로 표현할 수 있는 방법을 생각한다.
			  – 디지털 화면의 원리와 이를 점묘화로 표현할 수 있는 방법을 찾는다.
			  – 모눈종이 위에 검색을 통해 각자 표현하고 싶은 밑그림을 찾아 그리거나 직접 그린다.
				활동지	심미적
					감성
					(핵)

	전체
	학습
		적용하기	활동3
			▶ 디지털 화면의 원리를 떠올리며 점묘화로 표현한다.
			  – 사인펜 또는 면봉에 물감을 칠해 점묘화로 표현한다.
			  – 완성한 작품을 전시하고, 친구들의 작품을 감상한다.
			  – 활동을 통해 알게 된 디지털 화면의 원리에 대해 정리한다.
				사인펜	

정 리 (5')	자기 평가	공유	▶ 오늘 알게 된 내용을 발표하고 공유한다.	공유 문서	의사 소통 능력 (핵)
		생각 정리 (수업 성찰)	▶ 수업 내용을 정리한다. ▶ 자기 평가와 동료 평가서를 작성한다.		
	동료 평가	과정 중심 평가	▶ 수업에서 이루어지는 활동을 과정 중심 평가하고, 이에 대해 피드백한다.		
	끝	차시 예고	▶ 다음 시간에 배울 내용에 대해 안내한다.		

20 . . .	학년 반 번		이름	
표현 주제	디지털 화면의 원리를 이해하고, 점묘화로 표현하기(하트)			

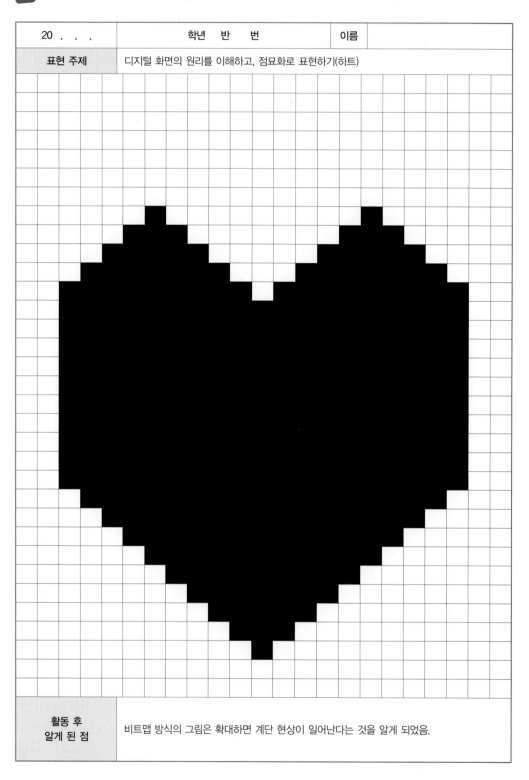

활동 후 알게 된 점	비트맵 방식의 그림은 확대하면 계단 현상이 일어난다는 것을 알게 되었음.

2 정보의 구조화 교육의 실제

고등학교 자료와 정보 영역의 자료의 수집과 분석 단원 수업에 활용할 수 있는 교수·학습 과정안과 교수·학습 자료를 제시하였다.

가 교수·학습 과정안

단원	Ⅱ. 자료와 정보 2. 자료와 정보의 분석 / 2-2. 자료의 수집과 분석
학습 주제	정보의 구조화 방법에 대해 알고, 이를 활용해 자료를 수집하고 구조화하기
성취 기준	[12정02-03] 인터넷, 응용 소프트웨어 등 컴퓨팅 도구를 활용하여 문제 해결을 위한 자료를 수집하고 분석한다.
학습 목표	정보의 구조화 방법에 대해 조사하고, 이를 활용해 자료를 수집해 구조화할 수 있다.
핵심 역량	지식 정보 처리, 정보 문화 소양, 창의적 사고력, 심미적 감성, 의사소통 능력
수업 형태	조사 학습
수업 자료	교사	PPT와 학습 자료, 교과서, 태블릿 PC(20개)
	학생	교과서

단계 (시간)	수업 형태	학습 과정 (학습 유형)	교수·학습 활동		자료 및 유의점	핵심/ 교과 역량
			교사 활동	학생 활동		
도입 (5')	시작	전시 학습	▶ 질문을 통해 전시 학습에서 자료 처리와 컴퓨팅 기술의 관계에 대해 떠올린다.			지식 정보 처리 (핵)
	전체 학습	동기 유발	▶ 다양하게 구조화된 정보를 통해 핵심 정보가 무엇인지를 찾아보는 활동으로 학습 동기를 유발한다.			
		학습 목표	▶ 교사는 이번 시간 학습 목표를 제시하고, 학생들은 학습 목표를 인지한다.			
전개 (30')	전체 학습	생각 열기	**[볼거리 제시]** ▶ EBS 클립 뱅크의 "뇌와 정보의 구조화(https://clipbank.ebs.co.kr/clip/view?clipId= VOD_20120630_00116)"를 실행하여 학습 동기를 유발한다.		인터넷 사이트 활용 PPT	정보 문화 소양 (교)
		학습 내용 설명	▶ 뇌와 정보의 구조화 관련 영상을 시청한다. ▶ 정보의 구조화가 중요한 이유에 대해 생각해 본다.			
	개인 활동 하기	문제 이해 하기	활동1 ▶ 정보를 구조화하는 이유를 알고, 구조화 방법에 대해 조사한다. − 정보를 체계적으로 관리하는 방법으로서 정보의 구조화가 필요함을 알고, 다양한 구조화 방법에 대해 조사한다. − 정보의 특성에 따라 효율적으로 구조화하는 방법이 무엇일지 생각해 보고 친구들과 이야기 나눈다.		태블릿 PC	

	모둠 학습	문제 해결 하기	**활동2** ▶ 선택 주제 중 하나를 택하거나 자유 주제를 정해 이를 해결하는 데 필요한 자료를 수집한다. 　– 활동지에 제시된 선택 주제 중 원하는 주제를 하나 선택하거나 자신이 조사하고 싶은 주제를 정하고, 이를 해결하는 데 필요한 자료가 무엇인지 생각해 자료를 수집한다.	활동지	창의적 사고력 (핵)
	전체 학습	적용하기	**활동3** ▶ 수집한 정보를 효율적으로 나타낼 수 있는 구조화할 방법을 선택하고, 이를 표현한다. 　– 수집한 자료를 보고 효율적으로 구조화할 수 있는 방법이 무엇인지 생각한다. 　– 정보를 구조화한 후 이를 활용해 친구들 앞에서 발표한다.		심미적 감성 (핵)
정리 (5')	자기 평가	공유	▶ 오늘 알게 된 내용을 발표하고 공유한다.	공유 문서	의사 소통 능력 (핵)
		생각 정리 (수업 성찰)	▶ 수업 내용을 정리한다. ▶ 자기 평가와 동료 평가서를 작성한다.		
	동료 평가	과정 중심 평가	▶ 수업에서 이루어지는 활동을 과정 중심 평가하고, 이에 대해 피드백한다.		
	끝	차시 예고	▶ 다음 시간에 배울 내용에 대해 안내한다.		

나 교수·학습 자료 : 활동지

20 . . .	학년　반　번		이름	
주제 예시	• 지식의 역사 • 원하는 직업을 가지기 위한 방법 • 다이어트 방법 • 이성 교제에 성공하는 방법 • 수능 후 여행 계획 등			
나의 주제	수능 후 여행 계획			
수집한 정보	• 여행 목표: 지친 심신을 달래기 위한 힐링 여행 • 목적지: 동유럽 • 여행 기간: 겨울 방학 중 8일 • 여행 경로: 인천–이스탄불–부다페스트–비엔나–체코–뮌헨–프라하–이스탄불–인천 • 여행 예산: 150만 원 • 세부 여행 계획 　(1일차) 인천 출발, 이스탄불 도착 　(2일차) 부다페스트 도착, 마챠시 사원, 부다 왕궁, 헝가리 건국 기념 영웅 광장 관광 　(3일차) 비엔나 도착, 게른트너 거리 등 관광 　(4일차) 체코 도착, 시청사 및 스보르노스티 광장 관광 　(5일차) 뮌헨 도착, 할슈타트 호수 마을 관광 　(6~7일차) 프라하 도착, 프라하 야간 투어 및 프라하 성 관광 　(8일차) 이스탄불 도착, 인천 도착			
내가 선택한 정보의 구조화 방법	테이블형으로 정보를 구조화함.			

평가 문항

① 자료와 정보의 개념과 특징을 비교하여 서술하시오.

② 문자, 그림, 소리 자료를 디지털로 표현하는 원리를 예를 들어 설명하고, 효율적으로 표현하기 위한 방법을 서술하시오.

③ 정보의 구조화 방법을 테이블형, 다이어그램형으로 나누어 설명하고, 데이터 시각화가 왜 중요한지 서술하시오.

참고 자료

- 강신천 외 12인(2019). 고등학교 정보 교과서. 씨마스.
- 강신천 외 12인(2019). 고등학교 정보 지도서. 씨마스.
- 김종훈(2008). 프로그래밍 비타민. 한빛미디어.
- 이옥화 외 16인(2000). 컴퓨터 교육의 이해. 영진.com.
- 이태욱 외 2인(2006). 컴퓨터교과 교육론. 이한출판사.
- 임진숙 외 3인(2014). 2014년 경상북도교육청 정보영재교육원 심화과정 교재. 대구대학교 글로벌브릿지 정보 영재교육원.
- 정영식 외 12인(2019). 중학교 정보 교과서. 씨마스.
- 정영식 외 12인(2019). 중학교 정보 지도서. 씨마스.
- 한국컴퓨터교육학회(2014). Computational Thinking & 창의적 문제 해결 방법론. 이한미디어.

- David Evans(2011). Introduction to computing, CreativeCommons.
- M. Mrris Mano(1991). 디지털 회로 설계. 사이텍미디어.
- Mark Dorling, George Rouse(2014). Compute.It Computing for KS3 2, Dynamic Learning, Hodder Education.
- Mark Dorling, George Rouse(2014). Compute. It Computing for KS3 1, Dynamic Learning. Hodder Education.
- Tim Bell, Ian. H. Witten, Mike Felllows, 이원규 외 공역(2010). 놀이로 배우는 컴퓨터 과학. 휴먼싸이언스.

- 위키피디아 역폴란드 표기법 http://en.wikipedia.org/wiki/Reverse_Polish_notation

소프트웨어 교육의 실제

제 9 장

문제 해결의 이해와 실제

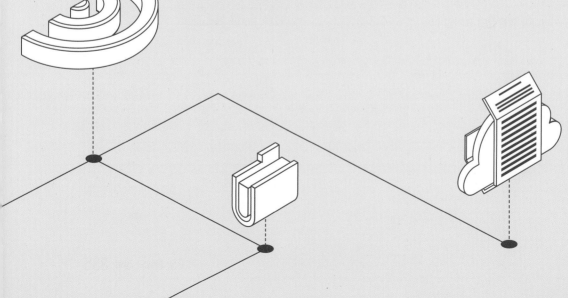

본 장에서는 문제 해결의 이해와 과정에 대해 알아보고, 각 과정에서 컴퓨팅 사고력의 요소들이 어떻게 적용되는지를 제시하였다. 구체적인 내용은 다음과 같다.

첫째, 문제 이해에서는 문제의 의미를 알아보고, 정확하게 문제를 이해하고 분석하는 구체적인 방법을 제시하였다.

둘째, 문제 분해에서는 문제를 보다 쉽게 해결하기 위해 큰 문제를 작은 문제로 나누는 과정과 문제 분해 기준을 제시하였다.

셋째, 추상화와 자동화에서는 추상화와 자동화의 개념을 알아보고, 문제 해결 과정에서 어떻게 작용하는지를 살펴보았다.

넷째, 교육의 실제에서는 이 장에서 배운 문제 해결의 이해와 실제 단원을 성취 기준에 따라 1차시 분량의 수업을 위한 교수·학습 과정안과 교수·학습 자료를 제시하였다.

문제 이해

우리는 하루에도 몇 번씩 다양한 문제와 부딪히게 된다. 그런데 단순히 직관적인 사고로 해결할 수 있는 문제도 있지만 어떤 문제는 먼저 문제 상황과 조건을 분석하고, 이를 구조화하여 다양한 해결 방법들을 생각해 낸 후 그중 가장 적합한 해결 방법을 찾아 문제를 해결하는데 이를 문제 해결 과정이라고 한다. 즉, 문제 해결 과정은 문제를 접하고, 결과나 답을 찾아내기까지의 일련의 활동을 말한다.

일반적으로 문제 해결 과정은 [그림 9-1]과 같이 문제를 해결하기 위해 문제를 이해하고 분석하는 단계, 더 작은 단위로 문제를 분해하는 단계, 문제 해결 방법을 설계하는 추상화 단계, 이를 실제로 해결하는 자동화 단계를 거치게 된다.

[그림 9-1] 문제 해결 과정

예를 들어, 창구에서 식권을 판매하는 일의 불편함을 해결하고자 할 때 '식권 자판기에서 식권을 팔려면 어떻게 해야 할까?'로 문제를 정의하고, 이 문제의 현재 상태를 식권 자판기 프로그램을 만들어 식권을 판매하는 목표 상태로 만드는 것으로 문제를 이해하고 분석한다. 이를 해결하기 위해 식권 자판기 프로그램을 사용자 입력과 식권 발급 과정, 사용자 인수로 문제를 분해하여 각 단계에서의 문제 해결 방법을 생각해 볼 수 있다. 그리고 식권 자판기 문제를 계층적 방법으로 문제 분해한 것을 토대로 순서도로 알고리즘을 작성하고, 실제 프로그램으로 만든 후 실행하여 발생하는 오류를 찾아 수정하여 완성할 수 있다.

1 문제의 의미

문제는 해답을 요구하는 물음으로 어려운 상황이나 질문 또는 해결해야 하는 과제를 의미한다. 우리는 하루에도 몇 번씩 크고 작은 다양한 문제들과 부딪히는데 [그림 9-2]에 제시된 '연서의 하루'를 통해 구체적으로 확인할 수 있다.

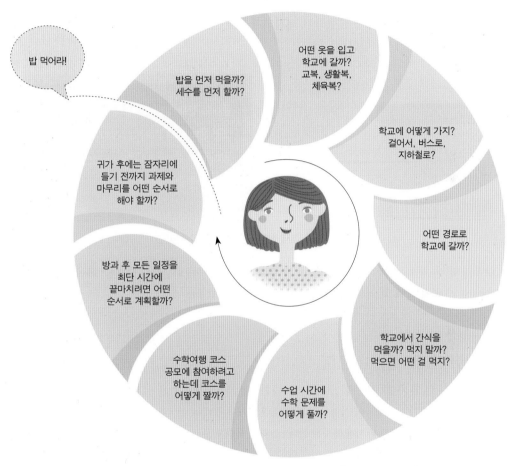

[그림 9-2] 연서의 하루

아침에 일어나 밥을 먼저 먹을지, 세수를 먼저 할지를 결정하는 단순한 문제에서부터 주어진 경로를 거쳐 최단 시간에 일을 마치고 집으로 돌아오는 문제처럼 컴퓨팅 사고와 프로그래밍 과정을 거쳐야 하는 어려운 문제도 있다. 가족여행을 할 때 어떤 교통수단을 이용할 것인지, 장을 보면서 어떤 브랜드의 우유를 살 것인지, 집을 비울 때 강아지의 먹이를 줄 수 있는 방법은 무엇인지와 같이 우리가 살아가며 부딪히는 다양한 문제들을 해결하기 위해서는 먼저 문제를 정확하게 이해하고 분석해야 한다.

2 문제 이해 및 분석

주어진 문제에 대해 보다 정확하고 타당한 결과나 답을 얻기 위해서는 먼저 문제를 제대로 이해하는 것이 중요하다. 문제를 이해한다는 것은 문제 속에 있는 다양한 요소를 찾아 각 요소 간의 관계를 파악하여 자신의 언어로 정확하게 표현하는 것이다. 이때 문제를 현재 상태와 목표 상태로 나누어 파악해야 문제를 잘 이해할 수 있다.

현재 상태(As-Is)란 문제가 발생하여 해결되지 않은 상태를 말하며, 목표 상태(To-Be)란 문제가 해결된 후의 상태를 말한다.

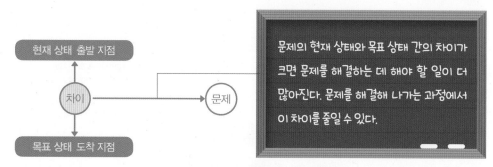

[그림 9-3] 현재 상태와 목표 상태의 차이

다음과 같은 문제 상황에서 해결해야 할 문제의 현재 상태와 목표 상태를 파악하여 문제를 정확하게 이해해 보자.

문제

○○학교 구내식당에서는 식권 판매 방식을 기존의 창구 판매 방식에서 자판기 판매 방식으로 전환하려고 한다. 식권 자판기를 만들기 위해서는 자판기에 사용할 소프트웨어가 필요하므로 개발해야 한다. 이 식권 자판기는 학생들이 가장 선호하는 하나의 메뉴에 대해서만 판매하는 자판기로 현금 지불만 가능하고, 다른 지불 방법은 사용하지 않는다. 그 외의 사항은 프로그램 개발자가 정할 수 있다.

문제 이해 및 분석

현재 상태	창구에서 식권 판매
목표 상태	식권 자판기 프로그램을 만들어 넣은 식권 자판기에서 식권 판매
문제 상황 및 조건	• 식권 자판기 프로그램은 현금만 사용 가능하다. • 하나의 메뉴에 대해서만 판매한다.

문제 정의	식권 자판기에서 식권을 팔려면 어떻게 해야 할까?
더 필요한 정보	식권을 2장 이상 구매하려고 할 때 허용해야 하는지의 여부를 알아야 한다.
자료 수집	다른 자판기 프로그램에서는 한 번에 여러 개를 처리할 때 어떻게 하는지 등 관련 자료 조사를 실시한다.
자료 분석	수집한 자료의 의미를 이해하고, 패턴을 찾는다.
자료 표현	찾아낸 정보를 그래프, 차트, 글, 그림 등으로 도식화하고 조직화한다.

　문제를 이해하고 분석하는 과정에서 다양한 방법으로 문제를 표현할 수 있다. 이때 사용되는 표현 방법에는 표, 그래프, 그림, 마인드맵 등이 있으며, 문제의 특성에 따라 적합한 표현 방법을 활용한다. 간식 선택의 경우와 같이 다이어트와 관련이 있는지, 영양과 관련이 있는지를 파악하여 칼로리 또는 영양 성분을 표와 그래프로 나타내면 문제 이해 및 분석에 많은 도움이 되지만 '어떤 옷을 입고 학교에 갈까?'는 그림으로 직접 그려 보아야 도움이 된다. 복잡한 문제를 다각적인 관점에서 접근하고자 할 때에는 마인드맵이 유용하게 사용된다.

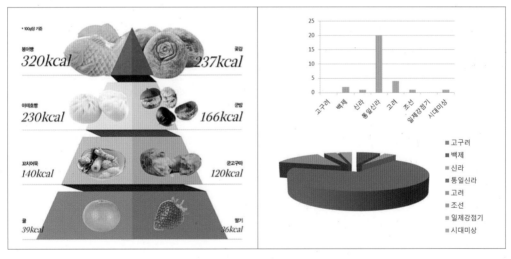

[그림 9-4] 자료 표현의 예시

　정보를 의미 있게 만들기 위해서는 그 구조를 논리적으로 적절하게 배치하는 작업인 정보의 구조화가 필요하다. 같은 정보라도 어떻게 해석하고 구조화하느냐에 따라 전혀 다른 의미가 될 수 있기 때문에 자료를 어떻게 표현하느냐 역시 문제의 이해와 분석의 중요한 과정이다. 또한 자료의 수집, 분석, 표현의 과정은 문제 이해와 분석뿐만 아니라, 문제를 해결하는 전 과정에서 활용될 수 있다.

2 문제 분해

사소하고 단순한 문제는 비교적 쉽게 해결 방법을 찾아 문제를 해결할 수 있지만 복잡한 문제나 어려운 문제는 해결 방법을 찾기가 쉽지 않다. 따라서 문제를 해결할 수 있을 정도의 크기로 나누는 작업이 필요하다.

1 문제 분해의 이해

문제에 대한 이해 및 분석이 끝나면 문제를 해결할 수 있는 방법을 다양하게 생각해 보고, 가장 효율적인 방법을 선택하여 실행 계획을 체계적으로 설계한다. 이때 어떤 문제는 한 번에 해결되기도 하지만, 어떤 문제는 한 번에 해결되지 않기 때문에 여러 개로 나누어 생각하는 과정이 필요하다. 즉, 하나의 크고 어려운 문제를 여러 작은 문제로 단순화하여 보다 쉽게 문제를 해결할 수 있다. 이처럼 문제를 해결 가능한 수준의 작은 문제로 나누는 것을 문제 분해라고 한다.

[그림 9-5] 문제 분해의 예시

예를 들어, 부모님께 음식상을 차려드려야 하는 문제가 있다고 하였을 때 음식상을 차리기 위해서 밥을 짓는 과정, 국을 끓이는 과정, 반찬을 만드는 과정을 각각 나누어 생각해 볼 수 있다. 또 학교 지도를 만들기 위해 학교를 여러 개의 구역으로 나누어 각 구역에 대한 지도를 만든 후에 이를 모아 전체 학교 지도를 완성할 수 있다.

앞서 문제 이해에서 예를 든 식권 자판기 문제에서는 추출한 핵심 요소를 바탕으로 이 문제를 해결하기 위한 방법을 [그림 9-6]과 같이 사용자 입력과 관련된 문제, 식권 발급 과정에서 생각해 볼 수 있는 문제, 그리고 사용자 인수와 관련된 문제의 세 부분으로 나누어 생각해 볼 수 있다.

[그림 9-6] 식권 판매기의 계층적 구조화

첫째, 사용자 입력 단계에서는 구입하고자 하는 식권의 매수를 입력하고, 현금을 투입하는 문제를 생각해 본다.

둘째, 식권 발급 단계에서는 식권 자판기가 사용자 입력을 토대로 매수와 현금을 확인한 후 식권 발급이 가능한 상태이면 식권을 프린트하고 거스름돈을 계산한다.

셋째, 사용자 인수 단계에서는 출력된 식권을 받고, 거스름돈까지 받으면 끝난다.

문제 분해는 해결해야 할 문제가 여러 개의 작은 단위로 분해될 수 있을 때 적용되는 방법으로써 재조립을 전제로 해야 한다. 뿐만 아니라, 복잡한 문제의 경우에는 모두 분해가 가능한 것이 아니기 때문에 반드시 주어진 문제 중 해결할 수 있는 부분과 그렇지 못한 부분으로 나누어 보는 과정이 필요하다.

이러한 문제 분해를 사용해 문제를 해결하는 경우는 주변에서 쉽게 찾아볼 수 있다. 예를 들어, 곱셈을 살펴보자. 436 * 12의 답을 구하기 위해 12를 십의 자릿수인 10과 1의 자릿수인 2로 나누어 각각 곱한 후 더하여 문제를 해결할 수 있다.

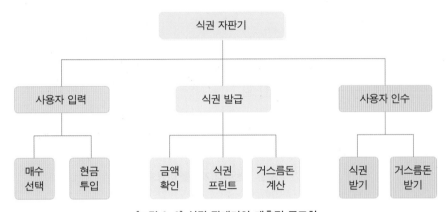

2 ┊문제 분해의 기준

　복잡한 문제를 작은 문제로 분해할 때에는 원래 문제와의 관계, 작은 다른 문제들과의 관계 등을 고려해야 한다. 특히 작은 문제들의 순서나 포함 관계를 고려해 문제를 분해해야 하는데 이를 위해서는 문제를 분해하는 명확한 기준이 필요하다.

　첫째, [그림 9-7]과 같이 문제를 유사한 기능이나 자료를 바탕으로 분해할 수 있다.

　예를 들어, 로봇을 조립하는 문제가 주어졌을 때 로봇을 머리와 몸통, 팔과 다리로 나누어 각각을 조립한 후 하나로 합쳐서 문제를 해결하는 경우가 이에 해당한다.

[그림 9-7] 유사한 기능이나 자료를 바탕으로 분해

　둘째, [그림 9-8]과 같이 문제를 원래 문제와 구조가 동일한 작은 단위로 분해할 수 있다.

　예를 들어, 교실에서 잃어버린 물건을 찾는다고 할 때 교실 앞쪽과 뒤쪽을 나누거나 1분단, 2분단, 3분단, 4분단으로 나누어 문제를 해결힐 수 있다.

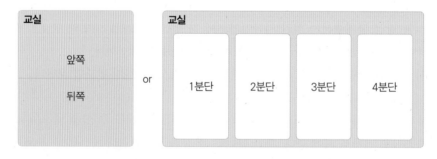

[그림 9-8] 문제와 구조가 동일한 작은 단위로 분해

　만일 이렇게 나누지 않는다면 찾아보았던 곳을 또 찾거나 찾아보지 않은 곳을 빠뜨리는 경우가 생길 수 있다. 이같이 문제 분해를 통해 보다 효율적으로 문제를 해결할 수 있다.

3 추상화와 자동화

문제를 해결하는 데 있어서 추상화와 자동화는 문제 해결 과정의 핵심 단계라 할 수 있다. 추상화가 실제 세계의 문제를 해결 가능한 형태로 표현하기 위한 사고 과정이라면, 자동화는 추상화 과정에서 만들어진 문제 해결 모델을 컴퓨터가 이해할 수 있는 프로그래밍 언어로 표현하는 것이라고 할 수 있다.

1 추상화

추상화는 문제를 인식하고 해결할 수 있는 형태로 구성하는 데 필요한 능력으로 사물과 관련된 구체적인 사항을 최대한 감추거나 생략하고 핵심 부분만 분리해 내어 구체적 사물에 대응된 추상체를 만들어 내는 것을 의미한다. 추상화는 절차적 추상화와 데이터 추상화로 구분할 수 있다. 절차적 추상화의 결과물은 알고리즘이고, 데이터 추상화의 결과물은 자료 구조이다. 절차적 추상화가 단계적 분할이 드러나는 계층적 구조를 가지고 문제 해결을 위한 과정에서 나타나는 것이라면, 데이터 추상화는 문제 영역의 데이터를 추상화하는 것으로 해당 데이터에 국한된 것이라 할 수 있다.

가 핵심 요소 추출

단순한 문제는 문제의 현재 상태와 문제가 해결된 목표 상태를 살펴보는 것만으로도 해결 방법을 쉽게 찾을 수 있다. 하지만 복잡한 문제의 경우에는 문제를 꼼꼼하게 분석해야 한다. 이 과정에서 해결하고자 하는 문제와 관련된 요소를 전부 찾아 나열한 후 불필요한 요소는 없애고 문제를 해결하는 데 필요한 요소만을 남겨두면 문제를 좀 더 명확하게 이해할 수 있을 뿐만 아니라, 문제 해결 방법을 찾는 데에도 용이하다.

예를 들어, [그림 9-9]는 서울의 행정 구역도로 도시 사이의 경계만 남기고 지형이나 도로와 같은 불필요한 부분은 제거되었다. [그림 9-10]은 서울의 지형도로 색상으로 지형만을 나타냈다. 이같이 문제 해결에 필요한 핵심 요소를 추출하는 과정이 추상화에 해당한다.

핵심 요소는 문제를 해결하는 데 있어서 꼭 필요하면서도 중요한 요소이다.

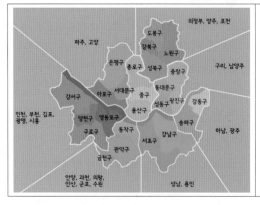

[그림 9-9] 서울의 행정 구역도   [그림 9-10] 서울의 지형도

앞서 문제의 이해와 분석에서 살펴본 식권 자판기 프로그램을 만들고자 할 때의 핵심적인 요소는 무엇인지 살펴보자.

문제 이해 및 분석

식권 자판기 문제를 해결하려면 먼저 사용자가 필요한 식권이 몇 장인지, 얼마를 입금하는지 등 사용자 입력 값이 필요하다. 또한 입력 값에 따라 거스름돈이 발생하는지, 발생하지 않는지를 확인해야 하며, 거스름돈이 없을 경우에는 요구하는 매수만큼의 식권을 출력하고, 거스름돈이 있을 경우에는 식권과 거스름돈이 모두 출력될 수 있도록 해야 한다. 이 중 어느 과정이라도 빠지게 되면 식권 자판기 프로그램이 완성될 수 없다.

핵심 요소 추출

핵심 요소	• 사용자 입력 값(매수, 투입된 금액 등)이 필요하다. • 식권이 발급되는 과정에서 투입된 금액과 메뉴 금액의 차이를 계산해 거스름돈의 발생 여부를 확인해야 한다. • 식권 또는 식권과 거스름돈을 출력해 주어야 한다. 등

이처럼 핵심 요소를 추출하면 문제 상황을 단순한 형태로 만들어 문제를 풀 수 있는 절차와 방법을 설계하기 쉬워진다. 또한 다양한 각도에서 문제 상황을 살펴볼 수 있으므로 문제 해결의 가장 좋은 방법을 찾을 수 있다.

나 모델링

모델링은 문제 해결을 위한 모델을 만드는 과정을 의미한다. 즉, 핵심 요소 추출 및 문제 분해 결과를 토대로 문제를 구조화하여 다시 표현하는 과정을 말한다. 따라서 어떤 방법으로 문제를 구조화하였는지에 따라 모델링의 결과가 달라질 수 있다. 현재 상태에서 목표 상태까지의 변화 과정이 잘 드러날 수 있도록 구조화하는 모델링 과정이 매우 중요하며, 이를 통해 문제 해결을 위한 알고리즘을 쉽게 설계할 수 있다.

예를 들어, 샌드위치를 만들기 위해서는 빵이 기본적으로 필요하며 채소, 치즈, 햄과 같은 토핑과 맛을 내는 소스가 필요하다. 다시 말해, 빵, 토핑, 소스로 만들어진 음식을 샌드위치라 할 수 있다. 이때 이렇게 샌드위치를 표현하는 것이 모델이고, 이 과정을 모델링이라 할 수 있다.

즉, 모델은 문제 해결을 위해 어떤 문제에 대한 기본적인 개념 틀을 만드는 것이라 할 수 있다.

위에서 제시한 샌드위치의 예에서 샌드위치를 추상화하면 [그림 9-11]과 같이 빵, 소스, 토핑만 남게 된다. 이같이 만들어진 샌드위치 모델에 토핑만 달리하면 다양한 샌드위치를 만들 수 있다. 토핑을 햄으로 하면 햄 샌드위치, 참치로 하면 참치 샌드위치가 되는 것이다.

[그림 9-11] 모델링 예시

수학과 관련된 문제에서 수학적 모델링을 거칠 경우에는 수학 공식의 결과물로 수학적 모델이 만들어진다. 컴퓨터에서 모델링을 실시할 경우에는 자료 구조가 그 결과물로 만들어지며, 이를 시스템 모델이라 한다. 자료 구조는 컴퓨터에서 처리할 자료를 효율적으로 관리하고 구조화시키기 위한 모든 형태로 모델링의 결과물이라 할 수 있다.

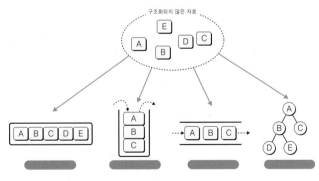

[그림 9-12] 모델링 과정

다 알고리즘

추상화 및 모델링 과정을 통해 문제 해결을 위한 방법이 구조화 과정을 거치게 되면 문제 해결에 필요한 방법과 그렇지 않은 방법을 구분할 수 있고, 효율성이나 효과성 등을 고려하여 최선의 안을 선택할 수 있다.

또한 알고리즘을 설계하기 위한 문제 해결 과정을 순서대로 설명하는 알고리즘 설계 기초 작업을 시작할 수 있다. 알고리즘 설계 기초 작업은 자연어(글), 자유 스케치, 스토리보드 형태 등으로 기술할 수 있다.

다음 예시는 '신호등 건너는 순서'를 글로 표현한 알고리즘이다.

사람	신호등
❶ 횡단보도 앞에 선다. ❷ 신호등을 본다. ❸ 빨간 신호이면 기다린다. ❹ 초록 신호이면 횡단보도를 건넌다.	❶ 빨간 신호를 켜서 3분 동안 유지한다. ❷ 초록 신호를 켜서 1분 동안 유지한다. ❸ 초록 신호에 숫자 10을 표시한다. ❹ 1초에 숫자 하나씩 감소하여 표시한다. ❺ 다시 빨간 신호를 3분 동안 켠다.

다음 예시는 '신호등 건너는 순서'를 자유 스케치로 표현한 알고리즘이다.

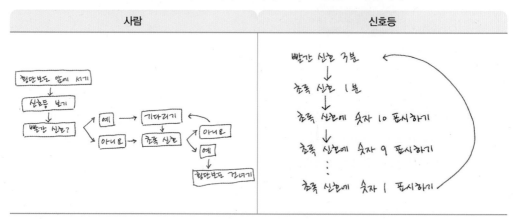

[그림 9-13] 알고리즘 설계를 위한 기초 작업 예시

알고리즘은 어떤 목표를 달성하기 위해 실제로 수행할 수 있는 구체적인 명령의 유한한 순서와 실행 절차를 의미한다. 즉, 주어진 문제를 해결하기 위해 컴퓨터가 사용 가능한 정확한 절차와 방법을 의미한다.

이같이 알고리즘은 실제 프로그램 구현을 위한 것이기 때문에 순서도, 의사코드 등과 같이 정교화된 형태로 제시된다.

앞에서 식권 자판기 문제를 계층적 방법으로 문제 분해한 것을 토대로 다음과 같은 알고리즘을 작성할 수 있다.

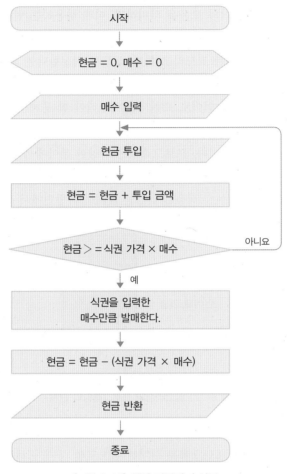

[그림 9-14] 식권 자판기 순서도

알고리즘은 다양한 방법으로 표현할 수 있으며, 이 문제에서는 순서도로 표현하였다.

2 자동화

자동화는 추상화를 통해 설계된 알고리즘을 구현함으로서 실제로 문제를 해결하는 것을 의미한다. 따라서 문제 해결 방법인 알고리즘을 구현하는 프로그래밍과 알고리즘 구현의 결과로써 프로그램의 실행 결과를 분석하고 평가하는 과정을 포함한다. 얼마나 정확하고 신속하게 문제를 해결하였는지를 알아봄으로써 문제 해결의 효율성에 대해 판단할 수 있다.

가 프로그래밍과 실행

프로그래밍은 프로그램을 만드는 것을 의미하고, 프로그램은 컴퓨터가 어떤 작업이나 일을 수행할 수 있도록 내리는 명령어의 모음을 의미하며, 이때 사용하는 언어를 프로그래밍 언어라고 한다. 프로그래밍 언어는 대부분 영어로 된 문자와 숫자, 기호나 괄호의 모음으로 이루어져 있다. 이와 같은 문자나 숫자를 코드라고 하며, 코드를 작성한다는 의미에서 프로그래밍을 코딩이라고도 한다.

설계한 알고리즘이 프로그래밍 언어로 표현되면 해결해야 할 문제는 컴퓨터에 의해 자동으로 처리할 수 있게 된다. 즉, 우리는 컴퓨터를 통해 자동으로 일을 처리함으로써 문제를 해결하기 위해 프로그래밍을 하는 것이다. 프로그래밍은 다양한 분야에서 문제를 처리하는 데 사용된다. 과학자들이 시뮬레이션 프로그램을 만들어 가상 실험을 통해 데이터를 얻거나 예술가들이 프로그래밍으로 훌륭한 예술 작품을 만드는 것처럼 다방면에서 활용될 수 있다.

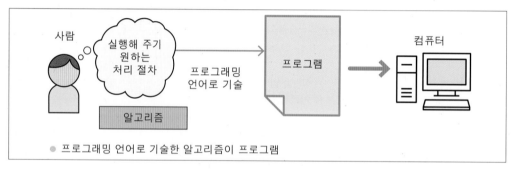
● 프로그래밍 언어로 기술한 알고리즘이 프로그램

[그림 9-15] 알고리즘과 프로그래밍의 관계

프로그래밍의 실행은 문제 해결 방법 설계 단계에서 계획하고 설계한 것을 토대로 실제 문제 해결에 적용하는 단계이다. 프로그램을 실행해 봄으로써 문제가 해결되었는지 확인할 수 있고, 전 단계의 계획과 설계가 제대로 되었는지도 알 수 있다. 만일 이 과정에서 문제가 해결되지 않았다면 그 원인을 찾아 고치는 과정이 필요하다.

문제 해결 방법 설계

문제 해결 방법 설계 단계에서 작성한 순서도에 따라 자판기 프로그램을 실제로 만들어 실행한다.

[그림 9-16] 식권 자판기

나 디버깅

디버깅(debugging)은 컴퓨터 프로그램의 정확성이나 논리적인 오류를 검출하여 제거하는 과정을 의미한다. 디버거(debugger)는 디버깅을 돕는 도구로 주로 원하는 코드에 중단점을 지정하여 프로그램 실행을 정지하고, 메모리에 저장된 값을 살펴보며 실행을 재개하거나 코드를 단계적으로 실행하는 등의 동작을 통해 오류를 찾아낸다.

오류가 발생하는 원인에는 프로그래밍 과정에서 사소한 오타로 생기는 오류, 프로그램 설계 과정에서 요구사항이나 예외를 감안하지 않은 경우, 프로그램이 의존하는 OS 또는 다른 라이브러리의 오류로 발생하는 오류, 시스템상의 한계로 인한 오류, 하드웨어 자체의 노후화나 고장으로 인한 오류, 하드웨어 설계 문제로 인한 오류 등이 있다.

예를 들어, 식권 자판기 프로그램을 완성해 실행하는 과정에서 제대로 작동하지 않는다면 그 원인을 찾아 해결해야 한다. 만일 코드 부분의 오타라면 문법 오류나 구문 오류로 인해 컴파일이 불가능하지만 컴파일러나 IDE가 오류 부분을 지적해 주므로 쉽게 수정이 가능하다. 그러나 프로그래밍 과정에서 미처 예상하지 못했던 논리적인 오류가 발생했다면 요구 사항과 실제 구현을 대조해 해결해야 하는데 그 과정이 쉽지 않을 수 있다. 그래도 반드시 디버깅 과정을 거쳐 프로그램이 제대로 작동해야 문제를 해결할 수 있기 때문에 끝까지 오류를 찾아 수정해야 한다.

다 평가

평가는 문제 해결 결과를 정리하는 단계이다. 평가 결과가 정확하지 않거나 해결 방법이 효율적이지 않았다면 평가 결과를 반영하여 다시 문제 해결을 시도할 수 있고, 평가 결과를 정리해 두었다가 다음 문제 해결에 참고 사항으로 반영할 수 있다.

알고리즘을 평가할 때 고려할 사항은 다음과 같다.

첫째, 계산 횟수가 적고, 처리 속도가 빨라야 한다.

둘째, 다양한 상황에서 사용할 수 있는 일반적인 것이어야 한다.

셋째, 이해하기 쉬워야 하며, 유지 보수가 쉬워야 한다.

넷째, 기능별로 모듈화 되어 일부 수정이 가능해야 한다.

평가 예시

만들어진 자판기를 사용해 보고 설계한 대로 잘 만들어졌는지 평가해 본다. 비록 설계한 대로 만들어졌어도 프로그램상에서의 효율성을 체크해 보아야 한다. 개선해야 할 점이 있다면 즉시 반영할 수도 있고, 그렇지 못할 경우에는 다음 자판기를 만들 때 반영할 수 있도록 한다.

4 교육의 실제

1 프로그램 구조 교육의 실제

초등학교 프로그래밍과 소통 영역의 프로그램 구조를 알아보고 만들어 보기 단원의 수업에 활용할 수 있는 교수·학습 과정안과 교수·학습 자료를 제시하였다.

가 교수·학습 과정안

단원	Ⅳ. 프로그래밍과 소통 3. 프로그래밍 도구 활용하기 / 3-3. 프로그램 구조를 알아보고 만들어 보기	
학습 주제	순차, 선택, 반복 구조로 오목 렌즈, 볼록 렌즈 시뮬레이션 프로그램 만들기	
성취 기준	[6실04-11] 문제를 해결하는 프로그램을 만드는 과정에서 순차, 선택, 반복 등의 구조를 이해한다.	
학습 목표	순차, 선택, 반복 구조로 오목 렌즈와 볼록 렌즈를 통과하는 빛의 굴절 시뮬레이션 프로그램을 만들 수 있다.	
핵심 역량	지식 정보 처리, 정보 문화 소양, 기술적 문제 해결 능력, 의사소통 능력	
수업 형태	문제 해결 학습	
수업 자료	교사	PPT와 학습 자료, 교과서(실과/과학), 엔트리 프로그램
	학생	교과서(실과/과학), 엔트리 프로그램, 필기구

단계 (시간)	수업 형태	학습 과정 (학습 유형)	교수·학습 활동		자료 및 유의점	핵심/ 교과 역량
			교사 활동	학생 활동		
	시작	전시 학습	▶ 질문을 통해 전시 학습에서 배운 프로그램의 실행 과정을 떠올린다.			

도입 (10')	전체 학습	동기 유발	▶ 과학 실험 시 오목 렌즈와 볼록 렌즈로 빛을 통과했을 때 어떤 현상이 일어났었는지 기억을 떠올리게 하는 퀴즈를 제시한다.		지식 정보 처리 (핵)
		학습 목표	▶ 교사는 이번 시간 학습 목표를 제시하고, 학생들은 학습 목표를 인지한다.		
전개 (30')	전체 학습	생각 열기	**[볼거리 제시]** ▶ 에듀넷 티클리어의 "빛과 렌즈-빛의 굴절(http://www.edunet.net/nedu/contsvc/viewWkstCont.do?contents_openapi=google&clss_id=CLSS0000000361&menu_id=87&contents_id=e71e0f5c-d32b-4588-a5fc-b200a3c8e5f4)"을 실행하여 학습 동기를 유발한다.	인터넷 사이트 활용 PPT	정보 문화 소양 (교)
		학습 내용 설명	▶ 마술처럼 보이는 빛의 굴절 실험 영상을 시청한다. ▶ 빛의 굴절에 대해 생각해 본다.		
	개인 활동 하기	문제 이해 하기	활동1 ▶ 오목 렌즈와 볼록 렌즈에 빛을 통과했을 때 어떻게 나아가는지 정리하고, 이를 프로그램으로 표현하기 위해 필요한 요소를 찾는다. – 볼록 렌즈는 가운데가 두꺼워서 빛이 렌즈의 가운데 쪽으로, 오목 렌즈는 가장자리 쪽이 두꺼워서 빛이 렌즈의 가장자리 쪽으로 꺾여 퍼져 나간다. – 빛이 꺾이는 각도, 일정한 속도 등	PC 엔트리 교수 · 학습 자료를 참고한다.	기술적 문제 해결 능력 (교)
	모둠 학습	문제 해결 하기	활동2 ▶ 시뮬레이션 프로그램을 만들기 위한 알고리즘을 설계한다(자연어).		
	전체 학습	적용하기	활동3 ▶ 시뮬레이션 프로그램을 완성하고 실행한다.		
정리 (10')	자기 평가	공유	▶ 오늘 알게 된 내용을 발표하고 공유한다.	공유 문서	의사 소통 능력 (핵)
		생각 정리 (수업 성찰)	▶ 수업 내용을 정리한다. ▶ 자기 평가와 동료 평가서를 작성한다.		
	동료 평가	과정 중심 평가	▶ 수업에서 이루어지는 활동을 과정 중심 평가하고, 이에 대해 피드백한다.		
	끝	차시 예고	▶ 다음 시간에 배울 내용에 대해 안내한다.		

나 교수·학습 자료

1) 빛의 굴절

① 한 물질을 통과하던 빛이 다른 물질을 만나게 되면 반사만 일어나는 것이 아니라, 뚫고
들어가기도 한다. 이때 빛의 속도가 달라지면서
빛의 진행 방향이 바뀌게 되는데 이를 빛의 굴절
이라 한다. 빛의 굴절은 빛의 속도가 빛이 통과하
는 물질의 종류에 따라 다르기 때문에 나타나는
현상이다. 진공에서의 빛의 속도가 가장 빠르고,
그 다음이 공기, 그 다음이 물, 유리, 플라스틱 순
이다. 빛의 빠르기가 달라지면 [그림 9-17]과 같
이 빛이 다른 물질로 들어갈 때 그 방향이 바뀌게
된다.

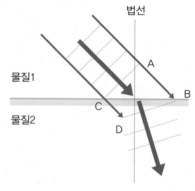

[그림 9-17] 빛의 굴절

② 빛이 볼록 렌즈를 통과할 때에는 렌즈의 가운데 쪽으로 꺾여 나간다.

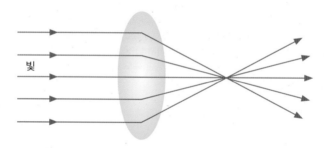

[그림 9-18] 빛의 볼록 렌즈 굴절

③ 빛이 오목 렌즈를 통과할 때에는 렌즈의 가장자리 쪽으로 꺾여 나간다.

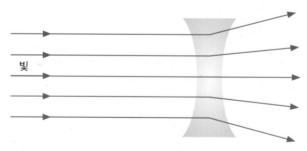

[그림 9-19] 빛의 오목 렌즈 굴절

④ 빛은 공기 중에서 렌즈를 통과할 때에 렌즈의 두꺼운 쪽으로 꺾여 나간다. 렌즈는 빛의
굴절을 이용한 기구이다.

\<프로그램 예시\>

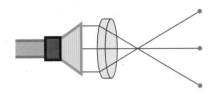

[그림 9-20] 볼록 렌즈 시뮬레이션

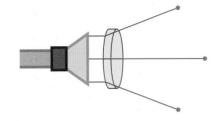

[그림 9-21] 오목 렌즈 시뮬레이션

\<코드 예시\>

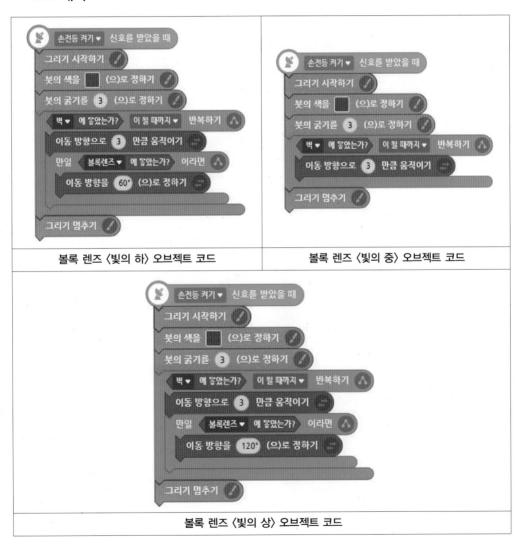

오목 렌즈 〈빛의 하〉 오브젝트 코드

오목 렌즈 〈빛의 중〉 오브젝트 코드

오목 렌즈 〈빛의 상〉 오브젝트 코드

2 입력과 출력 프로그래밍 교육의 실제

중학교 문제 해결과 프로그래밍 영역의 입력과 출력 단원의 수업에 활용할 수 있는 교수·학습 과정안과 교수·학습 자료를 제시하였다.

가 교수·학습 과정안

단원	Ⅲ. 문제 해결과 프로그래밍 3. 프로그래밍 / 3-2. 입력과 출력	
학습 주제	연도를 입력하면 윤년인지, 평년인지 출력해 주는 프로그램 설계 및 구현하기	
성취 기준	[9정04-02] 다양한 형태의 자료를 입력받아 처리하고 출력하기 위한 프로그램을 작성한다.	
학습 목표	연도를 입력하면 윤년인지, 평년인지 출력해 주는 프로그램을 설계하고 구현할 수 있다.	
핵심 역량	지식 정보 처리, 정보 문화 소양, 창의적 사고력, 의사소통 능력	
수업 형태	문제 해결 학습	
수업 자료	교사	PPT와 학습 자료, 스크래치 3.0 프로그램
	학생	필기도구, 스크래치 3.0 프로그램

단계 (시간)	수업 형태	학습 과정 (학습 유형)	교수·학습 활동		자료 및 유의점	핵심/ 교과 역량
			교사 활동	학생 활동		
도입 (5')	시작 전체 학습	전시 학습	▶ 질문을 통해 전시 학습에서 배운 프로그래밍 환경에 대해 떠올린다.			지식 정보 처리 (핵)
		동기 유발	▶ 벽면을 가득 채울 수 있는 정사각형 모양의 크기를 구하는 상황에서 입력과 출력은 각각 무엇인지 생각해 본다.			
		학습 목표	▶ 교사는 이번 시간 학습 목표를 제시하고, 학생들은 학습 목표를 인지한다.			
	전체 학습	생각 열기	**[볼거리 제시]** ▶ 과학 포털 사이언스 홀의 "윤년은 왜 있을까요?(https://www.scienceall.com/%EC%9C%A4%EB%85%84%EC%9D%80-%EC%99%9C-%EC%9E%88%EC%9D%84%EA%B9%8C%EC%9A%94/)"를 실행하여 학습 동기를 유발한다.		인터넷 사이트 활용 PPT	정보 문화 소양 (교)
		학습 내용 설명	▶ 윤년과 관련된 영상을 시청한다. ▶ 윤년의 원리를 떠올리며, 어떻게 프로그램으로 만들 수 있을지 생각해 본다.			

전개 (30')	개인 활동 하기	문제 이해 하기	**활동1** ▶ 윤년의 개념을 알고, 윤년의 조건에 대해 알아본다.	PC 엔트리 교수·학습 자료를 참고한다.	기술적 문제 해결 능력 (교)
	모둠 학습	문제 해결 하기	**활동2** ▶ 윤년이 될 수 있는 조건에 따라 순서도로 표현한다.		
	전체 학습	적용하기	**활동3** ▶ 윤년 찾기 순서도를 토대로 프로그램을 구현한다.		
정리 (10')	자기 평가	공유	▶ 오늘 알게 된 내용을 발표하고 공유한다.	공유 문서	의사 소통 능력 (핵)
	동료 평가	생각 정리 (수업 성찰)	▶ 수업 내용을 정리한다. ▶ 자기 평가와 동료 평가서를 작성한다.		
	끝	과정 중심 평가	▶ 수업에서 이루어지는 활동을 과정 중심 평가하고, 이에 대해 피드백한다.		
		차시 예고	▶ 다음 시간에 배울 내용에 대해 안내한다.		

나 교수·학습 자료

1) 윤년의 개념과 조건

일반적으로 1년은 365일이지만 태양년(태양이 춘분점을 통과한 뒤 다시 통과할 때까지 걸리는 시간)은 365.2422일이다. 1년을 365일로 하고, 4년이 지나면 0.2422×4=0.9688일만큼 모자라게 된다.

이를 조정하기 위해 4년에 한 번 2월에 1일을 추가하여 29일까지 있게 되는데 이러한 해를 '윤년'이라 하고, 윤년을 제외한 다른 해를 '평년'이라 한다. 하지만 0.9688일이 1일이 아니기 때문에 이것을 조정하기 위해 규칙은 더 추가된다. 윤년이 될 수 있는 기본 조건은 다음과 같다.

> • 연도가 4의 배수인 해는 윤년으로 한다.
> • 이 중 100의 배수인 해는 평년으로 하고, 400의 배수인 해는 윤년으로 한다.

예를 들어, 2004년은 4의 배수이고, 100의 배수가 아니므로 윤년이다. 2200년은 4의 배수이지만 100의 배수이기도 하므로 평년이다. 2400년은 4의 배수이고, 100의 배수이지만 400의 배수이기도 하므로 윤년이다.

윤년의 기본 조건은 다음과 같이 다양하게 표현해 볼 수 있다.

Case1	연도가 4의 배수가 되고, 100의 배수가 아닌 해는 윤년이다. 연도가 4의 배수가 되고, 100의 배수이더라도 400의 배수인 해는 윤년이다.
Case2	연도가 100의 배수는 아니지만 4의 배수인 해는 윤년이다. 연도가 400의 배수인 해는 윤년이다.

<윤년과 평년을 알려 주는 프로그램 순서도와 프로그램 예시>

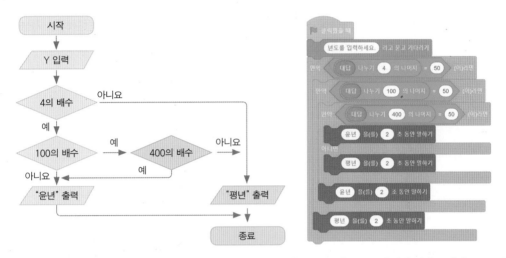

[그림 9-22] case1 순서도   [그림 9-23] case1 윤년과 평년 구하기 프로그램

① 연도를 하나씩 입력하여 '윤년' 또는 '평년'을 출력하는 경우에는 실행 시간을 느낄 수 없
지만 연도의 큰 범위를 두고 '윤년', '평년' 전체를 출력하는 경우에는 알고리즘의 효율성
에 따라 실행 시간이 차이 날 수 있다.

② 가장 많은 윤년은 연도가 4의 배수이고, 100의 배수가 아닌 경우이다. 이 경우 case1 순
서도([그림 9-22])에서는 2개의 조건문을 검사하여 결과를 출력한다.

③ 윤년보다는 평년이 3배 이상으로 많고, 그중에서도 4의 배수가 안 되어 평년인 경우가
가장 많은데 이 경우도 case1 순서도에서는 1개의 조건문만 검사하면 결과가 출력된다.

1 문제 해결 과정은 문제 이해, 문제 분해, 추상화, 자동화의 4단계로 나누어 생각해 볼 수 있다. 문제 해결 과정 각 단계에서 하는 일을 간단하게 설명하시오.

2 다음은 자동판매기 프로그램을 만드는 문제 해결 과정에서 거스름돈을 반환하는 기능을 표현하는 순서도이다. 거스름돈으로 반환되는 동전의 개수가 가장 적게 나오도록 만들어야 한다면 (가), (나)에 들어갈 적절한 처리 과정을 〈보기〉에서 고르시오.

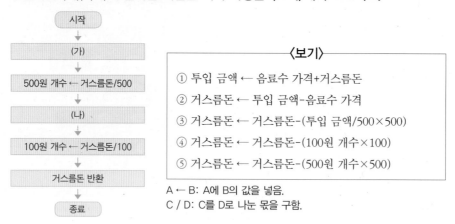

〈보기〉

① 투입 금액 ← 음료수 가격+거스름돈

② 거스름돈 ← 투입 금액-음료수 가격

③ 거스름돈 ← 거스름돈-(투입 금액/500×500)

④ 거스름돈 ← 거스름돈-(100원 개수×100)

⑤ 거스름돈 ← 거스름돈-(500원 개수×500)

A ← B: A에 B의 값을 넣음.
C / D: C를 D로 나눈 몫을 구함.

3 다음은 각각 무엇을 하는 순서도인지 적으시오.

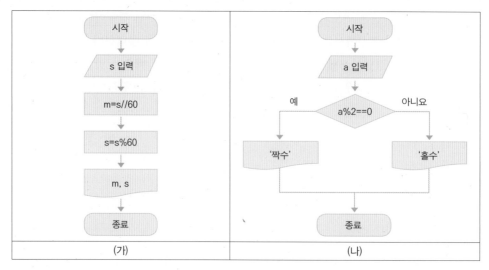

참고 자료

- 강신천 외 12인(2019). 고등학교 정보 교과서. 씨마스.

- 교육부. 과학 교과서(6-1).

- 정영식 외 12인(2019). 중학교 정보 교과서. 씨마스.

- 정웅열 외 4인(2010). 고등학교 정보 교과서. 삼양미디어.

- 홍지연 외 1인(2018). 학교 수업이 즐거워지는 엔트리 코딩. 영진닷컴.

- 교육부. SW 교육 컴퓨팅 사고력 검사지(고등학교).

[그림 출처]

- http://www.douclass.com/sub/inc_supportData.asp?seq=11&chpL=01&SE_type=1

- http://www.loadmall.co.kr/shop/shopdetail.html?branduid=143, 자판기

소프트웨어 교육의 실제

제10장

알고리즘

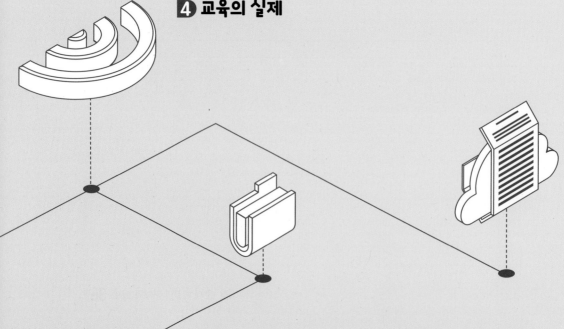

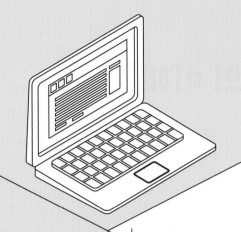

본 장에서는 알고리즘의 개념과 알고리즘의 다양한 표현법을 소개하고, 알고리즘의 구조와 설계 방법을 알아보며, 같은 결과를 얻는 여러 가지 알고리즘의 성능을 비교 분석하였다. 구체적인 내용은 다음과 같다.

첫째, 알고리즘의 이해에서는 알고리즘의 개념과 표현 방법을 제시하였다.

둘째, 알고리즘의 실제에서는 세 가지 알고리즘의 설계 구조를 소개하고, 실제로 많이 활용되고 있는 정렬 및 검색 알고리즘을 의사코드와 프로그래밍 언어로 나타내었다.

셋째, 알고리즘의 평가에서는 알고리즘의 평가 기준, 특히 시간 복잡도의 관점에서 알고리즘을 평가하는 방법을 제시하였다.

넷째, 교육의 실제에서는 이 장에서 배운 알고리즘의 이해, 실제, 평가 등을 종합하여 알고리즘 설계 단원을 성취 기준에 따라 1차시 분량의 수업을 위한 교수 · 학습 과정안과 교수 · 학습 자료를 제시하였다.

알고리즘의 이해

알고리즘(algorithm)은 명확하게 정의된 수행 가능한 절차로 자료를 입력받고 유한한 시간 내에 종료되어 결과를 출력하는 것이다. 알고리즘과 프로그램은 비슷하지만 구분된다. 프로그램은 단순히 명령어의 나열로 볼 수 있으며, 결과를 출력하지 않거나 영원히 종료되지 않을 수도 있다.

1 알고리즘의 개념

알고리즘은 어떤 일을 수행하기 위해 잘 정의된 명령어들을 적절한 순서대로 나열하고, 그 나열된 순서대로 명령어들을 차례차례 수행하면 결국 최종적으로 그 일이 완성되게 하는 방법이다.

알고리즘은 컴퓨터의 명령어뿐만 아니라, 일상생활 속에서도 자주 사용된다. 라면을 끓일 때 어떤 순서로 조리할지, 엘리베이터를 탈 때 어느 쪽을 탈지, 마트에서 물건 값을 계산할 때 어느 줄에서 기다릴지 등과 같이 순차적으로 진행하거나 어떤 것을 선택 또는 반복할 때 알고리즘이 사용된다.

[표 10-1]은 생활 속에서 발견할 수 있는 다양한 알고리즘의 사례이다.

[표 10-1] 생활 속 알고리즘의 사례

전화 걸기	엘리베이터 타기
• 수화기를 들고 다이얼 소리를 듣는다. • 상대방 전화번호를 누른다. • 상대방의 전화벨이 울린다. • 상대가 전화를 받지 않으면 끊는다. • 상대가 전화를 받으면 통화한다. • 통화가 끝나면 수화기를 내려놓는다.	• 엘리베이터는 5층에 정지해 있다. • 사람이 3층에서 엘리베이터를 호출한다. • 호출한 3층으로 이동하여 도착한다. • 문을 열고 사람이 탄 후 문을 닫는다. • 가고자 하는 층의 입력을 기다린다. • 사람이 1층을 선택한다. • 1층으로 이동하여 도착한다. • 문을 열고 사람이 내린 후 문이 닫힌다.

뿐만 아니라, 인터넷상의 검색 사이트, 온라인 서점, 온라인 쇼핑몰 등은 사용자가 원하는 정보나 상품을 찾아내기 위해 복잡한 검색 알고리즘이나 추천 알고리즘을 사용한다.

청소기나 3D 프린터와 같은 기계도 어떤 동작을 수행하기 위해서는 처리할 일들을 작은 명령어로 나누고, 순서대로 나열한 알고리즘이 필요하다.

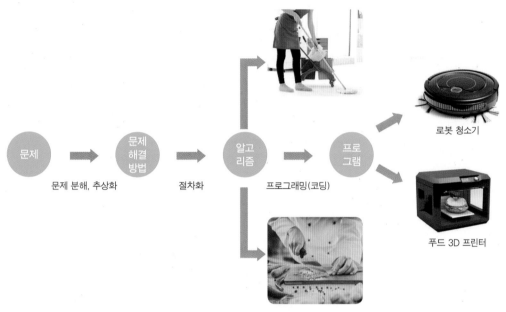

[그림 10-1] 문제 해결 과정과 알고리즘

컴퓨터를 이용하여 문제를 해결하기 위한 알고리즘은 [그림 10-2]와 같이 입력, 출력, 명확성, 수행 가능성, 유한성의 조건을 만족해야 한다.

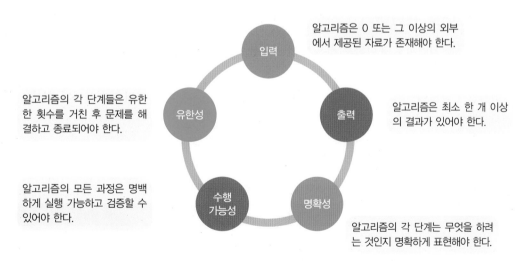

[그림 10-2] 알고리즘의 조건

알고리즘의 다섯 가지 조건을 세탁기에 적용하여 구체적으로 살펴보면 [표 10-2]와 같이 설명할 수 있다.

[표 10-2] 세탁기에 적용한 알고리즘의 조건

알고리즘 조건	의미
입력	알고리즘에 필요한 자료를 외부에서 입력한다. 세탁기) 빨랫감 넣기, 세탁기 버튼을 누른다.
출력	알고리즘대로 문제를 처리하면 0 또는 하나 이상의 결과가 나온다. 세탁기) 깨끗하게 빨린 세탁물
명확성	알고리즘의 각 단계는 무엇을 하려는 것인지 명확하게 표현해야 한다. 세탁기) 시작→세탁 30분→헹굼 10분→탈수 5분→끝
수행 가능성	알고리즘의 각 단계는 수행할 수 있도록 논리적이어야 한다. 세탁기) 세탁의 각 단계인 세탁, 헹굼, 탈수, 종료의 각 단계에 도달할 수 있어야 한다.
유한성	알고리즘의 각 단계는 입력된 횟수만큼 처리되어야 한다. 세탁기) 각 단계별 시간이 끝나면 다음 단계로 넘어간다. 또한 모든 세탁 과정은 반드시 끝이 있다.

2 알고리즘의 표현

알고리즘은 자연어(Natural Language)와 순서도(Flow Chart), 의사코드(pseudocode) 등 다양한 형식으로 표현할 수 있다.

가 자연어로 표현하기

알고리즘을 자연어로 표현하는 것은 말이나 글을 이용하여 문제 해결 절차에 따라 처리할 일을 순서대로 기술하는 방법이다.

미세먼지 농도에 등급을 표시하는 문제가 있다고 할 때 문제 해결 과정을 자연어와 순서도, 의사코드의 세 가지 알고리즘 표현 방법으로 나타내 보자.

기상청에서 제공하는 미세먼지 등급 기준은 [표 10-3]과 같다.

[표 10-3] 미세먼지 등급 기준(＊PM2.5는 초미세먼지, PM10은 일반적인 미세먼지)   (2019. 11. 2. 기준)

예측 농도 (ug/m³,1일)		좋음	보통	나쁨	매우 나쁨
	PM10	0~30	31~80	81~150	151 이상
	PM2.5	0~15	16~35	36~75	76 이상

다음은 미세먼지 농도에 따라 등급을 표시하는 문제의 알고리즘을 자연어로 표현한 것이다.

① 미세먼지 농도를 측정한다.
② 미세먼지 농도가 30 이하이면 미세먼지 등급을 '좋음'으로 설정하고, LED색을 파란색으로 설정한다.
③ 미세먼지 농도가 31 이상이고 80 이하이면 미세먼지 등급을 '보통'으로 설정하고, LED 색을 초록색으로 설정한다.
④ 미세먼지 농도가 81 이상이고 150 이하이면 미세먼지 등급을 '나쁨'으로 설정하고, LED색을 노란색으로 설정한다.
⑤ 미세먼지 농도가 151 이상이면 미세먼지 등급을 '매우 나쁨'으로 설정하고, LED색을 빨간색으로 표시한다
⑥ 미세먼지 등급과 LED색을 출력한다.

자연어로 표현하는 방법은 알고리즘을 정확하게 이해하는 데 어려움이 있고, 다른 의미로 해석될 수 있는 단점이 있다.

나 순서도로 표현하기

알고리즘을 표준화된 기호로 나타내므로 명확하게 표현할 수 있지만 규모가 큰 알고리즘은 표현하기가 어렵다. 순서도는 미리 약속한 도형과 흐름선을 사용해 알고리즘을 표현하는 방법이다. 순서도는 [표 10-4]와 같이 시작, 끝, 흐름선, 준비, 입출력, 처리, 판단 등을 표기한다.

[표 10-4] 순서도 기호와 의미

기호	이름	의미
	단자(terminal)	순서도의 시작과 끝을 의미
	준비(preparation)	변수의 선언 및 초깃값 부여, 배열 선언
	처리(process)	값을 계산하거나 대입하는 기호
	판단(decision)	참과 거짓을 판단하거나 조건에 맞는 경로로 분기
	입출력(input/output)	데이터의 입력과 출력
	문서(document)	처리된 결과를 프린터로 출력
→	흐름선(Flow Line)	각종 처리 기호의 처리 흐름 연결
○	연결자(connector)	다른 곳으로의 연결 표시

[그림 10-3]은 미세먼지 등급을 판정하는 알고리즘을 순서도로 나타낸 것이다.

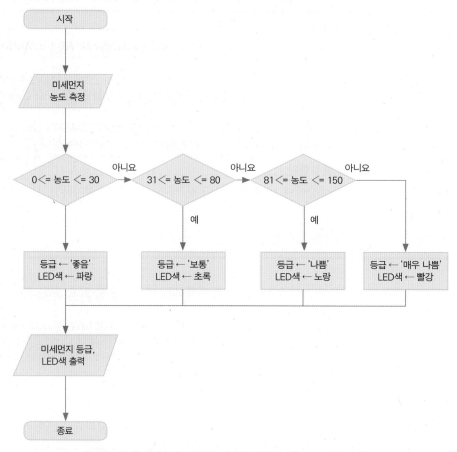

[그림 10-3] 순서도로 표현한 미세먼지 등급 기준 표시 알고리즘

다 의사코드로 표현하기

의사코드(pseudocode)는 특정 프로그래밍 언어의 문법과 상관없이 일반적인 언어로 코드를 흉내 내어 알고리즘을 써놓은 코드를 말한다.

의사코드는 실제적인 프로그래밍 언어로 작성된 코드가 아니기 때문에 컴퓨터에서 실행할 수는 없지만 알고리즘을 논리적으로 가독성 높게 표현하여 특정 언어로 프로그램을 작성하기 전 알고리즘을 모델링하는 데 쓰인다.

의사코드는 실제 프로그래밍 언어처럼 엄밀한 문법을 따를 필요가 없기 때문에 다양한 변종이 존재한다.

다음은 [그림 10-3]을 의사코드와 C언어로 표현한 것이다.

의사코드	C언어

READ 미세먼지 농도
IF 미세먼지 농도<=30
　　미세먼지 등급 ← "좋음"
　　LED 색 ← 파랑
ELSEIF 미세먼지 농도<= 80
　　미세먼지 상태 ← "보통"
　　LED 색 ← 초록
ELSEIF 미세먼지 농도<=150
　　미세먼지 상태 ← "나쁨"
　　LED 색 ← 노랑
ELSE
　　미세먼지 상태 ← "매우 나쁨"
　　LED 색 ← 빨강
END IF
PRINT 미세먼지 등급, LED 색
	`#include <stdio.h>`
	`#include <string.h>`
	`int main() {`
	`　int k;`
	`　char grade[15]={},led[10]={};`
	`　scanf("%d", &k);`
	`　if (k<=30)  {`
	`　　strcpy(grade,"좋음");`
	`　　strcpy(led,"파랑");`
	`　}`
	`　else if (k<=80)  {`
	`　　strcpy(grade,"보통");`
	`　　strcpy(led,"초록");`
	`　}`
	`　else if (k<=150)  {`
	`　　strcpy(grade,"나쁨");`
	`　　strcpy(led,"노랑");`
	`　}`
	`　else  {`
	`　　strcpy(grade,"매우 나쁨");`
	`　　strcpy(led,"빨강");`
	`　}`
	`　printf("%s %s\n", grade, led);`
	`　return 0;`
	`}`

2 알고리즘의 실제

컴퓨터를 활용하면서 자료 목록에서 원하는 자료를 검색하는 것은 빈번하게 일어나는 기본적인 작업이다. 화면에 나타난 검색 버튼 하나를 클릭한 후 지정된 명령을 실행하는 간단한 작업에서도 내부적으로는 수많은 검색 작업이 수행된다. 컴퓨터를 활용한 문제 해결 과정에서 정렬과 검색은 기본이 되는 알고리즘이다.

1 알고리즘의 구조

문제 해결을 위해 알고리즘을 설계할 때에는 전체의 흐름을 쉽게 이해할 수 있도록 제어의 흐름을 규칙적이고 단순하게 작성하는 것이 좋다. [그림 10-4]는 알고리즘을 표현하는 데 사용되는 설계 구조인 순차 구조, 선택 구조 형식이다.

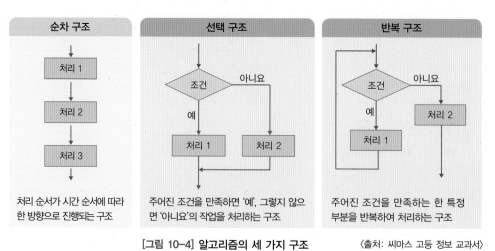

[그림 10-4] 알고리즘의 세 가지 구조　　〈출처: 씨마스 고등 정보 교과서〉

선택 구조는 주어진 특정 조건에 따라 부분을 선택적으로 처리하는 경우이고, 반복 구조는 특정 작업을 반복하여 처리하는 경우이다. 미세먼지 등급을 판정하는 알고리즘의 경우에서 미세먼지 농도에 따라 등급을 판정하는 것은 선택 구조에 해당된다. 만일 미세먼지 센서를 사용하여 1초 단위로 계속 반복하여 미세먼지 농도를 측정하여 등급을 판정하고 표시한다면 [그림 10-5]와 같이 반복 구조로 바꿀 수 있다.

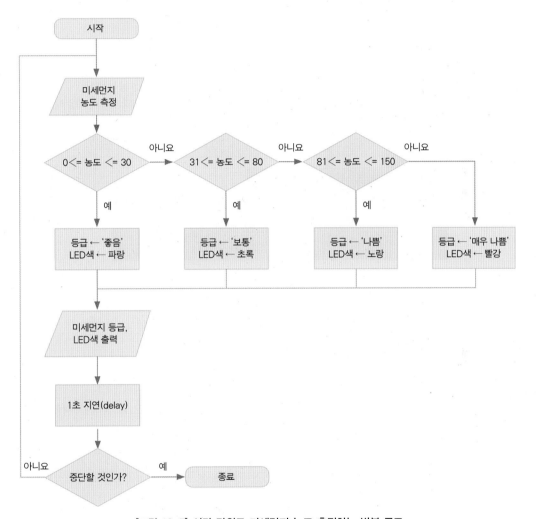

[그림 10-5] 시간 단위로 미세먼지 농도 측정하는 반복 구조

실제로 어떤 문제를 해결하기 위해 알고리즘을 설계하다 보면 어느 한 유형의 알고리즘의 구조만 사용하기보다 여러 가지 유형을 적절히 결합해 설계하는 것이 일반적이다. 또한 게임과 같은 객체 지향 프로그램에서는 객체의 상호작용에 의해 동작하는 경우가 많다. 어떤 객체는 자체적으로 독립적인 동작을 하기도 하지만 다른 객체와 상호작용함으로써 동작이 시작되기도 한다.

[그림 10-6]의 프로그램에서는 고양이 객체가 화살표를 누르면 점프하고, 오른쪽 방향키를 누르면 앞으로 나아간다. 몬스터와 닿으면 점수를 감점하고, 낭떠러지에 떨어지면 게임이 종료된다. 몬스터 객체는 스스로 좌우로 움직이다가 고양이 캐릭터와 닿으면 고양이 점수를 감점시킨다.

고양이 이벤트
화살표(위) 키를 누르면 점프한다.
오른쪽 키를 누르면 앞으로 간다.
몬스터와 닿으면 점수 감점하고 죽는다.
낭떠러지에 떨어지면 게임이 종료된다.

몬스터 이벤트
스스로 좌우로 움직인다.
고양이 캐릭터와 닿으면 고양이 점수를 감점시킨다.

[그림 10-6] 객체의 상호작용

2 정렬 알고리즘

우리는 학생의 이름순으로 자료를 재배열하거나 카드 더미를 번호순으로 정리할 때와 같이 일상생활 속에서 정렬 작업을 자주 수행한다. 정렬 알고리즘(Sorting Algorithm)은 주어진 데이터를 순서에 따라서 나열하는 것으로 이미 정렬된 리스트를 이용할 경우에는 검색이 빠르게 이루어질 수 있고, 데이터의 정규화나 의미 있는 결과물을 생성하는 데 유용하게 쓰인다.

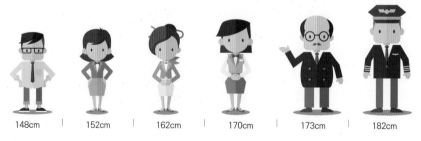

148cm   152cm   162cm   170cm   173cm   182cm

[그림 10-7] 생활 속의 정렬 문제

가 선택 정렬

선택 정렬(Selection Sort)은 정렬되지 않은 자료에서 가장 작거나 큰 값을 찾은 후 정렬된 위치로 옮기는 작업을 반복하는 정렬 방법이다. [그림 10-8]은 정렬되지 않은 수 중 최솟값을 찾아 선택하여 앞에서부터 배열하는 선택 정렬 방법을 제시한 것이다.

[그림 10-8] 선택 정렬 과정

[그림 10-8]의 선택 정렬 알고리즘을 의사코드와 C언어로 나타내면 다음과 같다. 정렬을 직접 구현할 필요가 있다면 간단한 선택 정렬을 이용하면 좋다.

의사코드	C언어
| ```
selectionSort(A, n)
  for i←0 to length[A]-2
    indexMin ← i
    for j←i+1 to length[A]-1
      if A[j] > A[indexMin] then
          indexMin←j
      end if
    end for
    temp ← a[indexMin]
    a[indexMin]←a[i]
    a[i]←temp
  end for
``` | ```
selectionSort (int *a, int n) {
  int i, j, temp, indexMin;
  for(i=0;i<n-1;i++) {
    indexMin = i;
    for(j=i+1;j<n;j++) {
        if(a[j] < a[indexMin])
            indexMin = j;
    }
    temp = a[indexMin]
    a[indexMin] = a[i]
    a[i] = temp
  }
}
``` |

나 버블 정렬

버블 정렬(Bubble Sort)은 배열의 첫 부분부터 순서대로 끝에 도달하면 다시 처음부터 계속 반복해서 인접한 두 원소가 올바른 순서가 되도록 교환하는 작업을 수행한다. 자료의 정렬만을 목적으로 한다면 버블 정렬은 많은 교환 횟수 때문에 기피되는 정렬 알고리즘이다.

[그림 10-9]는 버블 정렬을 이용하여 2단계 정렬이 이루어진 것으로 오른쪽의 두 개의 숫자가 정렬된 상태이다.

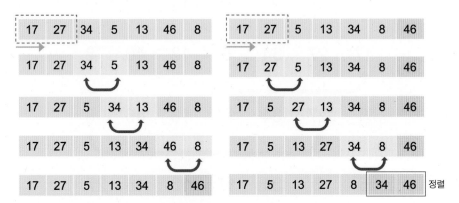

[그림 10-9] 버블 정렬 과정

[그림 10-9]의 버블 정렬 알고리즘을 의사코드와 C언어로 나타내면 다음과 같다.

의사코드	C언어

bubbleSort(A, n)
　for i←1 to length[A]-1
　　for j←0 to length[A]-1
　　　if A[j] > A[j+1] then
　　　　temp← a[j]
　　　　a[j]←a[j+1]
　　　　a[j+1]←temp
　　　end if
　　end for
　end for
	bubbleSort(int *a, int n) {
	　int i, j, temp;
	　for (i=1; i<n; i++)
	　　for (j=0; j<n-1; j++)
	　　　if (a[j]>a[j+1]) {
	　　　　temp=a[j]
	　　　　a[j]=a[j+1]
	　　　　a[j+1]=temp
	　　　}
	}

다 삽입 정렬

삽입 정렬(Insertion Sort)은 자료 배열의 모든 요소를 앞에서부터 차례대로 이미 정렬된 배열 부분과 비교하여 자신의 위치를 찾아 삽입함으로써 정렬을 완성하는 알고리즘이다.

보통 일상생활에서 카드나 서류를 어떤 기준에 의해 정렬할 때 삽입 정렬 방법을 사용한다.

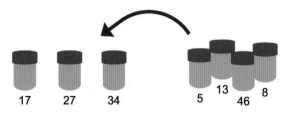

[그림 10-10] 삽입 정렬

	KEY					
17	27	34	5	13	46	8

		KEY				
17	27	34	5	13	46	8

			KEY			
5	17	27	34	13	46	8

				KEY		
5	13	17	27	34	46	8

5	8	13	17	27	34	46

[그림 10-11] 삽입 정렬 과정

삽입 정렬의 수행 시간은 입력된 데이터의 개수에 의해 결정된다. 3개의 숫자를 정렬하는 것에 비해 1,000개의 숫자를 정렬하는 것이 더 오래 걸린다. 또한 그것이 어느 정도 정렬되어 있느냐에 따라서 수행 시간이 달라질 수 있다.

[그림 10-11]의 삽입 정렬 알고리즘을 의사코드와 C언어로 나타내면 다음과 같다. 정렬할 자료를 위치에 넣을 때마다 그보다 뒤에 있는 자료들은 한 칸씩 뒤로 이동해야 한다.

의사코드	C언어

``
insertSort(A, n)
    for i←2 to length[A]-1
        key ← A[i]
        j ← j-1
        while j > 0 and A[j] > key
            A[j+1] ← a[j]
            j ← j-1
        end while
        A[j+1] ← key
    end for
``
	``
	insertSort(int *a, int n) {
	    int i, j, temp;
	    for(i=2;i<n;i++) {
	        key = a[i];
	        while(--j > 0 && a[j] > key)
	            a[j+1] = a[j];
	        a[j+1] = key;
	    }
	}
	``

라 퀵 정렬

퀵 정렬(Quick Sort)은 다른 원소와의 비교만으로 정렬을 수행하는 비교 정렬에 속한다. 퀵 정렬은 분할 정복(Divide and Conquer) 방법을 통해 리스트를 정렬하며, 구체적인 퀵 정렬 과정은 다음과 같다.

---

① 리스트 가운데서 하나의 원소를 고른다. 이렇게 고른 원소를 '피벗'이라고 한다.

② 피벗 앞에는 피벗보다 값이 작은 모든 원소들이 오고, 피벗 뒤에는 피벗보다 값이 큰 모든 원소들이 오도록 피벗을 기준으로 리스트를 둘로 나눈다. 이렇게 리스트를 둘로 나누는 것을 '분할'이라고 한다. 분할을 마친 뒤에 피벗은 더 이상 움직이지 않는다.

③ 분할된 두 개의 작은 리스트에 대해 재귀(recursion)적으로 이 과정을 반복한다. 재귀는 리스트의 크기가 0이나 1이 될 때까지 반복된다.

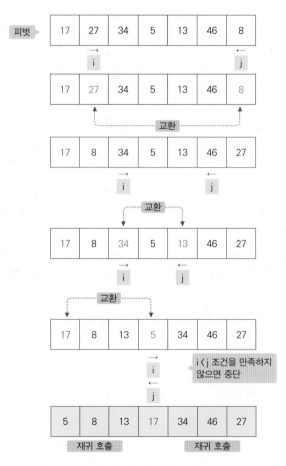

[그림 10-12] 퀵 정렬 과정

재귀 호출이 한 번 진행될 때마다 최소한 하나의 원소는 최종적으로 위치가 정해지므로 이 알고리즘은 반드시 끝난다는 것을 보장할 수 있다.

[그림 10-12]의 퀵 정렬 알고리즘을 의사코드로 나타내면 다음과 같다.

```
quickSort(A, left, right)
        if left<right then
            i←left
            j←right+1
            pivot ← a[left]
            while(1)
                    i ← i+1
                    while(A[i]<pivot)
                        i ← i+1
                    end while
                    j ← j+1
                    while(a[j]>pivot)
                        j ← j-1
                    end while
                    if i>=j then
                        break
                    end if
                    temp ← A[i]
                    A[i] ← A[j]
                    A[j] ← temp
            end while
            temp ← A[left]
            A[left] ← A[j]
            A[j] ← temp
            qsort(A,left,j-1)
            qsort(A,j+1,right)
        end if
```

퀵 정렬의 시간 복잡도는 n개의 데이터를 정렬할 때 최악의 경우에는 $O(n^2)$번의 비교를 수행하고, 평균적으로 $O(n\log n)$번의 비교를 수행한다. 비교 정렬 알고리즘의 수행 시간 하한은 자료의 개수가 n일 때 $n\log n$이라는 것이 알려져 있다. 퀵 정렬, 힙 정렬, 병합 정렬은 대표적인 $O(n\log n)$ 정렬 알고리즘이다.

C언어로 다음과 같이 프로그래밍 하면 퀵 정렬 알고리즘을 구현할 수 있다.

```
quickSort(int a[],int left,int right)
{
    int i,j,pivot,temp;
    if(left<right)
    {
        i=left;
        j=right+1;                 //right+1을 j에 대입, 아래에 --j 때문에
        pivot=a[left];             //피벗은 맨 왼쪽의 수
        while(1)
        {
            while(a[++i]<pivot);
            while(a[--j]>pivot);
            if(i>=j) break;        //i가 j보다 커지면 break;
            temp=a[i];
            a[i]=a[j];
            a[j]=temp;
        }
        temp=a[left];
        a[left]=a[j];
        a[j]=temp;
        qsort(a,left,j-1);
        qsort(a,j+1,right);
    }
}
```

3 검색 알고리즘

정렬과 함께 검색은 우리가 일상생활에서 자연스럽게 사용하고 있다. 알고리즘을 배우지 않은 사람도 검색 알고리즘을 의식하지 않고 자연스럽게 활용한다. 데이터의 개수가 작을 때에는 수행 시간이 문제가 되지 않지만, 데이터 개수가 많을 때에는 효율적인 검색 알고리즘이 필요하다. 우리는 일상생활에서 책을 읽다가 특정 페이지를 볼 때에도 다음과 같이 검색 알고리즘을 무의식적으로 사용한다.

① 책의 가운데를 편다.
② 원하는 페이지가 나왔으면 성공이다.
③ 원하는 페이지 번호가 지금 펼친 페이지 번호보다 작다면 남아 있는 책의 뒤쪽 절반을 무시하고 남아 있는 책의 앞쪽 절반만 가지고 작업을 반복한다.
④ 원하는 페이지 번호가 지금 펼친 페이지 번호보다 크다면 남아 있는 책의 앞쪽 절반을 무시하고 남아 있는 책의 뒤쪽 절반만 가지고 작업을 반복한다.

가 순차 검색

순차 검색(Linear Search, 선형 검색)은 가장 기본적인 검색 방법이다. 배열에서 찾아야 하는 값과 배열에 있는 값이 같은지를 배열의 처음부터 끝까지 비교한다. [그림 10-13]은 순차 검색 방법으로 배열에서 8을 찾는 과정을 보여 준다.

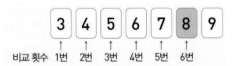

[그림 10-13] 순차 검색으로 8을 찾는 과정

순차 검색 알고리즘을 의사코드와 C언어로 표현하면 다음과 같다.

의사코드	C언어

linearSearch(A, value, n)
　for i←0 to length[A]-1
　　if A[i] = value then
　　　return i
　　end if
　end for
　return -1
	linearSearch(*a, value, n)
	{
	　int i;
	　for (i = 0; i < n; i++)
	　{
	　　if (A[i] == value)
	　　　return i
	　}
	　return -1;
	}

순차 검색은 검색할 리스트의 길이가 길면 찾는 데 시간이 오래 걸려 비효율적이지만 검색 방법 중 가장 단순하여 구현이 쉽고 정렬되지 않은 리스트에서도 사용할 수 있다는 장점이 있다.

나 이진 검색

이진 검색(Binary Search)은 이미 정렬된 리스트에서 특정한 값을 찾는 알고리즘이다. [그림 10-14]과 같이 우선, 중앙값을 임의의 값으로 선택하여 그 값을 찾고자 하는 값과 비교한다. 만일 찾는 값이 중앙값보다 크면 그 수보다 큰 수들 중에서 중앙값을 선택하여 비교하고, 작으면 그 수보다 작은 수들 중에서 중앙값을 선택하여 비교하여 일치하면 종료한다.

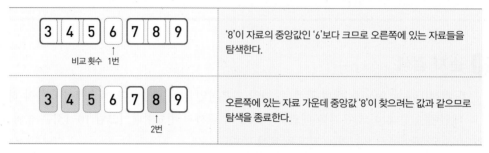

[그림 10-14] 이진 검색 알고리즘에서 값의 탐색

이진 검색 알고리즘을 의사코드와 C언어로 표현하면 다음과 같다.

의사코드	C언어
| ```
binarySearch(A, value, n)
   low ← 0
   high ← length[A] - 1
   while low<=high
       mid ← (low+high) / 2
       if A[mid] > value then
           high ← mid - 1
       else if a[mid] < value then
           low ← mid + 1
       else
           return mid
       end if
   end while
   return -1
``` | ```
binarySearch(*a, value, N)
{
   low = 0;
   high = N-1;
   while (low<=high)  {
       mid = (low+high) / 2;
       if (a[mid] > value)
           high = mid - 1;
       else if (a[mid] < value)
           low = mid+1;
       else
           return mid;  // found
   }
   return -1;  // not found
}
``` |

이진 검색을 수행하려면 자료가 정렬된 상태여야 한다. 보통 자료를 정렬하는 데 필요한 시간은 순차 검색에 필요한 시간보다 길어서 자료에서 검색 작업을 한 번만 수행하려는 경우에는 이진 검색을 사용하지 않는다.

4 압축 알고리즘

압축 또한 검색 알고리즘과 더불어 일상에서 유용하게 쓰이는 알고리즘이다. 예를 들어, 종이 인쇄물이 너무 크면, 복사기의 축소 복사 기능을 이용하여 크기를 줄이는 경우가 있다. 인쇄물을 절반으로 축소 복사하면 종이의 사용량은 거의 4분의 1로 줄어든다. 축소한 것은 원래의 인쇄물보다 품질이 나쁘지만 내용을 적당히 식별할 수 있다. 하지만 축소 복사한 인쇄물은 다시 두 배로 확대 복사해도 원래 인쇄물로 돌아오지는 않는다.

컴퓨터는 많은 데이터를 저장하고 전송해야 하는데 많은 저장 공간을 사용하거나 네트워크를 통해 정보를 보내는 데 시간이 오래 걸리면 그만큼 효율성이 떨어지므로 원래의 데이터를 특정한 규칙에 따라 데이터의 크기를 줄이는 것을 압축이라고 한다. 압축은 자료의 저장 공간을 줄일 수 있으므로 전송 속도를 향상시키는 데 유용하다.

$$Pitter\ patter\ \rightarrow\ Pitter\ pa\boxed{}$$

[그림 10-15] 텍스트 자료 압축 사례

가 무손실 압축

무손실 압축은 압축한 내용을 압축 해제했을 때 내용이 보존되는 압축 방식이다.

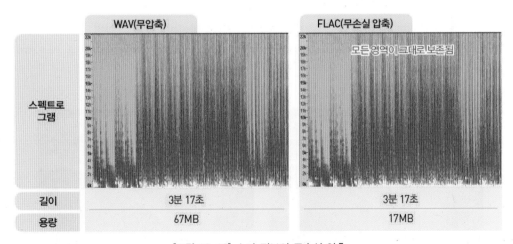

[그림 10-16] 소리 정보의 무손실 압축

런 렝스 부호화(Run-length Encoding)는 이미지를 압축하는 대표적인 무손실 압축 알고리즘으로 '반복 길이 부호화'라고도 한다. 이것은 아이콘과 같은 간단한 이미지가 연속된 경우가 데이터나 만화 또는 애니메이션 등과 같이 배경의 변화가 없는 영상에 적합한 방식이다.

간단한 이미지는 한 칸 한 칸을 0과 1로 표현해도 되지만 칸의 수가 많아지면 복잡해지고 용량도 커진다. 이미지는 같은 색이 연속되는 경우가 많으므로 런 렝스 부호화를 이용하면 이미지를 처리하는 시간을 줄일 수 있다.

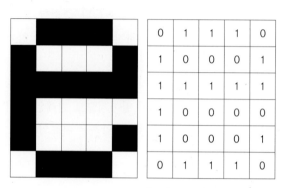
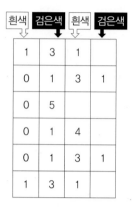

흰색	검은색	흰색	검은색
1	3	1	
0	1	3	1
0	5		
0	1	4	
0	1	3	1
1	3	1	

[그림 10-17] 이미지 정보의 부호화

런 렝스 부호화는 주어지는 데이터의 특성에 영향을 강하게 받는 알고리즘으로 데이터에서 같은 값이 연속해서 나타나는 것을 그 개수와 반복되는 값만으로 표현하는 방법이다. 예를 들어, 원본 aaaaabbbbb는 5a5b로 압축될 수 있으며, 자료 크기는 40%로 줄어든다. 런 렝스 부호화를 사용하는 대표적인 파일 형식으로 PDF, TIFF, PCX, BMP 등이 있다. 반면, 원본 ababababab의 길이는 줄일 수 없다. 반복되는 문자가 많지 않은 자연 언어 텍스트는 런 렝스 부호화를 적용하기에 적합하지 않다.

허프만 코딩(Huffman Coding)은 데이터의 발생 빈도수에 따라 다른 길이의 코드를 사용하는 무손실 압축 방식이다. 고음질의 MP3와 고화질의 JPEG 이미지는 허프만 코딩을 적용하여 압축한 멀티미디어 파일 포맷이다.

손실률이 많은 이미지 　　　　　　　 손실률이 적은 고화질의 이미지

〈출처: 정보 과학 교과서, 서울시교육청〉

[그림 10-18] 허프만 코드가 적용된 이미지 압축

허프만 코드 알고리즘은 다음과 같다.

> **[1단계]** 빈도수가 작은 문자에서 큰 문자 순으로 나열한다.
> **[2단계]** 가장 빈도수가 낮은 두 개의 노드를 자식 노드로 하는 하나의 부모 노드를 생성한다. 부모 노드는 자식 노드의 합과 동일한 가중값을 가진다. 단계 2와 같은 과정을 모든 문자의 빈도수의 합으로 나타내는 하나의 이진 트리가 완성될 때까지 계속 반복한다.
> **[3단계]** 최종 트리가 완성되면 루트에서 리프까지 왼쪽 서브 트리에는 0, 오른쪽 서브 트리에는 1을 부여하여 각 문자의 코드를 완성한다.

예를 들어, 문자가 다음과 같은 빈도를 가진다고 가정해 보자.

문자	a	b	c	d	e	f
빈도	39	11	5	25	7	13

이를 허프만 코드로 나타내면 다음과 같다. 값의 빈도수가 많을수록 코드가 짧고, 빈도수가 적을수록 코드가 길어진다.

문자	a	b	c	d	e	f
허프만 코드	0	1110	11110	10	11111	110

빈도수가 많은 문자 a는 코드가 0으로 짧고, 빈도수가 적은 문자 c는 코드 11110으로 길다. 따라서 중복되는 부분이 많으면 압축률이 매우 높다.

나 손실 압축

손실 압축은 압축한 내용을 압축 해제했을 때 내용이 바뀌는 압축 방식이다. 글을 압축할 때에는 손실 압축을 사용할 수 없다. 매우 적은 양이라고 할지라도 내용이 손실되면서 완전히 다른 내용으로 바뀔 수 있기 때문이다. 손실 압축은 주로 그림, 소리, 동영상을 압축할 때 사용된다. 이러한 자료들은 약간의 내용이 손실되거나 잡음이 추가되어도 많은 불편함이 없기 때문이다. 그림의 톤이 약간 달라지거나 세부 사항이 조금 흐려지는 것은 내용이 완전히 바뀌는 것이 아니라면 큰 문제가 아니다.

손실 압축에서 손실시킬 정보를 분리하는 것은 사람의 시각과 청각 체계에 따라 발전하였다. 사람은 큰 소리에 섞여 있는 작은 소리를 잘 구별하지 못한다. 큰 소리를 자세하게 저장하면, 작은 소리를 더욱 더 대략적으로 저장하여도 사람은 큰 차이를 느끼지 못한다. 사람은 매우 높은 음정의 소리, 즉 초음파를 거의 듣지 못한다. 따라서 초음파 영역의 소리를 저장하지 않아도 사람은 큰 차이를 느끼지 못한다.

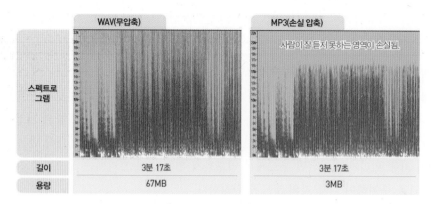

[그림 10-19] 소리 정보의 손실 압축

사람은 색상을 빨강, 초록, 파랑의 조합으로 인식하고, 이 중에서 초록을 가장 민감하게 느낀다. 따라서 색상 정보 중 초록을 더 자세하게 저장하면, 빨강과 파랑을 더욱 더 대략적으로 저장하여도 사람은 큰 변화를 느끼지 못한다. 사람은 색상 정보에 비하여 밝기 정보를 더 민감하게 느낀다. 따라서 명도 정보를 조금 더 자세하게 저장하면, 색상 정보를 더욱 더 대략적으로 저장하여도 사람은 큰 변화를 느끼지 못한다.

[그림 10-20] 그림 정보의 손실 압축 사례

입력되는 압축 원본의 다양한 가능성을 손실하지 않으면서 무한히 작게 압축할 수 있을까? 불가능하다. 어떤 압축 알고리즘도 원본을 해치지 않으면서 무한히 높은 압축률을 얻을 수는 없다.

그렇다면 손실 압축 알고리즘에서는 가능하지 않을까? 손실 압축 알고리즘에서는 보통 데이터가 손실되는 정도 또는 손실 압축의 결과로 발생되는 잡음의 정도를 조절하여 원하는 압축률을 얻는다. 그런데 압축률을 높일수록 잡음의 비율은 증가한다. 그러나 압축을 해제하면 유용한 정보를 얻을 수 없으므로 무한히 높은 압축률은 곧 무한한 손실이라는 결과를 낳게 된다.

3 알고리즘의 평가

컴퓨터가 다루는 데이터는 점점 더 늘어나 한 화면에 나타나는 정보의 양, 컴퓨터에서 처리해야 할 자료의 양, 인터넷을 이용하는 접속자 수는 계속 증가하고 있다. 데이터 수가 증가하면 프로그램 수행 시간은 증가한다. 데이터 수가 폭발적으로 증가하더라도 프로그램 수행 시간이 크게 증가하지 않는 알고리즘은 수행 시간 관점에서 매우 우수한 알고리즘이 된다.

하나의 문제를 해결하기 위한 알고리즘은 다양한 방법이 있을 수 있다. 예를 들어, 어떤 목적지까지 가는 여러가지 방법들이 결과적으로는 모두 목적지에 도착하더라도 경로와 교통수단이 다를 수 있다. 이때 어떤 방법으로 목적지에 도달하는 것이 효율적인지 알고리즘을 평가하는 것은 매우 중요하다.

1 알고리즘의 평가

18세기 독일의 한 초등학교에서 "1부터 100까지 자연수의 합은 얼마인가?"라는 선생님의 질문에 당시 10살이던 가우스가 독특한 덧셈 계산법으로 짧은 시간 안에 해결하여 모두를 놀라게 하였다.

어떤 양의 정수 n이 입력되었을 때 1+2+3+4+5+⋯+n의 값을 계산하는 문제를 생각해 보자. n이 1일 때는 결과 1, n이 10일 때는 결과 55, n이 100일 때는 결과 5050이 반환된다. 이러한 문제를 해결하기 위한 알고리즘은 여러 가지가 있다. 이때 좋은 컴퓨터 알고리즘이란 정확한 결과를 더욱 빠르게 출력하는 것이라고 할 수 있다. 따라서 이를 평가하여 가장 효율적인 알고리즘을 선택하는 것이 매우 중요하다.

방법 1 알고리즘 1: 차례대로 더하기

$$1+2+3+4+\cdots+99+100=5050$$

방법 2 알고리즘 2: 가우스 계산법으로 계산

$$1 + 2 + 3 + 4 + \cdots + 99 + 100$$
$$+ 100 + 99 + 98 + 97 + \cdots + 2 + 1$$

$$101 + 101 + 101 + 101 \cdots 101 + 101 = 101 \times 100 = 10100$$
$$그러므로 \ 1 + 2 + 3 + 4 + \cdots + 99 + 100 = 10100/2 = 5050$$

이 두 가지 방법 중 어느 것이 좋은 알고리즘일까? 우리가 항상 성능이 더 좋은 컴퓨터를 사용하려고 하는 것처럼 서로 다른 알고리즘을 평가하여 가장 효율적인 알고리즘을 선택하는 것은 매우 중요하다. 알고리즘의 좋고 나쁨을 결정하는 가장 중요한 평가 기준은 수행 시간이다. 위의 두 알고리즘을 수행 시간의 관점에서 비교하면 [표 10-5]와 같다.

[표 10-5] 1~n의 합 계산 알고리즘 비교

알고리즘 1	알고리즘 2

`sum ← 0`
`value ← 1`
`while i<=n`
`  sum ← sum +i`
`  i ← i+1`
`print sum`
	`sum ← (n+1)*n/2`
	`print sum`

가 알고리즘의 평가 기준

좋은 알고리즘인지를 평가하는 기준에는 알고리즘의 정확성, 작업량, 기억 장소 사용량, 단순성, 수행 시간 등이 있다.

- **정확성**: 적당한 입력에 대해서 유한 시간 내에 올바른 답을 산출하는가를 판단한다.
- **작업량**: 전체 알고리즘에서 수행되는 기본 연산들만으로 작업량을 측정한다. 해결하고자 하는 문제의 중요 연산이 여러 개인 경우에는 각각의 중요 연산들의 합으로 간주하거나 중요 연산들에 가중치를 두어 계산한다. 작업량은 알고리즘의 수행 과정에서 발생하는 작업량이 어느 정도인지를 분석하는 기준으로 작업량이 적은 알고리즘을 선택하는 것이 좋다.

작업량은 수행 시간에 많은 영향을 미친다. 알고리즘을 수행하는 데 소요되는 시간을 나타내며, 시간 복잡도로 측정한다.

- 기억 장소 사용량: 알고리즘을 실행하여 종료할 때까지 필요한 기억 장치의 크기를 계산한다. 기억 장소 사용량은 알고리즘을 수행하기 위해서 필요한 기억 공간의 용량을 나타내며, 공간 복잡도로 측정한다. 같은 결과를 얻을 때 기억 공간 사용량이 적을수록 좋다.
- 단순성: 알고리즘이 이해하기 쉽도록 단순하게 표현되었는지를 분석하는 기준을 말한다. 알고리즘이 복잡하면 프로그램의 작성, 수정 등이 어려워지므로 같은 결과를 얻을 때 단순하게 표현하는 것이 좋다.
- 수행 시간: 알고리즘을 실행하여 종료할 때까지 최대한 적은 시간이 걸려야 한다.

나 알고리즘의 복잡도

많은 프로그래머들이 문제를 해결하기 위해 주어진 조건을 만족하는 답을 출력하는 프로그램을 작성할 수 있다고 할지라도 빠르게 동작하는 프로그램을 작성하는 것에는 실패하고 만다. 수행 성능을 평가하고 개선하려면 시간 복잡도에 대한 이해가 필요하다.

1) 시간 복잡도

시간 복잡도(Time Complexity)는 프로그램을 직접 실행해 보지 않고 소스 코드를 분석하거나 소스 코드 작성 없이 대략적인 알고리즘 설계만을 분석하여 프로그램의 수행 시간을 나타낼 수 있다.

시간 복잡도는 입력의 크기가 증가할 때 컴퓨터가 수행하는 기본 명령의 개수가 어떤 경향으로 증가하는지를 나타낸다. 이때 기본 명령은 메모리의 특정 위치에 값을 쓰거나 읽는 것, 간단한 연산을 수행하는 것을 의미한다.

아래의 프로그램은 간단하게 표현되었지만 j=0 대입(1회), j<n 비교(n+1회), j++ 증가(n회)처럼 한 구문 안에서 계산을 여러 번 반복 수행하고 있다.

코드	횟수

```int i, j, sum = 0;```
 ```for (i = 0; i < n; i++)```
 ```{```
 ```   for (j = 0; j < n; j++)```
 ```   {```
 ```   sum += i;```
 ```   }```
 ```}```
	j=0 대입(1회), j<n 비교(n+1회), j를 1증가(n회)

2) 시간 복잡도 표기법

알고리즘의 시간 복잡도를 표시할 때 일반적으로 빅 O 표기법을 사용한다. 빅 O 표기법(Big O Notation)은 측정 대상 알고리즘의 계산량을 처리하는 데이터의 개수 n을 기준으로 최악의 경우에 대해 표기한다. 예를 들어, n개의 데이터의 계산량이 n에 비례한다면 $O(n)$으로 표기한다. 만일 n의 개수에 상관없이 두 개의 명령어 수행으로 끝나는 알고리즘이라면 $O(1)$로 표기한다.

계산량이 천천히 증가하는 것부터 급격히 증가하는 것까지 시간 복잡도의 종류를 나열해 보면 다음과 같다.

> $O(1)$: 입력 자료의 수에 관계없이 일정한 실행 시간을 갖는다.
>
> $O(\log_2 n)$: 입력 자료의 크기가 n일 경우 $\log_2 n$번의 수행 시간을 가진다.
>
> $O(n)$: 입력 자료의 크기가 n일 경우 n번의 수행 시간을 가진다.
>
> $O(n\log n)$: 입력 자료의 크기가 n일 경우 $n * (\log_2 n)$번의 수행 시간을 가진다.
>
> $O(n^2)$: 입력 자료의 크기가 n일 경우 n^2번의 수행 시간을 가진다.
>
> $O(n^3)$: 입력 자료의 크기가 n일 경우 n^3번의 수행 시간을 가진다.
>
> $O(2^n)$: 입력 자료의 크기가 n일 경우 2^n번의 수행 시간을 가진다.
>
> $O(n!)$: 입력 자료의 크기가 n일 경우 $n * (n-1) * (n-2) \cdots * 1 = (n!)$ 번의 수행 시간을 가진다.

순차 검색에서는 찾는 값이 배열의 처음에 있다면 이 알고리즘은 가장 빠르게 종료될 것이다. 그러나 찾는 값이 배열의 마지막에 있거나 배열에 없다면 배열을 처음부터 끝까지 비교해야 한다. 즉, 데이터의 개수가 n개이면 $O(n)$의 수행 시간이 필요하다.

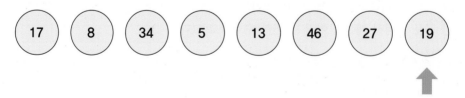

n=8일 때 19를 찾을 경우
순차 검색으로는 8번 비교해야 찾을 수 있다.

[그림 10-21] 순차 검색으로 8개의 데이터는 8번 비교

이진 검색 알고리즘의 시간 복잡도는 $O(\log_2 n)$이다. 이는 데이터의 개수 n이 증가할 때마다 알고리즘 수행 시간이 $\log_2 n$에 비례한다는 것을 의미한다. 예를 들어, n이 1024일 때 순차 검색은 $O(n)$으로 1024번의 비교가 필요하지만, 이진 검색은 대략 10번이면 충분하다.

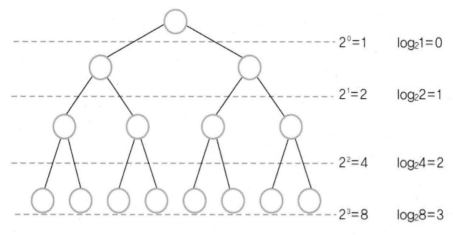

$2^0 = 1$ $\log_2 1 = 0$

$2^1 = 2$ $\log_2 2 = 1$

$2^2 = 4$ $\log_2 4 = 2$

$2^3 = 8$ $\log_2 8 = 3$

[그림 10-22] 이진 검색으로 8개의 데이터는 3($\log_2 8$)번 비교

시간 복잡도가 $O(n^2)$인 것보다 $O(n)$인 알고리즘이 좋은 알고리즘이다. 일반적으로 n과 m이 상수가 아닐 때 시간 복잡도가 $O(n)$인 프로그램이 m번 반복하는 루프에 들어 있다면, 전체 시간 복잡도는 $O(nm)$이 된다.

이진 검색은 순차 검색보다 시간 복잡도 면에서 좋은 알고리즘이지만 정렬된 데이터라는 선행 조건을 만족할 때이다. 만일 데이터가 정렬되어 있지 않은 경우라면 이진 검색이 순차 검색보다 나을 수 있는지 생각해 볼 필요가 있다.

다 수행 시간 측정

수행 시간을 측정하는 가장 단순하고 효과적인 방법은 프로그램을 직접 실행시키고, 입력을 넣은 후 수행이 완료되고 출력이 나올 때까지의 시간을 직접 측정하는 것이다. 입력과 출력의 내용이 같다면 수행 시간이 더 짧은 프로그램이 좋은 프로그램이다. 단, 프로그램 개발 환경마다 수행 시간을 측정하는 방법에는 차이가 있다.

```c
#include <stdio.h>
#include <Windows.h>
int main() {
        int begin = GetTickCount();
        // 이곳에 측정할 부분을 넣는다.
        int end = GetTickCount();
        printf("수행 시간 : %f초\n", (end - begin) / 1000.0);
        return 0;
}
```

C언어는 헤더 파일 Windows.h에 있는 GetTickCount() 함수를 이용하여 시간을 측정할 수 있다. 이 함수가 반환하는 값은 1초에 1000씩 증가한다. 따라서 측정하고자 하는 부분의 직전과 직후에 이 함수를 호출하고, 두 번 호출하였을 때의 반환 값의 차이를 1000으로 나누면 초 단위의 수행 시간을 얻을 수 있다.

스크래치에서는 [그림 10-23]과 같이 타이머를 이용하면 수행 시간을 측정할 수 있다.

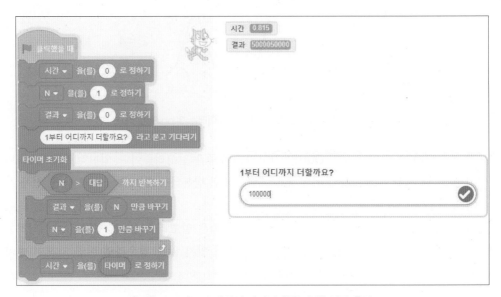

[그림 10-23] 스크래치의 타이머 활용 수행 시간 측정

4 교육의 실제

 고등학교 문제 해결과 프로그래밍 영역의 알고리즘 설계 단원의 수업에 활용할 수 있는 교수·학습 과정안과 학습 자료를 예시로 제시하였다.

1 교수·학습 과정안

단원	Ⅲ. 문제 해결과 프로그래밍 2. 알고리즘 / 2-2. 알고리즘 설계		
학습 주제	수 스무고개 게임 알고리즘 설계		
성취 기준	[12정보03-04] 순차 구조, 선택 구조, 반복 구조 등의 제어 구조를 활용하여 논리적이고 효율적인 알고리즘을 설계한다.		
학습 목표	수 스무고개 게임 알고리즘을 설계하여 발표할 수 있다.		
핵심 역량	지식 정보 처리, 정보 문화 소양, 창의적 사고력, 컴퓨팅 사고력, 공동체 역량, 협력적 문제 해결력, 의사소통 능력		
수업 형태	토의·토론 학습, 협력 학습, 프로젝트 학습		
수업 자료	교사	PPT와 학습 자료	
	학생	교과서, 클라우드 컴퓨팅을 위한 계정	

단계 (시간)	수업 형태	학습 과정 (학습 유형)	교수·학습 활동		자료 및 유의점	핵심/ 교과 역량
			교사 활동	학생 활동		
도입 (10')	시작 전체 학습	전시 학습	▶ 질문을 통해 학생들이 전시 학습에서 배운 순차 검색과 이진 검색 알고리즘의 차이를 생각나는 대로 이야기한다.			지식 정보 처리 (핵)
		동기 유발	▶ 업다운 게임으로 컴퓨터가 무작위로 생성한 수를 맞히는 게임을 해봄으로써 수 맞추기 게임에 대한 학습 동기를 유발한다.			
		학습 목표	▶ 교사는 이번 시간 학습 목표를 제시하고, 학생들은 학습 목표를 인지한다. ▶ 이번 시간 수업에 대한 전반적인 안내를 한다.			

			[볼거리 제시]	인터넷 사이트 활용	정보 문화 소양 (교)
전개 (30')	전체 학습	생각 열기	▶ 20q.net 사이트(http://www.20q.net)에서 수 스무고개 게임을 실행하여 학습 동기를 유발한다.		
		학습 내용 설명	▶ 학생들은 몇 번씩 게임을 해보면서 알고리즘을 유추한다. ▶ 모둠원들과 소통하여 스무고개 게임 알고리즘을 이야기한다. ▶ 학생들에게 질문하여 스무고개 게임 알고리즘을 말로 설명할 수 있도록 한다.	PPT	
	짝 활동 하기	핵심 요소 추출하기 분석하기 표현하기	활동1 ▶ 게임을 여러 번 해보고 짝과 협력하여 스무고개 게임의 알고리즘을 찾는다. ▶ 마주보는 다른 짝모둠과도 게임 알고리즘에 대한 의견을 나눈다. ▶ 두 명의 짝이 협력하여 스무고개 게임 알고리즘을 말로 표현한다.	스무 고개 게임	창의적 사고력 (핵)
	모둠 학습	추상화 하기	▶ 교사는 '수 스무고개'라는 게임 알고리즘을 설계하는 문제를 제시한다. 수 스무고개는 사람이 생각하는 숫자를 컴퓨터가 맞추는 게임을 말한다. 활동2 ▶ 수 스무고개의 동작 과정을 손으로 써 보고 시각화 자료로 표현한다.	빈 용지 대형 포스트잇	컴퓨팅 사고력 (교) 공동체 역량 (핵)
		표현하기 설계하기 평가하기	활동3-1 ▶ 4명이 함께 수 스무고개 게임 알고리즘을 설계하여 순서도로 표현한다. 활동3-2 ▶ 2개의 서로 다른 짝모둠에서 어떻게 수 스무고개 알고리즘을 설계하였는지 알아보고, 알고리즘을 비교 분석한 후 효율적인 알고리즘을 평가한다.	색깔펜	협력적 문제 해결력 (교)
정리 (10')	자기 평가	공유	▶ 모둠에서 완성한 알고리즘을 발표하고 공유한다.	공유 문서	의사 소통 능력 (핵)
		생각 정리 (수업 성찰)	▶ 수업 내용을 정리한다. ▶ 자기 평가와 동료 평가서를 작성한다.		
	동료 평가	과정 중심 평가	▶ 수업에서 이루어지는 활동을 과정 중심 평가하고, 이에 대해 피드백한다.		
	끝	차시 예고	▶ 다음시간에 배울 내용에 대해 안내한다.		

2 교수·학습 자료

가 스무고개 게임

20q.net 사이트(http://www.20q.net)에서 스무고개 게임을 실행하여 검색 알고리즘에 대한 학습 동기를 유발한다.

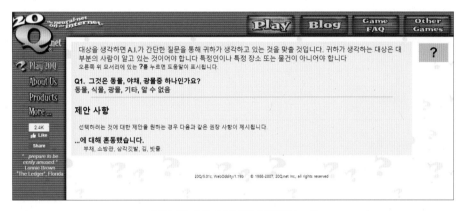

[그림 10-24] 스무고개 게임(20q.net)

나 수 스무고개 게임 문제

사용자가 1부터 10,000까지의 수 중 하나를 골라 생각하면, 프로그램은 어떤 수를 제안한다. 프로그램이 제안한 수가 정답보다 작다면 -1, 정답이라면 0, 정답보다 크다면 1을 입력하는 것으로 한다.

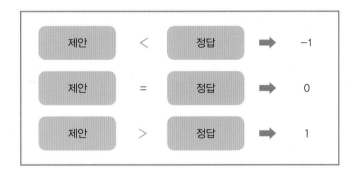

다 수 스무고개 게임 알고리즘의 설계

수 스무고개 게임은 임의의 두 수의 범위에서 특정한 수를 찾은 방식으로 동작한다.

가장 빠르게 찾기 위해 중앙값을 비교하여 같으면 해당 숫자를 출력한 후 종료하고, 찾는 숫자가 중앙값보다 작으면 중앙값 숫자보다 왼쪽으로 범위를 줄여서 찾고, 크면 중앙값보다 오른쪽으로 범위를 줄여서 같은 방법으로 찾는다.

수 스무고개 게임 알고리즘을 순서도로 표현하면 [그림 10-25]와 같다.

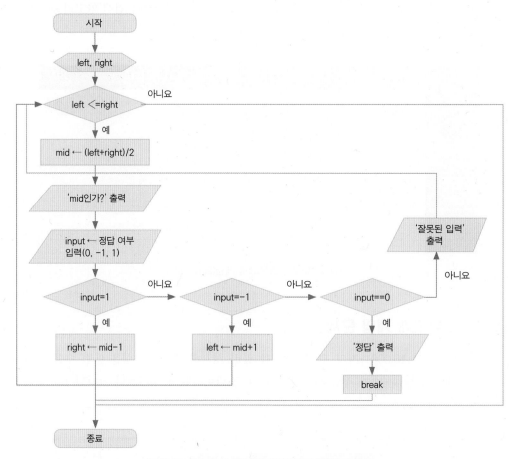

[그림 10-25] 수 스무고개 게임 알고리즘의 순서도

라 수 스무고개 게임 알고리즘의 구현

수 스무고개 게임 알고리즘을 C언어로 프로그래밍 한 예시이다.

```
#include <stdio.h>
void game(int left, int right){
    printf("%d에서 %d 사이의 수를 생각하십시오.\n", left, right)
    while (left <= right)
    {
```

```
            int mid = (left + right) / 2;
             int input;
            printf("%d입니까? ", mid);
             printf(" 정답이면 0, 작으면 - 1, 크면 1을 입력해 주세요: " );
            scanf("%d", &input);
            if (input == 0)
            {
                printf("정답은 %d 입니다.\n", mid);
                return;
            }
             else if (input == -1)
            {
                left = mid + 1;
            }
            else if (input == 1)
            {
                right = mid - 1;
            }
            else
            {
                break;
            }
        }
    printf("사용자가 잘못된 대답을 했거나, 정답이 범위를 벗어났습니다.\n");
}
int main(){
    game(1, 10000);
    return 0;
}
```

마 자기 평가

• 수 스무고개 게임 알고리즘을 표현할 수 있는가?
• 이진 검색과 수 스무고개 게임 알고리즘의 차이를 설명할 수 있는가?

1 어떤 양의 정수 n이 입력되었을 때 1+2+3+⋯+4+5+n의 값을 출력하는 프로그램을 생각
해 보자. n이 1일 때는 결과 1, n이 10일 때는 결과 55, n이 100일 때는 결과 5050이 반
환되어야 한다.

알고리즘 1	알고리즘 2
``int b(int n)
{
int result = 0;
for (int i = 1; i <= n; i++)
{
result += i;
}
return result
}```	```int c(int n)
{
return (n + 1) * n / 2;
}```

(가) 두 알고리즘의 시간 복잡도를 빅 O표기법으로 표현하시오.

(나) n=100,000,000일 때 스크래치를 이용하여 두 알고리즘의 실행 시간을 비교하시오.

2 퀵 정렬 알고리즘을 적용하여 다음 수가 오름차순 정렬되는 과정을 순서대로 나열하시오.

5 3 7 9 2 1 6

3 선택 · 삽입 · 버블 · 퀵 정렬 알고리즘의 시간 복잡도를 비교하고, 빅 O표기법으로 표현하
시오.

4 교육의 실제에서 다룬 수 스무고개 게임과 이진 검색의 공통점과 차이점을 서술하시오.

참고 자료

• 강신천 외 12인(2019). 고등학교 정보 교과서. 씨마스.

• 구종만(2012). 프로그래밍 대회에서 배우는 알고리즘 문제 해결 전략. 인사이트.

• 노훈(2018). 어서와 컴퓨터 없는 코딩은 처음이지?. 제이펍.

• 스키우라켄(2016). 그림으로 배우는 알고리즘. (주)영진닷컴.

• 정관용 외 4인(2010). 고등학교 정보 과학Ⅰ 교과서. 서울특별시교육청.

• 정영식 외 12인(2019). 중학교 정보 교과서. 씨마스.

• 정웅렬 외 3인(2014). 고등학교 정보 교과서. 삼양미디어.

• Donald Knuth(1998). The Art of Computer Programming, Volume 3: Sorting and Searching, Second Edition. Addison-Wesley Professional.

• Thomas H. Cormen, Charles E. Leiserson, Ronald L. Rivest, Clifford Stein(2009). Introduction to Algorithms, The MIT Press.

• 알고리즘(2015. March 1) http://ko.wikipedia.org/wiki/알고리즘

• Quicksort. (2015, March 1). https://en.wikipedia.org/wiki/Quicksort

• Binary search algorithm(2015. March 1). https://en.wikipedia.org/wiki/Binary_search_algorithm

• Bubble sort(2015. March 1). https://en.wikipedia.org/wiki/Bubble_sort

• CS unplugged(2015. March 1). http://csunplugged.org/

• Data Structure Operations(2015. May 7). http://bigocheatsheet.com

소프트웨어 교육의 실제

제11장

프로그래밍

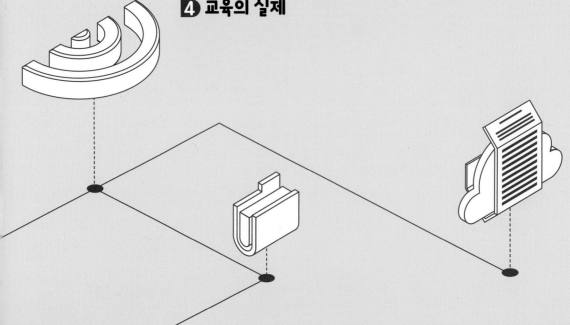

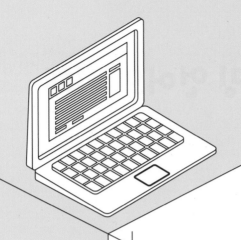

본 장에서는 프로그래밍 언어의 역사와 종류, 실행 과정을 살펴보고, 교육용 프로그래밍 언어의 개념과 종류, 프로그래밍 교육의 실제를 제시하였다. 구체적인 내용은 다음과 같다.

첫째, 프로그래밍 언어의 이해에서는 프로그래밍 언어의 발전 과정을 살펴보고, 프로그램을 작성하여 실행하기 위해 개발 환경과 컴파일러의 동작 과정을 제시하였다.

둘째, 블록 기반 프로그래밍 언어에서는 학교 교육에서 가장 많이 활용되고 있는 Scratch와 엔트리에 대해 제시하였다.

셋째, 텍스트 기반 프로그래밍 언어에서는 Python과 C언어의 특징을 살펴보고, 프로그래밍 수업을 설계하였다.

넷째, 교육의 실제에서는 이 장에서 배운 프로그래밍의 실제 단원을 성취 기준에 따라 1차시 분량의 수업을 위한 교수 · 학습 과정안과 교수 · 학습 자료를 제시하였다.

프로그래밍 언어의 이해

프로그래밍은 컴퓨터를 활용하여 문제를 해결하기 위해 프로그래밍 언어로 명령을 작성하는 과정을 말한다. 본 절에서는 프로그래밍 언어의 이해를 돕기 위해 프로그래밍 언어의 역사와 종류와 처리 과정을 제시하였다.

1 프로그램의 개념

프로그램(program)은 사람이 원하는 동작을 기계가 수행할 수 있도록 실행 가능한 명령들을 순서대로 작성한 것이다. 프로그램을 작성하는 작업을 프로그래밍(programming)이라고 하는데 컴퓨터가 수행할 수 있는 암호화된 코드(code)를 작성한다고 하여 '코딩'(coding)이라고 부르기도 한다.

소프트웨어는 특정 작업을 수행하는 프로그램, 그 프로그램에서 사용되는 데이터, 관련 문서들의 집합을 말한다. 컴퓨터 과학과 컴퓨터 공학에서 '컴퓨터 소프트웨어'는 컴퓨팅 시스템, 프로그램, 데이터에 의해 처리된 모든 정보를 말한다. 그렇게 만들어진 소프트웨어들은 컴퓨팅 시스템을 제어하고 동작시켜 사람이 원하는 작업을 수행하는 핵심 역할을 한다.

2 프로그래밍 언어의 역사

프로그래밍 언어(Programming Language)는 컴퓨터와 대화하기 위해 프로그래밍에 사용되는 언어이다. 즉, 사람이 생각한 아이디어를 컴퓨터가 읽을 수 있도록 만든 표기 체계이다.

프로그래밍 언어는 1954년 IBM 704에서 과학적인 계산을 위해 개발한 컴퓨터 프로그램 언어인 Fortran이 그 시작이다. 대표적인 프로그래밍 언어에는 Fortran, C, Objective C, Java, C# 등이 있다.

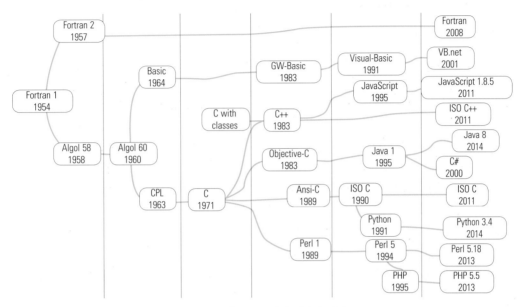

[그림 11-1] 프로그래밍 언어의 역사

가 Fortran

Fortran는 수식(formular)과 변환기(translator)의 약자로, 알골(ALGOL)과 함께 주로 과학 계산용으로 사용되었다. 삼각 함수, 지수 함수, 대수 함수 등 기초적인 수학 함수들을 호출하여 쓸 수 있으며, 최근 첨단 과학 계산에서 필수적인 벡터와 행렬을 계산할 수 있는 기능이 내장되어 있다. 1990년대까지 널리 사용되어 왔던 Fortran 77에서 현재 Fortran 90/95, Fortran 2003, Fortran 2008로 계속 진보하고 있다.

알골(ALGOL; Algorithmic Language)은 1958년 알고리즘의 연구 개발에 이용하기 위한 목적으로 만들어졌으며, BCPL, B, 파스칼, 시뮬라, C 등의 수많은 프로그래밍 언어에 영향을 주었다. 1960년에 제안된 ALGOL 60은 그 문법이 BNF 표기법으로 기술되었으며 구조화된 프로그래밍의 형태이다. ALGOL 60은 절차형 언어로는 최초로 재귀 호출이 가능하였다.

나 C

C는 1971년에 케네스 톰슨(Kenneth L. Thompson)과 데니스 리치(Dennis M. Ritchie)가 벨 연구소에서 유닉스(UNIX) 운영 체제에 사용하기 위해 개발한 프로그래밍 언어이다.

케네스 톰슨은 BCPL언어를 필요에 따라 개조해서 B언어라 명명했고, 데니스 리치가 이것을 개선하여 C언어를 만들었다. 유닉스 시스템의 바탕 프로그램은 모두 C로 만들었고, 많은 운영 체제의 커널도 C로 만들었다. C언어는 유닉스 운영 체제의 개발을 위해 사용되었기 때문에 시스템 프로그램을 작성하는 데 필요한 기능 외에도 문서 처리 프로그램이나 수식 계산 프로그램, 그래픽 프로그램, 데이터베이스 프로그램 등 거의 모든 범용 프로그램 작성에서도 다른 프로그래밍 언어에 뒤지지 않는 편의성과 다양한 기능을 제공하고 있다. 오늘날 많이 쓰이는 C++는 C에서 객체 지향형 언어로 발전되었다.

브래드 콕스(Brad Cox)와 톰 러브(Tom Love)는 1981년에 Objective C를 발표하였다. 이 언어는 C언어에 Smalltalk 형식의 메시지 구문을 추가한 객체 지향 언어이다. 브래드 콕스와 톰 러브는 Smalltalk를 접하고 소프트웨어 설계와 프로그래밍에서 재사용성에 흥미를 느끼게 되었고, Smalltalk의 기능 일부를 추가하여 OOPC라고 불렸던 C의 객체 지향 버전을 내놓게 되었다. Objective C언어는 애플의 매킨토시의 운영 체제인 MacOS와 아이폰의 운영 체제인 iOS에서 사용되고 있다.

다 Java

Java는 1995년에 제임스 고슬링(James Gosling)이 개발한 객체 지향적 프로그래밍 언어이다. 처음에는 가전제품 내에 탑재해 동작하는 프로그램을 위해 개발했지만 현재 웹 애플리케이션 개발에 가장 많이 사용하는 언어 가운데 하나이고, 모바일 기기용 소프트웨어 개발에도 널리 사용되고 있다.

Java의 개발자들은 유닉스 기반의 배경을 가지고 있었기 때문에 문법적인 특성은 파스칼이 아닌 C++의 조상인 C언어와 비슷하다. Java를 다른 컴파일 언어와 구분 짓는 가장 큰 특징은 가상 머신에서 독립적이라는 점이다. 이를 자바 가상 머신이라 부르는데 자바 가상 머신은 자바 바이트 코드와 컴퓨터의 운영 시스템 간의 번역기 역할을 한다. 사용자가 자바 가상 머신을 이용하면 매킨토시, 윈도, 유닉스 등 어떤 컴퓨터 플랫폼에서도 자바를 실행시킬 수 있다.

라 C#

C#는 Microsoft사에서 개발한 닷넷(.NET) 플랫폼에서 실행되는 프로그래밍 언어이다. C#의 문법적인 특성은 Java와 상당히 유사하며 C#을 통해 다룰 수 있는 닷넷 플랫폼의 기술조차도 Java를 염두에 둔 것이 많아서 Java와 가장 많이 비교되고 있다. 그러나 C#은 Java와 달리 불안전 코드(Unsafe Code)와 같은 기술을 통해 플랫폼 간 상호 운용성에 상당히 많은 노력을 기울이고 있다.

C#의 기본 자료형은 닷넷(.NET)의 객체 모델을 따르고 있고, 클래스(class), 인터페이스

(interface), 위임(delegate), 예외(exception)와 같이 객체 지향 언어로서 가져야 할 모든 요소들을 포함하고 있다.

마 Python

Python은 1991년에 귀도 반 로섬(Guido van Rossum)이 발표한 고급 프로그래밍 언어로, 플랫폼 독립적이며 인터프리터식, 객체 지향적, 대화형 언어이다. 다른 프로그래밍 언어에 비해 코드가 읽기 쉬우며, 프로그램을 입력하고 실행해 볼 수 있는 셸(shell)을 가지고 있다. Python은 윈도, 리눅스, MacOS 등 다양한 운영 체제에서 사용할 수 있고, 라이브러리가 풍부하며, 유니코드 문자열을 지원하여 다양한 언어의 문자 처리가 가능하다.

최근 10년 간 가장 많이 사용하고 있는 프로그래밍 언어는 [그림 11-2]와 같이 객체 지향 언어[1]인 Java와 절차 지향 언어[2]인 C언어이다. 또한 데이터 마이닝과 인공지능이 각광받으면서 통계 처리 프로그래밍 언어로서 Python 사용률도 증가하고 있다.

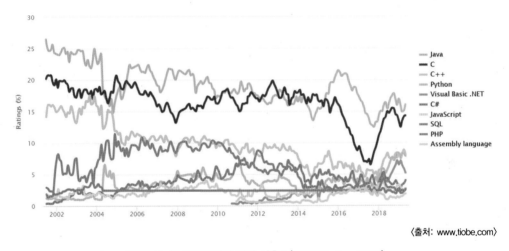

<출처: www.tiobe.com>

[그림 11-2] 프로그래밍 언어 사용률(TIOBE Index, 2019)

Python은 데이터 적재, 시각화, 통계, 자연어 처리, 이미지 처리 등에 필요한 라이브러리들을 가지고 있다. Python 프로그래밍은 Java, C++ 또는 Ruby와 같은 다른 언어 프로그래밍에 비해 개발 시간이 짧고, 배우기 쉽다는 장점이 있다. 또한 Python은 다양한 인공지능(AI) 프레임 워크와 라이브러리를 지원하는데 구글에서 개발한 오픈 소스 머신 러닝 라이브러리 TensorFlow, 파이선을 위한 머신 러닝 라이브러리 Pybrain, 복잡하고 과학적인 계산에 사용하는 Numpy 등이 있다.

---

[1] 객체 지향 프로그래밍은 클래스로부터 객체를 생성하여 객체끼리 메시지를 주고받는 방식으로 프로그램을 작성한다.
[2] 절차 지향 프로그래밍은 기능별로 함수와 같은 작은 코드로 나눈 후 순차, 선택, 반복의 제어 구조를 사용해 프로그래밍 하는 방식이다.

3 프로그래밍 언어의 종류

프로그래밍 언어는 문제 해결에 필요한 알고리즘을 컴퓨터에 전달하기 위해 만든 규약으로서 알고리즘을 프로그래밍 언어로 표현한 것을 프로그램이라고 한다. 프로그래밍 언어는 프로그램의 인식 대상과 구성 형태에 따라 구분할 수 있다.

프로그래밍 언어는 프로그램을 읽고 이해하기 쉬워야 하고, 프로그램을 쉽게 번역하고, 수정하고, 실행할 수 있어야 한다.

초기에 만들어진 프로그래밍 언어는 기계만 알아볼 수 있는 2진수로 표현되었지만 최근에는 인간이 쉽게 이해할 수 있도록 자연어와 유사한 언어로 발전하였다. 이와 같이 프로그램의 인식 대상에 따라 저급 언어(Low-Level Language)와 고급 언어(High-Level Language)로 구분할 수 있다.

가 저급 언어

저급 프로그래밍 언어는 컴퓨터가 이해하기 쉽게 작성된 프로그래밍 언어로, 일반적으로 기계어와 어셈블리어를 일컫는다. 실행 속도가 매우 빠르지만 배우기가 어렵고 유지 보수도 어렵다.

1) 기계어

기계어는 기계 코드 또는 목적 코드라고도 부른다. 기계어는 컴퓨터가 읽어서 해석하는 2진수 또는 이진 비트의 집합으로 컴퓨터가 이해할 수 있는 유일한 언어이다.

기계어는 특별한 변환 과정 없이 컴퓨터가 직접 처리할 수 있는 언어로서 프로그램을 작성하기는 어렵지만 번역이 간단하기 때문에 수행 시간이 빠르다. 기계어는 모든 명령마다 수많은 코드를 기억해서 사용해야 하고, 수정하기 또한 매우 어렵기 때문에 최근에는 프로그래머들이 사용하지 않고 있다.

기계어는 프로그래밍 언어 중에서 가장 낮은 단계의 언어로서 중앙 처리 장치(CPU)가 직접 해독하고 실행할 수 있는 0과 1로 된 컴퓨터 언어를 의미한다.

보통 기계어는 CPU 종류에 따라 서로 다른 코드를 작성해야 하므로 CPU의 특성을 잘 이해해야 한다. 또한 일반적으로 기계어로 프로그램을 작성하는 것은 매우 어려운 작업이며, 숫자로 된 명령어 코드를 판독하는 것은 매우 힘들어서 어셈블리어와 1:1 대응시켜 해석한다.

```
C7 45 FC 0C 00 00 00
```

2) 어셈블리어

어셈블리어(Assembly Language)는 원시 프로그램을 컴퓨터가 직접 인식할 수 있는 기계어로 작성된 목적 프로그램(기계어 프로그램)으로 번역하는 언어이다. 0과 1로 작성된 기계어를 이용하여 복잡한 계산을 수행하는 프로그램을 작성하는 것은 거의 불가능하였다. 따라서 2진수 연산 코드 대신에 문자를 이용하고, 값을 참조하기 위해서 수치 주소를 대신하여 주소 이름을 사용하는 방식으로 확장되었다.

어셈블리어는 기계어와 1:1로 대응되고 컴퓨터의 CPU마다 지원하는 연산자와 레지스터(register)의 크기, 자료형이 서로 다르기 때문에 컴퓨터 구조에 따라 어셈블리어도 각각 다르다. 이때 레지스터는 CPU가 데이터를 저장하기 위해 사용하는 저장 공간을 의미한다. 보통의 레지스터는 데이터를 저장할 수 있는 작은 공간으로 파일을 저장하기에는 너무 작으며, 프로그램이 실행되는 동안 특정한 정보를 저장하기 위해 사용된다. CPU는 메모리에 있는 데이터보다 레지스터에 있는 정보에 보다 빠르게 접근할 수 있다.

mov dword ptr [ebp-4], 0Ch   eax와 ebx를 더하라

어셈블리어가 지원하는 명령어로 작성된 코드가 실행되기 위해서는 기계어 코드로 변경해야 하는데 이때 어셈블러(assembler)를 사용한다. 이것은 고급 언어에서 사용하는 컴파일러와 그 기능이 유사하다.

나 고급 언어

고급 언어는 사용자 중심의 언어로 우리가 사용하는 대부분의 프로그래밍 언어가 고급 언어에 해당한다. 기계어나 어셈블리어로 작성된 프로그램은 오류를 찾거나 프로그램을 이해하는 데 사용되는 주석을 표기하기 어렵고, 컴퓨터 구조에 맞게 명령어를 구성하여 사람들이 이해하기 어렵다는 문제점 때문에 고급 언어가 사용되었다.

이처럼 고급 언어는 사람이 이해하기 쉽게 작성된 프로그래밍 언어로서 저급 언어보다 가독성이 좋고 다루기 간편하다는 장점이 있다.

고급 언어는 컴파일러나 인터프리터에 의해 저급 언어로 번역되어 실행된다. C, Java, Python, Basic 등 대부분의 프로그래밍 언어들은 고급 언어에 속한다. 추상화의 정도는 얼마나 프로그래밍 언어가 높은 수준인지를 정의한다.

a=12   a에 12를 저장하라

4 프로그래밍 언어의 처리

프로그래밍 하기 위해서는 프로그램을 작성하는 도구인 소스 코드 편집기, 소스 코드를 컴퓨터가 이해할 수 있는 언어로 번역해 주는 컴파일러, 그리고 프로그램을 실행했을 때 오류가 발생하면 수정할 수 있는 디버거 등의 도구들이 필요하다. 이러한 도구들을 사용자가 편하게 사용할 수 있도록 한곳에 모아 제공하는 소프트웨어를 통합 개발 환경(IDE; Integrated Development Environment)이라고 한다.

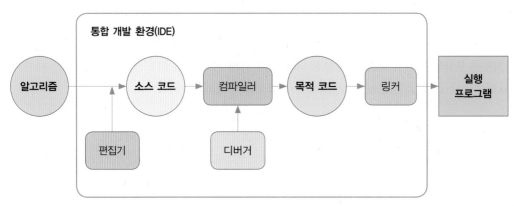

[그림 11-3] 편집기, 컴파일러, 디버거의 통합적 작동 과정

가 프로그램의 작성

프로그래밍은 프로그래밍 언어를 이용하여 논리적으로 작성한 원시 코드(Source Code)로 프로그램을 작성하는 과정이다. 흔히 이를 코딩(coding)이라고 한다. 코딩할 때에 프로그래밍 언어에서 제공하는 자료형, 연산자, 입출력문, 제어문, 함수 등 다양한 구성 요소를 활용한다.

편집기(editor)는 소스 코드를 작성하는 편집기로 에디터를 사용하면 소스 코드를 작성·편집·수정할 수 있으며, 프로그래밍 언어의 문법이나 형식에 따라 글자색을 바꾸어 보여 주거나 구조를 나타내 준다.

나 프로그램의 번역

인간이 이해하기 쉬운 자연어로 작성된 소스 프로그램을 곧바로 실행하거나 컴퓨터가 이해할 수 있는 적당한 형태로 변환해야 한다. 이러한 변환 프로그램을 번역기(translator)라고 하며, 번역 방식에 따라 인터프리터(interpreter)와 컴파일러(compiler) 등으로 구분한다. 컴퓨터 언어로 번역하는 작업이 오래 걸리지만 프로그램 작성이 쉽고 사용자의 이해가 빠르기 때문에 대부분의 고급 언어는 번역기를 사용한다.

1) 인터프리터

인터프리터는 고급 언어로 작성된 원시 코드 명령문들을 한 번에 한 줄씩 읽어 들여서 실행하는 프로그램이다. 어떤 번역기들은 원시 언어를 특수한 형태의 중간 언어로 변환한다. 인터프리터는 이러한 중간 언어를 입력받아 목적 언어로 변환하지 않고 직접 수행해서 그 결과를 출력해 준다. 인터프리터형 언어에는 Basic, Java, Python, VBScript, JavaScript 등이 있다. 인터프리터는 [그림 11-4]와 같이 원시 프로그램의 각 문장을 차례로 실행하고, 대화식 환경을 만들어 편집, 실행 사이클을 이용한다.

[그림 11-4] 인터프리터의 실행 과정

일반적으로 인터프리터는 원시 코드가 바로 실행되므로 코드 수준의 디버거를 포함할 수 있지만 프로그램의 성능은 컴파일러보다 낮다.

2) 컴파일러

컴파일러는 고급 언어로 쓰인 프로그램을 그와 의미적으로 동등하며 컴퓨터에서 즉시 실행될 수 있는 형태의 목적 프로그램으로 바꾸어 주는 번역 프로그램을 말한다. [그림 11-5]와 같이 원시 프로그램을 목적 프로그램으로 만들어 주고, 그것을 링크시켜 최종적으로 실행한다. 컴파일러형 언어에는 C, C++, Java 등이 있다.

[그림 11-5] 컴파일러의 실행 과정

많은 컴파일러는 원시 프로그램을 목적 프로그램으로 번역하면서 기본적으로 어휘 분석, 구분 분석, 의미 분석, 최적화, 코드 생성 등의 절차를 수행한다.

① 어휘 분석

어휘 분석(Lexical Analyzer)은 원시 프로그램을 하나의 긴 문자열로 보고 차례대로 문자를 검사하여 문법적으로 의미 있는 일련의 문자로 분할해 내는 것을 말한다. 이러한 문법적인 단위를 토큰이라고 한다.

토큰의 종류에는 명칭(identifier), 예약어(Reserved Word), 기호(punctuator), 숫자 상수(Numeric Literal), 문자 상수(String Literal) 등이 있다. 이 과정에서 정의되지 않은 토큰을 사용하면 컴파일 오류를 확인할 수 있다. 예를 들어, 소스 코드에 a=b-5//3이 들어오면 'a', '=', 'b', '-', '5', '*', '3'을 토큰으로 만든다. 그런데 사용할 수 없는 '//'라는 연산자 때문에 C언어의 컴파일러는 오류를 발생시킨다.

② 구문 분석

구문 분석은 소스 코드 파일을 읽어 들여 의미 있는 개별 문법 요소(연산자, 괄호, 식별자 등) 단위로 분해하고, 이 문법 요소들을 해석하여 구문 트리(Parse Tree)를 생성하는 것으로 파싱((Syntactic) Parsing)이라고 불린다. 이 과정에서 문법에 맞지 않는 소스 코드가 있으면 오류 메시지를 출력한다.

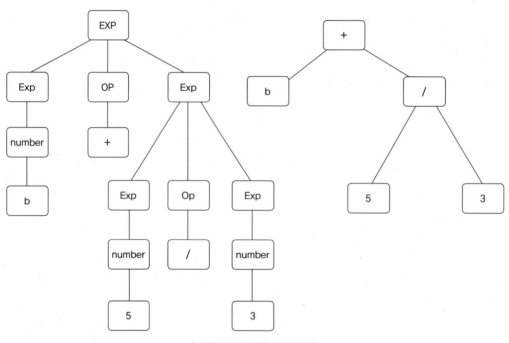

[그림 11-6] 구문 트리의 예

③ 의미 분석

의미 분석은 구문 트리와 기호표에 있는 정보를 이용하여 소스 프로그램이 언어 정의에 의미적으로 일치하는지를 검사하고, 다음 단계인 중간 코드 생성에 이용하기 위해 자료형 정보를 수집하여 구문 트리나 기호표에 저장하는 것을 말한다. 예를 들어, 대부분의 프로그래밍 언어에서는 실수를 배열의 첨자로 사용하면 오류이므로 실수와 정수의 연산 시 연산하기 전에 정수를 실수로 바꿔 주는 작업이 필요하다.

④ 코드 최적화

구문 트리를 분석하여 최적화를 수행한다. 도달할 수 없는 코드를 식별하거나 상수 표현식을 미리 계산해 두거나 루프 풀기 등의 대부분의 최적화가 이 단계에서 수행된다.

⑤ 목적 코드 생성

최적화된 구문 트리로부터 목적 코드를 생성한다. 목표 언어가 기계어일 경우에는 레지스터 할당, 연산 순서 바꾸기 등 하드웨어에 맞는 최적화가 이 단계에서 수행된다.

3) 링커

링커(linker) 또는 링크 에디터(Link Editor)는 컴파일러가 만들어 낸 하나 이상의 목적 파일을 가져와 이를 단일 실행 프로그램으로 병합하는 프로그램이다. 링커는 목적 파일과 정적 라이브러리를 병합하여 새로운 라이브러리나 실행 파일을 만들어 낸다.

4) 디버거

디버거는 프로그램을 단계적으로 제어하면서 실행시킬 수 있도록 하고, 데이터의 변화를 추적할 수 있는 기능을 제공하여 논리적 오류를 보다 쉽게 찾아내고 해결할 수 있도록 도와준다.

GCC(GNU Compiler Collection)

원래 'GNU C Compiler'의 의미로 시작하였는데 1999년부터 'GNU Compiler Collection'을 의미하게 되었다. 따라서 C언어뿐만 아니라, C++, 오브젝티브 C, Fortran, Java 등의 컴파일러를 포함하는 포괄적 의미를 가진다. GCC는 소스 파일을 이용해 실행 파일을 만들 때까지 필요한 프로그램을 차례로 실행시키는 툴이다. 다음은 GCC의 컴파일 과정이다.

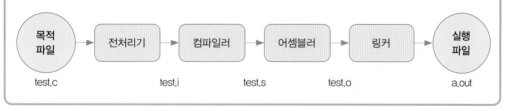

2 블록 기반 프로그래밍 언어

블록 기반 프로그래밍은 명령어 블록을 연결하여 프로그래밍 할 수 있는 코딩 방법이다. 본 절에서는 교과서에서 블록 기반 프로그래밍 언어로 가장 많이 이용되고 있는 Scratch와 엔트리 프로그래밍 언어의 개발 환경과 프로그래밍의 실제를 제시하였다.

1 Scratch 프로그래밍

Scratch는 아이들에게 그래픽 환경을 통해 컴퓨터 프로그래밍에 관한 경험을 쌓게 하기 위한 목적으로 설계된 교육용 프로그래밍 언어 및 환경이다. 스퀵(Squeak)을 기반으로 Smalltalk라는 언어로 작성되었으며, [그림 11-7]과 같이 블록 조각을 조립하는 형태로 프로그래밍 할 수 있는 대표적인 교육용 프로그래밍 언어이다.

Scratch는 2007년 MIT Media Lab의 연구팀이 만 8세부터 16세까지의 아동을 대상으로 프로그래밍의 기본 개념과 알고리즘을 가르치기 위해 개발했으며, 다양한 멀티미디어 지원을 통해 게임이나 애니메이션 등을 쉽게 만들 수 있다. 번역(Text to Speech) 기능이 있고 micro:bit, LEGO MINDSTORMS EV3, LEGO WeDo 2.0과 직접 연동할 수 있다.

가 개발 환경

Scratch의 개발 환경은 크게 무대(stage), 스프라이트(sprite), 명령어 블록(script)으로 구성되어 있다. Scratch에서 스프라이트는 무대 위의 배우라고 할 수 있으며, 이러한 스프라이트의 상태를 변화시키는 것이 명령어 블록이다. 각각의 명령어들은 모양이 조금씩 차이가 있어 모양을 보면서 퍼즐 맞추기처럼 맞춰 나가면 문법에 맞게 명령을 내릴 수 있다.

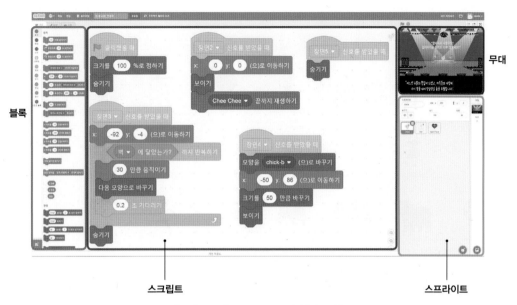

[그림 11-7] Scratch 3.0의 화면 구성

1) 무대

무대는 스프라이트가 명령어 블록에 의해 실행되는 주 무대이자 프로그램이 실행되는 화면이다. 무대의 방향 값과 좌표는 프로그램을 만들 때 중요하게 사용된다. 또 무대의 배경은 흰색이 기본이지만 다양한 배경을 삽입하여 꾸밀 수도 있다.

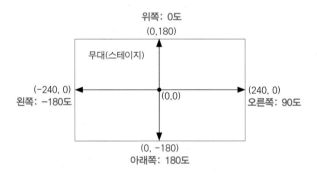

무대의 방향은 위쪽은 0도, 오른쪽은 90도, 아래쪽은 180도, 왼쪽은 −180도로 표시되며, 무대의 정중앙의 좌표(x, y)는 (0, 0)이고, 가로 480, 세로 360으로 이루어져 있다.

[그림 11-8] Scratch의 무대 방향과 좌푯값

2) 스프라이트

스프라이트는 무대에서 나타나는 등장인물이다. 기본 화면에는 고양이 캐릭터가 기본 스프라이트로 나타나 있다.

스프라이트는 이미지 파일로 Scratch 프로그램에서 [그림 11-9]와 같이 다양한 스프라이트를 제공하며, 사용자가 직접 제작하거나 검색하여 추가할 수 있다.

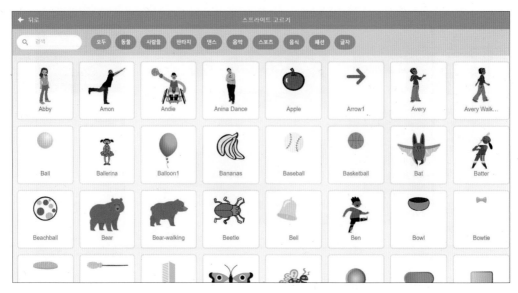

[그림 11-9] Scratch의 다양한 스프라이트

3) 명령어 블록

명령어 블록은 프로그래밍 언어에서 사용되는 각종 명령어에 해당한다. 명령어 팔레트를 보면 명령어 특성별로 영역이 나누어져 있고, 색으로도 구분을 하고 있다. 명령어 블록은 [표 11-1]과 같이 동작, 형태, 소리, 이벤트, 제어, 감지, 연산, 변수, 나만의 블록 등 크게 아홉 가지로 구분되어 있다.

기존 프로그래밍 언어는 명령어를 텍스트 형식으로 입력하지만 Scratch에서는 [그림 11-10]과 같이 명령어 블록을 스크립트 창으로 끌어와 쌓으면 된다. Scratch에서는 블록의 모양에 맞게 넣는 것이 문법에 맞는다.

[그림 11-10] Scratch의 명령어 블록 쌓기

블록	기능 설명	블록	기능 설명
동작	이동, 회전, 방향 전환 등 스프라이트의 움직임에 관한 블록	감지	스프라이트의 현재 위치나 상태를 검사할 수 있는 블록
형태	모양 변경, 크기, 효과 등 스프라이트의 보이는 모습을 설정하는 블록	연산자	산술, 관계, 논리 연산 등에 관한 함수 기능을 가진 명령어 블록
소리	음악을 틀거나 중지하는 것 등 소리에 관한 블록	변수	변수와 리스트를 생성하고 값을 변경할 수 있는 블록
이벤트	스크립트의 실행과 방송에 관한 블록	나만의 블록	사용자 정의 함수에 관한 블록
제어	반복, 조건, 복제 등을 통해 스프라이트를 조정할 수 있는 블록		

나 프로그래밍의 실제

Scratch를 이용한 '디지털 피아노 만들기' 프로그램 예시는 다음과 같다.

1) 디지털 피아노 무대

디지털 피아노 사용법을 알려 주는 배경과 연주할 수 있도록 건반, 악기 번호, 음량 등을 설정할 수 있는 배경으로 나누어 작성한다.

연주 배경의 경우에는 악기 번호와 음량은 변수, 타이틀, Apply 버튼, 건반은 스프라이트이다. 건반의 경우에는 각 음계별로 다른 스프라이트로 되어 있다.

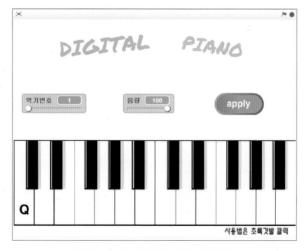

[그림 11-11] 디지털 피아노의 무대

2) 디지털 피아노 스크립트

디지털 피아노 스크립트별 프로그래밍은 [그림 11-12], [그림 11-13], [그림 11-14]와 같이 구성되어 있다. Q건반의 스크립트는 숨기기, 보이기, 맨 앞으로 순서 바꾸기 블록은 배경이 2개로 되어 있어 각 배경이 무대에 나타날 때 명령을 입력한다.

디지털 피아노의 핵심 스크립트는 키보드의 q키를 누르거나 Q건반을 마우스로 클릭했을 때 48번 음을 0.2박자로 연주하는 것이다. 또 다양한 악기 소리와 음량의 크기를 조절할 수 있는 악기 선택을 받았을 때에는 해당 악기 번호와 음량의 크기를 정하는 블록이 중요하다. 모든 건반은 같은 스프라이트로 구성되어 있고, 음계를 나타내는 48번만 각 건반에 맞는 음계로 조정해 주면 된다.

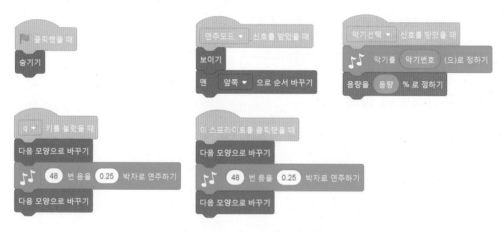

[그림 11-12] Q건반 스크립트

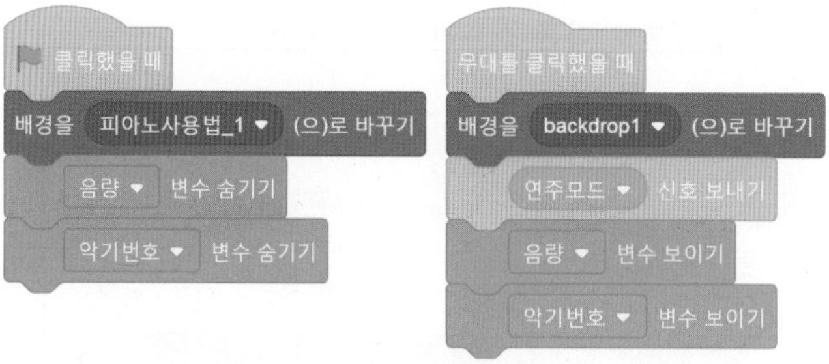

[그림 11-13] 배경 스크립트

[그림 11-14] Apply 스크립트

2 엔트리 프로그래밍

엔트리는 학습하기와 만들기, 구경하기 등의 기능이 있다. 학습하기에서는 컴퓨터를 통한 사고력과 문제 해결력을 키워주고, 이해하기 쉽도록 다양한 놀이 형식의 교육 콘텐츠를 제공한다. 만들기에서는 일상 언어로 이루어진 명령어 블록들을 순서에 맞게 조립하여 쉽게 창작물을 만들 수 있다. 구경하기에서는 엔트리를 통해 제작한 작품을 다른 사람과 쉽게 공유할 수 있고, 공동 창작도 가능하다.

가 개발 환경

엔트리는 [그림 11-15]와 같이 블록 놀이하듯이 하나씩 쌓으면서 간단한 게임이나 애니메이션, 미디어 아트 작품 등을 완성할 수 있으며, 놀이로 배운 작품을 친구들과 공유할 수 있다.

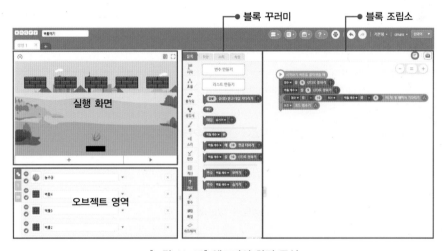

[그림 11-15] 엔트리의 화면 구성

엔트리는 명령을 수행할 수 있는 캐릭터나 사물, 배경 등 다양한 오브젝트를 제공한다.

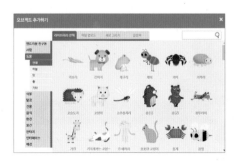

[그림 11-16] 엔트리의 다양한 오브젝트

엔트리의 명령어 블록은 [표 11-2]와 같이 시작, 흐름, 움직임, 생김새, 붓, 소리, 판단, 계산, 자료, 함수, 하드웨어 등 크게 열한 가지로 구분되어 있다.

[표 11-2] 엔트리의 블록 종류

블록	기능 설명
⚑ 시작	코드의 맨 위에서 모든 코드의 시작을 담당하는 블록
⋏ 흐름	조건, 반복 등을 통해 동작을 제어하는 명령어 블록
⇄ 움직임	이동, 방향 명령어 등 오브젝트의 움직임에 관련된 블록
❖ 생김새	오브젝트의 모양, 크기, 색깔, 말하기에 관련된 블록
🖌 붓	붓으로 그리기, 오브젝트 복사에 관련된 블록
🔊 소리	소리와 배경음 관련 블록
✓ 판단	마우스 또는 키보드 조작, 비교와 논리 연산 명령에 관련된 넣기 블록
⊞ 계산	연산, 초시계, 오브젝트의 속성과 문자열에 관련된 넣기 블록
? 자료	변수와 리스트 제작 메뉴가 있는 결괏값 블록
ƒ 함수	함수 제작 메뉴가 존재해서 함수를 생성할 수 있는 블록
↝ 하드웨어	센서보드나 아두이노 등 하드웨어에 관련된 메뉴 블록

[그림 11-17]과 같이 블록을 조립하여 오브젝트에 명령어를 넣고 실행할 수 있다.

[그림 11-17] 엔트리의 명령어 블록 조립

나 프로그래밍의 실제

엔트리를 이용한 '벽돌 깨기 핑퐁 게임' 프로그램 예시는 다음과 같다.

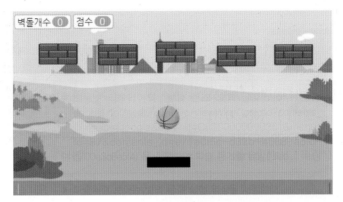

[그림 11-18] 벽돌 깨기 핑퐁 게임 실행 화면

1) 오브젝트 추가하기

[그림 11-19] 오브젝트 목록

2) 오브젝트별 스크립트

[그림 11-20] 배경 스크립트

공 오브젝트는 사방으로 움직이다가 벽돌에 닿으면 벽돌이 사라지고, 벽돌 개수는 감소한다. 공이 막대에 닿으면 들어온 공이 튀어 점수를 1점씩 올리고, 공이 아래쪽 바닥에 닿으면 게임이 종료된다.

[그림 11-21] 공 스크립트

막대 오브젝트는 마우스를 움직이는 x방향으로 이동한다.

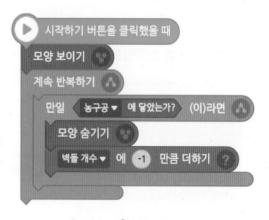

[그림 11-22] 막대 스크립트   [그림 11-23] 벽돌 스크립트

3 Scratch와 엔트리 명령어 블록 비교

Scratch와 엔트리 명령어 블록을 비교하면 [표 11-3]과 같다.

[표 11-3] Scratch와 엔트리 명령어 블록 비교

기능	Scratch 블록	엔트리 블록	설명
출력(print)			Scratch는 스프라이트가, 엔트리는 오브젝트가 특정 값을 출력한다.
입력(input)			스프라이트와 오브젝트가 각각 질문을 하면 그에 맞는 답을 입력한다.
선택(if)			특정 조건을 삽입하고, 조건이 충족되면 내부 블록을 실행한다.
선택 (if else)			특정 조건이 참인 경우와 거짓인 경우를 판단하여 블록을 각각 실행한다.
무한 반복			조건 없이 계속 반복하는 것으로 while(1)과 같은 기능이다.
until문			조건이 참이 될 때까지 반복하여 명령문을 수행한다.
실행			스크립트의 실행에 관한 블록은 Scratch에서는 이벤트, 엔트리는 시작 블록이다.
변수			변숫값을 직접 입력하여 변수에 저장한다.

3 텍스트 기반 프로그래밍 언어

고등학교 정보 교과에서 텍스트 기반 프로그래밍 언어로 가장 많이 이용되고 있는 것은 Python과 C언어이다. 본 절에서는 Python과 C언어의 개발 환경과 프로그래밍의 실제를 제시하였다.

1 Python 프로그래밍

Python은 문법이 간결하여 배우기 쉬운 언어로, 실행 시간에 자료형을 검사하는 동적 타이핑 언어이다. 광범위한 라이브러리가 기본으로 포함되어 있으며, 확장성도 무궁무진하다. 기본적으로 제공되는 라이브러리 이외에 쉽게 라이브러리를 추가할 수 있으며, C로 구현되어 있는 모듈도 쉽게 붙일 수 있다.

Python은 범용 프로그래밍 언어로 다양한 곳에서 활용되고 있으며, 사용자가 점점 늘어나고 있다. 개인적인 용도의 아주 짧은 스크립트부터 대규모 서비스의 서버 측 프로그램 구축에 이르기까지 광범위하게 사용되며, 안드로이드 폰에서 개인용 컴퓨터, 서버와 클라우드 컴퓨팅까지 여러 환경에서 사용되고 있다. 또한 IT 인프라 운영, 애플리케이션 개발 등 과학 기술 연구 목적 등 다양한 곳에도 사용되고 있다.

가 개발 환경

Python 설치 프로그램은 Python 홈페이지(https://www.python.org/)에서 무료로 다운받을 수 있다. Python은 셸이라는 인터프리터를 이용하여 명령어를 하나씩 입력하면서 결과를 확인할 수 있다.

또한 통합 개발 환경(IDE)에서는 명령 이외에도 자동 완성 기능, 디버깅 기능을 활용할 수 있고, 복잡한 코드는 파일로 저장해서 실행할 수 있다.

소스 프로그램은 .py 파일로 저장하여 [run module] 명령으로 실행할 수 있다. [그림 11-24]는 두 수의 합과 평균을 구하여 출력하는 프로그램을 쉘과 파일에서 각각 작성한 예이다.

[그림 11-24] Python의 쉘과 통합 개발 환경

오픈 소스 기반 클라우드 통합 개발 환경 중 goormIDE(https://ide.goorm.io/)는 C, Java, Python, Ruby 등 다양한 언어로 프로그래밍 할 수 있는 환경을 제공한다. 클라우드 통합 개발 환경을 이용하면 다른 사용자와 공유하여 동시에 협업하여 프로그래밍 할 수 있다. 개발자들은 커뮤니케이션 기능을 이용하여 실시간으로 의견을 나누면서 동시에 같은 소스 코드를 편집할 수 있다.

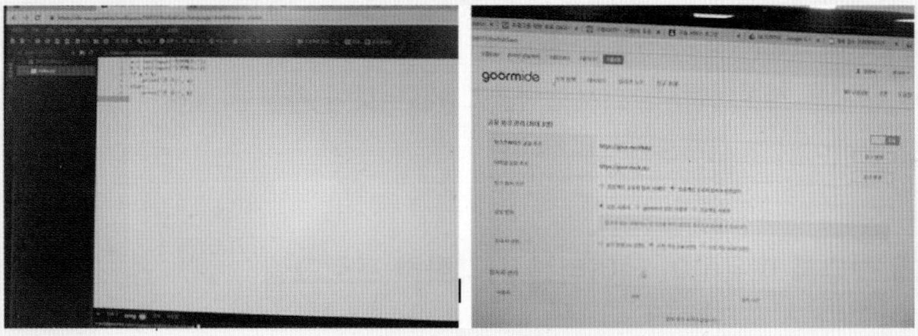

[그림 11-25] goormIDE

나 구문의 특징

Python의 문법에서 가장 잘 알려진 특징은 들여쓰기를 이용한 블록 구조로, 이것은 C언어에서 쓰이는 괄호를 이용한 블록 구조를 대신한 것이다.

보통 들여쓰기는 콜론(:)이 있는 명령어 다음 줄에 사용한다. 들여쓰기로 블록의 범위를 알 수 있다.

다음은 들여쓰기가 사용된 것과 사용되지 않은 프로그램의 예이다. 콜론(:) 다음에 있는 print문에서 들여쓰기를 하지 않으면 오류가 발생한다.

```
a=int(input('첫 번째수:'))
b=int(input('두 번째수:'))
if a>b:
    print('큰 수:',a)
else:
    print('큰 수:',b)
```

들여쓰기를 한 예

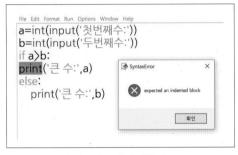

들여쓰기를 하지 않은 예

Python의 자료형은 변수에 값을 할당할 때 동적으로 결정된다. Python에서 input()으로 읽은 값은 문자형 자료로 저장된다. 만일 정수형으로 저장하려면 int()로 형을 변환해 주어야 하고, 실수형으로 저장하려면 float()로 형을 변환해 주어야 한다.

변수(a)에 문자형 자료 저장	변수(b)에 정수형 자료 저장	변수(c)에 실수형 자료 저장
a=input()	b=int(input())	c=float(input())

다 프로그래밍의 실제

Python은 turtle 모듈을 포함하고 있어 다양한 그림을 그리는 데 활용된다. turtle은 거북이의 모양을 가진 객체를 생성하여 선으로 그림을 그리는 것이 가능한 그래픽 모듈이다. 이러한 방법으로 다양한 데이터의 시각화가 가능하다.

1) 배열과 함수를 이용하여 데이터를 시각화한 프로그램

실행 결과

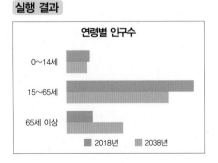

```
import turtle
t=turtle.Turtle()
t.shape('turtle')

age=['0-14세','15-64세', '65세이상']
data1=[6680843, 37573903, 7380510]
data2=[5809431, 30245401, 16461410]

def go(x,y):
    t.pu()
    t.goto(x,y)
    t.pd()

def bar(size):
    t.begin_fill()
    t.fd(size); t.lt(90)
    t.fd(20); t.lt(90)
    t.fd(size); t.lt(90)
    t.fd(20); t.lt(90)
    t.end_fill()

t.color('black')
go(30,100)
t.write("연령별 인구수", font=("Malgun Gothic", 25, "bold"))

x=-150; y=-10
go(x,y)

for i in range(3):                    # 연령 구분
    t.write(age[i], align = "right", font=("Malgun Gothic", 15, "bold"))
    y=y-60
    go(-150,y)

t.color('hotpink')
x=-100; y=0
go(x,y)
```

```
for i in range(3):                    # 막대그래프 그리기
    bar(data[i]/100000)
    y=y-60                            # 막대 간격 이동
    go(-100,y)


go(-50,-200)
bar(20)
go(-20,-200)
t.write('2018년',font=("Malgun Gothic", 15, "bold"))

t.color('skyblue')
x=-100
y=-20
go(x,y)
for i in range(3):                    # 막대그래프 그리기
    bar(data2[i]/100000)
    y=y-60                            # 막대 간격 이동
    go(-100,y)


go(100,-200)
bar(20)
go(130,-200)
t.write('2038년',font=("Malgun Gothic", 15, "bold"))
t.ht()
```

2) 딕셔너리를 활용하여 자리 배정하는 프로그램

Python은 딕셔너리(dictionary)라는 자료형을 가지고 있다. 딕셔너리는 key와 value를 한 쌍으로 갖는 자료형으로 key를 통해 자료를 얻는다.

다음은 value에 번호와 이름을 붙여 넣어 자리 배치를 랜덤(random)하게 출력하는 프로그램이다.

실행 결과

```
<< 2학년 1반 6월 자리배치 >>
1분단:  8나예    7김태    3김소    13서영    17엄태  >>>복도쪽
2분단: 23정지    9박규    2김병    5김아    15신해
3분단: 12백효   24최동   22정준    6김영    16양나
4분단: 21이채   19이수    1구기   10백다    4김소
5분단: 14송영   18이다   25최혜   20이예    11백현  >>>창쪽
```

```python
import random
v={}
이름=['1구기','2김병','3김소','4김소','5김아','6김영','7김태','8나예','9박
규','10백다','11백현','12백효','13서영','14송영','15신해', '16양나','17엄
태','18이다','19이수','20이예', '21이채','22정준','23정지','24최동','25최
혜']
for i in range(0,25) :
    v[i]=이름[i]
    random.shuffle(v)          #딕셔너리 내에서 섞기
for i in range(25) :
    if v[i]=='21이채':          #시력이 약한 학생은 4분단 첫 번째 자리로 고정
        t=v[15]
        v[15]=v[i]
        v[i]=t
print('   << 2학년 1반 6월 자리배치 >> ')
m=5                             # 분단별 인원수
for i in range(5) :
    print(' %d분단:' %(i+1), end='  ')
    for j in range(5):
        print ('%6s' %d[i*m+j], end='    ')
    if i==0:
        print('>>>복도쪽')
    elif  i==4:
        print('>>>창쪽')
    else:
        print()
```

2 C 프로그래밍

  C언어는 다양한 제어 구조와 함수를 이용하여 구조적 프로그래밍이 가능하고, 시간의 흐름에 따라 해야 할 일들을 순서대로 정의하는 절차 지향적 프로그래밍의 특징이 있다. C언어의 절차 지향적 특성은 인간의 사고 순서와 유사하기 때문에 배우기가 쉽고, C언어로 구현된 프로그램은 다양한 컴퓨터 기종에서 실행될 수 있는 형태로 쉽게 변경할 수 있다.

또한 C언어는 고급 언어와 저급 언어의 특징을 동시에 가지고 있어 하드웨어 자원을 직접 제어할 수 있고, 기억 장치의 동적 할당이 가능하므로 기억 장치를 효율적으로 사용할 수 있다.

가 개발 환경

C 프로그램을 작성하기 위한 대표적인 개발 환경으로 Code::Blocks(코드 블록스)가 있다. Code::Blocks는 GCC, MSVC를 포함한 여러 컴파일러를 지원하는 자유·오픈 소스 크로스 플랫폼 IDE이다. 플러그인 구조를 이용하여 여러 기능을 사용할 수 있게 되어 있다. 현재 Code::Blocks는 C와 C++, Fortran을 지원하고 있다.

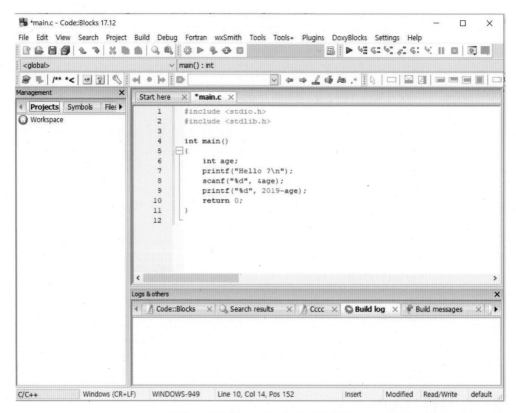

[그림 11-26] Code::Blocks의 개발 환경

나 구문의 특성

C언어로 작성된 프로그램은 여러 개의 함수로 이루어져 있는데 프로그램이 시작되는 함수는 main() 함수이다. C 프로그램이 실행되면 컴퓨터는 main() 함수를 찾아서 호출한다.

C 프로그램의 일반적인 구조는 다음과 같다.

```
#include <stdio.h>              // 입출력에 관한 표준 함수
    int main()
{                              //프로그램 시작
        변수 선언              // 자료형 변수명
        변수에 값 입력
        처리(계산, 조건 검사, 반복)
        결과 출력
        return 0;
}                              //프로그램 끝
```

다음은 위 C 프로그램 구조를 적용한 나이를 입력하여 태어난 연도를 출력하는 프로그램이다.

```
#include <stdio.h>
int main(void)
{
        int age;
        printf("안녕 너는 몇 살이니?\n");
        scanf("%d", &age);
        printf("너는 %d년에 태어났구나", 2019-age);
        return 0;
}
```

C언어를 이용한 프로그램의 구문은 다음과 같은 특징이 있다.

- C언어의 기본 단위는 함수이다.
- 연산을 수행하는 모든 명령어는 ;으로 끝나고 블록은 { }를 사용한다.
- 표준 라이브러리 함수를 사용하기 위해서는 #include로 시작하는 헤더 파일을 포함해야 한다.

다 표준 라이브러리

표준 라이브러리 함수는 함수 호출 시 전달되는 문자열을 모니터에 출력해 주는 printf() 함수와 같이 시스템에서 기본적으로 제공되며, 누구나 가져다 쓸 수 있도록 만들어 놓은 함수이다.

표준 라이브러리 함수는 해당 함수를 정의해 놓은 헤더 파일(.h)을 포함한다.

따라서 프로그램의 시작 부분에 #include 〈stdio.h〉와 같이 기술한다. stdio.h 파일은 표준 입출력에 관하여 정의해 놓은 것으로 printf()나 scanf() 함수를 사용하려면 반드시 포함해야 한다.

라 프로그램의 실제

1) 숫자 맞추기 게임

다음은 컴퓨터가 무작위로 생성한 수를 사람이 맞추는 게임 프로그램이다. 컴퓨터가 생성한 수와 사람이 입력한 숫자와 같으면 무한 반복문을 탈출한다. 이 프로그램에서 random한 수를 생성하기 위해 stdlib.h와 time.h를 포함하였다.

소스 코드

```c
#include <stdio.h>
#include <stdlib.h>
#include <time.h>
int main() {
    int i computer, human;
    srand(time(NULL));
    computer = rand()%100+1;
    printf("%d",computer);
    while (1)
    {
        printf("Guess a number 1~100:");
        scanf("%d", &human);
        if (computer == human)
        {
            printf("You guessed right\n");
            break;
        }
        else if (computer > human)
            printf("Try higher\n");
        else
            printf("Try lower\n");
    }
    return 0;
}
```

2) 토끼 수 계산하기

다음은 수의 규칙을 발견하여 배열에 저장하고 출력하는 프로그램이다. 수의 규칙을 적용하여 계산하기 위한 사용자 정의 함수를 이용하였다.

문제

어느 섬에 토끼가 한 마리 있다. 이 토끼는 한 달에 한 번 두 마리의 새끼를 낳는다. 새로 태어난 토끼는 성체로 성장하는 데 3개월이 걸린다. 성체로 성장한 토끼는 다시 한 달에 두 마리의 새끼를 낳는다. 이 섬의 토끼가 X마리를 넘게 되는 것은 몇 년 몇 개월 후인가?

<처리 조건>
- 가정 1: 모든 토끼는 암컷이며 수컷 없이 새끼를 낳는다.
- 가정 2: 성체로 성장한 토끼는 한 달에 두 마리의 새끼를 낳는다.

〈입력〉
- 이 섬의 토끼가 X마리를 넘게 되는 기간을 구하되 X는 입력으로 받는다.

계산할 토끼의 숫자를 입력하시오: 50

〈출력〉
- 매달 현재 섬의 토끼 숫자를 출력한다.
- 입력된 X의 숫자가 넘게 되는 기간을 몇 년 몇 개월로 표시한다.

1개월 후: 3마리	2개월 후: 5마리	3개월 후: 7마리
4개월 후: 9마리	5개월 후: 15마리	6개월 후: 25마리
7개월 후: 39마리	8개월 후: 57마리	

50마리가 처음 넘어서는 때는 8개월 후입니다.

알고리즘 설계

① 수의 규칙: 3, 5, 7, 9, 15, 25, 39, 57……

항	수	규칙
1	3	2 * 1+1
2	5	2 * 2+1
3	7	2 * 3+1
4	9	2 * 4+1

5	15	$9+2*3$
6	25	$15+2*5$
7	39	$25+2*7$
8	57	$39+2*9$

② 점화식 표현

$F_n = 2n + 1 \ (n <= 4)$

$F_n = F_n + 2F_{n-4} \ (n > 4)$

소스 코드

```c
#include <stdio.h>
int r[1000];
int rabbit(int n)
{
        if(n<=4) return 2*n+1;
        else return r[n-1]+2*r[n-4];
}
int main()
{
        int n, i, year, month;
        printf("계산할 토끼의 숫자를 입력하시오 : ");
        scanf("%d",&n);
        i=1;
        do{
            r[i]=rabbit(i);
            printf("%d 개월 후 : %d 마리\n", i, r[i]);
        }while(r[i++]<=n);
        i--;
        year=i/12;
        month=i%12;
        printf("%d 마리가 처음 넘어서는 때는 ", n);
        if(year!=0) printf("%d년 ", year);
        if(month!=0) printf("%d개월 ", month);
        printf("후 입니다.\n");
}
```

3 텍스트 기반 프로그래밍 언어의 비교

텍스트 기반 언어인 C와 Python의 정확한 사용법을 알기 위해 두 언어의 자료형, 입출력문, 연산자, 제어문 등의 표현 방법을 비교해 본다.

가 자료형

Python은 변수에 값을 할당할 때 자료형이 동적으로 결정된다. Python에서는 input()으로 읽은 값이 기본적으로 문자형 자료로 저장된다. 정수형으로 저장하려면 int()로 형을 변환해 주어야 한다. 또한 실수형으로 저장하려면 float()로 형을 변환해 주어야 한다. C에서는 변수의 선언 시 형을 써서 표현하므로 변수의 선언과 동시에 형이 결정된다. 따라서 그 변수에 저장할 수 있는 자료 범위를 넘어서면, 즉 크거나 작으면 오버플로가 발생한다. 그러나 Python에서는 변수의 형을 선언하지 않고 값을 할당할 때 자료형이 결정되며, 오버플로가 발생하지 않는다.

[표 11-4] **자료형의 비교**

구분	C	Python
프로그램	scanf("%d",&n); printf("%d",n);	n=int(input()) print(n)
실행 결과	123456789012345 -2045911175	12345678901234567890 12345678901234567890

나 입출력문

프로그램을 이용하여 자료를 처리할 때 입출력문을 이용하여 처리할 자료를 입력하고, 입력한 자료는 일련의 처리 과정을 거쳐 결과로 출력할 수 있다. 프로그램에서 입출력되는 자료의 형태는 숫자, 문자, 문자열, 그림, 소리, 동영상 등 다양하다. 따라서 프로그램의 목적에 따라 입출력 자료를 적절하게 이용해야 하며, 일반적으로 입출력할 때 키보드, 마우스, 모니터, 프린터 등의 입출력 장치를 사용한다.

[표 11-5] **입출력문의 비교**

구분	C	Python
입력문	scanf("%d",&a); scanf("%f",&a);	a=int(input('정수 입력:')) a=float(input('실수 입력:'))
출력문	printf("%d",a); printf("%f",a);	print(a) print(a)

다 연산자

프로그램에서 사용하는 연산자는 크게 산술 연산자, 관계 연산자, 논리 연산자로 구분할 수 있다.

> - 산술 연산자는 주로 계산을 위한 연산식에 사용한다.
> - 관계 연산자는 두 값의 대소 관계를 판단할 때 사용한다.
> - 논리 연산자는 관계 연산자로 표현된 조건을 조합할 때 사용한다.

이러한 연산자를 여러 개 사용할 때에는 연산자 우선순위에 따라 처리한다. C와 Python에서 제공하는 연산자의 종류를 비교하여 나타내면 다음과 같다.

[표 11-6] 산술 연산자의 종류

기능	C	Python	Python 사용 예
더하기	+	+	a=7+2
빼기	−	−	b=7-2
곱하기	*	*	c=7*2
나누기	/	/	d=7/2
나머지	%	%	e=7%2
몫	/	//	f=7//2
거듭제곱		**	g=7**2

위 계산식에서 d=7/2는 3.5, f=7//2는 3, g=7**2는 49의 결과가 저장된다.

C언어의 경우 나눗셈을 위한 연산자는 / 한 가지로, 피연산자의 자료형에 따라 정수 또는 실수의 계산 결과를 얻을 수 있다. 한편, Python에서는 //가 몫을 계산하는 연산자이고, /는 나눗셈의 결과로 실숫값을 얻을 수 있다.

[표 11-7] 관계 연산자의 종류

기능	C	Python	Python 사용 예
크다	>	>	a>b
크거나 같다	>=	>=	a>=b
작다	<	<	a<b
작거나 같다	<=	<=	a<=b
같다	==	==	a==b
같지 않다	!=	!=	a!=b

관계 연산자는 C와 Python의 표현은 동일하지만 논리 연산자는 [표 11-8]과 같이 연산자의 표현이 다르다.

[표 11-8] 논리 연산자의 종류

기능	C	Python	Python 사용 예
논리곱	&&	and	a%3==0 and a%5==0
논리합	||	or	a%3==0 or a%5==0
논리 부정	!	not	not(a%5==0)

다음은 변수, 연산자, 입출력문을 사용한 '원의 넓이 출력' 프로그램이다.

C	Python
``#include <stdio.h>
int main() {
int r;
float area;
printf("반지름?");
scanf("%f",&r);
area=r*r*3.141592;
printf("원넓이= %f",area);
return 0;
}```	```import math
r=float(input('반지름'))
area=r*r*math.pi
print('원넓이=',area)```

라 제어문

프로그램을 작성할 때 조건에 따라 처리하는 명령어를 선택하거나 어떤 명령어를 계속 반복하는 것과 같이 실행 순서를 바꾸려고 할 때 제어문을 사용한다. 제어문에는 조건문과 반복문이 있다.

1) 조건문

조건문은 [표 11-9]와 같이 어떤 조건에 따라 처리할 명령문이 달라지는 형태로, 프로그램의 흐름을 선택할 수 있도록 지원하는 명령문이다.

C는 if~else if~else문을 이용하고, Python은 if~elif~else문을 이용하여 선택 프로그램을 작성할 수 있다. Python의 경우에는 명령문 끝에 (:)은 빠뜨리지 않도록 주의한다.

[표 11-9] 조건문의 형식

C	Python

if(조건식1)
　　명령문1;
else if(조건식2)
　　명령문2;
else
　　명령문3;
	if 조건식1:
	　　명령문1
	elif 조건식2:
	　　명령문2
	else:
	　　명령문3

다음은 나이에 따른 '어린이, 청소년, 성인 판별' 프로그램이다.

C	Python

#include 〈stdio.h〉
int main() {
　　int age;
　　printf("나이를 입력");
　　scanf("%d", &age);
　　if (age>=20)
　　　　printf("성인입니다.");
　　else if (age>=13)
　　　　printf("청소년입니다.");
　　else
　　　　printf("어린이입니다.");
　　　　return 0;
}
	age=int(input('나이를 입력:'))
	if age>=20:
	　　print('성인입니다.')
	elif age>=13:
	　　print('청소년입니다.')
	else:
	　　print('어린이입니다.')

2) 반복문

반복문은 어떤 조건을 만족하는 동안 일정한 구간을 반복해서 처리하도록 구성하는 구문이다. C는 for, while, do~while문, Python은 for, while문을 이용하여 프로그램을 작성할 수 있다.

[표 11-10] 반복문의 형식

C	Python

for(초기식;조건식;증감식)
{
　　명령문;
}
	for 변수 in range(초기식, 조건식, 증감식):
	　　명령문
	또는
	for 변수 in 배열:
	명령문

초기식;
while(조건식)
{
    명령문;
    증감식;
}
	초기식
	while 조건식:
	    명령문
	    증감식

① for문 활용

for문은 주어진 조건 범위 안의 내용을 반복 수행하는 명령문이다. 다음은 for문을 사용한 '구구단의 n단 출력' 프로그램이다.

C	Python
```#include <stdio.h>``` `int main() {` `    int i,n;` `    scanf("%d", &n);` `    for (i=1;i<=9;i++)` `        printf("%d*%d=%d\n",n,i,n*i );` `    return 0;` `}`	```n=int(input())``` `for i in range(1,10):` `        print(n,'*',i,'=',n*i)`

② while문 활용

while문은 조건식이 참일 때 구문을 반복하는 명령문이다. 다음은 while문을 사용한 '종이를 63빌딩 높이만큼 접을 수 있는 횟수 구하기' 프로그램이다.

이때 복잡한 문제는 작게 나누어 해결하는 알고리즘 설계를 이용한다. 그러기 위해서는 주어진 문제를 정확히 분석해야 한다.

다음에 제시된 문제 상황을 잘 읽어보자.

문제

> 종이를 한 번 접으면 원래 두께의 두 배로 두꺼워진다. 이렇게 접은 종이를 또다시 접으면 종이 두께는 원래 종이 두께의 네 배가 된다. 이런 과정을 계속하여 접은 종이의 두께가 63빌딩의 높이(294m)만큼 되려면 두께가 1mm인 종이를 몇 번 접어야 할까? 프로그램을 작성하여 문제를 해결해 보자.

① 종이를 한 번 접으면 두 배, 두 번 접으면 네 배로 두꺼워진다.

② n번 접으면 원래의 두께에 2^n을 곱한 수만큼 두께가 두꺼워지므로 두께가 294,000mm을 넘을 때까지 반복하여 종이를 접고 그 횟수를 출력한다.

결과

소스 코드

C	Python

<pre>#include <stdio.h>
int main()
{
        int h=1,cnt=0;
        do {
            h= 2*h;
            print("%번 접으면
%dmin\n", cnt, h);
            cnt++;
        }while(h<=294000);
        printf("접은 횟수 : %d\n",cnt);
}</pre>
	<pre>h=1
	cnt=0
	while True:
	    h=2*h
	    cnt=cnt+1
	    print(cnt,'번 접으면',h,'mm')
	    if h>294000:
	        break
	print('접은 횟수 : %d\n' %cnt);</pre>

마 배열과 함수

같은 유형의 여러 개의 자료를 반복 처리하거나 특정 기능을 반복해서 처리할 때에는 배열과 함수를 사용한다.

1) 배열

배열(array)은 동일한 성격의 자료들을 기억 장소 내에 연속적으로 저장한 형태로 자료들은 하나의 배열명으로 저장하고, 첨자를 사용해서 자료들을 구분한다. 배열은 행이나 열과 같은 번호들을 사용해 실제 기억 공간에 접근한다.

Python의 배열은 리스트이다. 리스트는 자료형이 서로 다르더라도 하나의 리스트에 저장할 수 있다.

또한 리스트에서 사용할 수 있는 함수를 이용하면 리스트에 새로운 데이터를 추가하거나 삭제할 수 있으며, 연산이나 정렬을 쉽게 할 수 있다.

C	Python

```#include <stdio.h>```
```int main()```
```{```
  ```int a[5]={80,50,30,76,90};```
  ```int sum=0;```
  ```float avg;```
  ```for(int i=0;i<=4;i++)```
    ```sum=sum+a[i];```
  ```printf("합=%d\n",sum);```
  ```avg=(float)sum/5;```
  ```printf("평균=%.2f",avg);```
  ```return 0;```
```}```
	```a=[80,50,30,76,90]```
	```sum=0```
	```for i in range(5):```
	  ```sum=sum+a[i]```
	```print('합=%d' %sum)```
	```avg=sum/5```
	```print('평균=%.2f' %avg)```

단, Python에서는 배열을 선언하는 방법을 아래와 같은 세 가지 방법으로 선언할 수 있다.

```
p = ['수성', '금성', '지구', '화성', '목성']
s= [None]*5
t=[]
```

위의 세 가지 선언 방법 가운데 t=[]로 배열 선언한 경우에는 공간이 할당되지 않아 t[0]=10 과 같은 값을 할당할 수 없고, t.append(10)과 같은 명령어로 처리할 수 있다.

p[0]에 '태양'값 저장	s[0]에 '태양'값 저장	t[0]에 '태양'값 저장
p[0]='태양'	s[0]='태양'	t.append('태양')

for문과 배열을 사용하여 피보나치 수열을 출력하는 두 프로그램을 비교해 보면 배열 사용법의 차이를 확인할 수 있다. [표 11-11]의 (B) 프로그램과 같이 배열을 선언할 때 공간을 할당하지 않으면 a[1]=1과 같이 첨자를 이용하여 배열에 접근할 수 없으므로 append() 함수를 사용하여 값을 추가해야 한다.

[표 11-11] 배열 선언

(A) 배열에 공간 할당된 경우	(B) 빈 배열인 경우

a=[None]*500
n=int(input('몇 항까지?'))
a[0]=1
a[1]=1
for i in range(2,n):
    a[i]=a[i-1]+a[i-2]
for i in range(n):
    print(a[i])
	a=[ ]
	n=int(input('몇 항까지?'))
	a.append(1)
	a.append(1)
	for i in range(2,n):
	    a.append(a[i-1]+a[i-2])
	for i in range(n):
	    print(a[i])

2) 함수

함수는 특정한 기능을 가진 독립적인 프로그램이다. 함수를 사용하려면 함수를 먼저 정의하고, 그것을 호출하는 과정이 필요하다.

대부분의 프로그래밍 언어에는 라이브러리에 미리 만들어 놓은 내장 함수와 사용자가 직접 정의하여 사용할 수 있는 사용자 정의 함수가 있다. 이때 함수를 정의한다는 것은 독립적으로 수행할 명령문들을 모아놓았다는 것이다.

함수를 지원하는 일반적인 프로그래밍 언어에서는 [표 11-12]와 같은 구조를 갖는다.

[표 11-12] 함수의 구조

구분	C	Python

함수 정의	자료형 함수 명(매개 변수)
	{
	    명령문1;
	    명령문2;
	    return 수식(값);
	}
		def 함수 명(매개 변수):
		    명령문1
		    명령문2
		    return 수식(값)

함수 호출	함수 명(인수)	함수 명(인수)

① 어떤 루틴에서 함수를 호출한다. 이때 함수가 가지는 특정 변수에 값을 전달하기도 한다.

이 변수를 매개 변수(parameter) 또는 인수(argument)[3]라고 부른다.

② 함수가 호출되어 계산을 수행한다.

③ 함수가 종료되고 실행 흐름이 원래의 루틴으로 돌아온다. 경우에 따라서는 함수가 계산되어 반환된 값(반환값, Return Value)을 원래의 루틴에서 사용하기도 한다.

C	Python
```c\n#include <stdio.h>\nvoid swap(int x, int y)\n{\n int t;\n t=x, x=y, y=t;\n}\nint main()\n{\n int a, b;\n scanf("%d %d", &a, &b);\n swap(a, b);\n printf("a=%d, b=%d\n", a, b);\n return 0;\n}\n```	```python\ndef swap(x,y):\n t=x; x=y; y=t\na=int(input())\nb=int(input())\nswap(a,b)\nprint('a=%d, b=%d', %(a,b))\n```

Python에서 함수 선언은 def로 시작해서 콜론(:)으로 나타낸다. 함수의 시작과 끝은 코드의 들여쓰기(indentation)로 구분한다. 함수 선언은 미리 하지 않고 필요할 때 바로 선언하여 사용할 수 있다. 다음은 재귀 함수를 사용한 '피보나치 수열 출력' 프로그램이다.

함수의 정의와 호출	재귀 함수의 정의와 호출
```python\ndef fibo(n):\n a, b = 1, 2\n while a < n:\n print(a, end=' ')\n a, b = b, a+b\n print()\nn=int(input())\nfor i in range(1,n+1):\n print(fibo(i), end=' ')\n```	```python\ndef fibo(n):\n if n==1 or n==2:\n return 1\n else:\n return fibo(n-1)+fibo(n-2)\nn=int(input())\nfor i in range(1,n+1):\n print(fibo(i), end=' ')\n```

---

[3] C언어에서 함수를 정의할 때에는 매개 변수(parameter)라고 하고, 함수를 호출할 때에는 인수(argument)라고 한다.

4 교육의 실제

교육의 실제 부분에서는 문제 해결과 프로그래밍 영역의 함수 활용 단원의 수업에 활용할 수 있는 교수·학습 과정안과 교수·학습 자료를 제시하였다.

1 교수 · 학습 과정안

단원	Ⅲ. 문제 해결과 프로그래밍 3. 프로그래밍 / 3–7. 함수의 활용	
학습 주제	우리는 협력하는 데이터 과학자이다.	
성취 기준	[12정보04–08] 함수의 개념을 이해하고, 함수를 활용한 프로그램을 작성한다.	
학습 목표	함수를 이용하여 데이터를 처리하고, 그래프로 시각화할 수 있다.	
핵심 역량	지식 정보 처리, 정보 문화 소양, 컴퓨팅 사고력, 창의적 사고력, 공동체 역량, 협력적 문제 해결력, 의사소통 능력	
수업 형태	토의 · 토론 학습, 협력 학습, 개별 학습, 프로젝트 학습	
수업 자료	교사	PPT와 학습 자료, 교과서, 클라우드 컴퓨팅
	학생	교과서, 클라우드 컴퓨팅을 위한 계정

단계 (시간)	수업 형태	학습 과정 (학습 유형)	교수 · 학습 활동		자료 및 유의점	핵심/ 교과 역량
			교사 활동	학생 활동		
도입 (10')	시작	전시 학습	▶ 질문을 통해 전시 학습에서 배운 배열의 사용법을 떠올린다. ▶ 전시 학습에서 온라인 설문 방법으로 수집한 데이터를 확인한다.		NIE	지식 정보 처리 (핵)

	전체 학습	동기 유발	▶ 빅데이터로 변화하는 우리 생활 이야기를 제시하여 학습 동기를 유발한다.		
		학습 목표	▶ 교사는 이번 시간 학습 목표를 제시하고, 학생들은 학습 목표를 인지한다.		
전 개 (30')	전체 학습	생각 열기	**[볼거리 제시]** ▶ 21세기 가장 매력적인 직업으로 손꼽히는 '데이터 과학자'라는 직업을 소개하고, 실리콘 밸리의 한국인 데이터 과학자의 동영상을 제시하여 학습 흥미를 유도한다. ▶ 동영상을 보고 데이터 과학이라는 새로운 분야에 호기심을 갖게 한다.	동영상 자료 설문 데이터 PPT	정보 문화 소양 (교)
		학습 내용 설명	▶ 교사는 학생들이 수집한 설문 데이터를 활용할 수 있도록 안내한다. 학생들은 온라인 설문을 통해 수집한 데이터를 프로그래밍에 이용할 수 있는 형태로 가공하여 준비한다. ▶ 교사는 설명을 위해 미리 준비된 데이터를 사용한다. ▶ 교사는 함수를 활용한 프로그래밍 방법을 예시를 통해 설명한다.		
	짝 활동 하기	문제 이해하기	▶ 교사는 설문 데이터를 배열에 저장하고, 출력하는 방법을 설명한다. 활동1 ▶ 두 명이 짝을 이루어 모둠에서 수집한 설문 데이터를 배열에 저장하고, 그 값을 출력하는 프로그램을 작성한다.	설문 데이터 미완성 프로그램 공유 문서	컴퓨팅 사고력 (교) 창의적 사고력 (핵) 공동체 역량 (핵) 협력적 문제 해결력 (교)
		문제 해결 하기	▶ 교사는 함수를 이용하여 배열에 저장된 데이터를 두 가지 그래프로 표현하는 방법을 설명한다. 활동2 ▶ 교사가 제시한 미완성 프로그램을 가지고 두 명이 짝이 되어 데이터를 막대그래프로 그리는 프로그램을 완성한다.		
	모둠 학습	적용하기	활동3-1 ▶ 모둠에서 수집한 데이터를 활용하여 다른 그래프로 변경해 봄으로써 컴퓨팅 사고력을 기를 수 있도록 한다. 활동3-2 ▶ 모둠원이 협력하여 데이터 수집과 자료 처리하는 데이터 과학의 과정을 손그림으로 시각화하여 표현한다.		
정 리 (10')	자기 평가	공유	▶ 완성된 프로그램과 시각화 자료를 발표하고 공유한다.	공유 문서	의사 소통 능력 (핵)
		생각 정리 (수업 성찰)	▶ 수업 내용을 정리한다. ▶ 자기 평가와 동료 평가서를 작성한다.		
	동료 평가	과정 중심 평가	▶ 수업에서 이루어지는 활동을 과정 중심 평가하고, 이에 대해 피드백한다.		
	끝	차시 예고	▶ 다음 시간에 배울 내용에 대해 안내한다.		

2 교수·학습 자료

다음 코드를 입력하고 주어진 문제를 해결해 보자.

소스 코드

```
import turtle
t=turtle.Turtle()
t.shape('turtle')

age=['0-14세','15-64세', '65세이상']
data=[66, 375, 73]

def go(x,y):
    t.pu()
    t.goto(x,y)
    t.pd()
def bar(size):
    t.begin_fill()
    t.fd(size); t.lt(90)
    t.fd(30); t.lt(90)
    t.fd(size); t.lt(90)
    t.fd(30); t.lt(90)
    t.end_fill()

t.color('black')
go(30,100)
t.write("연령별 인구수", align = "center", font=("Malgun Gothic", 25, "bold"))

x=-150; y=0
go(x,y)

for i in range(3):                    #연령 구분
    t.write(age[i], align = "right", font=("Malgun Gothic", 15, "bold"))
    y=y-50
    go(-150,y)
```

```
t.color('blue')
x=-100; y=0
go(x,y)

for i in range(3):              # 막대그래프 그리기
    bar(data[i])
    y=y-50                      # 막대 간격 이동
    go(-100,y)
t.ht()
```

활동 과제

위의 코드를 입력하면 아래 왼쪽 그래프와 같은 결과가 나타난다. 제시된 통계 자료를 활용하여 왼쪽 그래프를 오른쪽 그래표로 바꾸어보자.

결과

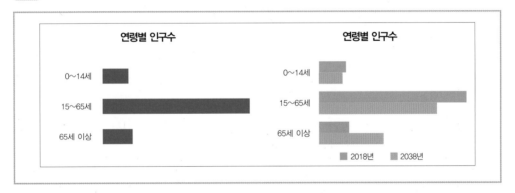

통계 자료

구분별	2018년	2038년
인구(명): 0∼14세	6,680,843	5,809,431
인구(명): 15∼64세	37,573,903	30,245,401
인구(명): 65세 이상	7,380,510	16,461,410
구성비(%): 0∼14세	12.9	11.1
구성비(%): 15∼64세	72.8	57.6
구성비(%): 65세 이상	14.3	31.3

① Scratch를 이용하여 '가위바위보 게임하는 프로그램'을 작성하시오.

② 엔트리를 이용하여 '업다운 프로그램'을 '숫자를 맞추는 프로그램'으로 수정하시오.

③ 미세먼지 농도에 따른 판단 기준과 색상표를 보고, 지역별 미세먼지 상태를 세로 막대그래프로 표현하는 Python 프로그램을 작성하시오.

미세먼지 농도(k)	0 이상 16 미만	16 이상 50 미만	51 이상 101 미만	101 이상
판단 기준	좋음	보통	나쁨	매우 나쁨
색상	파랑	초록	오렌지	빨강

④ C언어를 이용하여 '이진 탐색 프로그램'을 작성하시오.

참고 자료

- 강신천 외 12인(2019). 고등학교 정보 교과서. 씨마스.
- 권기태(2010). 프로그래밍 언어론. 홍릉과학출판사.
- 김도형, 이수현, 창병모(1997). 프로그래밍 언어 원리와 실제. 회중당.
- 김현철 외 4인(2019). 고등학교 정보 교과서. 천재교과서.
- 김현철 외 4인(2019). 중학교 정보 교과서. 천재교과서.
- 나현미(1991). 컴퓨터 문맹 탈피를 위한 교육용 프로그래밍 언어의 비교. 석사학위논문. 동국대학교 교육대학원.
- 도경구, 신승철, 안준선, 이욱세(2008). 프로그래밍 언어론 원리와 유형. 생능출판사.
- 손유경 외 2인(2012). 2012년도 경상북도교육청 동계 학교별 정보화 전문요원 연수(정보 교육을 위한 직무 연수) 교재. 과학직업교육 2012-4호. 경상북도 교육청.
- 손유경 외 2인(2015). 2015년도 경상북도연수원 콘텐츠 개발(소프트웨어 교육과정). 경상북도연수원.
- 오세민(2010). 컴파일러 입문. 정익사.
- 유정수, 이민희 (2009). Dolittle을 이용한 프로그래밍 수업이 창의성, 문제 해결력, 프로그래밍 흥미도 향상에 미치는 영향. 정보교육학회논문지 13(4), 443-450.
- 정영식 외 12인(2019). 중학교 정보 교과서. 씨마스.
- 제이슨 R. 브리거스(2013). 누구나 쉽게 배우는 Python. 비제이퍼블릭.
- 최용(2011). 예제 중심의 Python. 인피니티북스.
- Scratch-생활코딩 https://opentutorials.org/course/1415
- C 샤프 http://ko.wikipedia.org/wiki/C_샤프
- 위키피디아(2019), Python http://ko.wikipedia.org/wiki/Python
- 위키피디아(2019), Fortran http://ko.wikipedia.org/wiki/Fortran
- 위키피디아(2019), 컴파일러 http://ko.wikipedia.org/wiki/컴파일러
- 위키피디아(2019), Java http://ko.wikipedia.org/wiki/Java_(프로그래밍언어)
- Genealogy of Programming Languages. https://www.thinglink.com/scene/536427472728621058
- Susumu Kanemune, Takako Nakatani, Rie Mitarai, Shingo Fukui, Yasushi Kuno(2004). Dolittle-Experiences in Teaching Programming at K12 Schools. http://www2.gssm.otsuka.tsukuba.ac.jp.
- TIOBE Index. http://www.tiobe.com/index.php/content/paperinfo/tpci/index.html
- vpython. http://vpython.org/contents/docs/graph.html
- http://www.codeconquest.com/what-is-coding/
- Computer Science notes: Lexical and Syntax Analysis of Programming. http://www.pling.org.uk/cs/lsa.html

피지컬 컴퓨팅

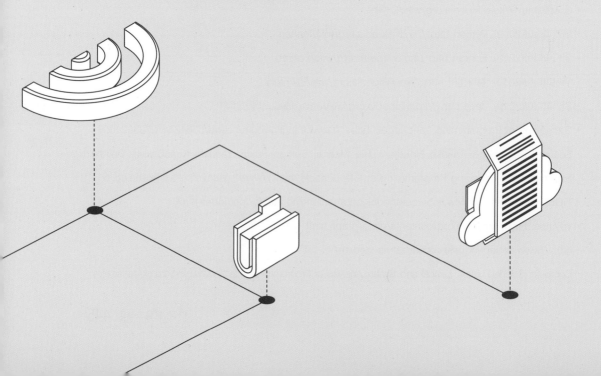

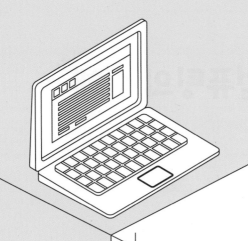

본 장에서는 센서를 통해 데이터를 수집하고 다양한 마이크로 컨트롤러로 처리하여 현실 세계에 정보를 제공하는 피지컬 컴퓨팅을 이해하며, 이를 활용하여 구현하는 방법과 교수 · 학습 과정안 및 학습 자료를 제시하였다. 구체적인 내용은 다음과 같다.

첫째, 피지컬 컴퓨팅의 이해에서는 피지컬 컴퓨팅의 원리를 살펴보고, 구성 요소를 제시하였다.

둘째, 피지컬 컴퓨팅의 실제에서는 센서보드, 네오봇, 아두이노 보드를 활용하여 피지컬 컴퓨팅을 구성하는 방법을 소개하고, 이들을 활용하여 피지컬 컴퓨팅을 구현하는 방법을 제시하였다.

셋째, 교육의 실제에서는 이 장에서 배운 피지컬 컴퓨팅의 실제 단원을 성취 기준에 따라 1차시 분량의 수업을 위한 교수 · 학습 과정안과 교수 · 학습 자료를 제시하였다.

피지컬 컴퓨팅의 이해

피지컬 컴퓨팅은 사물의 정보를 입력받고 프로그램으로 각종 기기들을 작동시키는 것으로, 이를 통해 프로그램의 원리를 좀 더 쉽게 이해할 수 있다.

1 피지컬 컴퓨팅의 원리

피지컬 컴퓨팅은 소프트웨어와 하드웨어를 이용하여 아날로그 세상과 상호작용이 가능한 물리적 시스템(Interactive Physical Systems)을 만드는 것으로 현실 세계와 컴퓨터의 가상 세계가 데이터를 통해 상호작용하는 것을 말한다. 즉, [그림 12-1]과 같이 컴퓨터가 현실 세계와 상호작용하기 위해 센서로 정보를 수집하고, 현실 세계 속 데이터를 디지털 기기로 내려받아 소프트웨어 형태로 처리한 후 그 결과를 모니터, LED, 스피커와 같은 여러 가지 장치(구동기)로 출력한다.

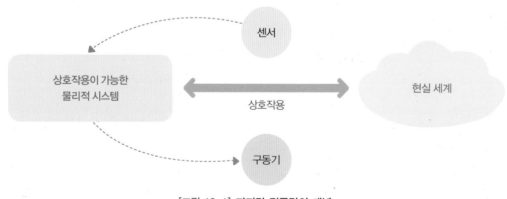

[그림 12-1] 피지컬 컴퓨팅의 개념

피지컬 컴퓨팅은 센서를 이용하여 사물과 주변 정보를 인식하고, 마이크로 컨트롤러에 탑재된 프로그램의 처리 결과에 따라 구동기를 동작시켜서 현실 세계에 다양한 정보를 제공한다.

예를 들어, [그림 12-2]와 같이 피지컬 컴퓨팅을 구성하면 식물의 상태를 파악하고, 식물이 잘 자랄 수 있도록 자동으로 물을 주거나 다양한 정보를 제공할 수 있다.

[그림 12-2] 식물 관리 피지컬 컴퓨팅

피지컬 컴퓨팅을 구성하는 데에는 아두이노, 라즈베리파이와 같은 마이크로 컨트롤러가 필요하며, 이는 사물과 인간, 사물과 컴퓨터를 연결하여 센서로부터 정보를 수집하고, 물리적 변화를 만드는 모터나 다른 장치들을 제어한다. 이러한 피지컬 컴퓨팅의 동작 원리는 [그림 12-3]과 같다.

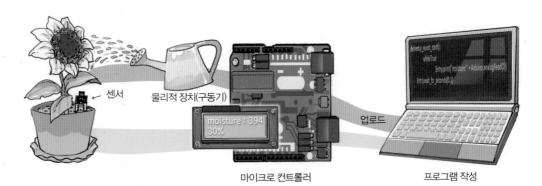

[그림 12-3] 피지컬 컴퓨팅의 동작 원리

피지컬 컴퓨팅 시스템을 구현하면 [그림 12-4]와 같이 소리 크기를 인식하여 LED로 아름다운 빛의 파형을 출력할 수 있고, 스스로 움직이는 자동차를 만들 수 있으며, 자동으로 애완동물에게 먹이를 주는 급식기, 계단을 오르거나 사물을 터치하여 피아노 소리를 내는 악기를 만들 수도 있다.

LED 이퀄라이저

RC카

고양이 급식기

찰흙 피아노

[그림 12-4] 피지컬 컴퓨팅의 구현 사례

피지컬 컴퓨팅의 주된 내용은 뉴 미디어를 다루는 예술가들에 의해 발전되었다. 영상물이나 빛을 이용한 미디어 아트 분야의 작품을 만들기 위해서 컴퓨터를 활용했다. 피지컬 컴퓨팅은 사물인터넷 분야의 기초가 된다. 센서를 통해 주변 환경을 인식하고, 네트워크를 통해 필요한 정보를 공유하거나 처리한다는 사물인터넷의 특성을 생각해 본다면 피지컬 컴퓨팅은 사물인터넷 분야를 구성하는 중요한 기술이라고 할 수 있다.

2 피지컬 컴퓨팅의 구성

피지컬 컴퓨팅은 마이크로 컨트롤러와 입출력 장치 및 통신 장비 등에 의해 구동되어 실생활에 정보를 제공한다.

가 마이크로 컨트롤러

마이크로 컨트롤러는 센서로부터 읽어 들인 자료를 처리하여 그 결과를 다양한 구동기가 동작하도록 제어한다. 피지컬 컴퓨팅을 위한 마이크로 컨트롤러에는 아두이노, 메이키메이키, 라즈베리파이 등과 같은 보드와 마인드스톰, 햄스터봇과 같은 로봇이 있다. 이러한 마이크로 컨트롤러를 사용하면 빛, 소리, 접촉, 움직임 등에 반응하거나 이러한 것들을 제어할 수 있다.

1) 아두이노

아두이노(Arduino) 보드는 오픈 소스를 기반으로 한 단일 보드 마이크로 컨트롤러이다. 아두이노 우노(UNO)는 가장 보편적으로 사용되는 보드로 14개의 디지털 입출력 핀, 6개의 아날로그 입력, 16MHz의 클락 스피드를 지원한다.

마이크로 컨트롤러	ATmega328
사용 전압	5V
추천하는 입력 전압	7–12V
최대 입력 전압	6–20V
디지털 I/O 핀 수	14(이 중 6개는 PWM[1] 출력)
아날로그 입력 핀 수	6
DC I/O핀당 전류	40mA
DC 3.3V핀을 위한 전류	50mA
Flash Memory	32KB(ATmega328)–0.5KB는 부트로더로 사용
SRAM	2KB(ATmega328)
EEPROM	1KB(ATmega328)
Clock Speed	16MHz

2) 센서보드

센서보드는 다양한 센서가 하나의 보드에 연결되어 있어 소프트웨어를 통해 센서들의 값을 읽어 들일 수 있는 기판을 말한다. 보다 쉽게 피지컬 컴퓨팅을 경험하기 위해 보드에 센서가 통합되어 있는 센서보드를 이용할 수 있다.

센서보드에는 코드이노 센서보드, E-센서보드, 메이키메이키 등 다양한 형태가 있다.

코드이노(CODEino)는 아두이노와 스크래치 센서보드를 결합한 형태의 단일 보드 마이크로 컨트롤러이다. E-센서보드는 아두이노 보드 위에 쌓아 올려 성능을 확장시키기 위한 아두이노 실드이다.

이러한 센서보드를 이용하면 별도의 회로를 구성하지 않고 간편하게 기본 센서를 활용할 수 있다.

---

[1] PWM은 Pulse Width Modulation의 준말로 펄스의 폭을 컨트롤 하는 주기 제어 방법이다. 출력되는 전압 값은 일정한 비율(duty) 동안에는 HIGH를 유지하고, 그 외에는 LOW를 출력하여 사각파의 출력을 만들어 내는데 PWM을 사용하면 0V와 5V 사이의 아날로그 값을 모사할 수 있다.

① 코드이노(CODEino)

코드이노는 빛, 소리, 버튼, 슬라이더, 저항, 3축 가속도 센서와 LED 출력을 갖추고 있다.

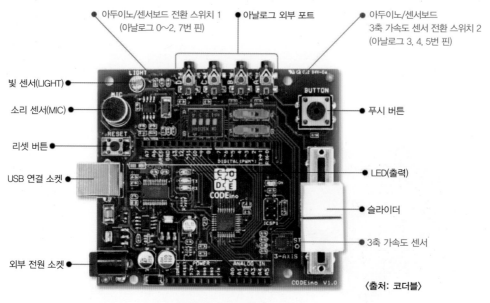

[그림 12-5] 코드이노의 구성

② E-센서보드

E-센서보드의 입출력 장치 구성은 4개의 아날로그 입력 센서(빛, 소리, 온도 센서, 슬라이더), 4개의 디지털 센서(버튼: 빨강, 노랑, 초록, 파랑), 4개의 출력 장치(LED: 빨강, 노랑, 파랑, 하양)로 되어 있다.

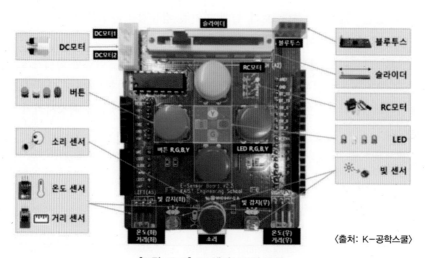

[그림 12-6] E-센서보드의 구성

③ 메이키메이키

메이키메이키는 전도성(전기가 통하는 성질)이 있는 물체를 키보드나 마우스 같은 입력 장치로 만들어준다. 다시 말해, 꽃, 바나나, 신체, 물 같은 것들이 키보드나 마우스 역할을 할 수 있다.

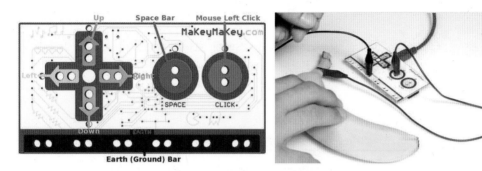

[그림 12-7] 메이키메이키와 활용 사례

나 입출력 장치

아두이노 보드에 연결하는 입력 장치는 각종 센서들이다. 다양한 목적으로 만들어진 센서는 주변의 정보를 감지한다. 센서는 물리적·화학적 정보를 감지하여 컴퓨터나 이용자가 읽을 수 있는 신호로 바꾸는 입력 장치이다. 우리 생활 속에서도 사물에 포함된 센서들을 쉽게 찾아볼 수 있다.

센서에는 빛의 양을 측정하는 빛 센서, 온도를 측정하는 온도 센서, 거리를 측정하는 초음파 센서, 소리 크기를 측정하는 소리 센서 등이 있다.

빛 센서   온도 센서   초음파 센서   소리 센서

[그림 12-8] 입력 장치

회로의 동작에 따라 값을 출력하는 부품들은 스피커, LED, LCD, 모터 등 다양한 출력 장치들을 이용할 수 있다. 이러한 구동기는 마이크로 컨트롤러가 처리한 결과에 따라 동작하여 실생활에 정보를 제공하고 원하는 동작을 하는 출력 장치이다. [그림 12-9]는 다양한 출력 장치의 예이다.

피에조 스피커

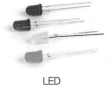
LED

LCD

모터

[그림 12-9] 출력 장치

이 중 모터의 종류에는 DC 모터, 서보모터, 스테핑 모터가 있고, 이 모터별 특징은 [표 12-1]과 같다.

[표 12-1] 모터별 특징

종류	특징
DC 모터	• 축이 연속적으로 회전하는 형태의 모터로 전원이 끊어지는 경우에만 정지한다. 정지 시에는 관성 때문에 정확한 정지 위치를 지정하기 어렵지만 속도 및 방향 제어 등을 쉽게 구현할 수 있다. • 모형 자동차, 무선 조종용 장난감 등을 비롯하여 여러 방면에서 가장 널리 사용되고 있는 모터이다.
서보모터	• DC 모터의 한 종류로 DC 모터에 귀환 회로를 추가하기 위해 움직임을 지정하면 정확한 위치 제어가 가능하도록 구성되어 있다. • 정밀 제어가 가능하고, 속도 면에서 스테핑 모터에 비해 빠르다. • 일반적으로 위치와 속도를 제어하는 데 사용된다.
스테핑 모터	• 펄스 모터 또는 스텝 모터라고도 하며, 입력되는 펄스 신호에 따라 일정한 각도로 움직인다. • 모터의 회전 각도가 입력되는 펄스 신호에 정확히 일치되기 때문에 정확한 각도 제어가 가능하다. • NC 공작 기계나 산업용 로봇, 프린터나 복사기 등의 OA 기기에 사용되며, 메카트로닉스 기계에서 중요한 전기 모터 중 하나이다.

다 통신 장비

마이크로 컨트롤러가 다른 기기와 정보를 주고받기 위해서는 케이블이나 무선 통신 장비가 필요하다. 이러한 기기 간의 통신에 필요한 부품에는 시리얼 통신 케이블이나 무선으로 제어하기 위한 블루투스 모듈 등이 있다.

1) 시리얼 통신

시리얼 통신은 아두이노와 컴퓨터 간에 메시지를 주고받는다. 시리얼 통신은 직렬 통신으로, 연속적으로 통신 채널이나 컴퓨터 버스를 거쳐 한꺼번에 하나의 비트 단위로 전송한다.

아두이노는 USB 연결을 통해 시리얼 통신을 할 수 있다. 소스 코드를 컴파일하고, USB를 통해 아두이노 보드로 업로드 하는 과정 또한 시리얼 통신을 통해 이루어진다.

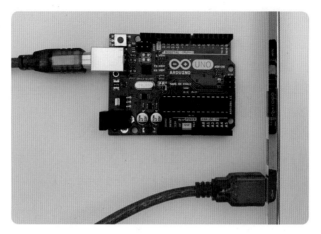

[그림 12-10] 아두이노와 시리얼 통신 연결

통신 속도는 bps로 나타내며, 일반적으로 9,600bps로 설정해 사용한다. 시리얼 통신을 사용하기 위해서는 시리얼 통신 포트를 초기화해야 하는데 이 기능을 하는 함수가 Serial.begin()이다.

시리얼 통신을 사용하기 위해 함수를 사용하는 방법은 다음과 같이 해야 한다.

```
Serial.begin(9600);      // 9600bps로 시리얼 통신을 초기화한다.
Serial.print('hello!');   // 시리얼 모니터에 메시지(hello)를 출력한다.
```

2) 블루투스 모듈

아두이노에 블루투스 모듈을 추가하면 시리얼 통신을 이용하여 데이터 값을 받거나 보낼 수 있다. 블루투스는 10미터 정도 떨어진 거리에서 무선으로 데이터를 보내거나 받을 수 있으므로 이를 활용하면 릴레이, 모터, 전등 등을 동작시켜 무선으로 기기를 제어하는 것이 가능하다.

예를 들어, 블루투스 기능이 있는 스마트폰, 노트북 등으로 아두이노에 연결된 블루투스 모듈로 신호를 보내 침대에 누워서도 집안의 전등을 무선으로 끄고 켤 수 있다. 단, 통신 거리가 10미터 정도라는 제한이 있으므로 멀리 떨어지면 블루투스 모듈과의 연결이 끊겨 작동되지 않을 수도 있다.

[그림 12-11] 블루투스 모듈

라 기타 부품

마이크로 컨트롤러와 각 부품을 연결하여 안정적인 전기를 공급하기 위해서는 브레드 보드나 저항, 연결선과 같은 부품이 필요하다.

1) 브레드 보드

전자 부품으로 회로를 구성하려면 부품을 끼울 수 있는 [그림 12-12]와 같은 보드가 필요하며, 이를 브레드 보드(Bread Board)라고 한다. 브레드 보드는 가운데를 중심으로 두 부분으로 나누어진다. 각 부분에는 5개의 구멍이 이웃하는데 서로 연결되어 있으며, 양쪽 끝에 있는 2개의 구멍이 각각 5개씩 연속되어 있고, 각 줄은 처음부터 끝까지 연결되어 있다.

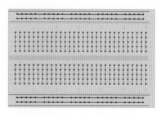

[그림 12-12] 브레드 보드

2) 저항

아두이노 회로를 구성하는 모든 전기 부품은 적당한 전류가 공급되어야 올바르게 동작할 수 있다. 기본적으로 브레드 보드에 연결된 부품들이 동작하기 위해서는 5V의 전압을 공급한다. 이때 저항은 도체에 흐르는 전류량을 조절하는 기능을 한다. 물체에 전달되는 전류량($I = \dfrac{V}{R}$ (V: 전압, R: 저항))은 저항이 크면 줄어든다.

저항은 양쪽으로 다리가 나온 원통형 모양으로 몸통에 다양한 색상의 띠가 있다. 이들 색상의 조합으로 저항의 크기(저항 값)를 표시하며, 이 색 띠의 값을 읽을 수 있어야 전자 회로에 적절한 저항을 선택하여 사용할 수 있다.

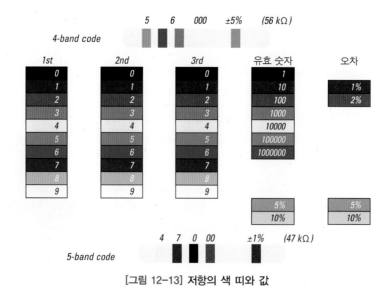

[그림 12-13] 저항의 색 띠와 값

저항 값은 색 띠로 나타내는데 각각의 색깔은 [표 12-2]와 같은 값을 가진다. 따라서 저항 값을 읽는 방법은 첫 번째 색 띠와 두 번째 색 띠의 숫자를 차례로 적고, 세 번째 색 띠의 숫자만큼 10진수 지수를 곱하면 된다. 네 번째 색 띠는 저항 값의 오차율을 나타낸다.

[표 12-2] 색상별 저항 값

색상	검은색	갈색	빨간색	주황색	노란색	녹색	파란색	보라색	회색	흰색
숫자	0	1	2	3	4	5	6	7	8	9

네 번째 띠 색상	갈색	빨간색	금색	은색
오차	1%	2%	5%	10%

220Ω 저항은 '빨간색/빨간색/갈색'의 띠로 구성되어 있다. 예를 들어, 갈색, 검은색, 주황색, 금색 띠를 가진 저항은 $10 \times 10^3 \Omega$(옴)의 저항 값인 10kΩ(킬로옴)에 해당한다.

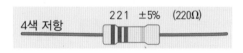

[그림 12-14] 220Ω 저항의 색 띠

3) 연결선

연결선은 아두이노와 브레드 보드를 연결하여 LED와 같은 부품에 전류가 흐르도록 하기 위해 사용한다. [그림 12-15]는 빨간색과 검은색 연결선이 아두이노 보드와 LED를 연결하여 LED에 전기가 흐르도록 하드웨어를 구성한 것이다. 이때 연결선의 색깔은 전기 흐름에 영향을 미치지 않지만 보통 빨간색 선은 높은 전압(5V)에, 검은색 선은 낮은 전압(0V)에 연결한다.

[그림 12-15] 아두이노와 LED 연결하기

3 프로그램 개발 환경

피지컬 컴퓨팅을 구현하기 위해서는 프로그래밍을 위한 개발 환경이 필요하다. 스크래치나 엔트리는 온라인 사이트에서 프로그램을 작성할 수 있다.

가 엔트리로 연결하기

엔트리 개발 환경을 사용하기 위해서는 [하드웨어 연결하기]를 선택한 후 새로운 창에서 연결할 마이크로 컨트롤러를 선택해야 한다. 아두이노나 E-센서보드와 같은 하드웨어를 선택했을 때 '하드웨어 연결 성공'이라는 메시지가 나타나야 하며, 엔트리 하드웨어 프로그램이 계속 실행되어 있어야 한다.

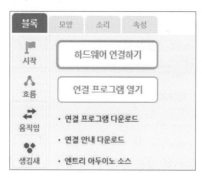

[그림 12-16] 엔트리 연결하기

처음 마이크로 컨트롤러를 연결할 경우에는 드라이버와 펌웨어를 설치해야 제대로 동작할 수 있다. 하드웨어가 연결되면 [아날로그 센서값]과 같은 하드웨어 블록이 나타난다. [그림 12-17]의 오른쪽 그림은 엔트리로 아두이노 UNO를 연결했을 때 나타나는 블록이다.

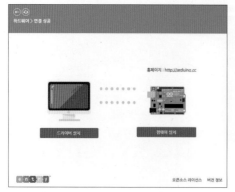

[그림 12-17] 마이크로 컨트롤러 연결하기

[그림 12-18]은 코드이노를 엔트리에 연결했을 때 나타나는 하드웨어 블록이다. 마이크로 컨트롤러에 따라 내장된 센서가 다르기 때문에 하드웨어 블록이 달라진다.

[그림 12-18] 엔트리와 코드이노 연결

[그림 12-19] 센서값 출력

나 스크래치로 연결하기

스크래치로 아두이노를 연결하기 위해서는 S4A 사이트에서 프로그램을 다운받아 설치해야 한다.

S4A를 사용하기 위해서는 다음과 같은 단계를 거쳐야 한다. 먼저 S4A 사이트(http://s4a. cat/)에서 S4A 프로그램을 다운로드한다. 사용하고 있는 운영 체제에 맞는 프로그램을 다운로 드하여 설치한다.

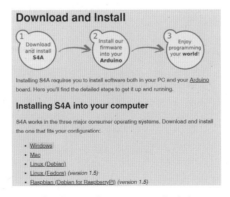

[그림 12-20] S4A 프로그램 설치

다음으로 S4A 사이트에서 S4AFirmware16을 다운로드한다. 그리고 아두이노 프로그램을 실행하여 다운로드한 펌웨어 파일을 연다. 펌웨어 파일을 컴파일한 후 아두이노 보드에 업로드한다.

[그림 12-21] S4AFirmware를 아두이노 보드에 업로드

[그림 12-22]는 마이크 소리 센서와 슬라이더의 값에 따라 트럼본으로 음을 연주하는 프로그램의 예이다.

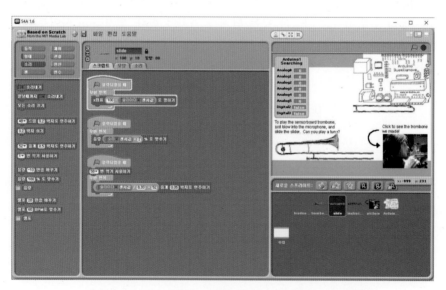

[그림 12-22] 소리 센서와 슬라이더로 트럼본 연주하는 프로그램

다 아두이노 IDE로 연결하기

아두이노 통합 개발 환경(IDE)은 편집기, 컴파일러, 업로드 등이 합쳐진 환경이다. 따라서 개발에 필요한 각종 옵션 및 라이브러리를 관리할 수 있다. 실행 시 개인용 컴퓨터와 시리얼 통신을 할 수 있는 시리얼 모니터를 제공한다. 아두이노 통합 개발 환경(IDE)을 사용하려면 사이트(http://arduino.cc)에서 아두이노 소프트웨어를 다운로드하여 설치하면 스케치(sketch)라 불리는 프로그램을 작성할 수 있다.

[그림 12-23] 아두이노 연결하기

아두이노 회로를 구성하고, 아두이노 프로그램을 작성하여 컴파일 후 에러가 없으면 보드에 업로드 하면 동작을 확인할 수 있다.

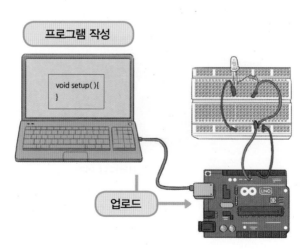

[그림 12-24] 아두이노 프로그램 작성과 업로드

2 피지컬 컴퓨팅의 실제

피지컬 컴퓨팅을 구현하기 위해서는 마이크로 컨트롤러와 개발 환경을 선택하는 것이 중요하다. 마이크로 컨트롤러는 센서보드나 회로를 직접 연결해 구성할 수 있고, 개발 환경에 따라 블록 또는 텍스트 기반 프로그래밍을 구현할 수 있다.

1 엔트리 센서보드 활용

마이크로 컨트롤러 중 다양한 센서가 하나의 보드에 연결되어 있는 센서보드를 이용하면 피지컬 컴퓨팅을 쉽게 구현할 수 있다. 센서보드는 마이크로 컨트롤러에 빛 센서, 소리 센서, 버튼, 온도 센서 등 여러 가지 센서들이 연결되어 있어 피지컬 컴퓨팅에 필요한 회로를 직접 구성할 필요가 없다. 또한 프로그램을 통해 센서값들을 바로 읽어 들일 수 있어 편리하다.

[그림 12-25] E-센서보드의 연결

빛 센서는 주변이 밝을수록 저항이 작아지고, 어두울수록 저항이 커진다. 따라서 빛 센서가 감지한 값은 밝을 때 값이 작고, 어두울 때 값이 커진다. 이를 확인하기 위해 먼저 밝거나 어두울 때 빛 센서가 감지한 값을 출력해 보는 것이 좋다.

[그림 12-26]은 빛 센서를 활용하여 밝으면 꽃봉오리가 펴지고, 어두우면 꽃봉오리가 오므라드는 피지컬 컴퓨팅을 엔트리 프로그램으로 구현한 것이다.

밝을 때의 꽃의 상태

어두울 때의 꽃의 상태

[그림 12-26] 빛 센서값에 따른 변화

빛 센서로 측정한 빛의 양에 따라 엔트리 프로그램 속 꽃봉오리가 완전히 피거나 오므라들게 할 수 있다.

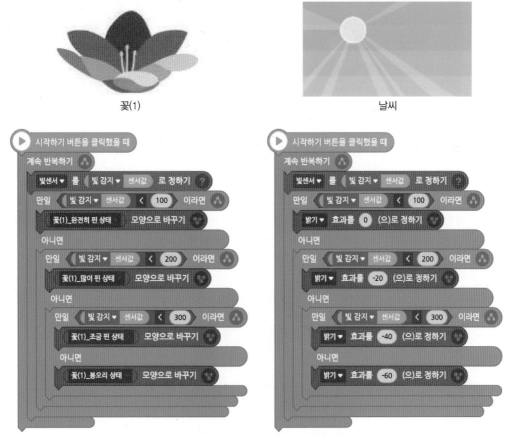

꽃(1)

날씨

[그림 12-27] 오브젝트별 엔트리 코드

블록을 활용하여 로봇을 직접 만들고, 필요한 센서를 장착하여 프로그래밍 할 수 있는 네오 봇을 활용하면 피지컬 컴퓨팅을 구현할 수 있다. 접촉 센서를 활용하여 자동차가 벽에 닿으면 멈추게 하거나 소리 감지 센서로 소리를 감지했을 때 반응하는 로봇을 구현할 수 있고, 적외선 센서로 흰색과 검은색에서 반사되는 적외선 값을 감지하여 선으로만 그려진 복잡한 길을 따라 움직이게 할 수 있다. 이 외에도 빛 센서, LED 센서 등을 모듈 형태로 가지고 있어 필요에 따라 탈부착이 가능하다. 특히 네오봇은 2015 개정 실과 교육과정에 따라 개발된 검인정 실과 교과서 '발명과 로봇' 단원에 수록되어 있고, SW 교육 단원에서 활용하는 교육용 프로그래밍 언어인 엔트리로도 제어할 수 있다.

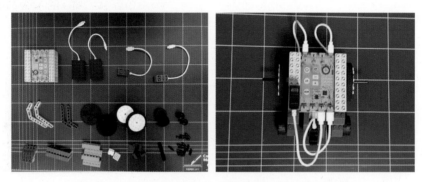

[그림 12-28] 네오봇 부품 및 자동차 로봇 완성 작품 예시

[그림 12-29]는 이동 중에 장애물을 감지하면 방향을 바꾸고, 소리를 감지하면 멈추는 로봇 자동차를 엔트리로 구현한 것이다. 일정한 속도로 앞으로 움직이던 자동차가 적외선 센서로 장애물을 감지하면 뒤로 0.5초 동안 이동한 후 오른쪽으로 회전한다. 또한 소리 센서값이 180 이상이 되면 양쪽 모터를 정지시켜 자동차가 멈추도록 제어한다. 모니터 화면으로는 측정되는 소리 값을 계속 반복 블록을 사용하여 실시간으로 확인할 수 있다.

[그림 12-29] 실행 화면에서 보이는 소리 센서값 예시

시작하기 버튼을 클릭했을 때
계속 반복하기
　IN 2 ▼ 번 포트의 소리 센서에 감지되는 소리 값 을(를) 말하기 ▼
　양쪽 ▼ 모터를 앞으로 ▼ 5 ▼ 의 속도로 계속 회전
　만일 IN 1 ▼ 번 포트의 적외선 센서에 감지되는 크기 값이 ≥ ▼ 10 이라면
　　양쪽 ▼ 모터를 뒤로 ▼ 5 ▼ 의 속도로 0.5 초 동안 회전
　　오른쪽 ▼ 모터를 앞으로 ▼ 5 ▼ 의 속도로 0.5 초 동안 회전
　만일 IN 2 ▼ 번 포트의 소리 센서에 감지되는 소리 값 ≥ ▼ 180 이라면
　　양쪽 ▼ 모터를 정지
　반복 중단하기

[그림 12-30] 코드 예시

3 아두이노 보드 활용

아두이노에 브레드 보드, 저항, LED, 빛 센서, 초음파 센서, 습도 센서, 세그먼트 LED 등 다양한 부품을 연결하면 다음과 같은 피지컬 컴퓨팅을 만들 수 있다.

초음파 센서로 물체 감지 / 습도 센서로 화분 관리 / 7 세그먼트 LED 회로

가 아두이노 프로그램의 구조와 명령어

아두이노 스케치(sketch) 프로그램은 기본적으로 setup()과 loop()의 두 개의 함수로 구성되어 있다. setup() 함수는 리셋 버튼을 누르거나 처음에 한 번 실행되는 함수로 보통 핀 번호 설정 등 초기화를 위해 사용한다. loop() 함수는 프로그램의 주 동작을 수행하는 함수로 무한 반복 호출되어 실행된다. 보통 loop() 함수는 센서값을 측정하거나 마이크로 컨트롤러에서 처리하고 구동기로 출력할 내용을 기술한다.

```
    void setup()
    {

    }
    void loop()
    {

    }
```

아두이노 프로그램에서 사용하는 기본 명령어는 [표 12-3]과 같다.

[표 12-3] 아두이노 기본 명령어

명령어	사용 예	의미
pinMode( )	pinMode(13, OUTPUT);	디지털 입출력을 위한 핀 모드를 설정한다.
digitalRead( )	digitalRead(2);	디지털 핀으로부터 HIGH 또는 LOW 값을 읽어 들인다.
digitalWrite( )	digitalWrite(13, HIGH);	디지털 값을 HIGH와 LOW로 설정하여 출력하는 함수이다.
analogRead( )	analogRead(A0);	아날로그 핀으로부터 센서가 측정한 값을 읽어 들인다.
analogWrite( )	analogWrite(9, 255);	아날로그 값(PWM Wave)을 지정한 핀에 출력한다.
Serial	Serial.begin(9600);	Serial은 아두이노 보드와 컴퓨터 사이의 통신을 위해 사용한다.

나 빛 센서로 LED 제어하기

빛 센서는 빛의 양에 따라 내부 저항이 변하는 소자이다. 빛 센서는 밝을수록 저항이 작아지고, 어두울수록 저항이 커지는데 이를 이용하여 어두워지면 자동으로 등을 켜거나 동작하게 응용할 수 있다. 빛 센서는 어두워지면 자동으로 켜지는 가로등, 주변 밝기에 따라 카메라의 노출 제어, 밝기에 따라 변하는 휴대전화 화면 액정 등 일상생활의 많은 곳에서 활용된다. [그림 12-31]은 빛 센서로 측정한 값에 따라 LED를 켜고 끄는 피지컬 컴퓨팅을 구현한 것이다.

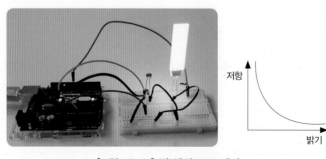

[그림 12-31] 빛 센서 LED 제어

빛 센서로 주변 빛의 밝기를 측정하기 위해 빛 센서와 저항을 이용하여 [그림 12-32]와 같이 회로를 구성할 수 있다.

빛 센서의 입력은 아날로그 핀에, LED의 출력은 디지털 핀에 연결한다. 빛 센서에 10kΩ 저항을 연결하고, LED에는 220Ω 저항을 연결한다.

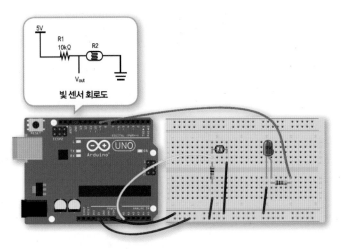

[그림 12-32] 빛 센서 LED 회로의 구성

다음은 어둡고 밝은 경계 값을 400으로 하여 어두우면 LED에 불이 켜지는 프로그램이다. 이때 경계 값을 얻기 위해서 센서에서 측정한 값을 시리얼 모니터로 출력해 보는 것이 중요하다.

```
void setup() {
    Serial.begin(9600);
    pinMode(9, OUTPUT);
}
void loop() {
    int a = analogRead(A0);         // 빛 센서에서 값 읽기
    Serial.print("sensor value=");
    Serial.println(a);

    if(a > 400) {
        digitalWrite(9, HIGH);      // 어두우면 LED를 켬
    }
    else
    {
        digitalWrite(9, LOW);       // 밝으면 LED를 끔
    }
    delay(200);                     // 20초간 기다림
}
```

COM14 (Arduino/Genuino Uno)

밝을 때
sensor value=225
sensor value=226
sensor value=226
sensor value=225
sensor value=224
sensor value=224
어두울 때
sensor value=615
sensor value=621
sensor value=620
sensor value=621
sensor value=624
sensor value=622

☑ 자동 스크롤

왼쪽과 같이 시리얼 모니터를 통해 빛 센서로 측정한 값을 출력해 보면 어두울 때 값이 커진다. 아날로그 센서로 측정되는 값은 0에서 1023 사이의 값을 가지는데 어두워지면 1023에 가까워진다. 밝고 어두운 경계를 구분하기 위해 왼쪽과 같은 센서값의 측정에 따라 경계 값을 400으로 설정하였다.

[질문] 왼쪽과 같이 Serial.println(a);에 의해 출력되는 센서값은 무엇을 의미하는 것일까?
V_{out}에 측정되는 값은 다음과 같은 식으로 계산할 수 있다.

$$V_{out} = \frac{\text{빛 센서 저항}}{\text{빛 센서 저항}+10K\Omega} \times V_{in}$$

$$V_{out} = \frac{\text{빛 센서 저항}}{\text{빛 센서 저항}+10K\Omega} \times 5v$$

다 RGB LED에 출력하기

RGB LED는 세 가지 색(빨강, 초록, 파랑)의 조합으로 LED가 빛을 낸다. RGB LED는 3개의 LED를 아날로그로 출력할 수 있어서 256×256×256가지 색을 표현할 수 있다. 세 가지 LED의 밝기를 조절하여 섞으면 원하는 색을 만들 수 있다.

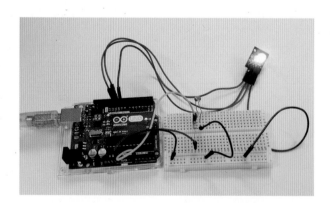 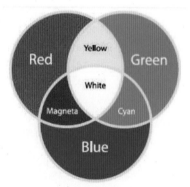

[그림 12-33] 빛 센서 RGB LED 제어

어두울 때 RGB LED를 사용하여 노랑 불빛이 출력되도록 하는 프로그램을 작성하기 위해 빛 센서로 어둡고 밝은 경계 값을 400으로 설정해 보자.

```
void setup() {
  Serial.begin(9600);
  pinMode(9, OUTPUT);          //빨강
  pinMode(10, OUTPUT);         //초록
  pinMode(11, OUTPUT);         //파랑
}
void loop() {
  int a = analogRead(A0);      // 빛 센서에서 값 읽기
  Serial.println(a);
  if(a > 400) {
    analogWrite(9, 255);       // 어두우면 빨강 LED 켜기
    analogWrite(10, 255);      // 어두우면 초록 LED 켜기
    analogWrite(11, 0);        // 어두우면 파랑 LED 끄기
  }
  else
  {
    analogWrite(9, 0);         // 빨강 LED 끄기
    analogWrite(10, 0);        // 초록 LED 끄기
    analogWrite(11, 0);        // 파랑 LED 끄기
  }
  delay(200);                  // 0.2초간 유지하기
}
```

라 버튼 활용하기

푸시 버튼은 전류의 흐름을 차단하거나 연결하는 스위치의 한 종류이다. 버튼을 누른다는 것은 스위치를 누르는 것과 같으며 전류가 스위치를 통해 흐르도록 만들어준다. 버튼의 상태는 디지털 값으로 표현할 수 있고, 버튼의 상태에 따라 LED에 불을 켜거나 끌 수 있다. 버튼과 LED 회로는 [그림 12-34]와 같이 구성할 수 있다.

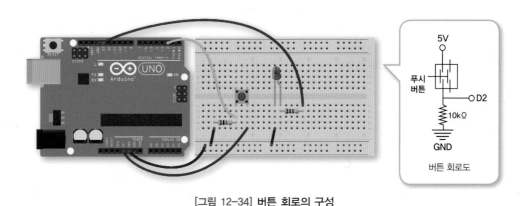

[그림 12-34] 버튼 회로의 구성

[그림 12-34]의 오른쪽 버튼 회로의 동작은 다음과 같다. 버튼을 누르면 전류가 흘러 D2의 값이 HIGH 상태가 되고, 버튼을 누르지 않으면 D2의 값은 LOW 상태가 된다. 따라서 digitalRead(2)의 값이 HIGH일 때 LED에 불이 켜질 수 있도록 아래와 같이 프로그램을 작성할 수 있다.

```
void setup() {
  pinMode(2, INPUT);
  pinMode(13, OUTPUT);
}
void loop() {
  if(digitalRead(2) == HIGH) {
    digitalWrite(13, HIGH);
  }
  else {
    digitalWrite(13, LOW);
  }
}
```

회로를 구성할 때 저항을 연결하는 방향에 따라 측정되는 값이 달라질 수 있다. 저항을 전원선에 연결한 것을 '풀업'이라고 하고, 접지선에 연결한 것을 '풀다운'이라고 한다. 그렇다면 풀업, 풀다운 저항은 왜 필요할까? [그림 12-35]와 같이 스위치 회로를 구성했을 때 스위치가 닫히면 2번 핀에는 1(HIGH)이 출력되고, 스위치가 열리면 0도 아니고 1도 아닌 0과 1 사이에서 부유하고 있는 플로팅 상태(입력 단자가 어디에도 연결되어 있지 않은 상태)가 된다. 따라서 스위치를 연결할 때에는 풀업 또는 풀다운 저항을 연결할 필요가 있다.

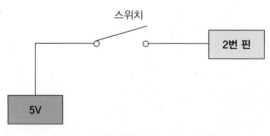

[그림 12-35] 저항 없이 스위치 연결

디지털 회로는 원칙적으로 HIGH나 LOW의 전압 인가가 되어 있어야 한다. HIGH와 LOW의 중간 전압이 되면 내부 상태가 불안정하게 되거나 전력 소비가 증가한다. 그리고 LOW보다 낮은 전압이나 HIGH보다 높은 전압이 인가되면 방해 전류 흐름이 생겨서 회로가 파괴될 수 있다.

풀업(Pull Up) 저항	풀다운(Pull Down) 저항
디지털 회로에서 논리적으로 HIGH 상태를 유지하기 위해 신호의 입력 또는 출력 단자와 VCC 전원 사이에 접속하는 저항을 말한다.	디지털 회로에서 논리적으로 LOW 상태를 유지하기 위해 신호의 입력 또는 출력 단자와 접지 단자 사이에 접속하는 저항을 말한다.

위의 그림에서 스위치가 연결(ON)될 때 풀업 저항이면 안정적으로 0의 값이, 풀다운 저항이 0일 때는 안정적으로 1의 값이 2번 핀에 입력된다.

[표 12-4] D2의 입력 값

스위치	풀업 저항	풀다운 저항
OFF	1	0
ON	0	1

마 초음파 센서

초음파 센서는 초음파를 발생시켜 거리, 두께, 움직임 등을 검출하는 센서이다. 초음파 센서에는 두 개의 눈이 있는데 하나는 초음파를 발생시켜 송신하는 기능을 수행하고, 다른 하나는 송신된 초음파의 신호를 수신하는 기능을 수행한다. 두 개의 눈이 쌍으로 동작하여 초음파 센서 전면에 위치한 임의의 물체로부터 반향된 신호를 계산하여 물체와의 거리를 측정할 수 있다.

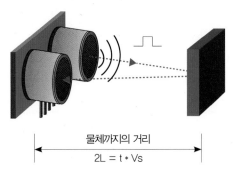

[그림 12-36] 초음파 센서로 측정한 물체까지의 거리

1) 회로 구성

초음파 센서에는 4개의 핀이 있는데 다음과 같이 5V와 0V에 VCC와 GND를 연결하고 Trig 와 Echo에 디지털 8번, 9번 핀을 연결하였다.

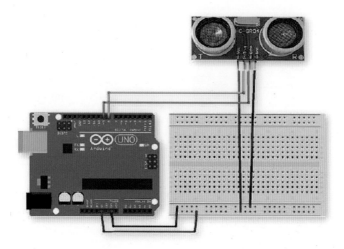

[그림 12-37] 초음파 센서의 회로 구성

2) 초음파 센서의 거리 측정 방법

초음파 센서로 어떻게 거리를 측정할 수 있을까? 초음파 센서의 송신측에서 짧은 시간 동안 펄스를 출력하면 신호가 물체에 도달하여 물체가 있으면 반사되어 되돌아오고, 이 신호를 초 음파 센서의 수신기에서 검출한다.

초음파 센서로 거리를 측정할 때 먼저 소리가 물체에 부딪쳐서 왕복하는 데 걸리는 시간(t) 은 다음과 같이 계산할 수 있다.

$$t = \frac{2 \times L(\text{물체와의 거리m})}{Vs\,(\text{음속m/s})}$$

t: 신호가 되돌아 올 때까지 걸리는 시간(s)

송신된 신호는 음속(Vs)의 속도로 출력되기 때문에 여기서 Vs=331.5+0.6T(T: 온도(℃))라 할 때 실내 온도를 25℃라고 가정하면 Vs=340m/s이다. 따라서 소리(음)가 1cm의 거리를 왕 복하는 데 걸리는 시간은 t=2 * 0.01/340이 된다. 따라서 초음파 센서부터 물체까지의 거리(x) 를 계산하는 식은 다음과 같다. 이때 시간은 마이크로초로 계산하였다.

신호가 1cm의 거리를 왕복하는 데 걸리는 시간은 t=2 * 0.01/340이므로,
(1cm:2 * 0.01/(340(초) * 10^{-6})=xcm:duration(마이크로초))
xcm=duration * 340/(0.01 * 2 * 1,000,000)=duration * 340/(2 * 10,000)

3) 프로그래밍

다음은 Trig와 Echo에 각각 8번과 9번 핀을 연결하여 초음파 센서로부터 물체의 거리를 cm
단위로 측정하는 프로그램이다.

```
const int trigPin = 8;        //Trig pin
const int echoPin = 9;        //Echo pin
long Duration = 0;

void setup(){
Serial.begin(9600);
pinMode(trigPin, OUTPUT);     // trig를 출력 모드로 설정
pinMode(echoPin, INPUT);      // echo를 입력 모드로 설정
}
void loop(){
float duration, distance;
digitalWrite(trigPin, HIGH);
delay(10);
digitalWrite(trigPin, LOW);
duration = pulseIn(echoPin, HIGH); // echoPin이 HIGH를 유지한 시간 저장
distance = ((float)(340 * duration) / 2) / 10000;
Serial.print(distance);
Serial.println("cm");
delay(500);
}
```

이와 같이 초음파 센서를 이용하면 자신의 키를 재볼 수 있고, LED와 버튼 등을 이용하여
[그림 12-38]과 같이 푸시업 카운터를 만들어 볼 수도 있다.

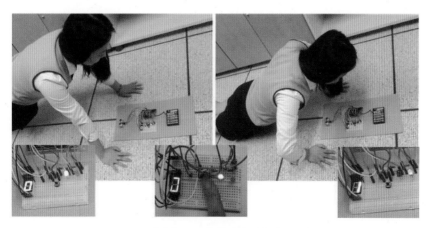

[그림 12-38] 푸시업 카운터

바 서보모터 활용하기

서보모터는 각도를 조절할 수 있는 모터로 이를 이용하면 자동으로 회전하는 것을 만들 수 있다. 서보 모터는 180~360도 회전하는 방식으로 작동하여 물리적인 이동을 정밀하게 제어하는 데 유용하며, 모터 드라이버가 내장되어 있어 연결 및 제어를 쉽게 할 수 있다.

1) 회로 구성

서보모터의 검은색 선은 GND 핀, 빨간색 선은 5V 전원, 노란색 선은 디지털 출력 핀에 연결한다. 디지털 핀에 연결된 모터의 회전 속도를 출력하면 모터의 방향을 바꿀 수 있다.

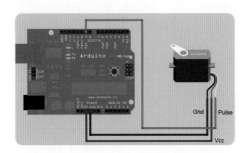

[그림 12-39] 서보모터의 회로 구성

2) 프로그래밍

다음은 9번 핀에 모터를 연결하여 좌우로 180도 회전하는 프로그램이다.

```
#include <Servo.h>
Servo myservo;          // create servo object to control a servo

int pos = 0;
void setup() {
  myservo.attach(9);
}
void loop() {
  for (pos = 0; pos <= 180; pos += 1) {
    myservo.write(pos);
    delay(15);
  }
  for (pos = 180; pos >= 0; pos -= 1) {
    myservo.write(pos);
    delay(15);
  }
}
```

교육의 실제

교육의 실제 부분에서는 2015 개정 중학교 정보 교과서의 피지컬 컴퓨팅 단원 내 빛 센서의 활용 문제에 관한 교수·학습 과정안과 교수·학습 자료를 제시하였다.

1 교수 · 학습 과정안

단원	Ⅳ. 컴퓨팅 시스템 2. 피지컬 컴퓨팅 / 4-2. 빛 센서 활용	
학습 주제	빛 센서로 LED 제어하는 피지컬 컴퓨팅 구현	
성취 기준	[9정05-02] 센서를 이용한 자료 처리 및 동작 제어 프로그램을 구현한다.	
학습 목표	일상생활에서 활용되는 빛 센서값을 측정하고 제어하는 프로그램을 작성할 수 있다.	
핵심 역량	지식 정보 처리, 정보 문화 소양, 컴퓨팅 사고력, 창의적 사고력, 공동체 역량, 협력적 문제 해결력, 의사소통 능력	
수업 형태	실습, 협력 학습, 프로젝트 학습	
수업 자료	교사	PPT와 학습 자료, 피지컬 컴퓨팅 교구
	학생	교과서, 클라우드 컴퓨팅을 위한 계정

단계 (시간)	수업 형태	학습 과정 (학습 유형)	교수·학습 활동		자료 및 유의점	핵심/ 교과 역량
			교사 활동	학생 활동		
도입 (10')	시작	전시 학습	▶ LED와 소리 센서를 이용하여 피지컬 컴퓨팅을 구성하는 방법에 대해 생각나는 대로 이야기한다.			지식 정보 처리 (핵)
	전체 학습	동기 유발	▶ 스마트폰의 다양한 센서를 이야기하고, 동작 원리를 추측해 본다. ▶ 어두우며 자동으로 불이 켜지는 가로등의 동작 원리를 추측한다.			

		학습 목표	▶ 교사는 이번 시간 학습 목표를 제시하고, 학생들은 학습 목표를 인지한다.		
전개 (30')	전체 학습	생각 열기	**[볼거리 제시]** ▶ 생활 속에서 빛의 양에 따라 자동으로 동작하는 것을 동영상으로 제시하여 지적 호기심을 유발한다.	인터넷 사이트 활용	정보 문화 소양 (교)
		학습 내용 설명	▶ 빛 센서가 활용되고 있는 사례를 조사한다. ▶ 빛 센서의 동작 원리를 이해하기 위해 측정한 값을 그래프로 그려본다. ▶ 빛 센서로 전등을 제어하는 센서 프로그램을 작성한다. ▶ 빛 센서를 활용하여 우리 삶을 더욱 편리하게 할 수 있는 피지컬 컴퓨팅을 상상하여 알고리즘을 설계한다.	PPT	
	개인 활동 하기	추상화 하기	**활동1** ▶ 생활 속에서 빛 센서가 활용되는 예를 찾아보고, 어떻게 동작하는지 동작 원리를 설명한다. **활동2** ▶ 어둡고 밝을 때 빛 센서로 측정한 값을 그래프로 나타내 봄으로써 빛의 밝기와 센서로 측정한 값의 관계를 설명한다.	노트 피지컬 컴퓨팅 교구	컴퓨팅 사고력 (교) 창의적 사고력 (핵)
	짝 활동 하기	알고리즘 표현하기 프로그래밍 하기	**활동3** ▶ 어두워지면 전등을 켜고, 밝아지면 전등을 끄는 피지컬 컴퓨팅을 구현하기 위해 알고리즘을 센서보드를 활용하여 프로그램으로 구현한다.	대형 포스트잇	공동체 역량 (핵) 협력적 문제 해결력 (교)
	모둠 학습	설계하기 표현하기	**활동4** ▶ 모둠원이 브레인스토밍을 통해 창의적인 아이디어를 나누고, 모둠에서 제안하는 피지컬 컴퓨팅 장치를 설계하고 발표한다.	색깔 펜	
정리 (10')	자기 평가	공유	▶ 모둠에서 완성한 알고리즘을 발표하고 공유한다.	공유 문서	의사 소통 능력 (핵)
		생각 정리 (수업 성찰)	▶ 수업 내용을 정리한다. ▶ 자기 평가와 동료 평가서를 작성한다.		
	동료 평가	과정 중심 평가	▶ 수업에서 이루어지는 활동을 과정 중심 평가하고, 이에 대해 피드백한다.		
	끝	차시 예고	▶ 다음 시간에 배울 내용에 대해 안내한다.		

② 교수·학습 자료

[활동2] 센서 측정 값 출력하기

센서보드에 내장된 빛 센서는 빛의 양이 적을수록 저항 값이 증가하고, 빛의 양이 많을수록 저항 값이 감소한다. 주변이 밝으면 빛 센서로 측정한 값이 작고, 어두우면 빛 센서의 저항이 커져서 빛 센서로 측정한 값도 커진다.

어둡고 밝을 때 빛 센서 출력 값을 그래프로 그려 보자.

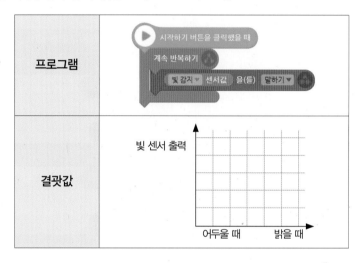

프로그램	(시작하기 버튼을 클릭했을 때 / 계속 반복하기 / 빛 감지 ▼ 센서값 을(를) 말하기 ▼)
결괏값	빛 센서 출력 (그래프: 어두울 때 / 밝을 때)

[활동3] 빛 센서에 따라 자동으로 꺼지고 켜지는 전등 프로그램

빛의 밝기에 따라 전등이 꺼지고 켜지는 프로그램을 작성해 보자.

<알고리즘>

① 밝으면 전등이 꺼지고, 어두우면 전등이 켜지도록 알고리즘을 설계한다.
② '전등 상태' 변수를 이용하여 빛 센서의 상태에 따라 전등의 모양을 바꾸어준다.

빛의 세기에 따라 불이 켜지도록 하는 엔트리봇과 전등 오브젝트별 스크립트는 다음과 같이 작성할 수 있다.

<프로그래밍>

① 엔트리봇 오브젝트

② 전등 오브젝트

엔트리 블록 코딩을 텍스트 언어인 엔트리파이선으로 변환할 수 있다. 엔트리 블록으로 만든 코드는 파이선의 문법에 따라 엔트리파이선 명령어로 변환한 것으로, 블록 언어를 기반으로 텍스트 언어의 구조와 문법에 익숙해지도록 하는 데 활용할 수 있다.

[활동4] [활동3]의 엔트리 블록 코딩을 엔트리파이선으로 프로그래밍

동일한 오브젝트별 엔트리파이선 코드를 살펴보자.

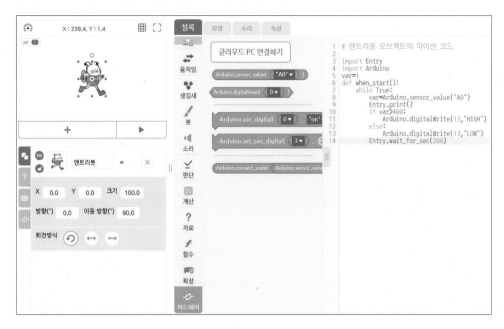

① 엔트리봇 오브젝트

```
# 엔트리봇 오브젝트의 파이선 코드
import Entry
import Arduino

빛센서 = "0"
전등상태 = "0"

def when_start():
    while True:
        빛센서 = Arduino.sensor_value("A0")
        if (Arduino.sensor_value("A0") > 400):
            Arduino.pin_digital(13, "on")
            Entry.print("전등켜기")
            전등상태 = 1
        else:
            Arduino.pin_digital(13, "off")
            Entry.print("전등끄기")
            전등상태 = 0
```

② 전등(램프) 오브젝트

```
# 램프 오브젝트의 파이선 코드
import Entry
import Arduino
빛센서 = "0"
전등상태 = "0"
def when_start():
    while True:
        if (전등상태 == 1):
            Entry.change_shape("램프_켜짐")
        else:
            Entry.change_shape("램프_꺼짐")
```

위 엔트리파이선 코드를 [아두이노 스케치 프로그램]으로 작성하면 다음과 같다.

```
void setup() {
  Serial.begin(9600);
  pinMode(9, OUTPUT);
}
void loop() {
  int a = analogRead(A0);        // 빛센서에서 값 읽기
  Serial.print("sensor value=");
  Serial.println(a);
  if(a > 400) {
    digitalWrite(9, HIGH);       // 어두우면 LED를 켬
  }
  else
  {
    digitalWrite(9, LOW);        // 밝으면 LED를 끔
  }
  delay(200);
}
```

지금까지 배운 것을 바탕으로 피지컬 컴퓨팅을 구현하기 위한 아두이노 스케치와 엔트리 파이선 언어의 하드웨어 명령어 비교표는 [표 12-5]와 같다.

[표 12-5] 아두이노 스케치와 엔트리파이선의 명령어 비교

아두이노 스케치	엔트리파이선	명령어 설명
pinMode(13, OUTPUT);		13번 핀을 출력으로 설정한다.
digitalRead(2);	Arduino.digitalRead(2)	2번 핀의 디지털 값을 읽어 들인다.
digitalWrite(13, HIGH);	Arduino.digitalWrite(13, "HIGH") Arduino.pin_digital(13, "on")	13번에 HIGH 값을 출력한다.
analogRead(A0);	Arduino.analogRead("A0") Arduino.sensor_value("A0")	A0 핀으로부터 아날로그 값을 읽어 들인다.
analogWrite(9, 255);	Arduino.analogWrite(9, 255) Arduino.set_pin_digital(9, 255)	9번 핀에 255의 값을 출력한다.
tone(6, 262, 500);	Arduino.tone(6, "C", 3, 0.5)	6번 핀에 연결된 스피커로 262hz 주파수 (C3)가 0.5초 동안 출력된다.
Serial.begin(9600);		컴퓨터와 아두이노 보드를 통신하기 위해 9600bps 통신 속도를 설정한다.
	Arduino.ultrasonicRead(8, 9)	8번과 9번 핀에 초음파 센서를 연결하여 거 리를 계산한다.
myservo.attach(9); myservo.write(20);	Arduino.servomotorWrite(9, 20)	9번 핀에 연결된 모터를 20도 회전한다.

아두이노 스케치에서는 펄스 신호를 보내고 되돌아오는 신호를 받아서 그때 걸리는 시간으로 거리를 계산하는 명령어를 직접 작성해야 한다.

1. 어두우면 자동으로 불이 켜지는 피지컬 컴퓨팅을 엔트리 프로그램을 활용하여 작성하시오.

2. 초음파 센서를 활용하여 물체를 감지하면 LED에 불이 켜지고, 스피커로 소리를 내는 회로를 구성하시오.

[핀 연결]

입출력	아두이노 연결
초음파 센서	Trig: 8번 핀 Echo: 9번 핀
LED	5번 핀
스피커	3번 핀

[회로도 구성]

3. 아두이노를 이용하여 위와 같이 동작하는 프로그램을 작성하시오.

참고 자료

- 강신천 외(2019), 고등학교 정보 교과서 및 지도서. 씨마스.
- 심재창 외 3인(2014). 야금야금 아두이노 로봇. 카오스북.
- 심재창 외 3인(2014). 재미삼아 아두이노. 한빛 미디어.
- 정영식 외(2019). 중학교 정보 교과서. 씨마스.
- 허경용(2014). 아두이노 상상을 스케치하다. 제이펍.
- Simon Monk 지음(2013), 윤순백 옮김. 스케치로 시작하는 아두이노 프로그래밍. 제이펍.

- 과학백과사전, 피지컬 컴퓨팅 https://www.scienceall.com/%ED%94%BC%EC%A7%80%EC%BB%AC-%EC%BB%B4%ED%93%A8%ED%8C%85physical-computing/엔트리 https://playentry.org
- 초음파 센서와 초음파 센서의 원리 알아보기 http://juke.tistory.com/194
- 초음파 거리 센서 사용하기 http://kocoafab.cc/tutorial/view/65
- 피지컬 컴퓨팅 http://courses.ischool.berkeley.edu/i290-4/f08/slides/
- itworld(2019. 11. 8. 검색). 사물인터넷25선 http://www.itworld.co.kr/print/81544
- Thursday_Week2_Intro_Physical_Computing.p

제1장 소프트웨어 교육 환경

1 ▷ 본문 51쪽

본래 컴퓨팅(computing)은 계산, 컴퓨터(computer)는 계산하는 사람을 말했었다. 이후 전기적 컴퓨터가 출현함에 따라 이 기계를 가동하고 사용한다는 의미도 가지게 되었고, (계산을 수행하는) 전기적 과정은 컴퓨터 하드웨어 자체 내에서 수행되었다. 이는 컴퓨터 과학의 일부분으로 수학적 계산을 수행(컴퓨팅)한다는 원래의 의미에도 대응한다. 또한 넓은 의미에서 컴퓨터 기술 자원을 개발 및 사용하는 모든 활동을 가리키기도 한다.

이후 모바일이 우리 산업 전반에 걸쳐 스며들면서 모든 제품과 서비스가 모바일 중심으로 설계되고 출시될 정도로 모바일이 우리 삶에 미친 영향은 매우 컸다. 그 영향으로 애플과 구글은 전 세계 모바일 플랫폼을 장악하게 되었다.

모바일의 뒤를 이어 새롭게 주목하게 된 것이 인공지능(AI)이다. 인공지능은 스스로 생각하고, 학습해서 판단을 내릴 수 있다.

기존 컴퓨터 프로그램은 사람이 코딩이라는 작업을 통해 특정 작업을 처리하도록 일하는 방식을 일일이 알려줘야 한다. 반면, 인공지능은 사람이 하나만 가르쳐주면 스스로 학습을 통해 판단하고 결과물을 내놓을 수 있다. 그래서 많은 IT전문가들이 인공지능이 IT 산업 자체의 패러다임을 바꿀 것으로 기대하고 있다.

2 ▷ 본문 51쪽

적용 사례들

① 디지털 자명종 시계
② 음식을 빠르게 데워 주는 전자레인지
③ 세탁기, 식기 세척기 등의 생활 가전
④ 출퇴근길의 자동차
⑤ 교통 신호등
⑥ 휴대폰
⑦ 사무실에서의 컴퓨터와 프린터, 복사기 등

마인드맵

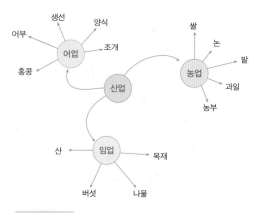

아이디어

우리 주변에서 볼 수 있는 모든 전자 제품에 그것들을 제어하는 소프트웨어 장착

3 ▷ 본문 51쪽

① 심층 질의 응답 시스템(Deep Question-answering System) 프로젝트의 결과물
② 검색, 시맨틱, 자연어 처리 기술이 사용됨.
③ 왓슨(Watson)은 클라우드 환경에서 2,880개의 power 750칩을 설치한 90개의 서버로 구성됨.
④ 언어 해독 능력 및 분석 능력
⑤ 자연어 처리와 분석에 기반하여 대용량 데이터 처리 기술을 통해 인터넷에 연결하지 않고 메모리에 저장된 정보를 검색하고 조합하여 답을 추론해 내는 능력(인공 지능 시스템)
⑥ 인간처럼 자연어 처리 능력을 지니고 있음.

4 ▷ 본문 51쪽

① 항공기 조종 시스템이나 의료 기기, 원자력 발전 제어 시스템 등을 제어하는 소프트웨어의 오작동 시 사용자의 생명이나 재산에 엄청난 피해를 입힐 수 있음.
② 오늘날 사람들은 모바일 장치를 이용하여 주로 인터넷에 접속하며, 직장 업무는 거의 대부분 인터넷 접속 여부에 달려 있어 네트워크가 정상적으로 작동하지 않으면 경제적으로 큰 손실을 입음.

제2장 소프트웨어 교육 목적

1
▷ 본문 92쪽

미래 사회에 요구되는 핵심 역량

① 지식을 수동적으로 암기하는 것이 아니라, 지식을 비판적으로 사고할 수 있는 능력
② 타인과 소통하거나 협업하여 새로운 지식을 창출하거나 적용할 수 있는 능력
③ 하이콘셉트, 하이터치 능력
④ 원활한 상호작용을 위한 지식 및 정보 활용 능력
⑤ 갈등을 관리하고 해결하는 능력
⑥ 넓은 시각에서 행동하는 능력 등

인재 조건

이성과 감성을 고루 갖추고 본인의 능력을 최대한 발휘함과 동시에 네트워크를 최대한 활용할 수 있는 인재

① **창의성**: 급변하는 미래 사회에 능동적으로 대처하며, 새로운 시각에서 통찰력과 융통성 있는 사고와 발상으로 가치 있는 아이디어와 산출물을 생산하는 능력
② **셀프 리더십**: 자기 스스로에게 영향력을 행사하여 끊임없는 자기 성장을 이루는 능력으로, 자기 관리, 자연 보상, 인지적 셀프 등이 포함됨.
③ **대인 관계**: 타인에게 공감하고 자신과 상대방의 의도를 정확히 파악하여 설득력 있는 커뮤니케이션을 이끄는 능력
④ **비판적 사고**: 다양한 정보 홍수 속에서 정보를 정확히 분석·평가하고 합리적으로 선택·활용할 수 있는 능력

2
▷ 본문 92쪽

소프트웨어 교육이 필요한 이유

① 디지털 시대에 소프트웨어는 일상생활에서 뿐만 아니라, 여러 가지 산업 분야(시계, 자동차 등)에서 매우 다양하게 이용됨.
② 소프트웨어의 이용이 증가함에 따라 경쟁력이 중요해지면서 소프트웨어 산업의 중요성이 부각됨.
③ 컴퓨팅과 관련된 직업에 대한 수요가 높아지고 있

는 상태이며 앞으로 더욱 증가할 추세임.
④ 21세기를 살아가기 위해서는 다양한 문제 해결 방법을 찾기 위해 '컴퓨터'를 기반으로 자료를 수집·분석하고, 문제의 효율적 해결 과정 등을 창조하는 일련의 사고력 교육이 필요함. SW를 활용하는 데 그치지 않고, SW를 만드는 데까지 나아가야 함.
⑤ 초기 정보화 시대에는 디지털 기술을 기반으로 한 반도체, 디스플레이 기술 등 정보 통신 기술의 급속한 성장 속에서 정보 혁명이 진행되었고, 그에 따라 정보 기술 혁신 산업이 사회를 주도해 나갔음. 그러나 오늘날 세계 정보화 시장은 하드웨어 중심에서 소프트웨어 중심으로 빠르게 이동함.
⑥ 21세기에 필요한 핵심 역량을 키우는 기술

컴퓨팅 사고를 통해 습득할 수 있는 능력

① 창의적 상상력
② 논리적 사고력
③ 문제 분석 및 해결 능력
④ 건전한 소통, 공유 능력 등

3
▷ 본문 92쪽

	논리적 사고	비판적 사고	창의적 사고	시스템적 사고	재귀적 사고	알고리즘적 사고
수학	○				○	○
과학	○	○	○	○		
국어	○	○				
미술			○	○		
음악	○		○			
기타 과목 등						

4
▷ 본문 92쪽

• http://teen.ipacademy.net/Files/LecBoard/IPTeacher/ContentsPlus/ICT/contents/05/03/main.swf

작품 구상도

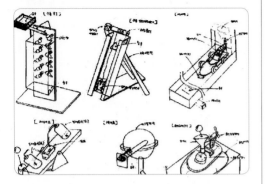

제3장 소프트웨어 교육과정

1 ▷ 본문 137쪽

교육 과정	교육 내용		
	초등학교	중학교	일반계 고등학교

제7차	• 실과(5~6학년)
	  – 컴퓨터 다루기
	  – 컴퓨터 활용하기
		• 컴퓨터: 선택 과목 유지
		  – 인간과 컴퓨터
		  – 컴퓨터의 기초
		  – 워드프로세서
		  – PC통신과 인터넷
		  – 멀티미디어
			• 정보 사회와 컴퓨터: 일반 선택
			  – 사회 발달과 컴퓨터
			  – 컴퓨터의 운용
			  – 워드프로세서
			  – 스프레드시트
			  – 컴퓨터 통신망
			  – 멀티미디어

2007 개정	• 실과(5~6학년)
	  – 정보 기기와 사이버 공간
	  – 인터넷과 정보
		• 정보: 선택 과목
		  – 정보 기기의 구성과 동작
		  – 정보의 표현과 관리
		  – 문제 해결 방법과 절차
		  – 정보 사회와 정보 기술
			• 정보: 선택 과목
			  – 정보 기기의 구성과 동작
			  – 정보의 표현과 관리
			  – 문제 해결 방법과 절차
			  – 정보 사회와 정보 기술

2009 개정	• 실과(5~6학년군)
	  – 생활과 정보
	  – 생활과 전기·전자
		• 정보: 선택 과목
		  – 정보 과학과 정보 윤리
		  – 정보 기기의 구성과 동작
		  – 정보의 표현과 관리
		  – 문제 해결 방법과 절차
			• 정보: 심화 선택 과목
			  – 정보 과학과 정보 윤리
			  – 정보 기기의 구성과 동작
			  – 정보의 표현과 관리
			  – 문제 해결 방법과 절차

2015 개정	• 실과(5~6학년군)
	  – 소프트웨어 원리 교육
	  – 소프트웨어 툴 활용을 통한 코딩 이해
		• 정보: 필수 과목
		  – 소프트웨어 원리 교육
		  – 문제 해결 학습을 통한 알고리즘 이해 및 프로그램 제작 능력
			• 정보: 일반 선택 과목
			  – 컴퓨터 융합 활동을 통한 창의적 산출물 제작 및 대학 진로 연계 학습
			  – 프로그래밍 언어 학습

2 ▷ 본문 137쪽

구분	초등학교	중학교	고등학교
교육 목표	• 소프트웨어 원리 교육 • 소프트웨어 툴 활용을 통한 소프트웨어 코딩 이해	• 소프트웨어 원리 교육 • 문제 해결 학습을 통한 알고리즘 이해 및 프로그램 제작 능력 함양	• 컴퓨터 융합 활동을 통한 창의적 산출물 제작 및 대학 진로 연계 학습 • 프로그래밍 언어 학습
교과 내용	• 놀이 중심 활동 학습(컴퓨터 사고 이해) • 소프트웨어 툴 활용 학습(문제 해결 방법 익히기)	• 문제 해결 프로젝트 학습(프로그램 제작 기초) • 논리적 문제 해결력 학습(알고리즘 절차 익히기)	• 창의적 아이디어 산출물 제작(프로그램 제작 심화) • 프로그래밍 언어 학습(심화 문제 해결 학습)
창의적 체험 활동	• 논리적 사고 체험 활동(소프트웨어 코딩 활동)	• 컴퓨터 프로그램 제작(공작 기기 작동 원리 구현)	• 컴퓨터 시스템 융합 활동(R&D 활동)

3 ▷ 본문 137쪽

① 정보 문화 소양: 정보 사회의 가치를 이해하고 정보 사회 구성원으로서 윤리 의식과 시민 의식을 갖추고 정보 기술을 활용하여 문제를 해결할 수 있는 능력을 말하고, 정보 윤리 의식, 정보 보호 능력, 정보 기술 활용 능력을 포함한다.

② 컴퓨팅 사고력: 컴퓨터 과학의 기본 개념과 원리 및 컴퓨팅 시스템을 활용하여 실생활과 다양한 학문 분야의 문제를 이해하고 창의적으로 해법을 구현하여 적용할 수 있는 능력을 말하고, 추상화 능력과 프로그래밍으로 대표되는 자동화 능력, 창의·융합 능력을 포함한다. 추상화는 문제의 복잡성을 제거하기 위해 사용하는 기법으로 핵심 요소 추출, 문제 분해, 모델링, 분류, 일반화 등의 방법으로 이루어진다. 추상화 과정을 통해 도출된 문제 해결 모델은 프로그래밍을 통해 자동화된다.

③ 협력적 문제 해결력: 네트워크 컴퓨팅 환경에 기반한 다양한 지식·학습 공동체에서 공유와 효율적인 의사소통, 협업을 통해 문제를 창의적으로 해결할 수 있는 능력을 말하고, 협력적 컴퓨팅 사고력, 디지털 의사소통 능력, 공유와 협업 능력을 포함한다.

1

▷ 본문 178쪽

① 문제 명시 단계: 학습자에게 제시할 문제를 구성한다.
② 문제 분해 단계: 주어진 문제를 작은 문제로 분해하여 확장한다.
③ 요소 분석 단계: 문제 해결과 관련된 지식, 기술, 유형, 방법, 사건 등을 분석한다.
④ 전략 수립 단계: 문제 해결력을 높이기 위해 활성화, 구조, 반영, 추론, 공개, 통합 등의 전반적인 교수 전략을 결정하고 알고리즘을 설계한다.
⑤ 교수 설계 단계: 교수 전달 방법 및 멀티미디어, 교수 관리 방법을 결정하여 교수·학습 지도안을 작성한다.
⑥ 매체 개발 단계: 교수·학습 자료와 매체를 평가하기 위한 데이터를 수집하고, 전문가 검토나 개별 평가, 그룹 평가 등을 실시한 후 수정·보완한다.

2

▷ 본문 178쪽

① 창의적 문제 해결 학습 모형: 기본 지식과 탐구 기술을 기반으로 주어진 문제에 대한 적절하고 새로운 해결 방법을 발견하는 것을 중요한 목표로 삼는 학습 모형으로 문제를 해결하는 과정 중에 다양한 탐구 과정과 활동을 경험할 수 있으며, 확산적 사고와 비판적 사고를 통한 학습자의 탐구 능력을 향상시킬 수 있다.
② 순환 학습 모형: 학습자 스스로 구체적인 경험을 통해 개념을 획득하고 사고력의 신장을 도와주는 학습 모형으로 컴퓨터 과학의 기본 개념 학습을 촉진시키는 데 활용되고 있다.
③ 컴퓨팅 사고력 신장 모형: 특정 프로그래밍 언어의 기능 습득에 치중하지 않도록 유의하고 문제 해결을 위한 프로그램 설계 및 개발 과정을 통해 컴퓨팅 사고력을 신장하는 데 초점을 맞추는 학습 모형이다.
④ 언플러그드 활동: 컴퓨팅 교육을 통해 컴퓨터를 전혀 사용하지 않고도 알고리즘과 컴퓨터의 동작 원리를 이해하도록 구체적인 조작 활동 형태의 놀이 학습 자료를 활용하는 학습 모형이다.

3

▷ 본문 178쪽

① 활동 주제 측면: 학습 효과를 고려하여 소프트웨어 교육과 언플러그드 활동 주제를 연결해야 한다.
② 교육 내용 측면: 학습자를 고려한 추상화 수준을 설정해야 하며, 다양한 수준의 교육 내용을 준비해야 한다.
③ 교육 방법 측면: 언플러그드 활동이 더 효과적이라고 생각된다면 컴퓨터를 활용하지 않을 수 있다.
④ 수업 시간 측면: 학습자들의 사고를 촉진할 수 있는 최소한의 시간을 확보해야 한다. 또한 편견에 빠지지 않도록 모둠 활동과 구성원 간의 토론 및 학급 발표가 필수적이다.
⑤ 교육 자료 측면: 학습자들이 쉽게 접할 수 있는 자료를 준비하고, 동일한 활동일지라도 학습자들의 규모에 따라 자료의 크기를 달리해야 한다.

1

▷ 본문 220쪽

① 텍스트 기반 프로그래밍 도구: 프로그래밍 명령어를 키보드로 직접 입력하여 프로그램을 개발할 수 있다. 따라서 명령어를 키보드로 직접 입력해야 하므로 키보드를 입력하는 데 능숙해야 하고, 프로그래밍 언어에 대한 문법과 용법을 충분히 이해하고 있어야 한다. 대부분의 프로그래밍 언어는 텍스트 기반 프로그래밍 언어라고 할 수 있다.
② 블록 기반 프로그래밍 도구: 텍스트 기반 언어는 사용자가 프로그래밍 언어의 문법에 따라 명령어를 키보드로 하나씩 입력해야 하므로 프로그램을 처음 배우는 학생들에게 어려울 수 있다. 이러한 문제를 해결하기 위해 명령어를 블록으로 만들어서 레고 블록을 쌓듯이 명령어 블록을 조립하여 프로그램을 작성하는 도구이다.

2

▷ 본문 220쪽

① 완성형: 피지컬 컴퓨팅 도구 중에서 접근법이 쉬워 처음 시작하는 학생들의 흥미를 일으키고, 프로그

래밍을 도전해 보는 시기에 사용하면 효과적이다. 명령어들이 모듈화되어 있어 쉽게 접근할 수 있으나 제공된 기능 외에 다른 것을 체험하기 힘들다.

② **조립형**: 다양한 센서와 모터 등 부품들이 모듈화되어 있어 원하는 부품을 골라 포트에 연결하여 사용할 수 있다. 함께 제공되는 블록 또는 공작물과 함께 다양한 아이디어를 표현할 수 있으나 다른 형태에 비해 가격이 비싼 편이고, 제품 간 호환성이 많이 부족하다. 조립형 피지컬 컴퓨팅 도구는 센서보드에 부품을 추가하여 프로그램을 실행시킨다.

③ **보드형**: 마이크로 컨트롤러를 포함한 전자기판에 부품을 연결하여 사용한다. 가격이 저렴하며 필요한 재료를 구입해서 사용할 수 있으나 전기 회로 및 전자 지식이 필요하여 초보자들에게는 다소 어려울 수 있다. 센서보드는 다양한 센서들을 보드 안에 미리 부착해 놓아 전기·전자와 관련된 지식이 없어도 사용할 수 있다.

3 ▷ 본문 220쪽

영역	선정 지표	세부 선정 기준
교육 과정의 준수	목표의 충실성	교육과정에 제시된 '목표'를 충실히 반영하였는가?
	내용의 충실성	교육과정에 제시된 '내용'을 충실히 반영하였는가?
	방법의 충실성	교육과정에 제시된 '교수·학습 방법'을 충실히 반영하였는가?
	평가의 충실성	교육과정에 제시된 '평가'를 충실히 반영하고 있는가?
내용 선정과 조직	내용의 공정성	특정 지역, 종교, 성, 상품 등을 비방 또는 옹호하였는가?
	수준의 적절성	학생들의 특성을 고려하여 내용의 수준이 적절한가?
	범위의 적절성	학생들의 특성을 고려하여 내용의 범위를 구성하였는가?
	구성의 적절성	학생들이 스스로 학습하기에 적절하게 구성되어 있는가?
	자료의 다양성	학습 활동에 필요한 정보와 자료를 다양하게 제시하였는가?
내용의 정확성	자료의 정확성	제시된 사실, 개념, 이론 설명이 정확한가?
	자료의 적절성	제시된 자료가 내용에 적합한 최신 것을 사용하였는가?
	표현의 정확성	용어, 지도, 통계, 지명, 계량 단위 등의 표현이 정확한가?
	표기의 정확성	오탈자, 문법 오류, 비문 등 표기상의 오류가 없는가?
	출처의 명확성	제시된 자료의 출처를 분명하게 제시하고 있는가?

영역	선정 지표	세부 선정 기준
기능의 적절성	기능의 편의성	교재가 오류 없이 정상적으로 작동하고 편리한가?
	활동의 효과성	교과 특성을 반영한 교수·학습 활동을 효과적으로 지원하는가?
	상호작용의 효과성	다양한 상호작용이 효과적으로 구현되어 있는가?
	외부 자료의 연계성	교수·학습에 필요한 외부 자료의 사용이 용이한가?
	화면 구성의 편의성	화면이 사용자의 편의성을 고려하여 구성되어 있는가?
	디자인의 효과성	디자인은 심미성을 고려하여 효과적으로 구현되어 있는가?

4 ▷ 본문 220쪽

영역	선정 지표	세부 선정 기준
교구의 타당성	목표의 충실성	컴퓨팅 사고력을 향상시키는 데 도움이 되는가?
	내용의 연계성	학습할 내용과 연계성이 높은가?
교구의 편의성	수준의 적절성	학생들의 수준에 적절한가?
	조작의 용이성	학생들이 구상한 것을 구현하거나 조작하는 데 용이한가?
교구의 활용성	사례의 다양성	교구와 관련된 활용 사례가 많은가?
	사용의 친숙성	교사와 학생들에게 친숙한 것인가?
교구의 효율성	구입의 용이성	교구나 관련 부품을 구입하기가 용이한가?
	비용의 적절성	교구를 구입하는 데 필요한 비용이 적절한가?
교구의 견고성	관리의 지속성	지속적인 업데이트가 이루어지고 있는가?
	활용의 안전성	교구가 파손되지 않고 안전한가?
교구의 범용성	기술의 일반성	관련 기술이 표준화되어 있고 일반적인가?
	부품의 호환성	다른 기술이나 부품 간에 호환성이 있는가?

제6장 소프트웨어 교육 평가와 분석

1 ▷ 본문 252쪽

① 교육 과정에 제시한 성취 기준과 평가 기준에 근거하여 개발한다.
② 단순하고 지엽적인 내용보다 창의적인 사고력을 평가할 수 있도록 한다.
③ 소프트웨어 교육의 지식과 기능, 태도 등 모든 영역을 골고루 평가한다.
④ 교수·학습 상황을 고려하여 실제적으로 활용 가능한 도구를 개발한다.
⑤ 교사의 교수·학습 방법을 개선할 수 있는 방향으로 개발한다.

▷ 본문 252쪽

2

① 소프트웨어의 이해, 절차적 문제 해결, 프로그래밍 요소와 구조에 대한 성취 기준을 확인하고자 할 때에는 다양한 평가 도구를 활용하여 소프트웨어 교육을 통한 컴퓨팅 사고력의 향상 정도를 측정할 수 있도록 한다.

② 개인 정보 보호와 지식 재산 보호에 대한 기본적인 기준과 절차에 대해 체크리스트를 구성하여 자신의 이해 여부와 노력 정도를 평가해 보도록 한다.

③ 생활 속에서 로봇이 활용된 예를 찾아 어떻게 작동하는지를 분석하고, 다양한 로봇의 활용 분야에 대해 조사하여 작성한 연구 보고서를 대상으로 평가한다.

3
▷ 본문 252쪽

영역		분류 항목
교사의 발언	비지시적 발언	1. 감정 수용(긍정적인 학습 분위기 조성)
		2. 칭찬 · 격려
		3. 학생의 아이디어를 수용 또는 사용
		4. 질문
	지시적 발언	5. 강의
		6. 지시
		7. 학생을 비평 또는 권위를 정당화
학생의 발언		8. 반응
		9. 주도
기타		0. 비언어적 상황(침묵 또는 혼란)

제7장 정보 문화

1
▷ 본문 302쪽

지능 정보 사회는 모든 사물과 인간이 연결되는 초연결 기반과 축적된 데이터를 토대로 자동화가 극대화되고 새로운 가치가 창출되는 시대를 의미한다. 지금까지의 정보 사회가 정보를 분석하고 분석한 결과를 바탕으로 판단하는 행위의 주체가 인간이었다면 지능 정보 사회는 인공지능이 주체가 될 것으로 예상된다. 즉, 인간이 아닌 기계가 스스로 생각하고 판단을 내리는 사회로 기계와 인간의 상호작용이 극대화되면서 자동화의 속도와 범위 역시 확대된다. 지능 정보 사회의 특징은 첫째, 사물과 인간의 상호작용이 극대화되는 사회이다. 둘째, 지능 기술의 발전이 고도화되는 사회이다. 셋째, 사고 능력이 개선되고 문제 해결 능력이 제고되어 새로운 가치를 창출하는 사회이다. 넷째, 정보 사회의 연장적 성격을 가지는 사회이다.

2
▷ 본문 302쪽

개인 정보의 개념과 유형

개인 정보는 살아있는 개인에 관한 정보로서 이름, 주민 등록 번호 및 영상 등을 통해 개인을 알아볼 수 있는 정보를 의미한다. 개인 정보의 유형에는 이름, 주민 등록 번호 등과 같은 일반 정보, 가족 구성원의 이름, 출생지 등과 같은 가족 정보, 학교 출석 사항, 최종 학력, 학교 성적, 상벌 사항 등과 같은 교육 및 훈련 정보, 군번 및 계급, 제대 유형, 근무 부대 등과 같은 병역 정보, 소유 주택, 토지, 상점 및 건물 등의 부동산 정보, 현재 봉급액, 이자 소득, 사업 소득과 같은 소득 정보, 보험 가입 현황, 회사의 판공비, 투자 프로그램 등과 같은 기타 수익 정보, 대부 잔액 및 지불 상황, 저당, 신용카드, 지불 연기 등과 관련된 신용 정보, 현재의 고용주, 회사 주소, 직무 수행 평가 기록 등과 같은 고용 정보, 전과 기록, 파산 및 담보 기록, 구속 기록, 이혼 기록 등과 같은 법적 정보, 가족 병력 기록, 과거 의료 기록, 정신질환 기록, 혈액형, 각종 신체 테스트 정보 등과 같은 의료 정보, 노조 가입, 종교 단체 가입, 정당 가입 등과 같은 조직 정보, 메일 주소, 전화 통화 내용, 로그 파일 등과 같은 통신 정보, GPS나 개인의 위치 정보와 같은 위치 정보, 지문, 홍채, 신장, 가슴둘레 등과 같은 신체 정보, 흡연, 음주량, 선호하는 스포츠 및 오락, 여가 활동, 도박 성향 등과 같은 습관 및 취미 정보 등이 있다.

개인 정보를 안전하게 지키기 위한 방법

첫째, 회원 가입을 하거나 개인 정보를 제공할 때에는 개인 정보 처리 방침 및 약관을 꼼꼼히 살펴본다. 둘째, 회원 가입 시 비밀번호를 타인이 유추하기 어렵도록 영문, 숫자, 특수 문자 등을 조합하여 8자리 이상으로 설정한다. 셋째, 자신이 가입한 사이트에 타인이 자신의 것처럼 로그인하기 어렵도록 비밀번호를 주기적으로 변경한다. 넷째, 가급적 안전성이 높은 주민 등록 번호 대체 수단(아이핀)으로 회원 가입을 하고, 꼭 필요하지 않은 경우 개인 정보를 입력하지 않는다. 다섯째, 타인이 자신의 명의로 신규 회원 가입 시 즉각 처단하고, 이를 통지받을 수 있도록 명의 도용 확인 서비스를 이용한다. 여섯째, 자신의 아이디와 비밀번호, 주민 등록 번호 등 개인 정보가 공개되지 않도록 주의하여 관리하며 친구나 타인에게 알려주지 않는다. 일곱째, 금융 거래 시 신용카드 번호와 같은 금융 정보 등을 저장할 경우 암호화하여 저장하고, 되도록 PC방 등 개방된 환경에서는 이용하지 않는다. 여덟째, 만일 개인 정보가 유출된 경우 해당 사이트 관리자에게 삭제를 요청하고, 처리되지 않은 경우 즉시 개인 정보 침해 신고를 한다.

3 ▷ 본문 302쪽

지식 재산권과 저작권의 개념

지식 재산권은 인간의 창조적 활동 또는 경험 등을 통해 창출하거나 발견한 지식, 정보, 기술이나 표현, 표시, 그 밖에 무형적인 것으로서 재산적 가치가 실현될 수 있는 지적 창작물에 부여된 재산에 관한 권리를 의미한다. 저작권은 지식 재산권에 포함되며 지적 창작물 중에서 인간의 사상 또는 감정을 표현한 창작물에 대해 주어진 독점적 권리를 의미한다.

공개 소프트웨어 활용 방법과 설명

공개 소프트웨어 중 오픈 소스 소프트웨어는 소스 코드를 최초로 작성한 프로그래머가 소스 코드를 모든 사람에게 공개하여 누구나 사용, 복제, 배포, 수정할 수 있도록 한 것이다. 원시 코드의 공개에 주안점을 둔 것이며 일정한 라이선스에 따라 자유로운 사용, 수정, 재배포가 가능하다. 프리웨어는 누구나 무료로 사용하는 것을 허가한 공개된 소프트웨어로 계속 사용하기 위해 일정한 대가를 지불할 필요가 없는 소프트웨어는 대부분 프리웨어라 할 수 있다. 다만, 특정한 사용자 집단에 따라 프리웨어일 수도 있고 아닐 수도 있기 때문에 저작권 침해가 되지 않도록 주의를 기울여야 한다. 셰어웨어는 보통 체험판 또는 평가판이라 불리며 구매하기 전에 미리 써보도록 하는 마케팅의

일종으로 활용되고 있다. 보통 사용 기간이나 기능에 제한을 두고 있으며 일정 기간 사용한 뒤에는 구매를 해야 사용할 수 있다.

제8장 자료와 정보

1 ▷ 본문 334쪽

자료는 관찰이나 측정을 통해 얻은 값을 문자, 소리, 이미지, 동영상 등의 형태로 표현한 것으로 연구나 조사 등의 바탕이 되는 가공되지 않은 상태의 재료를 말한다. 이에 반해, 정보는 자료를 특정 목적을 위해 의미 있게 정리하고 가공하여 유용한 형태로 처리한 것으로 의사 결정이나 행동을 위해 사용되는 의미 있는 내용이다. 따라서 자료는 가공되기 전까지는 사용자에게 특정한 의미를 주지 못한다. 정보를 만드는 과정에서 자료를 가공하고, 처리하는 일의 효율을 높이기 위해 컴퓨터를 사용하며 이렇게 컴퓨터로 자료를 입력하고 처리하여 정보를 산출해 내는 과정을 자료 처리라고 한다. 이때 컴퓨터에서 산출된 정보는 다시 정보를 만들어 내기 위한 입력 자료로 활용될 수 있다. 컴퓨터를 이용한 자료 처리는 방대한 양의 자료를 매우 빠른 속도로 정확하게 처리할 수 있다는 특징이 있으며 생산해 낸 정보는 통신망을 통해 시간과 공간의 제약을 받지 않고 손쉽게 가공될 수 있다.

2 ▷ 본문 334쪽

컴퓨터에서 영문자, 한글, 특수 문자, 한자 등과 같은 문자를 표현하기 위해 2진수를 사용하며, 각 2진수에 특정 문자를 할당하여 배정한 것을 문자 코드라고 한다. 2진수의 비트 수에 따라 표현할 수 있는 문자의 수가 달라지며 보통 n비트를 사용할 경우에는 총 $2n$개의 서로 다른 정보를 표현할 수 있다. 대표적으로 사용되는 문자 코드에는 아스키코드와 유니코드가 있다. 아스키코드는 영문 알파벳과 특수 문자, 숫자 등을 이진화하여 표현하는 대표적인 문자 코드로 7비트를 사용하며 33개의 출력 불가능한 제어 문자와 95개의 출력 가능한 문자들로 이루어져 있다. 출력 가능한 문자들은 52개의 영문 알파벳 대소문자와 10개의

숫자, 32개의 특수 문자, 그리고 공백 문자로 이루어져 있다. 예를 들어, 대문자 A는 아스키코드 표에서 상위 비트와 하위 비트의 조합으로 1000001로 변환할 수 있다. 문자 자료를 효율적으로 디지털로 표현하기 위해서는 같은 정보라도 더 적은 수의 비트를 사용하여 표현하는 것이 중요하다. 디지털 정보의 크기가 작을수록 기억장치의 저장 공간과 장치 간 데이터 전송 시간이 줄어들기 때문이다. 문자의 효율적인 디지털 표현 방법에는 런·길이 압축과 렘펠·지브 압축 등이 있는데 런·길이 압축의 경우 동일한 문자가 연속으로 반복되는 경우에 사용하며, 그것을 문자와 반복된 문자 개수의 쌍으로 표현하는 방법이다. 렘펠·지브 압축은 가까이 있는 동일한 패턴의 상대적 위치와 패턴의 길이로 문자열을 치환하여 표현하는 방법이다.

컴퓨터에서 그림 자료 또한 2진수로 처리되며, 이를 표현하는 방식에는 비트맵과 벡터 두 가지가 있다. 비트맵은 픽셀이라 불리는 작은 점이 모여 그림을 이루는 방식이며 각 픽셀은 단일한 색상 정보를 가지고 있다. 벡터 방식은 이미지를 점이나 선 등과 같은 수학적 수식 정보를 이용하여 표현하는 방식으로 어떤 해상도에서도 자동으로 크기를 조절할 수 있으므로 이미지를 확대해도 비트맵 방식과 같은 계단 현상이 나타나지 않는다. 이렇게 비트맵 방식은 확대 및 축소 또는 변형 작업을 통해 그림이 손상되며 고해상도일수록 용량이 커지기 때문에 그림을 사용하는 목적에 따라 효율적인 형식으로 변환해서 사용해야 한다. 예를 들어, PNG는 그림 정보를 변형시키지 않고 용량만 줄이는 무손실 압축 방법 중 하나로 고품질의 정밀한 그림을 표현할 때 많이 사용한다. JPEG는 용량을 압축하는 방식으로 데이터를 저장하며 압축률을 높이기 위해 사람이 잘 인식할 수 없는 부분의 정보를 변형하거나 제거하여 용량을 줄인다.

소리는 아날로그 신호이므로 컴퓨터에서 이용되는 형태로 만들기 위해서 표본화, 양자화, 부호화의 과정을 거쳐야 한다. 표본화는 아날로그 형태의 주파수를 일정한 시간 간격으로 잘라 진폭의 값을 디지털 값으로 변환하는 것으로 샘플링 간격이 넓을수록 음질이 떨어지고 간격이 좁을수록 높은 품질의 디지털 소리를 얻을 수 있다. 양자화는 샘플링을 통해 얻은 신호의 값을 결정하는 것으로 표본화된 신호의 크기를 몇 비트의 크기로 표현할 것인가를 결정하는 단계이다. 표본화에서 선택된 각 신호를 8비트로 표현하면 256가지의 소리 크기로 구분할 수 있고 16비트로 표현하면 65,536가지의 소리 크기로 구분할 수 있다. 부호화는 양자화된 신호들을 2진수인 0과 1로 표현하는 단계이다. 오디오 파일의 크기는 '표본화율×양자화 비트 수×신호 경과 시간'으로 계산할 수 있다. 소리 역시 디지털로 변환할 때 여러 가지 압축 방법을 사용한다. 압축률을 높이기 위해 사람이 잘 인식하지 못하는 부분의 정보를 손실시켜 압축하는 손실 압축에는 MP3, WMA, AAC 등이 있고, 소리 정보를 손실하지 않고 용량만 줄이는 무손실 압축에 FLAC, ALAC 등이 있다.

3 ▷ 본문 334쪽

정보의 구조화 방법

정보의 구조화 방법에는 테이블형과 다이어그램형이 있다. 테이블형은 서로 기준이 다른 행과 열을 이용하여 정보를 구조화하는 것을 말한다. 이렇게 테이블, 즉 표를 이용하면 중복되는 내용을 피할 수 있고 효율적으로 정보를 표현하고 관리할 수 있다. 다이어그램형은 정보 간의 관계를 점, 선, 기호 등으로 구조화한 것을 말한다. 다이어그램형은 정보와 정보를 비교할 때 시각적으로 효과적이며 많은 양의 정보를 빠르게 이해할 수 있다는 장점을 가진다. 다이어그램형은 다시 정보의 위계를 손쉽게 파악할 수 있는 계층형 다이어그램과 정보의 연관성을 쉽게 파악할 수 있는 그래프형 다이어그램으로 구분할 수 있다.

데이터 시각화의 중요성

빅데이터 시대에 쏟아지는 수많은 정보 속에서 이를 효율적이고 명확하게 전달하기 위해서 데이터 시각화는 매우 중요하다. 특히 복잡한 수치나 글로 표현되어 있는 다량의 정보의 경우 사람들의 시선을 끌기 어려울 뿐만 아니라, 그 의미를 직관적으로 이해시킬 수 없다. 따라서 지도나 다이어그램, 로고, 일러스트레이션, 차트 등을 활용해 한눈에 파악할 수 있도록 한 인포그래픽이나 데이터 대시 보드와 같은 데이터 시각화 방법을 효율적으로 정보를 표현하는 것이 좋다. 특히 인포그래픽의 경우 정보를 그래프화하여 나열하는 것으로 끝나지 않고 수집한 정보를 분석하고 가공하여 이야기나 디자인이 더해진 정보이기 때문에 복잡한 수치나 글로 표현하는 것보다 그 파급력이 훨씬 크다고 할 수 있다. 또한 데이터 대시 보드의 경우도 정보를 얻거나 의사 결정에 필요한 데이터를 한눈에 확인할 수 있도록 하고, 주목해야 할 정보를 강조할 수 있고, 데이터 조회 기간을 선택하거나 특정한 기준을 바탕으로 데이터를 필터링할 수 있는 상호작용 기능이 있어 사용자들이 보다 자유롭게 데이터를 탐색할 수 있도록 돕는다.

제9장 문제 해결의 이해와 실제

1 ▷ 본문 360쪽

문제 해결 과정은 문제의 상황과 조건을 분석하고, 이를 구조화하여 문제를 해결할 수 있는 다양한 방법을 생각한 후 그 중 가장 적합한 해결 방법을 찾아 문제를 해결하는 것을 말한다. 즉, 문제 해결 과정은 문제를 접하고, 결과나 답을 찾아내기까지의 일련의 활동을 의미하는 것이다. 일반적으로 문제를 해결하기 위해서는 문제를 이해하고 분석하는 문제 이해 단계, 더 작은 단위로 분해하는 문제 분해 단계, 문제의 해결 방법을 설계하는 추상화 단계, 이를 실제로 해결하는 자동화 단계로 나누어 볼 수 있다.

2 ▷ 본문 360쪽

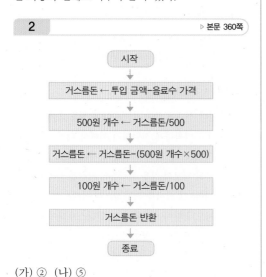

(가) ② (나) ⑤

3 ▷ 본문 360쪽

(가) 초 단위의 시간을 분과 초로 변환하는 순서도
(나) 짝수와 홀수를 판별하는 순서도

제10장 알고리즘

1 ▷ 본문 396쪽

(가)
알고리즘 1의 경우

```
int result = 0;
for (int i = 1; i <= n; i++)
{
    result += i;
}
return result
```

이므로 총 2n+3회 수행, 빅 O표기법의 경우 n의 계수나 상수항은 고려하지 않으므로 $O(n)$이 된다. 반면, 알고리즘 2의 경우 return (n+1) * n/2; 구문을 한 번 실행하는 것만으로 계산을 끝낼 수 있으므로 $O(1)$로 나타낼 수 있다.
따라서 알고리즘 1 : $O(n)$, 알고리즘 2 : $O(1)$로 나타낼 수 있다.

(나)
알고리즘 1의 경우 수가 커짐에 따라 실행 시간도 증가하지만 알고리즘 2는 n의 값에 관계없이 같은 실행 시간을 보였다.
〈스크래치 실행 화면〉

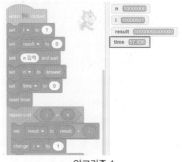

알고리즘 1

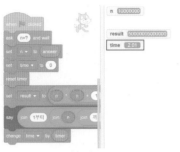

알고리즘 2

▷ 본문 396쪽

2

pivot보다 작으면 왼쪽, 크거나 같으면 오른쪽에 배열한다.

1) pivot이 left=5

```
5 3 1 9 2 7 6
5 3 1 2 9 7 6
2 3 1 5 9 7 6
```

2) pivot=2

```
2 3 1 5 9 7 6
2 1 3 5 9 7 6
1 2 3 5 9 7 6
```

3) pivot=1일 경우와 3일 경우 모두 크기가 1이므로 5의 왼쪽 정렬이 완료된다.

```
1 2 3 5 9 7 6
1 2 3 5 9 7 6
```

4) pivot=9, 오른쪽 배열도 같은 방법으로 정렬한다.

```
1 2 3 5 9 7 6
1 2 3 5 6 7 9
```

5) pivot=6일 경우 남은 숫자 7이 6보다 크기 때문에 교환없이 종료된다.

```
1 2 3 5 9 7 6
1 2 3 5 6 7 9
```

3

▷ 본문 396쪽

- 선택 정렬은 기존 배열의 정렬 정도에 관계없이 n-1, n-2, ……1개씩 전체 비교를 진행해야 하므로 시간 복잡도는 $T(n^2)$이다.
- 삽입 정렬은 이미 정렬되어 있는 경우는 한 번씩만 비교를 해 시간 복잡도가 $T(n)$이지만 최악의 경우 선택 정렬과 마찬가지로 전체 비교를 해야 하므로 시간 복잡도는 $T(n^2)$이다.
- 버블 정렬은 선택 정렬과 마찬가지로 기존 정렬 정도에 관계없이 전체 비교를 진행해야 하므로 시간 복잡도는 $T(n^2)$이다.
- 퀵 정렬은 피봇 선정 방법에 따라 속도가 매우 다르다. 피봇을 기준으로 정확하게 반으로 나눌 때는 $T(N)=2*T(N/2)+N$이 되어 시간 복잡도는 $T(n\log_2 n)$이다. 반면, 배열이 불균형하게 나누어지거나 이미 정렬된 배열에 대해 정렬을 진행하는 경우는 분할이 n만큼 일어나므로 시간 복잡도는 $T(n^2)$이 된다. 따라서 빅 O표기법으로 성능을 나타내면 삽입, 선택, 버블 정렬은 $O(n^2)$이고, 퀵 정렬은 $O(n\log_2 n)$이다.

4

▷ 본문 396쪽

공통점

스무고개 게임에서 빠르게 찾는 방법은 이진 검색과 같이 모두 중앙값과 key(찾는)값을 비교하여 검색 범위를 줄여나가는 방식으로 찾는 것이다.

차이점

수 스무고개 게임은 임의의 두 수의 범위 내에 연속된 수를 대상으로 검색하지만 이진 검색은 연속되지 않은 수를 배열에 저장하여 원하는 자료를 검색할 수 있다.

1 ▷ 본문 444쪽

클릭했을 때
무한 반복하기
사람 ▾ 을(를) 0 로 정하기
컴퓨터 ▾ 을(를) 0 로 정하기
가위바위보 게임해요 (가위=1, 바위=2, 보=3) 라고 묻고 기다리기
사람 ▾ 을(를) 대답 로 정하기
컴퓨터 ▾ 을(를) 1 부터 3 사이의 난수 로 정하기
만약 0 < 사람 그리고 사람 < 4 (이)라면
만약 사람 = 컴퓨터 (이)라면
비겼어요 을(를) 2 초 동안 말하기
만약 사람 = 1 그리고 컴퓨터 = 2 또는 사람 = 2 그리고 컴퓨터 = 3 또는 사람 = 3 그리고 컴퓨터 = 1 (이)라면
컴퓨터가 이겼어요! 을(를) 2 초 동안 말하기
아니면
당신이 이겼어요! 을(를) 2 초 동안 말하기
아니면
다시 입력하세요 을(를) 2 초 동안 말하기

2 ▷ 본문 444쪽

시작하기 버튼을 클릭했을 때
컴퓨터 ▾ 를 0 부터 100 사이의 무작위 수 (으)로 정하기
컴퓨터 값 = 대답 이 될 때까지 ▾ 반복하기
업 다운 게임 (1-100) 사이의 숫자를 맞춰 보세요 을(를) 묻고 대답 기다리기
만일 컴퓨터 값 < 대답 (이)라면
다운 을(를) 1 초동안 말하기 ▾
만일 컴퓨터 값 > 대답 (이)라면
업 을(를) 1 초동안 말하기 ▾
정답입니다 을(를) 말하기 ▾

3 ▷ 본문 444쪽

```
from turtle import *
speed(0)
pensize(3)
농도=[30, 150, 90, 100, 15];
지역=["석적","오태","사곡","북삼","왜관"]
#1. <미세먼지 농도> 제목 쓰기
pu()
goto(180,200)
write('미세먼지 농도',align='center', font=("굴림",30,"bold"))
pd()
x=0
for k in range(5): #2. 출력할 자료의 개수 (반복횟수) 지정
    pu()
    goto(x,0)
    pd()
    if 농도[k]<16:
        color("blue")
    elif 농도[k]<50:
        color("green")
    elif 농도[k]<100:
        color("orange")
    else:
        color("red")
    begin_fill()
    for i in range(2):
        lt(90);         fd(농도[k])
        lt(90);         fd(50)
    #2. 그래프에 농도값 출력하기
    if i==0:
        write(농도[k], align='center', font=("굴림",20))
    end_fill()
    pu();    goto(x-20,-30);    pd()
```

```
        write(지역[k],align='center', font=("굴
림",20))
        x=x+100
ht()
```

4   ▷ 본문 444쪽

문제 상황

- 첫째 줄에 N이 입력된다.
- 둘째 줄에 N개의 서로 다른 숫자가 공백으로 구분되어 오름차순으로 입력된다.
  (데이터 값의 범위: 1~100,000,000)
- 셋째 줄에 찾고자 하는 수의 개수 M이 입력된다.
- 넷째 줄에 M개의 찾고자 하는 수가 입력된다.

프로그램 예

```c
#include <stdio.h>
int n,m,d[1000100];
int binarySearch(int num)
{
  int s=1, e=n;
  while(s<=e)
  {
    int mid = (s+e)/2;
    if(d[mid]>num) e=mid-1;
    else if(d[mid]==num) return mid;
    else s=mid+1;
  }
  return -1;
}
int main()
{
    printf("배열에 저장될 수의 개수를 입력하세
요");
    scanf("%d",&n);
    printf("배열에 저장될 값을 작은 수에서 큰
수 순으로 입력하세요");
    for(int i=1;i<=n;i++)
      scanf("%d",&d[i]);
    printf("찾고 싶은 숫자는 몇개인가요?");
    scanf("%d",&m);
    printf("찾고 싶은 숫자를 순서대로 입력하세
요");
    for(int i=0;i<m;i++){
        int tmp;
```

```c
        scanf("%d",&tmp);
        printf("%d ",binarySearch(tmp));
    }

    return 0;
}
```

제12장 피지컬 컴퓨팅

1   ▷ 본문 482쪽

엔트리 프로그램을 활용하여 어두워지면 불이 켜지고, 밝을 때 꺼지는 피지컬 컴퓨팅은 다음과 같이 구현할 수 있다.

▲ 밝을 때   ▲ 어두울 때

(1) 오브젝트 추가하기

밝고 어두운 것을 구분하여 빛, 전등, 엔트리봇이 말하는 내용이 달라진다.

(2) 오브젝트 스크립트

① 엔트리봇은 빛 감지 센서의 값을 말한다.

밝고 어두운 경계 값을 200으로 설정하여 빛 감지 센

서값이 200보다 크면 빛 모양이 보이고, 전등이 켜진다. 경계 값(200)은 주변 환경에 따라 달라질 수 있다.

② 빛 모양

③ 빛 센서값에 따른 전등 켜기/끄기

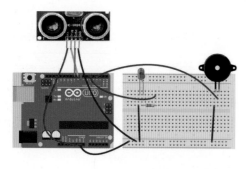

▷ 본문 482쪽

2

초음파 센서를 활용하여 물체를 감지하면 LED에 불이 켜지고, 스피커로 소리를 내는 회로 구성에서 회로도는 다음과 같이 구성할 수 있다.

▷ 본문 482쪽

3

다음은 초음파 센서와의 거리가 10cm 미만이면 LED에 불이 켜지고 소리가 나는 프로그램이다.

```
void setup()
{
  Serial.begin(9600);
  pinMode(8,OUTPUT);
  pinMode(9,INPUT);
  pinMode(5,OUTPUT);
  pinMode(3,OUTPUT);
}
void loop(){
  float duration, distance;
  digitalWrite(8,HIGH);
  delay(10);
  digitalWrite(8,LOW);
  duration=pulseIn(9,HIGH);
  distance=((float)(340*duration)/10000)/2;
  Serial.print(distance);
  Serial.println("cm");

  if (distance<10){
    tone(3,262,500);
    digitalWrite(5,HIGH);
    delay(500);
  }
  else {
    digitalWrite(5,LOW);
    delay(500);
  }
}
```